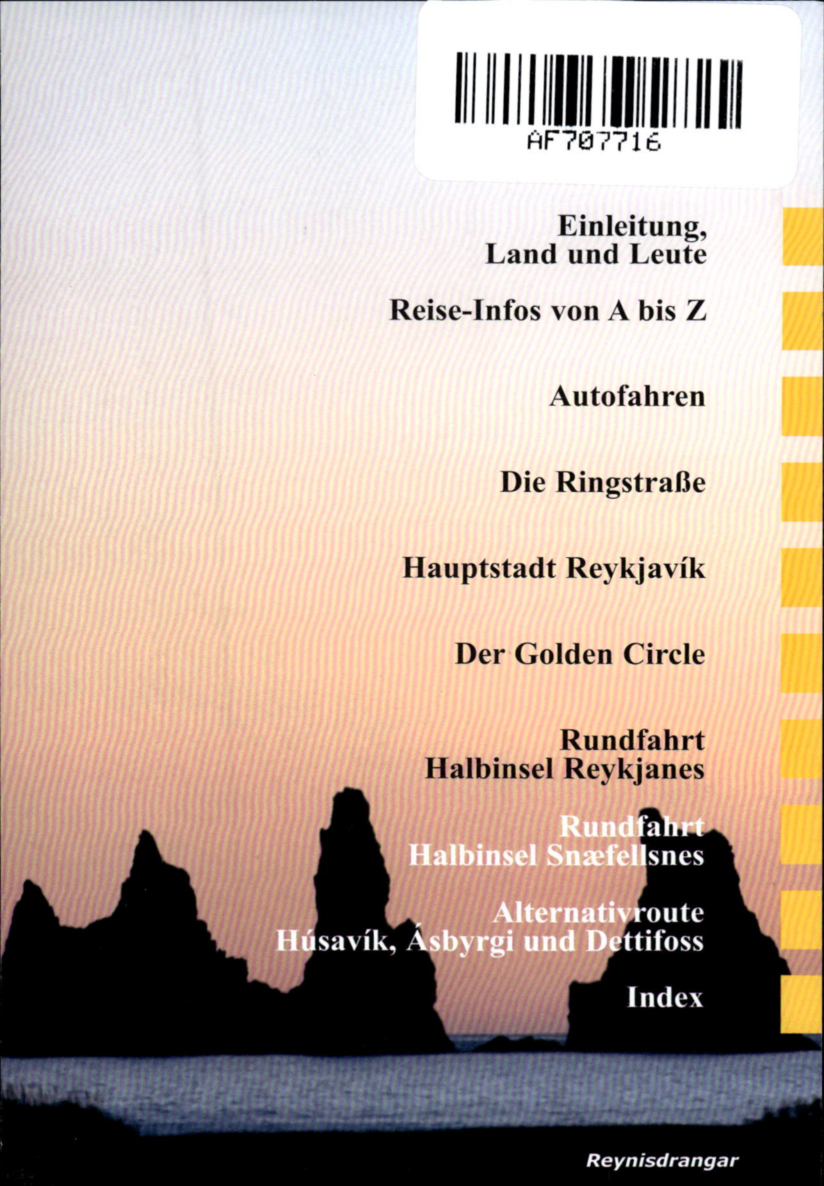

Reynisdrangar

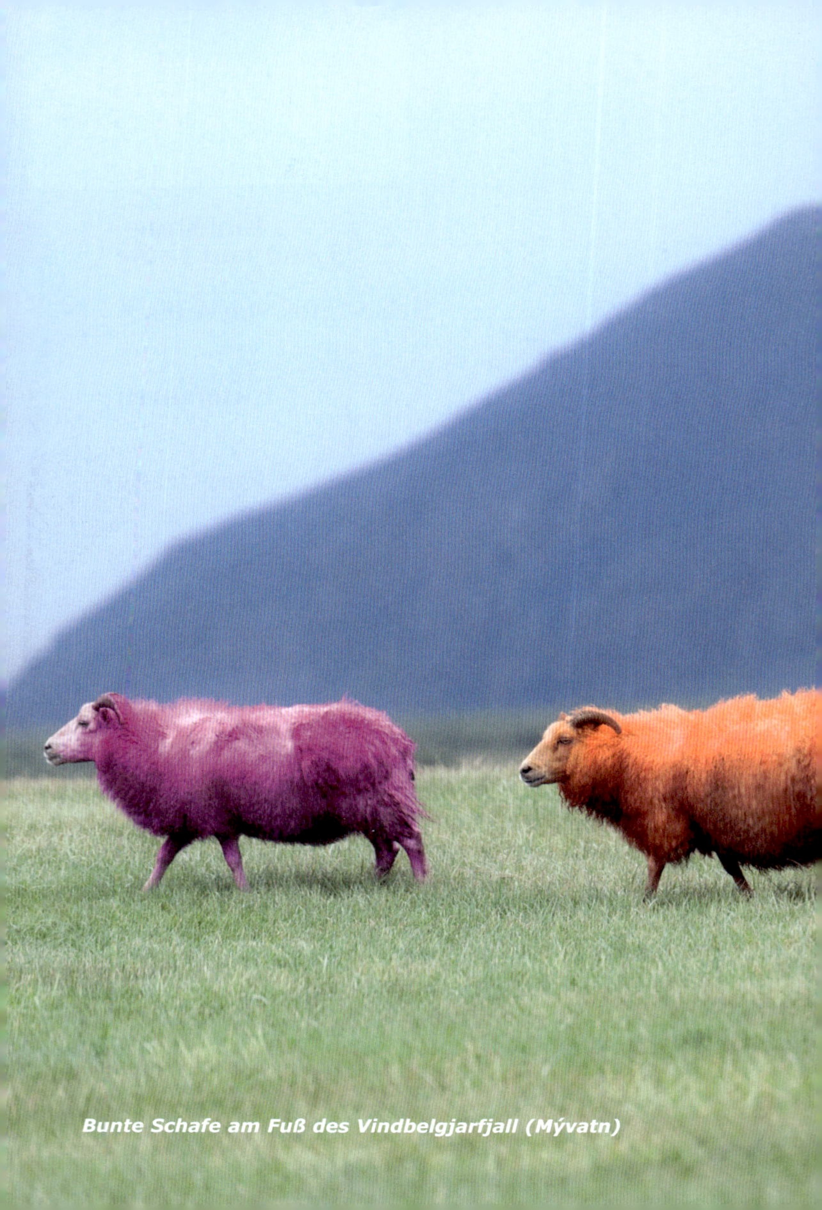

Bunte Schafe am Fuß des Vindbelgjarfjall (Mývatn)

Band 192

OutdoorHandbuch

Erik Van de Perre

Rund um Island auf der Ringstraße

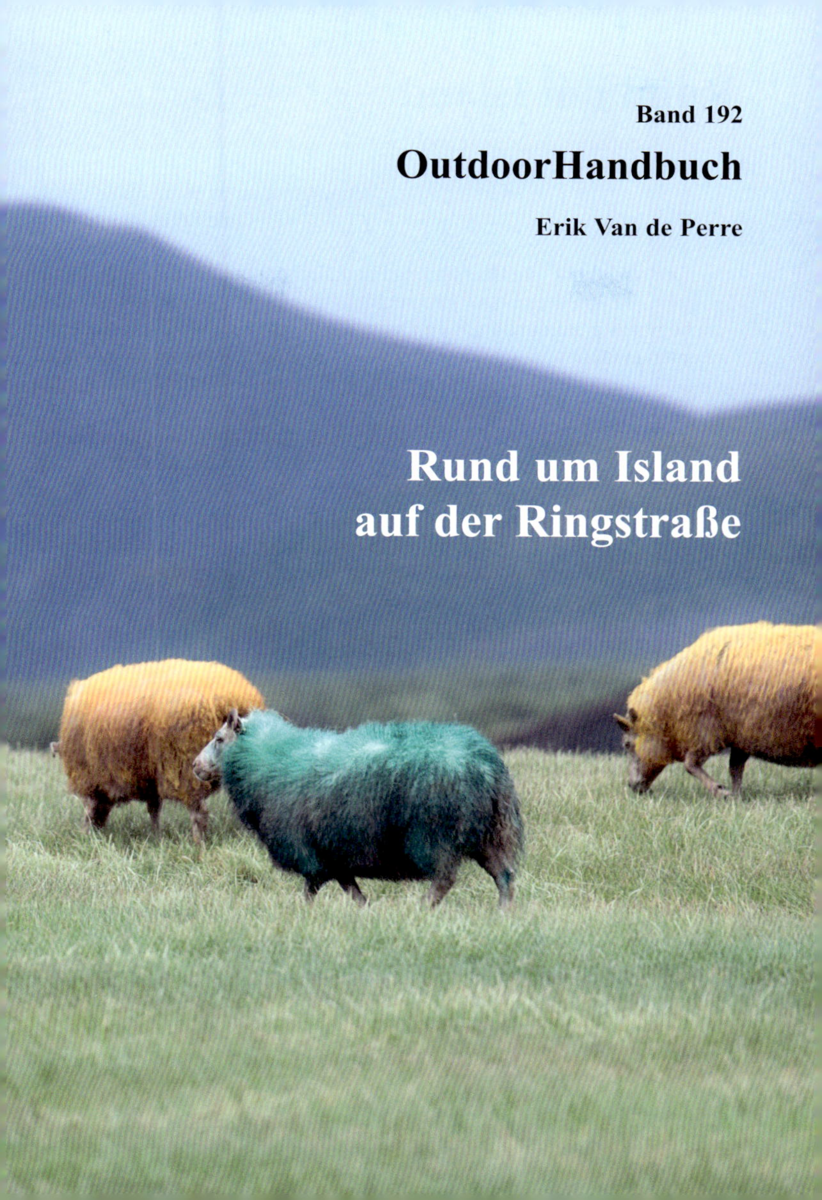

Rund um Island

Alle Informationen, schriftlich und zeichnerisch, wurden nach bestem Wissen zusammengestellt und überprüft. Sie waren korrekt zum Zeitpunkt der Recherche. Eine Garantie für den Inhalt, z. B. die immerwährende Richtigkeit von Preisen, Adressen, Telefon- und Faxnummern sowie Internetadressen, Zeit- und sonstigen Angaben, kann naturgemäß von Verlag und Autor - auch im Sinne der Produkthaftung - nicht übernommen werden.

Der Autor und der Verlag sind für Lesertipps und Verbesserungen (besonders per E-Mail) unter Angabe der Auflagen- und Seitennummer dankbar.

Dieses OutdoorHandbuch hat 352 Seiten mit 92 farbigen Abbildungen sowie 2 farbigen Stadtplänen und einer farbigen, ausklappbaren Übersichtskarte. Es wurde auf chlorfrei gebleichtem, FSC®-zertifiziertem Papier gedruckt, in Deutschland klimaneutral hergestellt und transportiert und wegen der größeren Strapazierfähigkeitmit PUR-Kleber gebunden.

FSC
www.fsc.org
MIX
Papier aus verantwortungsvollen Quellen
FSC® C009051

Klimaneutral
Druckprodukt
ClimatePartner.com/10951-1905-1007

Dieses Buch ist im Buchhandel und in Outdoor-Läden erhältlich und kann im Internet oder direkt beim Verlag bestellt werden.

OutdoorHandbuch aus der Reihe „Der Weg ist das Ziel", Band 192

ISBN 978-3-86686-549-5 6., überarbeitete Auflage 2019

Text: Erik Van de Perre
Fotos: Erik Van de Perre (Fotoquelle Seite 86: Conrad Stein)
Karten: Heide Schwinn und Christian Walther
Lektorat: Anna-Lena Ebner
Layout: Alexandra Sauerland

Gesamtherstellung: gutenberg beuys feindruckerei

Dieses OutdoorHandbuch wurde konzipiert und redaktionell erstellt vom:

Conrad Stein Verlag GmbH, Kiefernstr. 6, 59514 Welver,
☎ 023 84/96 39 12, FAX 023 84/96 39 13,
info@conrad-stein-verlag.de,
www.conrad-stein-verlag.de

Besuchen Sie uns bei Facebook & Instagram:

www.facebook.com/outdoorverlag

www.instagram.com/outdoorverlag

Titelfoto: Lavaformation der Dimmuborgir am Mývatn

Inhalt

Einleitung

Island, die „Insel aus Feuer und Eis", erfreut sich einer stetig wachsenden Beliebtheit als Urlaubs-, Abenteuer-, Wander- sowie Auto- und Wohnmobilreiseziel. Nirgendwo in Europa kommt der Reisende so nah mit den Urgewalten unserer Erde in Berührung: Vulkanismus, gewaltige Gletscher, heiße Quellen, wütende Geysire, imposante Wasserfälle, großartige Gebirgslandschaften, tief eingeschnittene Fjorde mit malerischen Fischerdörfern, aber auch ödes und menschenleeres Hochland prägen diese Landschaft und ihre Menschen.

Der kulturell Interessierte kann die Schauplätze aus der Welt der Sagas und den Geburtsort des über tausend Jahre alten isländischen Parlaments besuchen. Der Naturfreund wird außerdem das unvorstellbar reiche Vogelleben der Insel bewundern und vielleicht das Land vom Rücken eines Islandpferdes aus erleben.

Dieses Buch ist für Reisende konzipiert, die Island mit dem eigenen Fahrzeug oder einem Mietwagen in zwei bis drei Wochen kennenlernen wollen. Es wird im Wesentlichen die Nationalstraße 1 (auch Ringstraße oder auf Isländisch Hringvegur) Kilometer für Kilometer in der Art eines Logbuchs beschrieben, wobei Abstecher oder Alternativrouten zu Sehenswürdigkeiten nicht zu kurz kommen.

Land und Leute

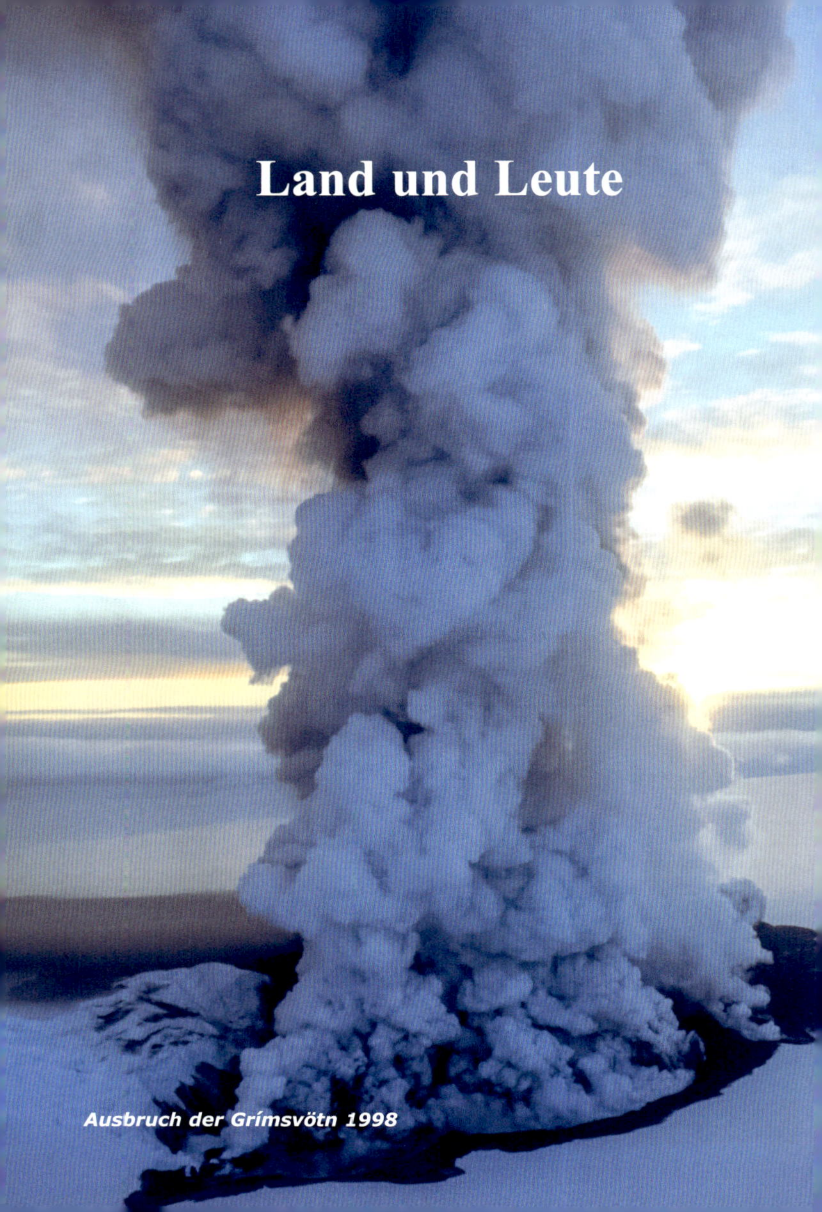

Ausbruch der Grímsvötn 1998

Fläche: 103.125 km² (zum Vergleich: Österreich 84.000 km²)
Gletscherflächen: 11.900 km² (davon Vatnajökull 7.800 km²)
Einwohner: ca. 357.000 (2019), davon ca. 227.000 im Großraum Reykjavík
Hauptstadt: Reykjavík, 129.000 Ew.
Religion: Circa 96 % aller Einwohner sind protestantisch.
Höchster Berg: Hvannadalshnúkur (2.109 m)
Höchster Wasserfall: Morsárfoss (227 m)
Größte Seen: Þórisvatn (88 km²), Þingvallavatn (82 km²)
Tiefster See: Gletscherlagune Jökulsárlón (248 m)
Längster Fluss: Þjórsá (230 km)
Touristen: 2018 ca. 2,32 Mio. (Deutsche an 3. Stelle nach US-Amerikanern und Briten).
Regierungsform: unabhängige Republik seit dem 17.6.1944
Staatspräsident: Guðni Thorlacius Jóhannesson, seit 2016
Premierminister: Katrín Jakobsdóttir, seit 2017
Nationalfeiertag: 17. Juni (Tag der Republik)
Entfernungen: Grönland 287 km, Färöer 420 km, Schottland 798 km, Norwegen 970 km

Bevölkerung

Besiedelt wurde Island einst von Skandinaviern und von Kelten, die von den Britischen Inseln kamen. Die Herrscher jener Tage waren aber die skandinavischen Einwanderer, sodass die isländische Kultur und Sprache eng mit der der skandinavischen Länder verwandt ist. Daran erinnern die Edda, die vielen Sagas und auch einige Ortsnamen.

Aufgrund der abgelegenen Lage der Insel blieben die Einflüsse von außen stets gering, sodass sich auch die isländische Sprache im Laufe der Zeit wenig verändert hat. Dies wird deutlich beim Vergleich der Entwicklung des Isländischen mit der des Norwegischen, denn Isländisch ist mit dem Altnorwegischen eng verwandt. Auch heute noch ist Island mit 3,4 Ew./km² das am **dünnsten besiedelte Land Europas**. Außer in Reykjavík, in dessen Großraum etwa 63 % aller Isländer zu Hause sind, liegen die meisten Siedlungen in einem schmalen Küstenstreifen sowie in einigen Tälern. Etwa 87 % der Bevölkerung leben in knapp 60 Orten und Städten.

Fauna

Die Tierwelt Islands beschränkt sich, wie die Pflanzenwelt, auf relativ wenige Arten. Das liegt vor allem an den widrigen Lebensumständen, die vielen Arten keine ausreichende Lebensgrundlage bieten. Die Arten jedoch, die mit den Umweltbedingungen fertiggeworden sind, haben sich stark vermehrt und fest etabliert. Dies gilt vor allem für die über 200 Vogelarten. Auch hier ist Island ein Berührungspunkt zwischen eurasischer und nordamerikanischer Welt.

Vögel gibt es auf Island unvorstellbar viele. Der bekannteste Vogel ist der bunte **Papageitaucher** (*isl. lundi, engl. puffin*), der zu Millionen hier heimisch ist.

Die Lummen leben in großen Kolonien auf engem Raum auf Felsvorsprüngen zusammen. Vielen Helgoland-Besuchern ist sicherlich der jährliche „Lummensprung“ bekannt: Wenn die Jungvögel flügge sind, stürzen sie sich todesmutig oft aus zig Metern Höhe in die tosende See.

Besondere Vorsicht ist in den Brutgebieten der **Küstenseeschwalbe** geboten. Diese greifen gern Wanderer im Sturzflug an, um sie zu vertreiben. Da sie immer den höchsten Punkt anpeilen, empfiehlt es sich, eine Mütze auf einem Stock über dem Kopf als Angriffsziel zu präsentieren.

Papageitaucher

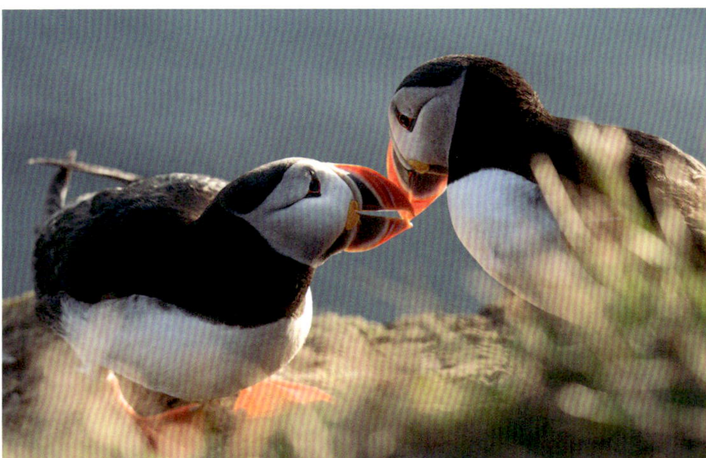

Darüber hinaus ist die Insel einer der bedeutendsten Nistplätze für Wasservögel in Europa. Insbesondere der Mývatn ist mit unzähligen Enten und Gänsen aller auf Island vorkommenden Arten bevölkert, beispielsweise Stockenten, Eistauchern und Graugänsen.

Island gehört auch zu den wenigen Ländern, in denen der **Singschwan** (*álft*) noch als Brutvogel vorkommt. Er lebt hauptsächlich in den Gewässern am Rande des Hochlandes. Die Zahl der Seeadler und Schnee-Eulen ist gering, und beide Arten sind streng geschützt.

Einer der begehrtesten isländischen Raubvögel ist der **Gerfalke** (*gyr*). Dieser seltene und inzwischen streng geschützte Vogel wurde früher als Jagdfalke sehr geschätzt und nach Europa und sogar in den Vorderen Orient exportiert.

Insekten sind auf Island rar, nur Mücken gibt es im Sommer mancherorts zu Tausenden – dies gilt insbesondere für den Mývatn (= Mückensee).

Es gibt in Island weder Reptilien noch Amphibien und nur wenige **Fischarten**. In den Flüssen und Seen leben Lachs, Forelle, Saibling und Stichling. Auch das Meer um Island ist sehr fischreich, dort herrschen Schellfisch, Seelachs, Rotbarsch, Dorsch, Scholle und Heilbutt vor – der Hering ist nur noch selten anzutreffen.

Auf Riffen oder Sandbänken vor der Küste rekeln sich **Seehunde** und **Kegelrobben**, und in den tieferen Gewässern leben mehrere Walarten (☞ Walbeobachtungen).

Zur Landnahmezeit war der **Polarfuchs** das einzige heimische **Landsäugetier**. Ihn gibt es noch, wenngleich er leider wegen seiner Gefährlichkeit für die Schafe von den Bauern gehasst und bejagt wird. Später sind weitere Säuger, insbesondere Maus und Ratte, mit den Menschen ins Land gekommen. Ebenso brachten Menschen **Nerze** zur Pelztierzucht nach Island. Viele dieser Tiere brachen aus und leben heute wild, wobei sie großen Schaden anrichten, vor allem unter Vögeln und Süßwasserfischen.

Gegen Ende des 18. Jh. wurden auch Rentiere eingeführt. Sie vermehrten sich stark, und heute lebt eine stattliche Anzahl (ca. 7.000 Tiere) im östlichen Hochland. **Eisbären** waren nie in Island heimisch, werden aber hin und wieder mit Eisschollen an die Nordküste angetrieben, wie zuletzt im Juli 2016.

Viele dieser Tiere werden Sie sicherlich nicht sehen, dafür aber die wichtigsten der isländischen Haus- und Nutztiere:

Schafe sind überall auf der Insel zu finden. Der Schafbestand umfasst derzeit insgesamt 432.000 Tiere (2018), die allerdings nicht wie bei uns in Herden, sondern in kleinen Gruppen leben. Im Herbst gibt es vielerorts einen großen Schafabtrieb (*göngur*). Dann werden die Schafe mittels der überall sichtbaren Schafspferche sortiert und ihren Eigentümern zugewiesen.

Islandpferden werden Sie ebenfalls oft begegnen. Die Größe der Tiere liegt zwischen der von Ponys und der unserer Pferde. Die etwa 64.000 Exemplare (2017) zeichnen sich durch eine perfekte Anpassung an die landschaftlichen Gegebenheiten aus. Sie gelten als sehr trittsicher, ausdauernd, genügsam und zuverlässig. Außerdem beherrschen sie eine besondere Gangart, den Tölt. Hierbei wird das Gewicht jeweils nur von einem Fuß getragen, der es rotierend an den nächsten Fuß weitergibt. Das Pferd vermag sich so erstaunlich schnell und für den Reiter fast erschütterungsfrei fortzubewegen. Die Vorfahren der Pferde wurden im 10. Jh. eingeführt, haben sich reinrassig erhalten und sind durch gesetzliche Maßnahmen vor allem vor Seuchen aus dem Ausland stark geschützt. Es herrscht ein absolutes Importverbot für Pferde, und Tiere, die einmal das Land verlassen haben, z. B. zu Sportwettbewerben, dürfen nicht wieder eingeführt werden.

Flora

Islands Pflanzenwelt ist weder vielfältig noch üppig. Nur 23 % der Fläche weisen eine Pflanzendecke auf. Dies liegt nicht nur am ungünstigen Klima und an der regen vulkanischen Tätigkeit, sondern auch an der jahrhundertelang betriebenen rücksichtslosen Weidewirtschaft.

Einst bedeckten das Land weite **Birkenwälder**, die jedoch schon von den ersten Siedlern und deren Nachfolgern so stark abgeholzt wurden, dass sie allmählich vollständig von der Bildfläche verschwanden. Das alles leistete starker Bodenerosion Vorschub, sodass der Waldbestand heute, abgesehen von einigen lokalen Ausnahmen, fast gleich null ist.

Derzeit wird jedoch versucht, wieder aufzuforsten. Zuerst werden **Lupinen** aus Alaska eingesät, die offenbar das Klima Islands gut vertragen und den Boden mit Nährstoffen anreichern. Besonders im Juni und Juli stehen diese hübschen, leuchtenden Blumen in voller Blüte – teilweise an Straßenrändern und an Berghängen. Sodann werden Bäumchen gepflanzt – in der Hoffnung, dass sie überleben. Die ersten Ansätze machen einen Erfolg versprechenden Eindruck. Die sonstige Pflanzenwelt hat **subarktischen Charakter**. Der größte Teil der bewachsenen Flächen besteht aus Wiesen, Sümpfen, Moor- und Heideland. Insgesamt zählt Island nur rund 500 verschiedene höhere Pflanzen.

Große Vielfalt herrscht hingegen an **Moosen** (knapp 500 Arten) und **Flechten** (über 400 Arten). Besonders auf älteren Lavafeldern findet sich oft ein dicker Moosteppich der verschiedensten Arten, was der Landschaft einen eigenen Reiz beschert. In den geschützten Lagen dieser Lavafelder gibt es, wie auch sonst an geschützten Stellen, niederes Buschwerk.

Insgesamt ist die Pflanzenwelt der Vulkaninsel interessant, weil sich durch ihre Lage die eurasische mit der nordamerikanischen Pflanzenwelt überschneidet, wobei der nordeuropäische Charakter dominiert.

Geister, Trolle und Elfen

Die überwiegende Mehrzahl der Isländer glaubte früher – und z. T. noch heute – an Geister und übernatürliche Erscheinungen. Ein Weiterleben nach Tod und Beerdigung wird vor allem jungen Menschen nachgesagt, die durch einen Unfall oder Mord gestorben sind und ihren Tod nicht akzeptieren. Sie wandern zwischen den Welten, produzieren meist aber keinen ernsthaften Ärger. Etwas anderes sind Geister, die von Zauberern oder Hexenmeistern erweckt worden sind und von ihnen meist zu üblen Machenschaften benutzt werden. Rachegelüste treiben vor allem solche Geister an, denen aus ihrer Sicht im Leben großes Unrecht geschehen ist. Bisher sind keine Touristen ernstlich behelligt worden, obwohl in Einzelfällen harmlose Streiche bekannt geworden sind.

Um zu vermeiden, dass z. B. eine Straße durch eine Elfensiedlung gebaut wird, wird bei Bauvorhaben nicht selten ein externes Gutachten von einer Person eingeholt, die als elfenkundig gilt. Prominenteste Elfenkundige war Erla Stefánsdóttir (1935-2015). Eine von ihr entwickelte Karte der Insel zeigt die „verborgene Welt", d. h., an welchen Orten Feenpaläste stehen und wo Gnomtunnel verlaufen. Die Karte ist in der Tourist-Information in Hafnarfjörður zu erwerben.

Etwa 10 % der Isländer glauben fest an die Existenz des *huldufólk* – des „kleinen Volkes". 47 % halten dessen Vorhandensein immerhin für möglich und wahrscheinlich.

Trolle haben ein menschenähnliches Aussehen mit einer meist überdimensionierten Nase, können aber wesentlich größer oder kleiner sein. Sie sind überaus hässlich anzusehen und zumeist bösartiger Natur. Sie leben in Gebirgsspalten, unter Klippen und in Höhlen. Werden sie vom Tageslicht überrascht, erstarren sie zu Stein oder nehmen eine Felsgestalt an, was die Häufigkeit der skurrilen Lavaformationen erklärt.

Elfen sind das weibliche Gegenstück zu den Trollen. Ihre und die Existenz von Trollen geht zurück bis in die germanische Mythologie und Sagenwelt. Sie sollen von heidnischen Göttern abstammen und sind meist harmlos. Werden sie jedoch nicht respektiert, sondern verhöhnt und verachtet, so können sie auch Rache nehmen. Sie sehen menschenähnlich aus und werden meist gut gekleidet in Weiß gesehen – wenn sie gesehen werden wollen. Meist sind sie jedoch unsichtbar und leben in der Nähe von Quellen und Brunnen, in Wäldern und unter kleinen Hügeln. Vor dem Bau von größeren Objekten wie Straßen, Brücken, Kraftwerken und Siedlungen wird überprüft, ob an der Stelle eventuell Elfen leben. Wenn ja, wird umgeplant. Setzt man sich über die Empfehlungen hinweg, kann es bei den folgenden Baumaßnahmen zu unliebsamen Überraschungen kommen, z. B. zu Unfällen und unerklärlichen Sabotageakten an Maschinen.

In ☞ **Stokkseyri** (14 km südlich von Selfoss, bei km 1.272 abseits der Ringstraße) gibt es ein Geistermuseum, das sich mit Geistern, Elfen und Nordlichtern befasst.

⌘ **Icelandic Wonders**, Hafnargata 9, Stokkseyri, ☏ 895 0020,
icelandicwonders.is, tägl. 13:00-18:00, Eintritt ISK 1.500

Geografie

Island ist Europas zweitgrößte Insel und liegt genau südlich des nördlichen Polarkreises. Die größte Nord-Süd-Ausdehnung beträgt ca. 300 km, die größte Ost-West-Ausdehnung ca. 500 km. Die vorgelagerten Inseln sind überwiegend unbewohnt. Nur die Westmännerinseln, Grímsey und Hrísey sind nennenswert besiedelt. Die nächsten Küsten sind Norwegen (970 km), Schottland (798 km) und Grönland (287 km). Das Land ist sehr gebirgig und wird von schroffen Bergen, öden Hochebenen, Gletschern und Vulkanen beherrscht.

Allein im Süden ist ein etwas breiterer Küstenstreifen fruchtbar genug, um Ackerbau zu ermöglichen. Die kultivierte Fläche Islands macht nur gut 1.000 km² aus. Hinzu kommen etwa 20.000 km² Weideland. Der größte Teil des Landes, ca. 80.000 km², ist unfruchtbar und unbewohnt. Er besteht aus 12.000 km² Gletscher, 3.000 km² Seen, 11.000 km² Lava und 4.000 km² Sandwüste. Der Rest der Fläche verteilt sich auf verschiedene Ödlandformen.

Ursprünglich war Island ein **Tafelland**, das aus einem 600 bis 800 m über dem Meeresspiegel liegenden Basaltplateau bestand. Durch vulkanische Aktivitäten und mehrere Eiszeiten wurde dieses Plateau in verschiedenster Weise verändert.

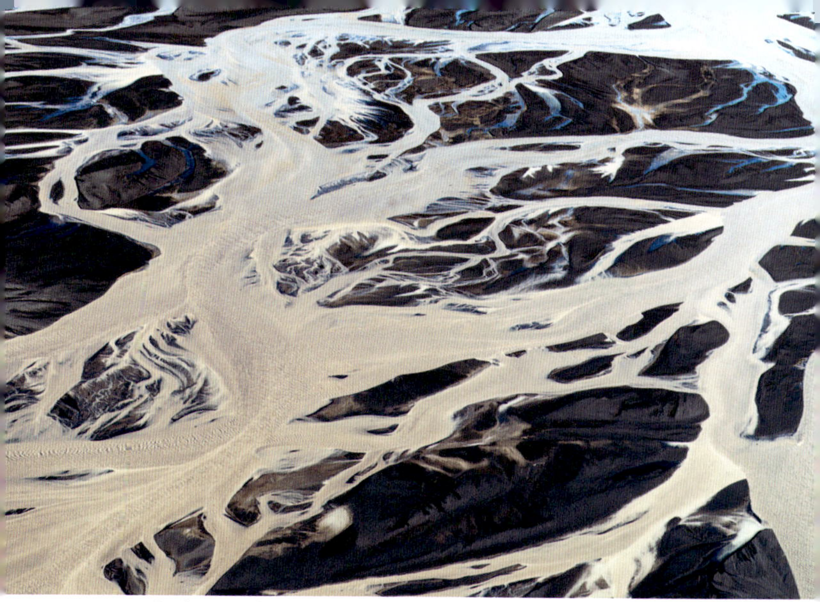

In ihrem Oberlauf ist die Jökulsá á Fjöllum streckenweise noch stark verzweigt

Bemerkenswert ist trotz all des Ödlandes der **Wasserreichtum** des Landes. Es gibt zahlreiche Flüsse, die je nach Jahreszeit auch gewaltige Wassermengen führen können. Die längsten Flüsse (*á*, Plural *ár*) sind Þjórsá (230 km) und Jökulsá á Fjöllum (206 km). Der mächtigste Fluss mit einer Wassermenge von 423 m^3/s (Jahresdurchschnitt) ist die Ölfusá.

Die Mehrzahl der Wasserläufe sind **Gletscherflüsse**, die ungeheure Mengen an Sand und Geröll mit sich führen. Deshalb hat sich in Island eine besondere Landschaftsform gebildet, der Sander (*sandur*), bestehend aus großflächigen Ablagerungen solcher mitgeschwemmten Materialien. Bestes Beispiel ist der gigantische Skeiðarársandur im Süden Islands. Die Gletscherflüsse sind meist breit und stark verzweigt, und weisen eine kräftige Strömung auf.

Die größten **Seen** (*vatn*, Plural *vötn*) sind Þórisvatn (88 km^2), Þingvallavatn (82 km^2), Hálslón (57 km^2), Blöndulón (56 km^2), Lögurinn oder Lagarfljót (53 km^2), Mývatn und Hágöngulón (beide 37 km^2).

Ausgesprochen sehenswert sind die vielen **Wasserfälle** (*foss*, Plural *fossar*) des Landes. Der bekannteste ist der ☞ Dettifoss (📷 S. 345), der als der mächtigste Wasserfall Europas gilt: Im Sommer tosen hier im Schnitt 500-700 m^3 Wasser pro Sekunde in die Tiefe. ☞ Gullfoss und ☞ Goðafoss begeistern durch ihre Ästhetik. Nicht verpassen sollten Sie auch ☞ Skógafoss, ☞ Hengifoss, ☞ Hjálparfoss, die ☞ Hraunfossar, Aldeyjarfoss (im Hochland) oder Dynjandi (in den Westfjorden).

Typisch für die isländische Landschaftsgestalt sind auch die vielen **Fjorde** (*fjörður*, Plural *firðir*), die die Küste des Landes (außer Teilen der Südküste) einschneiden.

Geologie

Außerordentlich attraktiv ist Island wegen seiner geologischen Besonderheiten. Diese vollständig zu beschreiben würde den Rahmen dieses Buches sprengen. Deshalb wird hier nur ein kurzer Überblick über die wichtigsten Erscheinungen gegeben.

Island ist geologisch gesehen ein junges Land, das erst vor etwa 15 bis 20 Mio. Jahren entstanden ist. Herausragende Merkmale der isländischen Geologie sind Vulkane, Lavafelder, Geysire und heiße Quellen. Sie finden ihren Ursprung darin, dass Island auf der Bruchstelle zweier auseinanderdriftender Kontinentalplatten (Eurasien und Nordamerika) liegt, die sich außerdem genau über einem Hotspot befindet. Bildlich gesprochen reißt dadurch die Ozeankruste in Island ständig auf, während austretendes Magma die Nahtstelle wieder verschweißt. Die Erdkruste ist auf Island deshalb erheblich dünner als in anderen Teilen der Erde. Da Ost- und Westisland langsam auseinanderdriften, wird Islands Fläche ständig größer. Die vulkanischen Aktivitäten konzentrieren sich auf diese Rissstelle, den **zentralisländischen Graben**.

📖 **Islands Naturwunder**, Christof Hug-Fleck, ISBN 978-3-00-030427-9, € 17,95, 💻 www.world-geographic.de

Vulkane

Island gehört zu den vulkanisch aktivsten Gebieten der Erde. Über dreißig isländische Vulkane sind seit der Landnahme, also in den letzten 1.100 Jahren, ausgebrochen.

Insgesamt ereigneten sich in diesem Zeitraum über **200 Eruptionen**. Durchschnittlich ist etwa alle fünf Jahre mit einem Vulkanausbruch zu rechnen. Zu den bekanntesten und aktivsten Vulkanen gehört die ☞ **Katla**, die unter dem Eis des Mýrdalsjökull schlummert. Sie soll seit der Besiedlung des Landes etwa zwanzig Mal ausgebrochen sein – zuletzt 1918. Mit einer weiteren Eruption wird schon seit Jahrzehnten gerechnet. Auch die rege Erdbebentätigkeit der letzten Jahre im Gebiet des Vulkans ist möglicherweise ein Hinweis auf ein allmähliches Erwachen dieses Feuerberges. Weltweite Beachtung fanden auch der Ausbruch auf **Heimaey** 1973 sowie die Entstehung der Vulkaninsel Surtsey 1963-1967 (☞ Westmännerinseln).

Im März 2010 verursachte das Erwachen des ☞ **Eyjafjallajökull** ein Chaos im Flugverkehr. Aufgrund der riesigen Aschewolke kam es zu erheblichen Behinderungen des Flugverkehrs in weiten Teilen Europas.

▷ Island weist fast alle vorkommenden Vulkantypen auf. Die typischste Art ist der Spaltenvulkan. Bei einer Spalteneruption öffnet sich die Erde – zum Teil auf einer Länge von mehreren Kilometern – und die austretende Lava bedeckt oft große Flächen. An der Krafla (☞ Mývatn) kam es zwischen 1975 und 1984 zu einer ganzen Reihe derartiger Eruptionen. Bekanntester Vertreter dieses Vulkantyps ist die ☞ Laki-Spalte (Lakagígar), eine 27 km lange Kraterreihe, bestehend aus über 140 einzelnen Kratern (📷 S. 216). Aus ihr brach 1783 der größte auf der Erde bekannte Lavastrom hervor, der knapp 600 km² bedeckt. Die Asche der Eruption zerstörte das Weideland und die Gase vergifteten Mensch und Tier. Dies war eine der größten Katastrophen, die Island bisher erlebte.

▷ Auf Island gibt es auch den klassischen Stratovulkan. Die meisten dieser Vulkane, die mit ihrer spitzkegeligen Form sofort ins Auge springen, sind mit Eis bedeckt, so der Öræfajökull, der mit 2.109 m Höhe zu den höchsten Vulkanen Europas zählt. Weitere Beispiele sind Eyjafjallajökull und ☞ Snæfellsjökull. Diese Vulkane, deren bekannteste Vertreter der Fujiyama (Japan) und der Vesuv (Italien) sind, werden auch als Schichtvulkane bezeichnet. Als Zwischenstadium zwischen Spalten- und Stratovulkan gilt die berühmt-berüchtigte ☞ Hekla, die zuletzt 2000 Feuer spie.

▷ Die sonst eher seltenen **Schildvulkane** kommen in Island häufiger vor. Ihre bekanntesten Vertreter liegen auf Hawaii. Sie zeichnen sich durch eine sehr geringe Hangneigung (nur etwa 5°) und einen sehr breiten Vulkanfuß aus. Oft überragen diese Vulkane das Umland nur um wenige Meter, sodass sie von Unkundigen nur schwer auszumachen sind. Die bekanntesten isländischen Schildvulkane sind **Skjaldbreiður**, Ok, Trölladyngja und Surtsey. Letzterer ist der einzige Schildvulkan Islands, der in historischer Zeit aktiv war.

▷ Schließlich gibt es eine große Zahl von Tafelvulkanen. Dabei handelt es sich um Vulkane, die einst von einer Gletscherkappe bedeckt waren oder es noch sind. Sie weisen in der Regel steil abfallende, kahle Hänge auf und sind von Weitem sichtbar. Die bekanntesten Beispiele sind Þórisjökull, ☞ Eiríksjökull, ☞ Hlöðufell, ☞ Grímsvötn und ☞ Herðubreið – für viele der schönste Berg Islands.

Calderalandschaften

Bei Calderen werden zwei Formen unterschieden: die Explosions- und die Einbruchscaldera. Der Begriff Caldera stammt aus dem Spanischen und bedeutet „Kessel".

▷ Bei einer Explosionscaldera wird die Spitze des Vulkans bis auf den Rumpf weggesprengt. Eine solche Explosionscaldera entstand z. B. 1980 am Mount St. Helens, im Nordwesten der USA.

▷ Eine Einbruchscaldera entsteht, wenn bei der Eruption die Magmakammer im Erdinneren entleert wird, der so entstandene Hohlraum in sich zusammenstürzt und dadurch die Erdoberfläche großflächig absackt. Ein typisches Beispiel ist die Askja. Der Einbruchskessel misst oft viele Kilometer im Durchmesser.

Askja: Das Maar Víti entstand beim Ausbruch im Jahr 1875

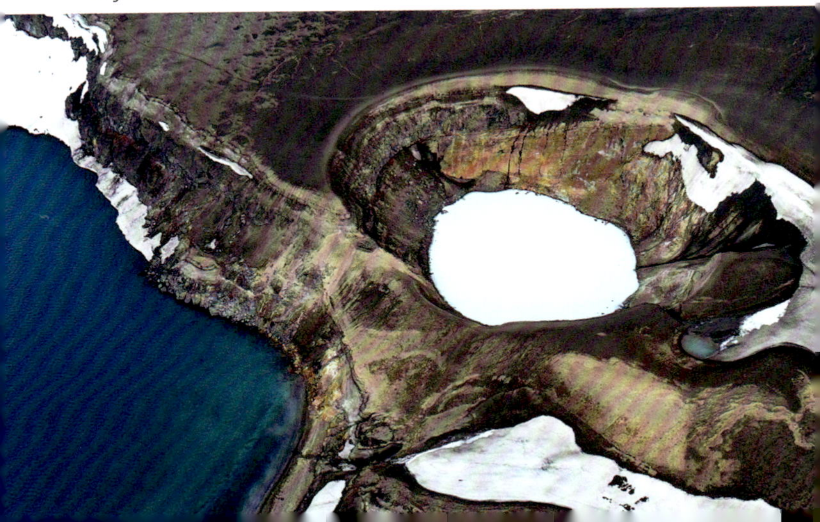

Lava

Bei Vulkanausbrüchen ergießen sich oft erhebliche Lavamassen über das umliegende Land. Fast ein Zehntel der Fläche Islands wird von nacheiszeitlichen Lavaströmen bedeckt. Es werden grundsätzlich zwei Formen der Lava unterschieden:

▷ Fladenlava (helluhraun) weist nach ihrem Erkalten eine glatte, gewundene, häufig in große Stücke zerbrochene Oberfläche auf.

▷ Blocklava (apalhraun) besitzt eine sehr raue, unebene Oberfläche.

Jüngere Lavafelder gibt es nur entlang der vulkanisch aktiven Zone. Dieser Gürtel besteht aus einem 30 bis 50 km breiten Streifen, der vom Südwesten (Halbinsel Reykjanes) bis zum Nordosten Islands reicht. Die übrigen Teile des Landes sind nicht mehr vulkanisch aktiv und bestehen überwiegend aus mächtigen Plateaubasalten tertiären Alters.

Eine für Island typische Erscheinung sind **subglaziale Vulkanausbrüche**, Eruptionen unter dem Eis eines Gletschers. Dabei wird aufsteigendes Magma durch die Reaktion mit Schmelzwasser in einer Reihe heftiger Explosionen zerkleinert. Durch Verfestigung des geförderten Lockermaterials entsteht später der sogenannte Palagonittuff, ein auf Island recht häufiges Gestein, das an seiner typisch gelblich braunen Farbe erkennbar ist. Bei größeren Ausbrüchen durchbricht der Vulkankörper schließlich die Eisdecke und es kommt zum Ausfluss von Lava: Auf dem Gipfel des Palagonitberges entsteht ein kleiner Schildvulkan. Das Ergebnis ist ein klassischer **Tafelberg**, bekanntester Vertreter ist die ☞ **Herðubreið**.

Eiszeit

Wie viele Eiszeiten Island über sich ergehen lassen musste, ist nicht bekannt. Die Spuren vergangener Eiszeiten sind jedoch vielerorts in Form von Moränen, abgeschliffenen Felsen usw. erhalten geblieben.

Vor etwa 20.000 Jahren hatte das Eis seine gewaltigste Ausdehnung, zog sich dann aber rasch zurück: Vor 9.000 Jahren war es ca. 2° C wärmer als heute. Davon zeugen Funde von ausgedehnten Birkenwäldern, wie sie heute nicht mehr vorkommen. Ab etwa 500 v. Chr. bis weit ins 19. Jh. hinein dehnten sich die Gletscher wieder aus. Seit dieser Zeit erwärmt sich das Klima und die Gletscher schmelzen ab. Drastisch hat sich das in den letzten 150 Jahren an der Eiskappe des ☞ **Snæfellsjökull** gezeigt.

Gletscher

Nicht umsonst wird Island als „Insel aus Feuer und Eis“ bezeichnet, denn etwa ein Zehntel der Oberfläche des Landes ist mit Eis bedeckt. Die Erscheinungsformen der Gletscher (jökull) sind sehr vielfältig, sie reichen von Hänge-, Kar- und weiteren Talgletschern über kleine Eiskappen bis hin zu den gewaltigen Plateaugletschern. Eindrucksvollstes Beispiel der letzten Kategorie ist der ☞ Vatnajökull mit einer Fläche von 7.800 km². Dieser ist der größte Gletscher Europas, seine Eisdecke ist bis zu 950 m stark.

Weitere bekannte Gletscher sind Langjökull (870 km²), Hofsjökull (830 km²) und Mýrdalsjökull (540 km²). Die zahlreichen Gletscher ermöglichen auch die Besichtigung der damit verbundenen Landschaftsformen wie Moränen und Sander.

Gletscherläufe

Gletscherläufe (jökulhlaup) entstehen bei verstärkter Aktivität eines Vulkans und sind besonders heftig bei einem Vulkanausbruch unter dem Gletschereis. Bei einer solchen Eruption schmilzt Eis in Sekundenschnelle ab, enorme Wassermengen strömen mit unvorstellbarer Macht zu Tal und reißen Eisblöcke und sogar Felsen mit sich. Dabei kommt es dann zu verheerenden Überschwemmungen: Alles, was sich der gewaltigen Wasserwand, die eine Höhe von vielen Metern erreichen kann, in den Weg stellt, wird fortgerissen. Besonders Katla (unter Mýrdalsjökull) und Grímsvötn (unter Vatnajökull) sind für ihre Gletscherläufe berüchtigt. Ergebnis dieser Läufe sind die riesigen Sander (= Schwemmlandebenen) an der Südküste Islands.

Geysire

Geysire finden sich auf der Welt außer in Island u. a. in den USA (Yellowstone-Nationalpark), in Chile und in Neuseeland. Ein Geysir ist eine besondere Form der heißen Quelle und wird auch als Springquelle bezeichnet.

Der deutsche Naturforscher Robert Bunsen (1811-1899) untersuchte das Phänomen genauer. Seine Theorie besagt, dass sich unter der Erdoberfläche Wasser in Spalten sammelt. Die hier ungewöhnlich hohe Bodentemperatur heizt das Wasser auf. Die Spalten haben unten größere Wasserkammern, während an die Erdoberfläche nur enge Röhren führen. Deshalb kann nicht alle Wärme, die unten dem Wasser zugeführt wird, nach oben an die Luft abgegeben werden. Dadurch beginnt das Wasser zu sieden. Dies geschieht wegen des hohen Druckes des darüberstehenden Wassers aber erst bei ca. 137° C. Beginnt nun das Wasser auch oben herauszusprudeln, vermindert sich der Druck auf das in der Wasserkammer stehende Wasser, sodass es sich in Dampf umwandelt und dann den Ausbruch verursacht. Das Wasser sammelt sich, fließt in den Spalt zurück und erwärmt sich wieder – das Naturschauspiel beginnt wieder von vorn.

Wesentlich für das Entstehen eines Geysirs ist demnach vor allem die stark zunehmende Erdwärme. Beträgt diese Zunahme normalerweise ca. 0,02° C je Meter, so sind es im Gebiet der Geysire über 0,1° C!

Weiter bedarf ein Geysir eines entsprechenden Röhrensystems, das es zulässt, dass im Erdinnern größere Wassermengen aufgeheizt werden, während über enge Kanäle aber nur geringe Wärmemengen abgeführt werden können.

Die bekanntesten Geysire Islands sind der ☞ **Geysir** (inaktiv) und der benachbarte **Strokkur**, der regelmäßig alle 5 bis 10 Minuten ausbricht. Übrigens sind alle Geysire der Welt nach Ersterem benannt.

Heiße Quellen

Es gibt etwa 250 Thermalgebiete und zahllose heiße Quellen. Viele zusammengesetzte Ortsnamen, z. B. mit reyk (von reykur, Rauch/Dampf), varm (von varmur, warm), laug (warme Quelle) und hver (heiße Quelle), deuten auf ihre Existenz hin. Mit hver werden nur solche Dampf- oder Wasserquellen bezeichnet, die Temperaturen von 100° C aufweisen, die Bezeichnung laug indes steht für warme Quellen, die eine niedrigere Temperatur kennzeichnet.

Die Wärme dieser Thermalquellen wird zum Beheizen von Schwimmbädern, zur Warmwasserversorgung und zum Betrieb der Heizungen in Häusern genutzt. An zahllosen Bohrstellen, selbst mitten in Reykjavík, wird heißes Wasser zu diesem Zweck gefördert. Die wasserreichste heiße Quelle ist ☞ **Deildartunguhver** bei Reykholt. Diese hat eine Schüttung von 180 l/s an 100° C heißem Wasser.

Solfataren

Ein weiteres Beispiel großer thermischer Aktivität sind die zahlreichen Solfataren – Island zählt mehr als zwanzig solcher Solfatarenfelder. Diese sind charakteristisch für Gebiete mit jungem Vulkanismus und bestehen aus kleinen Kratern, gefüllt mit brodelndem Schlamm. Ähnlich wie bei heißen Quellen wird auch hier in der Tiefe der Erde Wasser aufgeheizt. Es treten jedoch Dämpfe und Gase sowie Feststoffe hinzu. Auffallend an den Solfataren ist vor allem ihr Farbenreichtum. Dieser ist auf Schwefel- und Eisenverbindungen zurückzuführen, die den Schlamm meist blaugrau färben. In der Umgebung finden Sie dann leuchtendes Gelb (Schwefelablagerungen) und Rot (Eisenoxide).

Gut erreichbar sind die Solfataren von **Seltún** bei Krýsuvík (☞ Reykjanes) sowie die von ☞ **Hveraröndd** (Mývatn) und **Leirhnjúkur** (☞ Krafla).

Kochender Schlammtopf im Solfatarenfeld von Hveraröndd

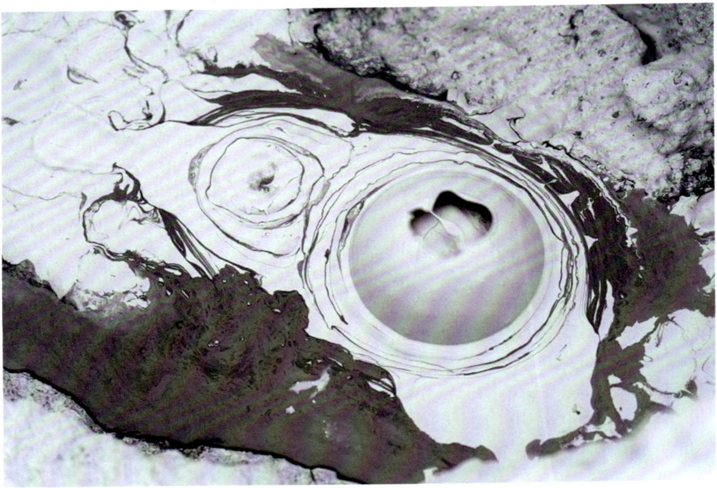

Geschichte

Die Geschichte Islands beginnt erst relativ spät, nämlich im 8. Jh., als einige irische Mönche sich auf der Insel niederlassen. Diese verschwinden mit der Besiedlung des Landes durch die Wikinger von der Bildfläche.

870 gerät der Norweger **Ingólfur Arnarson** in Streitigkeiten mit dem norwegischen König **Harald Schönhaar** und segelt von seiner Heimat aus westwärts. Er landet 874 an der isländischen Südküste und siedelt sich später dort an, wo das heutige Reykjavík liegt.

In den folgenden Jahren kommen viele weitere Norweger, die auch über Schottland, Irland oder die Färöer hierher segeln. Sie alle fliehen vor den Repressalien des norwegischen Königs. Auch Iren und Schotten landen auf der Insel im Nordatlantik. Die Zeit von 870 bis 930 wird als **„Landnahmezeit"** bezeichnet, in der alles nutzbare Land verteilt wird und etwa 40.000 Menschen auf die Insel kommen.

930 wird in ☞ Þingvellir in der Allmännerschlucht das erste **Althing** gegründet. Island erhält damit eines der ältesten Parlamente der Welt. Hier wird die Republik Island ausgerufen, die bis 1263 besteht. Seit diesen Tagen versammelt man sich alljährlich im Frühjahr an gleicher Stelle, um Gesetze zu beschließen, Gericht zu halten und sonstige Probleme zu lösen. Die Jahre von 930 bis 1030 werden als das „Saga-Zeitalter“ bezeichnet.

982 entdeckt der Isländer **Erik der Rote** Grönland, wo er zwei Siedlungen gründet. Vier Jahre später verirrt sich Bjarni Herjólfsson auf dem Weg nach Grönland und landet in **Nordamerika**. Im Jahr 1000 folgt ihm **Leif Eriksson**, der das neue Land näher erkundet. Im selben Jahr wird das **Christentum Staatsreligion**. 1056 wird ☞ Skálholt erster Bischofssitz Islands, 1106 erfolgt in Hólar im Hjaltadalur die Errichtung eines weiteren Bistums. Der erste Bischof wird übrigens in Bremen geweiht.

Die Zeit von 1030 bis 1118 wird als „Zeitalter des Friedens“ bezeichnet, und die folgenden Jahre, in denen die Mehrzahl der Sagas aufgeschrieben wird, gelten als Blütezeit der altisländischen Literatur. Danach häufen sich die Auseinandersetzungen zwischen den regierenden isländischen Familien, was den isländischen Staat schwächt. Gleichzeitig wächst der Wille der Norweger, Island zu beherrschen, was sich in der Ermordung von Snorri Sturluson (der nicht nur Dichter der Edda, sondern auch Politiker war) 1241 zeigt.

Irischer Mönch im Saga Museum (Reykjavík)

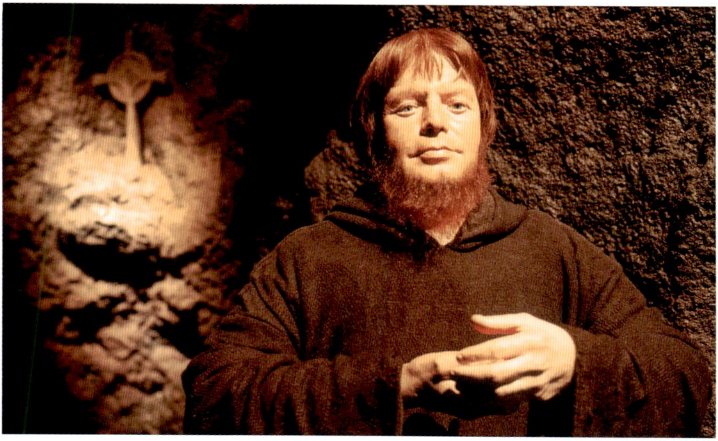

1262 unterwirft sich Island schließlich auf dem Althing dem norwegischen König Håkon IV. Für Jahrhunderte existiert das Land nicht mehr als selbstständiger Staat. 1380 gerät Island zusammen mit Norwegen unter dänische Herrschaft. Der Einfluss dänischer Kaufleute, die zahlreiche Handelsposten errichten, wächst. Ausbrüche der Hekla und des Öræfajökull zerstören das Land, Hungersnöte sind die Folge und Seuchen tun ein Übriges.

Zwischen 1402 und 1404 stirbt über ein Drittel der Bevölkerung an der eingeschleppten Pest, außerdem verschlechtert sich das Klima zunehmend.

Ab 1540 beginnt sich die **Reformation** auch in Island durchzusetzen. Zehn Jahre später wird der letzte katholische Bischof, Jón Arason, hingerichtet.

1602 zwingt der dänische König Christian IV. Island das **dänische Handelsmonopol** auf, das Island den Handel mit anderen Nationen unmöglich macht. 1621 verbietet man den Isländern sogar den Fischfang mit größeren Booten. 1662 muss Island den dänischen König als absoluten Herrscher anerkennen.

1627 erreicht eine Flotte von Schiffen aus dem heutigen Algerien die Westmännerinseln und die Südküste. Die Besatzung mordet, plündert, brandschatzt und nimmt über 240 Gefangene mit, um sie als Sklaven zu verkaufen. In damaligen Berichten werden sie irrtümlich als „Türken" bezeichnet. Nur wenige der Entführten werden zehn Jahre später freigekauft und kehren nach Island zurück.

Von 1707 bis 1709 erliegt ein Drittel der Bevölkerung den schwarzen Blattern (Pocken). Im Sommer 1756 liegt die Insel unter einer dicken Schneedecke begraben. In dieser bisher stärksten Kälteperiode erfrieren Mensch und Tier.

1783 bricht die ☞ **Laki-Spalte** auf, die Eruptionen wüten acht Monate lang. Millionen Tonnen Schwefeldioxid und mit Fluor verseuchte Vulkanasche vergiften das Weideland und über die Hälfte aller Schafe, Rinder und Pferde verenden elendig. Aschewolken verdunkeln den Himmel und die Temperatur fällt rapide. Eine Hungersnot biblischen Ausmaßes bricht aus und rafft über 9.000 Isländer hin. Die dänischen Herrscher überlegen daraufhin sogar, das Land aufzugeben und die Restbevölkerung in den Heidegebieten Jütlands anzusiedeln. Eine positive Konsequenz hat der Laki-Ausbruch dennoch: Ab 1787 lockert die dänische Regierung das Handelsmonopol schrittweise. 1800 wird das Althing aufgelöst, nachdem es nur noch die Bedeutung eines Landgerichts hatte.

Allmählich verbessern sich die Lebensbedingungen, und die Aufklärung, die sich in Europa nach dem Ende des Absolutismus ausbreitet, macht auch vor Island nicht halt.

1809 ergreift Jørgen Jürgensen, ein dänischer Abenteurer in britischen Diensten, auf eigene Faust die Macht, wird aber kurz darauf von den Engländern deportiert.

Mitte des 19. Jh. nimmt eine von **Jón Sigurðsson** (1811-1879) angeführte Selbstständigkeitsbewegung ihren Anfang: 1843 wird das Althing als beratende Versammlung wieder eingesetzt. 1854 kommt es zur völligen Handelsfreigabe.

Zur 1.000-Jahrfeier 1874 in Þingvellir erhält Island im Rahmen des Königreichs Dänemark wieder eine eigene Verfassung. In den folgenden Jahrzehnten werden systematisch Verkehrswege gebaut und der Handel organisiert. 1882 wird in Húsavík die erste Einkaufsgenossenschaft gegründet.

1903 wird Island im dänischen Kabinett durch einen eigenen Minister vertreten. Weitere Schritte zur Selbstständigkeit sind 1904 die Bildung einer einheimischen Regierung und 1911 die Gründung der isländischen Universität in Reykjavík.

1918 wird das Land schließlich ein **unabhängiger Staat**, den lediglich noch eine Personalunion mit Dänemark verbindet.

Im folgenden Jahr wird die staatliche Fluggesellschaft (heute Icelandair) gegründet. 1930 wird das 1.000-jährige Bestehen des Althing gefeiert.

1940 besetzen britische Streitkräfte ohne Einverständnis der Isländer das Land. Im Jahr darauf übernehmen die USA die Verteidigung der Insel.

1944 wird in Þingvellir die **Republik Island** ausgerufen. Das Land unterhält fortan keine eigenen Streitkräfte mehr, stellt aber der NATO, der es 1949 beitritt, den Stützpunkt Keflavík (heute der internationale Flughafen) zur Verfügung.

1950 tritt Island dem Europarat bei und unterzeichnet im Jahr darauf ein Verteidigungsabkommen mit den USA.

1952 dehnt Island seine **Fischereigrenzen** wegen der Überfischung der Fanggründe auf vier Seemeilen aus, 1958 auf zwölf Meilen (1 sm = 1.852 m). Folge ist der **Erste Kabeljaukrieg** mit Großbritannien.

1955 erhält **Halldór Laxness** den Nobelpreis für Literatur.

In den 60er-Jahren wird Island durch Verlegung von neuen Unterseekabeln in kommunikativer Hinsicht sowohl an Europa als auch an Amerika angeschlossen.

1963 bis 1967 entsteht vor Island durch einen submarinen Vulkanausbruch die **Insel Surtsey**.

1968 stellt das Land auf Rechtsverkehr um und fortan wird auf der „richtigen" Straßenseite gefahren.

1970 tritt Island der kleinen Freihandelszone EFTA bei und erweitert zwei Jahre später seine Fischereigrenzen auf 50 Seemeilen. Das löst den **Zweiten Kabeljaukrieg** aus.

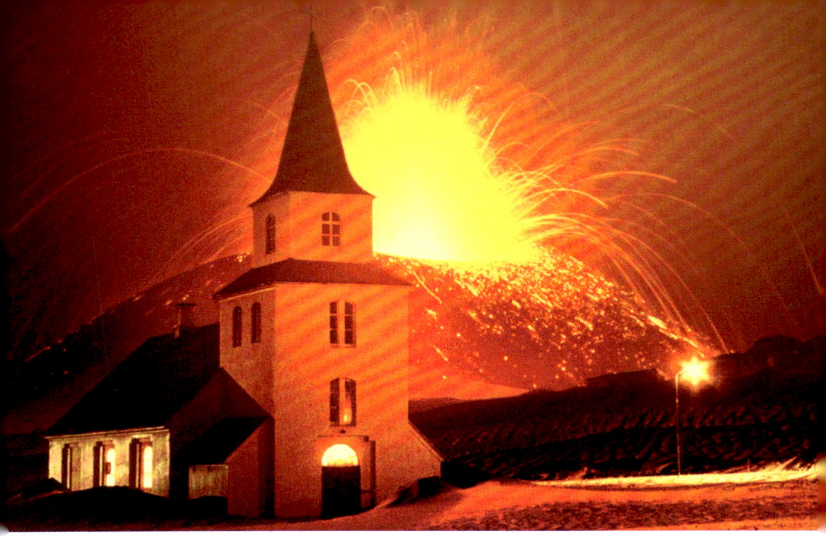

Vestmannaeyjar: 1973 verschüttet der Eldfell-Ausbruch Teile der Stadt

Anfang 1973 bricht auf Heimaey, einer der **Westmännerinseln**, ein Vulkan aus und verschüttet große Teile des Ortes Vestmannaeyjar. Im selben Jahr wird ein Handelsabkommen mit der EG unterzeichnet.

1974 begeht Island in Þingvellir die 1.100-Jahrfeier, zu deren Anlass mit internationaler Hilfe endlich die **Ringstraße** um die ganze Insel herum fertig wird.

1975 dehnt Island seine Fischereigrenzen auf 200 Seemeilen aus und provoziert damit den **Dritten Kabeljaukrieg**, vor allem mit Großbritannien.

1977 erkennen die europäischen Länder in einem Abkommen schließlich die 200-Seemeilen-Zone an.

1980 wird mit Vigdís Finnbogadóttir weltweit zum ersten Mal eine Frau aufgrund demokratischer Wahlen (Direktwahl durch das Volk) Staatspräsidentin. Sie wird 1984, 1988 und 1992 im Amt bestätigt.

1986 findet im Haus Höfði bei Reykjavík das historische Treffen der Präsidenten **Reagan** und **Gorbatschow** statt, das als Wendepunkt zur weltweiten Entspannung gilt.

1994 erfolgt die Mitgliedschaft im Europäischen Wirtschaftsraum (EWR).

1996 wird Ólafur Ragnar Grímsson erstmalig zum Staatspräsidenten gewählt. Er ist nicht gerade als europafreundlich bekannt. 2001 tritt das Land dem Schengen-Abkommen bei.

2006 verlassen die **amerikanischen Streitkräfte** den Luftwaffenstützpunkt Keflavík und damit Island.

2008 trifft der **Finanzcrash** die drei isländischen Banken Kaupthing, Landsbanki und Glitnir hart. Sie gehen bankrott. Durch den Crash verlieren viele Isländer ihr Erspartes und weitere Vermögenswerte.

2009 tritt die Regierung Haarde wegen der Finanzkrise zurück. Ministerpräsident Geir Hilmar Haarde wird 2012 vor einem Sondergericht angeklagt und für schuldig befunden. Er habe sich grob fahrlässig nicht gegen die Krise gestemmt und dem Volk deshalb geschadet. Er fühlt sich unschuldig und geht in die Berufung. Jóhanna Sigurðardóttir wird seine Nachfolgerin als Premierministerin.

2012 gewinnt Ólafur Ragnar Grímsson die Wahl zum Staatspräsidenten zur 5. Amtszeit mit 53 % der Stimmen. In einer Volksabstimmung lehnen die Wähler eine Rückzahlung von ca. € 6 Mrd. an Großbritannien und die Niederlande ab, die voreilig Anleger bei den isländischen Banken entschädigt haben.

Die EU-freundliche Jóhanna Sigurðardóttir wird 2013 nach vierjähriger Amtszeit von Sigmundur Davíð Gunnlaugsson als Premierminister abgelöst. Der EU-Skeptiker wird jedoch im April 2016 durch die Veröffentlichung der Panama Papers zum Rückzug gezwungen. Ihm wird vorgeworfen, seine ehemalige Beteiligung an einer Briefkastenfirma seiner Ehefrau dem Parlament vorenthalten zu haben. Noch am Tag seines Rücktritts wird Sigurður Ingi Jóhannsson zum neuen Übergangsministerpräsidenten ernannt. In den folgenden Jahren kommt es mehrfach zu vorgezogenen Neuwahlen. Seit dem 30. November 2017 regiert das Kabinett Katrín Jakobsdóttir, eine Koalition aus Links-Grüner Bewegung, Fortschritts- und Unabhängigkeitspartei.

Bei der Präsidentschaftswahl 2016 zieht Ólafur Ragnar Grímsson seine ursprüngliche Kandidatur später zurück. Der Verzicht wird mit dem Auftauchen des Namens seiner Ehefrau im Zusammenhang mit den Panama Papers in Verbindung gebracht. Aktueller Präsident ist der Historiker Guðni Thorlacius Jóhannesson.

Klima

Obwohl Island am nördlichen Polarkreis liegt, ist das Klima durch den Golfstrom, der an der Südküste vorbeizieht, relativ mild. Dies wird deutlich durch den Vergleich von Island mit Südgrönland, das auf gleicher Höhe liegt.

▷ Der Winter ist mild, aber niederschlagsreich und oft sehr stürmisch. Trotz der nördlichen Lage bildet sich um Island herum relativ wenig Eis auf dem Meer, nur auf der Dänemarkstraße im Nordwesten ziehen große Mengen Treibeis von Norden nach Süden. Dadurch kann auch die dortige Küstenregion blockiert werden.

▷ Der Sommer ist kühl, warme Tage mit Temperaturen von über 20° C sind selten; nur einige Täler im Norden verzeichnen höhere Temperaturen. In den gebirgigen Teilen des Landes ist auch im Sommer mit Schneefall und Frost zu rechnen. Die höchste in Island gemessene Temperatur liegt bei rund 30° C.

▷ Die Niederschläge, die im Winter überwiegend als Schnee fallen, sind vor allem an der Südküste erheblich. Den meisten Niederschlag gibt es am Fuß des Vatnajökull. Sind es dort weit über 3.000 mm, so sind nördlich des Vatnajökull auch Gebiete mit weniger als 400 mm zu finden. Typisch für das isländische Wetter ist der Nord-Süd-Gegensatz: Regnet es im Süden, dann scheint im Norden die Sonne und umgekehrt.

▷ Die isländische Luft ist sehr sauber, kristallklar und fast bakterienfrei. Wegen der nördlichen Lage der Insel wird es im Sommer nachts kaum dunkel, im Winter tagsüber kaum hell (☞ Klimatabelle). Im Winter ist bei Dunkelheit und wolkenlosem Himmel manchmal das fantastische Nordlicht, auch als Aurora borealis bezeichnet, zu bewundern. Es entsteht in sehr hohen Schichten der Erdatmosphäre, wenn elektrisch geladene Teilchen von der Sonne mit Luftmolekülen der Erde zusammenstoßen und diese zum Leuchten bringen.

Wenn Sie nach Island reisen, werden Sie feststellen, dass sich das Wetter dort oft schneller als anderswo ändert. Dennoch sind sowohl 14 Tage ohne Regen als auch fünf Tage Dauerregen durchaus möglich. Sie sollten jeden Tag mit Regen rechnen, der meist aber nur in Form von Schauern auftritt.

☺ Eine Besonderheit der nördlichen Breiten ist die Mitternachtssonne, die sich am deutlichsten um den 21. Juni zeigt. In diesen Tagen wird es nicht dunkel und die Sonne scheint ohne Untergang am Horizont entlangzugleiten.

Die durchschnittlichen **Tageshöchsttemperaturen** während des Sommers sind 15 bis 17° C. Auffallen wird Ihnen der oft wehende Wind bzw. Sturm – dies umso mehr, da so gut wie keine Bäume als Windbrecher vorhanden sind.

Überraschendes ereignete sich Mitte September 2012: Im Hochland wurden teilweise Temperaturen von -10° C (!) gemessen, am Mývatn lag Schnee und die beiden Zufahrtsstraßen zum Dettifoss mussten wegen Unpassierbarkeit gesperrt werden!

Klimatabelle Reykjavík

Monat	Ø Temp. in ° C	Regen in mm	Sonnen-stunden	Sonnen-aufgang	Sonnen-untergang
Januar	-1	76	27	11:20	15:45
Februar	0	72	52	9:55	17:30
März	1	82	111	8:23	18:57
April	3	58	140	6:45	20:23
Mai	6	44	192	4:40	22:10
Juni	9	50	162	3:15	23:38
Juli	11	52	171	3:07	23:55
August	10	62	155	4:50	22:15
September	7	67	125	6:15	20:38
Oktober	5	86	83	7:36	18:57
November	1	73	39	9:23	17:00
Dezember	0	79	12	10:50	15:45

Literatur

Island ist in kultureller Hinsicht vor allem wegen der Sagas bekannt, die einen herausragenden Beitrag der nordischen Länder zur mittelalterlichen Literatur darstellen. Die Sagas zeichnen ein gutes Bild vom alltäglichen Leben im 10. und 11. Jh. in Island. Sie wurden in viele Sprachen übersetzt und nahezu alle isländischen Sagas sind auch auf Deutsch erhältlich.

Die **Sagas** umfassen sowohl dokumentarische Geschichtsschreibung als auch Erdichtetes. Die bekanntesten sind die von **Njáll**, **Egill**, **Guðrún** und **Grettir**. Meist haben die Sagas einen historischen Kern, der jedoch infolge der häufigen mündlichen Überlieferung und Ausschmückung nicht mehr unbedingt den geschichtlichen Tatsachen entspricht.

Dennoch lässt sich gerade anhand der Sagas Leben und Handeln der Isländer von einst gut studieren. So werden oftmals alte Ortschaften, Flüsse, Gegenden und Gehöfte (überwiegend im Westen der Insel) mit Namen bezeichnet, die es noch heute gibt. Sie sind auch heute noch Ziel von geschichtsbewussten

Isländern, die mit wohligem Schaudern auf den Spuren ihrer mittelalterlichen Vorfahren wandeln. Die meisten Sagas wurden zwischen 1150 und 1350 schriftlich fixiert.

📖 **Die schönsten isländischen Sagas**, Arthúr Björgvin Bollason & Rolf Heller, Insel TB, ISBN 978-3-458-35744-5, € 9

Die **Edda** umfasst Helden- und Götterlieder, Zaubersprüche, Lehren über Sitte usw. Es wird zwischen der Älteren und der **Jüngeren Edda** unterschieden. Die Jüngere wird auch Prosa-Edda genannt, sie enthält u. a. die „Heimskringla" und die Geschichte der norwegischen Könige bis zum Ende des 12. Jh. Aufgeschrieben wurde dieser Teil der Edda als Lehrbuch für junge Skalden von **Snorri Sturluson** (1179-1241), dem berühmtesten Literaten Islands der damaligen Zeit (☞ Reykholt).

Die **Ältere Edda** fasst Überlieferungen des 9. bis 12. Jh. zusammen und gilt als die einzig zuverlässige Quelle für Leben und Weltanschauung der germanischen Völker jener Zeit. Die Edda war Grundlage für Wagners „Ring des Nibelungen".

Ausschnitt aus dem Werk Flateyjarbók

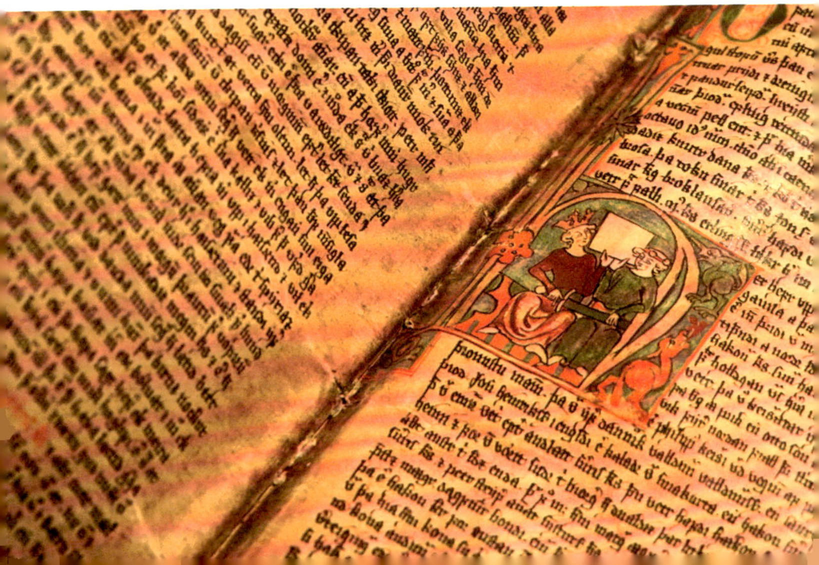

Die moderne isländische Literatur wurde durch **Halldór Laxness** (1902-1998) bekannt, der 1955 den Nobelpreis erhielt. Seine auch ins Deutsche (und in 42 weitere Sprachen) übersetzten Werke widmen sich neben damaligen gesellschaftspolitischen Problemen Islands vor allem historischen Themen. Bekannt sind in Deutschland auch Gunnar Gunnarsson und Jón Sveinsson, der Verfasser der Nonni-und-Manni-Jugendbücher, die auch hierzulande gern gelesen wurden.

Natur- und Umweltschutz

Naturschutz ist in einem Land wie Island besonders wichtig. Wegen der ungünstigen Klimaverhältnisse ist eine Zerstörung der Natur oft irreversibel. Viele Pflanzen blühen nicht jährlich, sondern in größeren Intervallen, und manche Pflanze ist nur mit großer Mühe in einer sehr ungastlichen Gegend heimisch geworden. Sie zu zerstören bedeutet, das Werk von Jahren zu vernichten. Daher gilt es, einige wichtige Regeln zum Schutz der Flora und Fauna zu beachten:

▷ Bei Geländewagenfahrten im Hochland ist die Verlockung groß, die gespurten Pisten zu verlassen. Dies sollten Sie in keinem Fall tun! Jede Fahrspur, auch in völlig vegetationsloser Gegend, bleibt auf Jahre sichtbar und verursacht irreparable Schäden. Sobald auch noch Vegetation vorhanden ist, ist der Eingriff in die Natur umso schlimmer. Lassen Sie sich nicht vom schlechten Beispiel beirren, das manche Einheimische hier selbst geben! Sie sind Gast dieses Landes und sollten daher besonderen Wert auf richtiges Verhalten legen.

▷ Stören Sie nicht die wild lebenden Tiere, zerstören Sie keine Pflanzen, pflücken Sie also auch keine Blumen!

▷ Greifen Sie nicht in Naturvorgänge ein, werfen Sie z. B. nie Steine in heiße Quellen oder Geysire – das wird ebenfalls hart bestraft.

▷ Verlassen Sie die Stätte Ihres Aufenthaltes stets so, wie Sie sie vorfanden, d. h.: Müll mitnehmen (auch Zigarettenkippen und Flaschenverschlüsse).

▷ Wählen Sie den Ort für Ihr Zelt so, dass die Natur nicht geschädigt wird. Seien Sie vorsichtig mit offenem Feuer.

▷ In Landschafts- und Vogelschutzgebieten gelten besondere Einschränkungen. Dort ist Zelten nur an ausgewiesenen Plätzen erlaubt! Über die im jeweiligen Gebiet geltenden besonderen Bestimmungen informieren die zuständigen Ranger. Es gibt in Island eine Vielzahl solcher Landschaftsschutzgebiete, die aber teilweise schlecht gekennzeichnet sind.

▷ In Vogelschutzgebieten gelten auch für das Fotografieren besondere Bestimmungen! Adler, Falken, Schnee-Eulen und Krabbentaucher dürfen nie in ihren Nestern fotografiert werden. Der Aufenthalt in der Nähe dieser Vögel ist nur mit Genehmigung gestattet, soweit dies zu Studien, Forschung usw. unerlässlich ist. Während der Brutzeit ist in den meisten Vogelschutzgebieten jeglicher Zutritt untersagt. Naturschutzgebiete erkennen Sie an dem auch bei uns bekannten grün-weißen, dreieckigen Schild.

Verstöße gegen Vorschriften des Naturschutzes werden geahndet und hart bestraft. So landeten schon öfter deutsche Touristen in Haft (zum Beispiel wegen Vogeleierdiebstahl) und immer wieder werden Touristen des Landes verwiesen. Achten Sie daher unbedingt auf Verbotsschilder usw.!

Viele Bäche im Hochland spenden kristallklares Trinkwasser

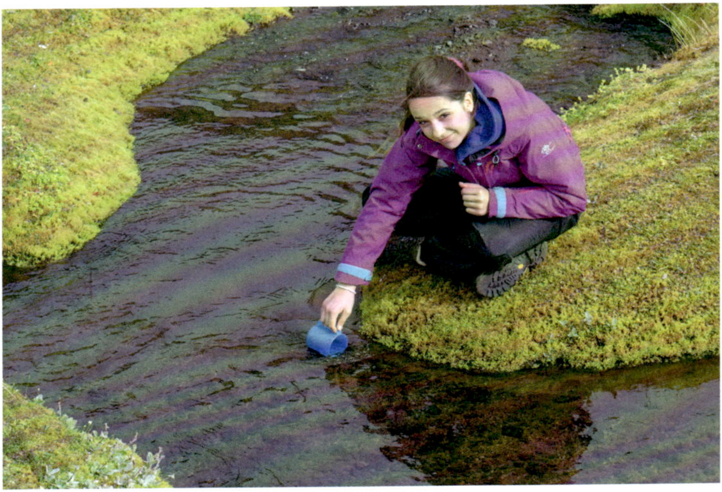

▷ Die Luftverschmutzung ist in Island relativ gering. Dies hat mehrere Ursachen. Zum einen sorgt der ständige Wind dafür, dass sich Luftmassen nicht stauen. Eventueller Dreck wird so gleich abtransportiert. Zum anderen wird die Luft auch wenig belastet. Es fehlt weitgehend an luftbelastenden Industrien und eine Vielzahl isländischer Häuser wird umweltschonend mit Erdwärme beheizt.

▷ Islands Gewässer sind dank der geringen Bevölkerungszahl und der wenig belastenden Industrie noch als sehr sauber zu bezeichnen. Einige Gewässer weisen jedoch einen starken Schwefelgehalt auf. Viele Flüsse leiden heute zunehmend unter dem Bau von Staudämmen und Kraftwerken, wie z. B. die Þjórsá.

Sprache

Isländisch gehört zur nordgermanischen Sprachfamilie. Angesichts der Abgeschiedenheit des Landes (und der Aktivitäten der „Gesellschaft zur Reinerhaltung der isländischen Sprache") hat sich die Sprache seit der Landnahmezeit kaum verändert. So können die meisten Isländer heute noch ihre mittelalterlichen Schriften recht problemlos lesen. Trotz des germanischen Sprachstammes ist die Sprache für uns nur schwer zu verstehen und zu erlernen. Dennoch wird es kaum Sprachprobleme geben, da der durchschnittliche Isländer über gute Fremdsprachenkenntnisse, insbesondere Englisch, verfügt.

Das isländische Alphabet hat 32 Buchstaben, die überwiegend den deutschen entsprechen. Alle Vokale (einschließlich Y) gibt es in einer zweiten Form mit Akzent (andere Betonung). Die Buchstaben C, W, Q und Z kommen in isländischen Wörtern nicht vor.

Zusätzlich zu den lateinischen gibt es die Buchstaben Đ und ð (wie „weiches" englisches th, wie z. B. in „this"), Þ und þ (aus dem Runenalphabet, wie „hartes" englisches th ausgesprochen, wie z. B. in „thing"), Æ und æ (wie deutsches ei) und Ö und ö (wie deutsches Ö). Das Alphabet beginnt mit A und Á und endet mit Æ und Ö.

Die „Gesellschaft zur Reinerhaltung der Sprache" versucht, alle Fremdwörter – möglichst bevor sie sich einbürgern – durch eine isländische Wortschöpfung zu ersetzen. So fand sie zum Beispiel für „Telefon" das Wort *sími*, das seinen Ursprung in dem Wortstamm des isländischen Wortes für „Draht" hat. Dadurch sind die Isländer die einzigen, die das internationale Wort Telefon nicht benutzen. Ein Fernseher ist ein *sjónvarp*, ein „Bildrausschicker", und ein Satellit ist ein *gervitungl*, ein künstlicher Mond. Witzig wird es mit *tölva*, der „Rechenhexe", als Computer oder *skriðdreki*, dem „kriechenden Drachen", einem Panzer.

Bei „Pizza" war die Gesellschaft nicht so erfolgreich. *Flatbaka*, also „Flachgebäck", wollte keiner sagen. 1973 wurde das „Z" vom Parlament aus dem isländischen Wortschatz getilgt und durch „S" ersetzt. Leider würde das Wort Pizza somit zu Pissa mutieren, was „urinieren" bedeutet. Eine isländische Pizzakette hält deshalb eisern an den beiden „Z" fest.

Ein Wortungetüm auf Schildern, das Sie als Autofahrer stutzig machen sollte, ist *löggæslumyndavél*, eine „Gesetzüberwachungslichtbildmaschine", d. h. ein Blitzer oder eine Radarfalle.

Aussprache des Isländischen

a	wie a im dt. V**a**ter
á	wie au im dt. f**au**l
au	wie eui im frz. f**eui**lle
æ	wie ei im dt. L**ei**d
ð	wie th im engl. fa**th**er
e	wie ä im dt. f**ä**llen
é	wie jä im dt. **jä**h
ey/ei	wie im engl. gr**ey**
f	wie im dt. **f**inden
f	wie **w** zwischen Vokalen
f	wie **b** im Inlaut vor l und n
g	wie g im dt. **g**eben im Anlaut vor a, á, o, ó, ú, au, l, n, r
g	im Anlaut wie **gj** vor e, i, í, y, y, æ, ei, ey, j und nach Konsonant
g	im Inlaut wie weiches **ch** zwischen Vokalen und zwischen Vokal und r
g	wie **j** zwischen Vokal und i
h	in den Verbindungen hl, hr, hj und hn **stärker behaucht** als im Deutschen
hv	wird meist wie im dt. **Qu**al ausgesprochen
i	wie ein geschlossenes **e**
í	wie im dt. L**i**d
k	wie im dt. **K**atze
k	im Anlaut und nach Konsonant im Inlaut wie **kj** vor e, i, í, y, y, æ, ei und ey
k	wie ch im dt. na**ch**, wenn es zwischen Vokal und t oder s steht
l	wie l im dt. **l**eben
ll	wie **dl** zwischen Vokalen oder zwischen Vokal und n oder r

nn	wie **dn** hinter den Vokalen á, é, i, ó, ú, *y*, æ, an, ei und ey
ó	wie im engl. s**o**
p	wie **p** im Dt.
pt	hat den Lautwert **f**
r	Zungenspitzen-r wie in der dt. Bühnensprache
rl	manchmal wie **dl**
rn	manchmal wie **dn**
z/s	stimmloses, aber weiches s wie im dt. Gra**s**
v	wie **w**
x	wie chs im dt. La**ch**s
þ	wie th im engl. **th**in

Es wird immer die **erste Silbe betont**. Zu beachten ist ferner, dass die Buchstaben þ, æ und ö ganz am Ende stehen.

Isländische Familiennamen

„Wie heißt du?" und „Wie ist dein Name?" sind immer, wenn ein Isländer – auch auf Englisch – fragt, die Fragen nach dem Vornamen, der in Island fast ausschließlich verwendet wird.

„Wessen Tochter/Sohn bist du?" oder „Wer ist dein Vater?" beantworten Sie ganz einfach mit dem Nachnamen.

In der Regel endet der isländische „Nachname" (also der „Vaters"-name) mit *-dóttir* oder *-son*. Wenn Helga Jónsdóttir ihren Freund Knud Ingasson heiratet, dann bleibt sie die Tochter von Jón, sie wird nicht Ingas Sohn. Wenn die beiden eine Tochter und einen Sohn haben, stehen vier „Nach"-namen, Jónsdóttir, Ingasson, Knudsdóttir und Knudsson an der Wohnungstür. Bezieht sich der Name auf den Vornamen des Vaters, handelt es sich um ein Patronym, beim Vornamen der Mutter um ein Metronym.

Isländer bekamen durch diese Namensgebung früher auf Reisen oft Schwierigkeiten, denn wer wollte außerhalb Islands schon glauben, dass Helga und Knud verheiratet sind? Und wer konnte die Heiratsurkunde lesen, falls die beiden diese vorsorglich mitgenommen hatten? Meist bekamen sie zwei Einzelzimmer statt eines Doppelzimmers!

Taufnamen werden meist nicht lange beibehalten – Isländer entwickeln eine unglaubliche Kreativität, wenn es um Kosenamen geht. Halldór wird wohl nie so gerufen, er muss auf Dóri hören, und Nonni hieß ursprünglich Jón.

Isländische Ortsnamen

á	Fluss (Plur.: *ár*)
bakki	Flussufer
borg	felsige Erhebung, Stadt
brekka	Berghang
bunga	Kuppe, Hügel
dalur	Tal (Plur.: *dalir*)
drangur	einzelner Felsen
eiði	Isthmus (Landenge)
eyri	Strandspitze, Delta
fjall	Berg (Plur.: *fjöll*)
fljót	Strom
gil	Schlucht, Klamm
gjá	Klamm, Kluft
hamar	Klippe
heiði	Heide, Hochebene
hnjúkur /hnúkur	Gipfel
hólmur	Holm, kleine Insel
hraun	Lava, Lavafeld
hver	heiße Quelle (Plur.: *hverir*)
höfði	Kap, Landspitze
jökull	Gletscher (Plur.: *jöklar*)
kirkja	Kirche
kot	Kate
laug	warme Quelle
lind	Quelle
lækur	Bach
mynni	Fluss-, Bachmündung
mörk	Wald
núpur	Bergnadel, Vorgebirge
ós	Flussmündung
rif	Riff, Sandbank
skagi	Halbinsel, Landzunge
sker	Schäre
slétta	Ebene
stapi	Felsküste, Felsblock
ás	Hügel, Hügelkette
bjarg	Klippe, Steilküste
botn	Talende, Grund (Plur.: *botnar*)
brú	Brücke
bær	Gehöft
djúp	Tiefe
dyngja	Schildvulkan
ey	Insel (Plur.: *eyjar*)
fell	einzelner Berg
fjörður	Fjord (Plur.: *firðir*)
foss	Wasserfall (Plur. *fossar*)
gígur	Krater (Plur.: gígar)
grunn	Flachwasser, Untiefe
háls	Höhenzug
hlíð	Berghang
hóll	runder Hügel (Plur.: *hólar)*
holt	Steinhügel
hryggur	Bergkamm
hvoll	Hügel
höfn	Hafen
jökulsá	Gletscherfluss
klettur	Kliff
kvísl	Fluss, Nebenfluss (Plur. *kvíslar*)
leið	Route
lón	Lagune, Haff
melur	Kiesfläche
mýri	Moor, Sumpf
nes	Halbinsel, Landspitze
oddi	Landzunge
reykur	Rauch, Dampf
sandur	Sander, Sandwüste
skarð	Gebirgspass
skógur	Buschland, Wald
staður	Platz, Ort (Plur.: *staðir*)
strönd	Strand, Meeresufer

súla	Bergspitze, Säule (Plur.: *súlur*)	*tangi*	schmale Halbinsel
tindur	Gipfel	*tjörn*	Teich, kleiner See
tunga	Landzunge	*vað*	Furt (Plur.: *vöð*)
vatn	See (Plur.: *vötn*)	*vegur*	Straße, Weg
ver	Fischfangstation	*viti*	Leuchtturm
vík	Bucht, kleine Bucht	*vogur*	Bucht, kleiner Fjord
völlur	Ebene (Plur.: *vellir*)	*öræfi*	Einöde, Wildnis

Ein paar Vokabeln

Hallo!	Hæ!	Guten Tag!	Góðan daginn!
Guten Morgen!	Góðan daginn!	Guten Abend!	Gott kvöld!
Gute Nacht!	Góða nótt!	Gute Reise!	Góða ferð!
Wie geht's?	Hvað segir þú gott?	Willkommen	Velkominn
Tschüss	Bless	Auf Wiedersehen	Sjáumst
Ja	Já	Nein	Nei
Danke	Takk	Bitte	Gerðu svo vel
Prost	Skál	Entschuldigung	Fyrirgefðu
Hilfe	Hjálp	Toilette	Salerni/Klósett
Ich heiße ...	Ég heiti ...	Ich hätte gerne ...	Gæti ég fengið
Was kostet ...?	Hvað kostar ...?	Bitte zahlen!	Get ég fengið reikninginn!
Eingang	Inngangur	Ausgang	Útgangur
eins	einn	zwei	tveir
drei	Þrír	vier	fjórir
fünf	fimm	sechs	sex
sieben	sjö	acht	átta
neun	níu	zehn	tíu

Ich spreche kein Isländisch. — Ég tala ekki íslensku.

Montag	Mánudagur (mán.)	Dienstag	Þriðjudagur (þri.)
Mittwoch	Miðvikudagur (mið.)	Donnerstag	Fimmtudagur (fim.)
Freitag	Föstudagur (fös.)	Samstag	Laugardagur (lau.)
Sonntag	Sunnudagur (sun.)		

Wirtschaft

Island ist die kleinste Volkswirtschaft in der OECD. 2018 wurde ein Bruttoinlandsprodukt (BIP) von € 21,16 Mrd. erwirtschaftet, das BIP pro Kopf betrug € 62.013 (Platz 6 weltweit, zum Vergleich: Deutschland: € 39.364, Platz 19). Zwei Drittel des BIP wird durch Dienstleistungen erbracht, die Industrie steuert ein Fünftel bei, die Fischerei ein Zehntel.

Die Fischerei, traditionell das Rückgrat der isländischen Wirtschaft, hat jedoch zuletzt gegenüber Industrie- und Dienstleistungssektoren allmählich an Bedeutung eingebüßt. Neben Meeresressourcen ist das Land mit üppigen Energieressourcen gesegnet, in deren Erschließung in den letzten Jahren kräftig investiert wurde. Über 90 % der isländischen Gebäude werden heute geothermisch beheizt. Elektrizität wird zu 100 % aus erneuerbaren Energien gewonnen (75 % Wasserkraft, 25 % Geothermie). Angelockt durch sehr günstige Stromtarife siedelten sich an verschiedenen Orten energieintensive Industrien (Aluminium- und Siliziumproduktion) an.

Weitere bedeutende Industriezweige sind Maschinen und Ausrüstung für die Lebensmittelindustrie, IT sowie die Herstellung von medizinischen und pharmazeutischen Produkten. Ein geradezu explosives Wachstum vermeldet der Tourismus, der Sektor ist heute sogar der größte Devisenbringer des Landes: 2015 besuchten 1,29 Mio. ausländische Besucher die Vulkaninsel, 2016 stieg diese Zahl um 39 % auf 1,79 Mio. 2018 kamen sogar 2,32 Mio. ausländische Gäste.

Bei aller Euphorie gilt es zu bedenken, dass Island noch vor wenigen Jahren wirtschaftlich am Boden lag. Kein Land in Europa wurde 2008 von der Finanzkrise so arg getroffen wie der kleine Inselstaat im Nordatlantik. Die Pleite der Großbanken Landsbanki, Kaupthing und Glitnir, deren Bilanzsumme dem Zehnfachen des BIP entsprach, riss auch den isländischen Staat mit in den Abgrund. Die Staatsschuld kletterte auf $ 50 Mrd. (das entsprach 500 % des BIP). Der IWF und die anderen skandinavischen Länder schritten ein und stellten Nothilfen in Höhe von mehreren Milliarden Dollar bereit. Der konservative Ministerpräsident Geir Haarde musste seinen Hut nehmen. Island stand vor dem Bankrott …

… und sollte dennoch in nur wenigen Jahren wie Phönix aus der Asche steigen. Die Banken wurden verstaatlicht. Während gescheiterte deutsche Bankmanager eine satte Abfindung erhielten, bekamen isländische Banker einen Haftbefehl zugestellt. Die Isländische Krone wurde stark abgewertet und der Abzug der Gelder ausländischer Investoren durch das Einführen von Kapitalverkehrskontrollen verhindert.

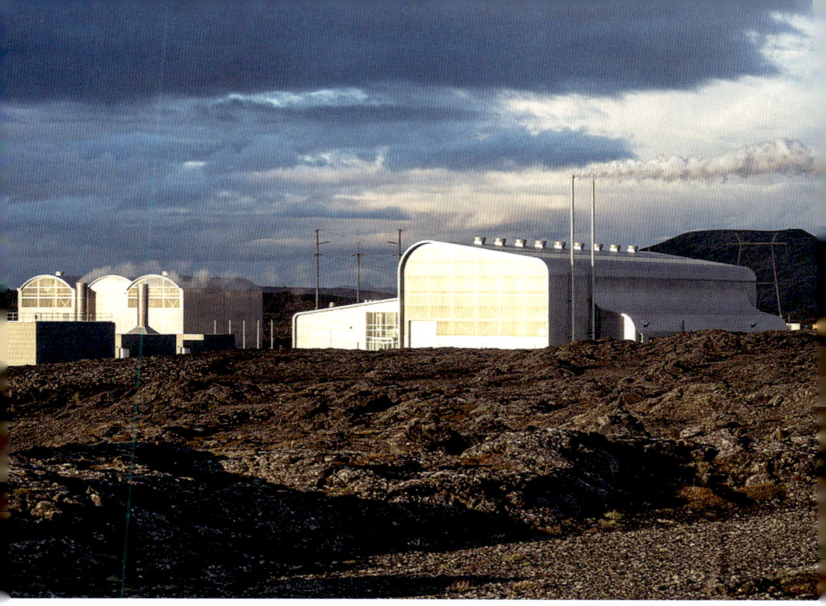

Das Geothermalkraftwerk Reykjanesvirkjun ging 2006 ans Netz

Heute gehört Island zu den am schnellsten wachsenden Volkswirtschaften Europas. Das BIP kannte 2017 ein Wachstum von 5,5 % (Deutschland 2,2 %), die Arbeitslosenrate konnte auf 2,7 % reduziert werden, die Staatsschuld ist auf 47,4 % des BIP gesunken, niedriger als in Deutschland (64,4 %) ...

Reise-Infos von A bis Z

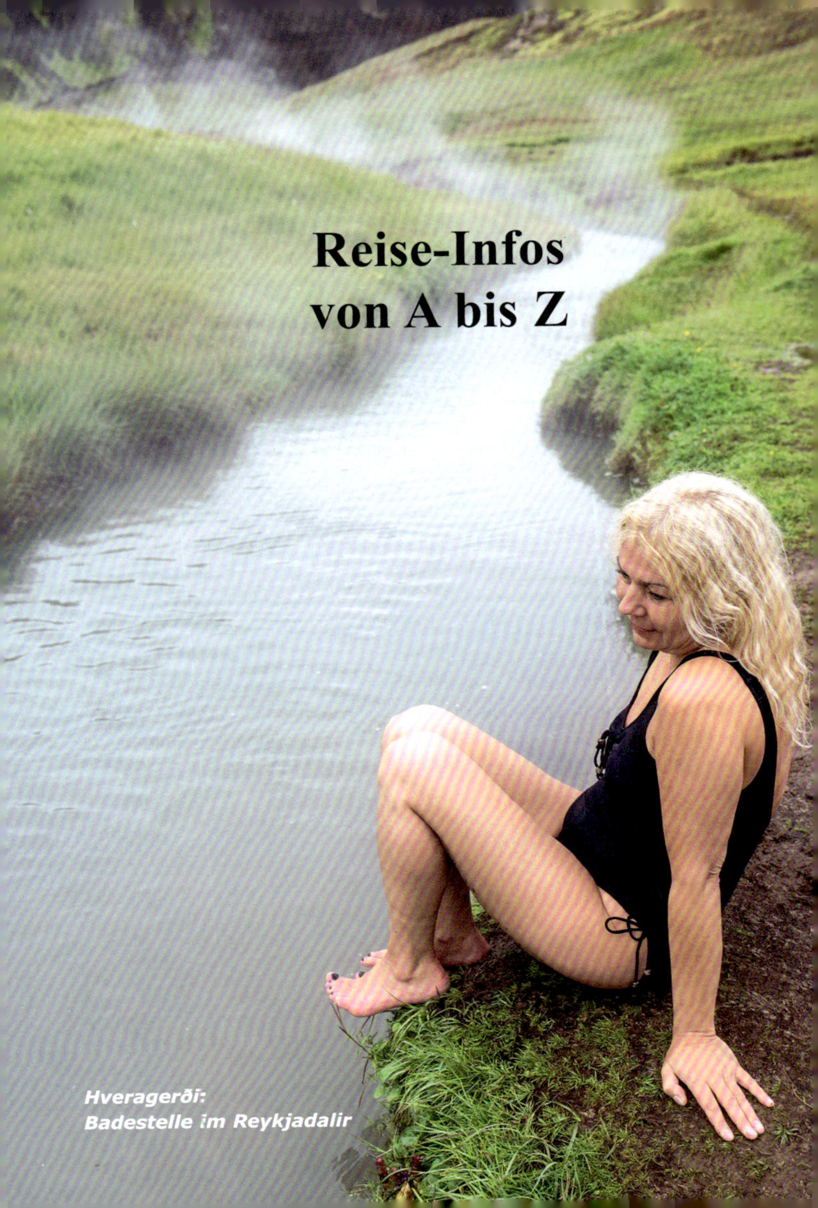

Hveragerði:
Badestelle im Reykjadalir

Anreise

Mit dem Flugzeug

Direktflüge aus dem deutschsprachigen Raum nach Reykjavík (zum internationalen Flughafen in Keflavík, IATA-Kennung KEF) bietet Icelandair von Frankfurt, München, Berlin (Tegel), Hamburg und Zürich an, im Sommer außerdem von Düsseldorf und Genf.

Lufthansa fliegt ganzjährig direkt von Frankfurt, in der Saison auch von München und Hamburg. Weitere Alternativen gibt es in der Saison von **Eurowings** ab Hamburg und (mit Umsteigen in Hamburg) weiteren deutschen Städten sowie Zürich und Wien. **EasyJet** startet ganzjährig von Basel, in der Saison auch von Genf.

Verbindungen von **Scandinavian Airlines (SAS)** via Kopenhagen gehen von mehreren deutschen Städten aus.

- www.icelandair.com
- www.lufthansa.com
- www.eurowings.com
- www.easyjet.com
- www.flysas.com

Alle internationalen Flüge nach und von Island (mit Ausnahme der Flüge nach Grönland) gehen über Keflavík, 45 km von Reykjavík entfernt. Der **Duty-free-Shop** dort ist auch für ankommende Reisende geöffnet. Hinter dem Shop liegt die Passkontrolle (an der aber nur Nicht-EU-Bürger kontrolliert werden), danach gelangen Sie an die Gepäckbänder. Anschließend passieren Sie den Zoll.

Zwischen dem Flughafen und der Hauptstadt Reykjavík verkehren regelmäßig Transferbusse von zwei Unternehmen:

▷ Der Flybus Airport Shuttle fährt 35 bis 40 Min. nach jeder Landung von Keflavík zum zentralen Busbahnhof BSÍ. Die Busse starten direkt vor der Tür der Ankunftshalle. Sitzplätze sind immer garantiert. Fahrscheine erhalten Sie am Flybus-Schalter oder am Ticketautomaten am Ausgang des Flughafengebäudes. Sie können auch online erworben werden, sind aber nicht mehr wie bisher üblich im Bus erhältlich. Die Fahrt zum BSÍ-Terminal (Endstation) dauert ca. 45 Min.

Mit dem Ticket „Flybus+" können Reisende am BSÍ-Terminal in kleinere Busse umsteigen, die zu den verschiedenen Busterminals und den bedeutendsten Hotels und Pensionen in Reykjavík weiterfahren.

Vom BSÍ-Terminal fährt der Flybus 2 Std. vor dem jeweiligen Abflug nach Keflavík ab. Das Ticket „Flybus+" schließt den Transfer vom Hotel zum BSÍ

Terminal ein. Voraussetzung ist eine rechtzeitige Anmeldung des Rücktransfers am Vorabend der Abreise an der Rezeption Ihrer Unterkunft.

Reykjavík Excursions, BSÍ Bus Terminal, Vatnsmýrarvegur 10, 101 Reykjavík, ☏ 580 5400, main@re.is, www.re.is/flybus

Tarife: einfache Fahrt ISK 2.999 (€ 22), Hin- und Rückfahrt ISK 5.499 (€ 40); „Flybus+": einfache Fahrt ISK 3.999 (€ 29), Hin- und Rückfahrt ISK 6.999 (€ 52). Kinder von 12-15 Jahren zahlen die Hälfte, Kinder bis 11 Jahren fahren gratis (Stand April 2019). Eine Liste der Hotels, die mit dem „Flybus+" erreichbar sind, finden Sie unter www.re.is/flybus.

▷ Auch der Airport Express startet alle 25 bis 45 Min. nach jeder Landung gen Reykjavík. Endziel ist der Gray Line Bus Terminal (Skarfagarðar 8) im Hafen. Auch hier ist eine Weiterfahrt bis zum bzw. Abholung vom Hotel oder Jugendherberge möglich. Fragen Sie nach dem Ticket „Reykjavík Door to Door" (rechtzeitig buchen!). Fahrscheine sind beim Busfahrer und online erhältlich.

Airport Express, Hafnarstraeti 20, 101 Reykjavík, ☏ 540 1313, iceland@grayline.is, airportexpress.is

Tarife: einfache Fahrt ISK 2.450 (€ 18), Hin- und Rückfahrt ISK 4.800 (€ 35); „Reykjavík Door to Door": einfache Fahrt ISK 3.400 (€ 25), Hin- und Rückfahrt ISK 6.600 (€ 49). Kinder von 12-17 Jahren zahlen die Hälfte, Kinder bis 11 Jahren fahren gratis (Stand April 2019).

Für die Fahrt mit dem Taxi von Keflavík nach Reykjavík sind etwa ISK 17.500 (ca. € 130) zu berappen!

Mietwagen können direkt am bzw. zum Flughafen bestellt werden. Falls der Vermieter keinen Schalter im Terminal hat, teilen Sie ihm Ihre Ankunftszeit mit, er holt Sie dann am Ausgang ab. Unbedingt vorher reservieren!

Anschlussflüge zu weiteren isländischen Flughäfen gibt es nur vom Inlandsflughafen in Reykjavík (IATA-Kennung RKV). Von dort starten auch die Flieger nach Grönland.

☺ Da Sie bei der Ankunft erstmals mit dem rauen isländischen Klima Bekanntschaft machen werden, empfiehlt es sich, gut erreichbar schon einen warmen Anorak oder Pullover und vielleicht auch eine Regenjacke im Gepäck bereitzuhalten.

Mit der Fähre

Die M/S „Norröna" (35.966 BRT) verkehrt einmal pro Woche zwischen dem norddänischen Hafen Hirtshals und Seyðisfjörður an der isländischen Ostküste. Die 2003 gebaute Passagier- und Autofähre der färöischen Reederei Smyril-Line kann bis zu 800 Pkw und 1.482 Passagiere transportieren.

Smyril Line Deutschland, Sell Speicher, Wall 55, 24103 Kiel, ☎ 04 31/20 08 86, info@smyrilline.de, www.smyrilline.de

Vor- und Nachteile der Seereise

- Die Überfahrt rentiert sich in der Regel bereits ab zwei Wochen Aufenthalt auf Island, wenn Sie den eigenen Wagen mitnehmen und dadurch den teuren Mietwagen sparen.
- Mit dem eigenen Auto oder Wohnmobil kann unbegrenztes Gepäck mitgenommen werden (Einfuhrbeschränkungen beachten, ☞ Zoll).
- Wer nicht seefest ist, kann bei den Frühjahrs- oder Herbststürmen auf dem oft rauen Nordatlantik ggf. von der Seekrankheit getroffen werden. Im Sommer ist aber meist eine ruhige Überfahrt sichergestellt. Stabilisatoren halten das Schiff relativ ruhig.

Fahrplan

Im Sommer (ca. Mitte Juni bis Mitte August) legt die „Norröna" dienstags um 11:30 in Hirtshals (Terminal Fjord Line) ab und läuft nach 30 Std. Fahrzeit am Mittwoch um 17:30 in den färöischen Hafen von Tórshavn ein (kein Landgang). Dort läuft die Fähre mittwochs um 18:00 erneut aus und trifft am Donnerstagmorgen um 8:30 in Seyðisfjörður ein. In Seyðisfjörður fährt die „Norröna" donnerstags um 10:30 ab, macht freitags von 3:00 bis 3:30 kurz in Tórshavn fest und erreicht schließlich Hirtshals samstags um 12:30.

In den **übrigen Monaten** (Januar bis Mitte Juni und Mitte August bis Dezember) startet die „Norröna" samstags um 15:00 in Hirtshals und erreicht montags um 6:00 den Hafen von Tórshavn, wo Reisenden die Möglichkeit zu einem „Schnupperbesuch" geboten wird, bevor das Schiff nachmittags um 14:00 wieder ablegt. Die Hinfahrt endet dienstags um 9:00 in Seyðisfjörður. Die Rückreise beginnt in Seyðisfjörður am Mittwochabend um 20:00, eine weitere Möglichkeit zu einem Landgang gibt es donnerstags in Tórshavn, wo die Fähre von 15:00 bis 21:00 festmacht. Die Rückfahrt endet samstags um 10:00 in Hirtshals. Alle Angaben entsprechen der jeweiligen Ortszeit.

Preise

Die Preise für die Überfahrt variieren stark zwischen der „blauen" (Hauptsaison), „orangefarbigen" (Mittelsaison), „grünen" (Nebensaison) und „grauen" (Wintersaison) Periode. Außerdem richten sich die Fahrpreise nach dem Kabinentyp und der Fahrzeuggröße.

So ist z. B. die Hin- und Rückfahrt mit **Pkw** (bis 5 m Länge und 1,9 m Höhe) für 2 Personen inkl. Übernachtung in einer 4-Bett-Kabine in der „blauen" Periode ab € 2.120 erhältlich, während dasselbe Paket in der „grünen" Periode ab € 1.120 zu haben ist.

Bei der Mitnahme eines **Wohnmobils** sind auch Aufschläge für Überlänge (pro Meter) zu berücksichtigen. So kommen z. B. für die Hin- und Rückfahrt für 2 Personen mit einem 7 m langen und 3,5 m hohen Wohnmobil und Übernachtung in einer 4-Bett-Kabine in der „blauen" Periode € 3.890 bzw. in der „grünen" Periode € 1.960 zusammen.

Für eine Einzelperson mit Fahrrad inkl. Übernachtung in einer 4-Bett-Kabine werden für die Hin- und Rückfahrt € 740 in der „blauen" bzw. € 450 in der „grünen" Periode berechnet.

Einchecken

▷ Autoreisende müssen in **Hirtshals** und **Seyðisfjörður** jeweils bis 2 Std. vor Abfahrt eingecheckt haben.

▷ Beim Einchecken erhalten Autoreisende bei Abgabe des Fährtickets Boardingkarten fürs Auto, für jede Person und für die Kabine. Die Kabinenkarte hat einen Strichcode, der als Türschlüssel dient.

▷ Alle Mitfahrer müssen zu Fuß an Bord gehen – um ein Chaos auf den Fahrzeugdecks zu vermeiden.

An Bord

▷ Auf Deck 5 gibt es eine Cafeteria, ein Restaurant, eine Bar, einen Veranstaltungsraum mit Bühne, eine große Spielecke für Kinder sowie einen Duty-free-Shop. Auf Deck 8 sind auf beiden Seiten des Schiffes verglaste Überdachungen mit Deckgestühl vorhanden – auf der Steuerbordseite mit einer Bar.

▷ Auf dem Schiff herrscht die Färöer-Zeit, d. h., die Uhr muss (je nach Fahrtrichtung) eine Stunde vor- bzw. zurückgestellt werden. Abfahrts- und Ankunftszeiten sind immer in der jeweiligen Ortszeit angegeben!

▷ Schiffswährung ist die Dänische oder Färöische Krone (beide haben den gleichen Wert). Euros werden auch akzeptiert und umgerechnet. Wer in Euro bezahlt, erhält als Wechselgeld Dänische Kronen zurück. Maestro-Cards und Kreditkarten wie Visa und MasterCard werden ebenfalls als Zahlungsmittel akzeptiert.

Ankunft der Fähre in Seyðisfjörður

▷ Für Fußgänger gelten keine besonderen Regeln. Es sind lediglich die üblichen Pass-/Personalausweis- und Zollformalitäten zu absolvieren.

▷ Bei der stichprobenartigen Ausweiskontrolle wird vor allem bei jüngeren Leuten und Rucksackreisenden verlangt, dass das Rückfahrticket vorgelegt wird und genügend Geldmittel für den Aufenthalt auf der Insel nachgewiesen werden können. Ausreichend ist hierzu schon eine Kreditkarte oder eine entsprechend gefüllte Brieftasche.

▷ Bei der Einreise mit dem Auto oder Wohnmobil werden Sie Geduld brauchen, denn das Entladen der Fähre nimmt einige Zeit in Anspruch.

▷ Anschließend fahren Sie durch die Pass- und Zollkontrolle. Es wird vor allem gefragt (und kontrolliert), ob Sie unzulässige Waren, besonders Molkereiprodukte und Fleisch, mitführen.

▷ Seit 2014 wird wieder verstärkt in Bussen und Wohnmobilen nach Bier und anderen Alkoholika gefahndet – sie sind extrem teuer auf Island!

Am Tag bevor die Fähre abfährt, sind die Straßen voll von Wohnmobilen, Pkw und Leuten, die mehr oder minder komfortabel in ihrem Gefährt übernachten. Das Nächtigen in der Stadt wird übrigens von der Stadtverwaltung geduldet. Am Fähranleger können Sie auch stehen, müssen aber die Fläche dort morgens rechtzeitig geräumt haben.

☺ Bei Ankunft mit der Fähre empfiehlt sich, zunächst die Information in ☞ Egilsstaðir aufzusuchen und sich dort sämtliche aktuellen Verzeichnisse zu besorgen, die auf der Weiterreise hilfreich sein könnten. Nutzen Sie die Gelegenheit auch, Vorräte einzukaufen und Geld zu tauschen bzw. mit der EC-Karte aus dem Geldautomaten (ATM) zu ziehen. Egal in welche Richtung Sie fahren, für längere Zeit wird es keine vergleichbar guten Einkaufsmöglichkeiten geben!

Mit dem RoRo-Schiff

Für Kurzentschlossene oder Reisende, die Zeit sparen möchten, bietet die Smyril Line seit kurzem auch die Möglichkeit der reinen Fahrzeugverschiffung nach

Island an. Dabei wird Ihr Fahrzeug oder Wohnmobil mit dem RoRo-Schiff nach Island verschifft, während Sie per Flugzeug dorthin reisen. Das RoRo-Schiff „MS Myknes" verkehrt wöchentlich zwischen dem niederländischen Hafen Rotterdam und dem isländischen Hafen Þorlákshöfn in der Nähe von Reykjavík. Der Transport von Rotterdam nach Island und zurück kostet € 1.419 für ein Fahrzeug bis 5 m Länge und 2,5 m Höhe bzw. € 2.499 für ein Fahrzeug bis 8 m Länge und/oder über 2,5 m Höhe. Für Überlängen wird pro angefangenem Meter € 383 berechnet.

Die Fahrzeugverschiffung kann bis spätestens zwei Wochen vor der gewünschten Abfahrt gebucht werden. Nähere Auskünfte erhalten Sie bei der Reederei Smyril Line.

Smyril Line Deutschland, Sell Speicher, Wall 55, 24103 Kiel, ☏ 04 31/20 08 86, info@smyrilline.de, www.smyrilline.de

Ausrüstung

Diese Kleidungsstücke dürfen im Gepäck nicht fehlen: wind- und wasserdichte Jacke und Hose, strapazierfähige (Wander-)Hosen, die sich leicht waschen lassen, einen warmen und einen leichten Pullover, (warme) Unterwäsche, robuste und bequeme Wanderschuhe mit griffiger Profilsohle, warme Strümpfe und Badezeug, da es in Island viele heiße Quellen und Bäder gibt.

Sogar im Hochsommer können Mütze und Handschuhe vorteilhaft sein. Aber auch leichte Kleidung – z. B. für einen warmen Tag am Mývatn – sollte dabei sein.

Denken Sie unbedingt an Sonnenbrille, Sonnenschutzcreme und Lippenschutz. Die klare Luft Islands ermöglicht sehr intensive Sonnenbestrahlung, die sich in Gletschernähe durch Reflexion noch verstärkt, was schnell zum Sonnenbrand führt.

☺ Da es im Sommer kaum richtig dunkel wird und die Gardinen im Schlafraum oft sehr dünn sind, lohnt sich eventuell auch die Mitnahme von Augenklappen, wie sie z. B. im Flugzeug verwendet werden.

☺ Für die Übernachtung in Jugendherbergen, Gästehäusern oder Hütten empfiehlt sich die Mitnahme von Hausschuhen (evtl. Badelatschen oder dicke Socken), da diese nicht mit Wander- bzw. Straßenschuhen betreten werden dürfen.

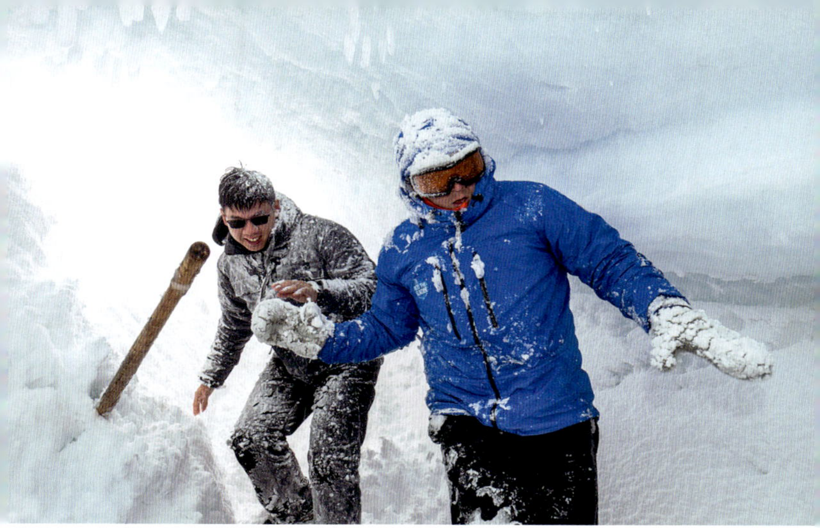

Hochsommer auf dem Gletscher Langjökull

Diplomatische Vertretungen

... in Island

- **Deutsche Botschaft**, Laufásvegur 31, 101 Reykjavík, ☏ 530 1100, ✉ info@reykjavik.diplo.de, 💻 www.reykjavik.diplo.de
- **Deutsches Honorarkonsulat**, Hrafnagilsstræti 31, 600 Akureyri, ☏ 562 8062, ✉ agust@unak.is
- **Deutsches Honorarkonsulat**, Langitangi 5, 710 Seyðisfjörður, ☏ 472 1402, ✉ addi@gullberg.is
- **Österreichisches Honorargeneralkonsulat**, Orrahólar 5, 111 Reykjavík, ☏ 557 5464, ✉ arni-siemsen@simnet.is
- **Schweizer Generalkonsulat**, Laugavegur 13, 101 Reykjavík, ☏ 551 7172, reykjavik@honrep.ch

... in Deutschland

- **Isländische Botschaft**, Rauchstraße 1, 10787 Berlin, ☏ 030/50 50 40 00, ✉ infoberlin@mfa.is, 💻 www.iceland.is/de
- **Honorarkonsulate** in Bremen, Cuxhaven, Düsseldorf, Frankfurt am Main, Hamburg, Köln, München, Rostock und Stuttgart

... in Österreich

- **Ständige Vertretung Islands**, Naglergasse 2/3/8, 1010 Wien, ☏ 01/533 27 71, ✉ icedel.vienna@mfa.is, 💻 www.iceland.is/at

... in der Schweiz

- **Isländisches Honorarkonsulat**, Bahnhofstraße 70, 8021 Zürich, ☏ 058/258 10 30, ✉ is.cons@bratschi.ch (weitere Konsulate in Genf und Bern)

Drohnen

Die großartigen isländischen Landschaften erscheinen für Drohnenaufnahmen wie geschaffen. Doch während die einen von den grenzenlosen fotografischen Möglichkeiten fasziniert sind, ist den anderen die wachsende Zahl herumkreisender Kopter ein Dorn im Auge. Seit 2017 ist das Drohnenfliegen in Island durch die Icelandic Transport Authority gesetzlich reguliert.

✋ Die Einhaltung dieser Gesetze wird immer strenger kontrolliert. Bei Missachtung der Regeln drohen saftige Geldstrafen!

Die wichtigsten Regeln für Drohnenflieger

- Behalten Sie jederzeit Sichtkontakt zu der Drohne.
- Die maximale Flughöhe beträgt 120 m.
- Die minimale Entfernung zu internationalen Flughäfen beträgt 2 km, die zu anderen Flughäfen 1,5 km.
- Die minimale Entfernung zu öffentlichen Gebäuden darf 150 m nicht unterschreiten.
- Fliegen über oder in der Nähe von Regierungsgebäuden ist verboten.
- Drohnen über 5 kg benötigen eine besondere Lizenz.
- Die Drohne unterliegt der Kennzeichnungspflicht, d. h., Halterdaten (Name, Adresse, Telefonnummer) sind mit einer Plakette sichtbar anzubringen.
- Fliegen Sie nicht über Tiere (Pferde, Schafe usw.).
- Fliegen Sie nicht über Klippen oder andere Plätze, wo Brutvögel nisten.
- Fliegen Sie nicht über Menschen oder Menschenmassen.
- Respektieren Sie die Privatsphäre der Einheimischen.
- Denken Sie auch an eine Drohnenversicherung!

Flugverbotszonen (Auswahl)

- ▷ die Nationalparks Vatnajökull, Þingvellir und Snæfellsnes
- ▷ Reykjavík Innenstadt (durch die Nähe zum Flughafen)
- ▷ Blaue Lagune
- ▷ Dyrhólaey
- ▷ Geysir
- ▷ Gullfoss
- ▷ Seljalandsfoss
- ▷ Skógafoss

An all diesen Orten sind eindeutig definierte Flugverbotsschilder aufgestellt, die daran erinnern, dass der Einsatz von Drohnen dort nicht erlaubt ist.

ℹ **Icelandic Transport Authority**, ☏ 480 6000, 💻 www.icetra.is/aviation/drones

Einkaufen

Einkaufen in Island bereitet keine Schwierigkeiten – abgesehen davon, dass Sie für viel Geld relativ wenig in die Tüte bekommen!

Lebensmittel

Nahezu jeder Ort verfügt über einen Gemischtwarenladen, in dem Sie das Nötigste erhalten. Größere Orte haben meist einen oder mehrere Supermärkte, z. B. der Ketten Bónus, Hagkaup, Krónan oder Nettó. Bei Vorhandensein sind sie im Buch mit dem Symbol 🛒 gekennzeichnet.

Außer in Reykjavík und Akureyri ist jedoch die Vielfalt der angebotenen Produkte nicht sehr groß: Fleisch, Obst und Gemüse (außer in Dosen) gibt es in kleineren Läden nur in geringer Auswahl. Beim Fleisch ist das früher dominierende Hammel- und Pferdefleisch fast völlig aus dem Angebot verschwunden. Das einst billige Lammfleisch ist teuer geworden, stattdessen füllt Rindfleisch heute immer stärker die Regale. Gut ist das Angebot an Brot und Backwaren, sogar frisches dunkles Brot wird immer mehr verkauft.

☺ Die Supermärkte der Kette „Bónus" (auch der „Aldi Islands" genannt) – bisher 33 Läden, davon 13 in Reykjavík – haben sich als relativ preisgünstig herausgestellt. Sie sind leicht an dem lustigen rosa Sparschwein auf gelbem Grund zu erkennen.

Die Geschäfte sind meist Mo-Fr 9:00/10:00-18:00 geöffnet, manche Läden haben Do und Fr bis 22:00 auf. Sa ist meist 10:00/11:00-14:00/18:00 geöffnet. Einige Supermärkte in Reykjavík haben sogar rund um die Uhr geöffnet. Vielerorts gibt es jedoch abweichende Öffnungszeiten, daher verlassen Sie sich besser nicht darauf, dass zum Beispiel immer mittags geöffnet ist.

Souvenirs

Zu den beliebtesten Mitbringseln aus Island gehören Strickwaren aus Wolle, wie Pullover, Jacken etc. Diese sind überall im Land erhältlich, vom Flughafen Keflavík bis zu den kleinen Orten auf dem Land. Die örtlichen Genossenschaftsläden bieten zwar keine sehr große Auswahl, aber oft günstigere Preise; in Reykjavíks Einkaufsstraßen ist es genau umgekehrt.

☺ Herausragende Souvenirshops sind mit dem Symbol angegeben.

Made in Iceland: Mode aus Fischleder

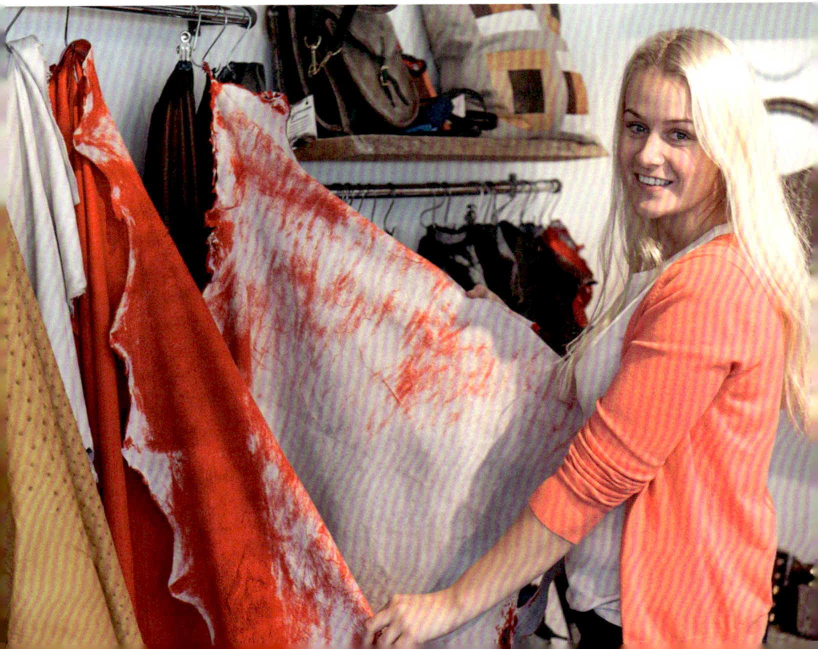

☺ Bei der Anschaffung bestimmter Waren lohnt es sich, an der Kasse einen Tax-Free-Cheque ausstellen zu lassen. Damit können Sie einen Großteil der Mehrwertsteuer – diese beträgt 24 % für Luxusartikel, 11 % für Bücher und CDs – erstattet bekommen. Die Erstattung beträgt bis zu 14 % des Rechnungsbetrags.

Voraussetzungen:

▷ Die Abreise aus Island erfolgt nicht später als drei Monate nach Kauf der Ware.

▷ Die Kaufsumme auf einem Kassenzettel inkl. Steuer beträgt mindestens ISK 6.000.

▷ Die Ware befindet sich bei der Ausfuhr noch in der Originalverpackung (nicht erforderlich bei Wollwaren).

▷ Das Tax-Free-Formular ist nur gültig, wenn es von einem Mitarbeiter des betreffenden Geschäfts unterschrieben worden ist! Die Originalkaufbelege müssen beigefügt sein.

Die ausgestellten Tax-Free-Gutscheine können im Flughafen von Keflavík am Schalter der Arion Bank (in der Abflughalle, gleich hinter dem Check-in, tägl. 24 Std.) und auf der Fähre „Norröna" (Deck 5, neben der Rezeption) eingelöst werden. Wenn der zu erstattende Betrag auf einem einzigen Kassenbon ISK 5.000 übersteigt, benötigen Sie einen Ausfuhrstempel vom Zoll, wo die betreffenden Güter dann auch vorzuzeigen sind. Der Zoll befindet sich in der Abflughalle in Keflavík gleich hinter dem Check-in, in Seyðisfjörður im Fährterminal.

Den Betrag können Sie sich entweder gleich bar auszahlen oder (bei Einwurf des Tax-Free-Formulars neben der Auszahlstelle) auf der Kreditkarte gutschreiben lassen. Der Gegenwert des Tax-Free-Cheques kann in einer Währung nach freier Wahl ausgezahlt werden.

i www.tollur.is

Elektrizität

Die Stromspannung in Island beträgt 220 Volt, sodass unsere Geräte ohne Probleme anzuschließen sind. Meistens passen unsere Schukostecker, nur sehr selten muss ein Adapter mit etwas dünneren Stiften benutzt werden. Wer sich elektrisch rasiert, sollte über Alternativen nachdenken, da nicht alle Zeltplätze mit Elektrizität versorgt sind.

Entfernungstabelle

Entfernungen	Vík í Mýrdal	Selfoss	Reykjavík	Borgarnes	Ísafjörður	Akureyri	Egilsstaðir	Seyðisfjörður	Höfn
Akranes	217	90	42	39	415	349	598	624	489
Akureyri	555	428	380	311	556	0	248	274	503
Ásbyrgi	635	566	519	449	694	138	189	215	373
Bakkafjörður	609	675	628	559	803	247	163	189	348
Bíldudalur	545	417	369	300	143	493	741	767	816
Blönduós	413	285	237	168	411	143	392	418	575
Bolungarvík	637	508	460	392	16	569	817	843	908
Borgarnes	246	117	69	0	377	311	560	586	516
Breiðdalsvík	428	556	606	650	895	338	83	109	166
Búðardalur	323	194	147	78	299	271	519	546	595
Dalvík	580	452	404	335	578	42	291	317	474
Djúpivogur	365	494	545	610	888	331	85	112	104
Egilsstaðir	448	577	627	560	803	248	0	27	187
Eiðar	461	590	641	573	817	261	14	36	200
Eskifjörður	504	633	692	607	852	295	48	73	242
Eyrarbakki	141	13	53	119	495	429	588	615	413
Grenivík	596	467	419	350	593	40	267	293	449
Grindavík	227	84	52	120	496	430	660	706	485
Grundarfjörður	346	218	170	101	404	371	620	646	618
Gullfoss	175	72	109	157	533	468	622	649	447
Hallormsstaður	452	581	640	585	829	273	28	54	190
Hella	93	37	88	154	530	465	540	567	364
Herðubreiðarlindir	640	618	557	487	732	175	183	210	365
Hólmavík	402	274	225	156	221	334	581	608	673
Húsafell	301	172	125	65	405	340	587	614	573
Húsavík	635	504	457	387	632	75	220	246	404
Hvammstang	367	238	190	122	364	201	449	476	638
Hveravellir	266	162	208	238	507	203	451	478	537
Hvolsvöllur	81	50	100	165	542	476	529	555	352
Höfn	272	401	451	517	893	431	187	212	0
Ísafjörður	622	493	445	377	0	556	803	830	893

Entfernungen	Vík í Mýrdal	Selfoss	Reykjavík	Borgarnes	Ísafjörður	Akureyri	Egilsstaðir	Seyðisfjörður	Höfn
Keflavík	224	96	48	117	493	427	675	702	496
Kirkjubæjarklaustur	68	197	248	313	689	623	380	406	204
Króksfjarðarnes	368	240	191	122	254	315	563	590	639
Landmannalaugar	122	138	188	253	629	273	474	500	298
Laugarvatn	167	40	71	119	495	430	615	641	438
Neskaupstaður	525	657	716	627	871	315	72	97	266
Ólafsfjörður	568	443	395	326	569	60	308	335	491
Ólafsvík	364	235	187	118	430	397	645	672	635
Raufarhöfn	699	634	588	518	762	206	253	279	437
Reyðarfjörður	490	619	677	592	837	281	34	59	228
Reykholt/Borg.	278	149	101	41	384	317	565	591	549
Reykjahlíð	611	511	464	395	639	83	165	191	350
Reykjavík	180	52	0	69	445	380	627	654	451
Sandgerði	231	104	56	124	500	434	683	710	503
Selfoss	129	0	52	117	493	427	577	603	401
Seyðisfjörður	474	603	654	586	830	274	27	0	212
Skaftafell	140	269	319	384	761	558	313	338	136
Skagaströnd	436	307	260	191	434	162	410	437	593
Skógar	33	98	148	214	590	524	482	508	305
Stöðvarfjörður	445	574	624	631	876	320	73	98	183
Stykkishólmur	341	213	165	96	178	352	600	627	612
Suðureyri	640	512	464	395	21	572	820	847	912
Tálknafjörður	576	448	400	331	159	525	771	799	847
Varmahlíð	463	335	287	218	461	93	341	368	525
Vík í Mýrdal	0	129	180	245	621	555	448	474	272
Vopnafjörður	577	640	593	523	768	212	131	157	316
Þingeyri	569	441	393	323	48	517	764	791	839
Þingvellir	178	50	40	89	465	399	644	690	450
Þorlákshöfn	157	28	46	112	488	422	606	631	429
Þórshöfn	645	662	615	545	790	234	163	189	347
Þórsmörk	89	99	149	215	591	525	537	563	360

Essen und Trinken

Landestypische Gerichte

Bei einer Islandreise empfiehlt sich, auch einige lokale Spezialitäten zu probieren. Dies wird allerdings zunehmend schwieriger, da die traditionellen Speisen mehr und mehr verdrängt werden. Internationale Küche und Fastfood beherrschen längst viele Restaurants. Weit verbreitet sind heute der Hotdog (pylsa) und Hamburger mit Pommes (franskar) in verschiedensten Variationen.

Die traditionelle **isländische Küche** ist eher einfach und basiert hauptsächlich auf lokalen Produkten. Dabei dominieren Fisch und Lammfleisch, die oft sehr schmackhaft zubereitet werden. Klassische Spezialitäten sind z. B. *hangikjöt* (geräuchertes Lammfleisch) und der oft als Snack gekostete Trockenfisch, der als *harðfiskur* bezeichnet wird.

Typisch sind auch *lundi* (Papageitaucher) und *fiskibollur* (kleine Klöße aus Fisch, gemischt mit Kartoffelmehl und Gewürzen). Für besonders Mutige gibt es *hákarl* (Haifischfleisch, das monatelang in der Erde vergraben war) und *svið* (schwarz gesengter Schafskopf), eines der ältesten isländischen Gerichten überhaupt.

Spitzenadresse für Fisch: das Lokal „Narfeyrarstofa" in Stykkishólmur

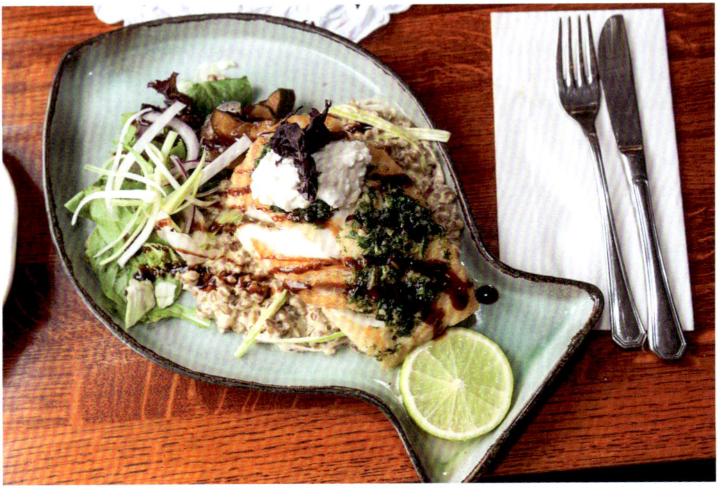

Fisch wird am häufigsten in Form von Schellfisch (*ýsa*), Heilbutt (*lúða*) und Dorsch/Kabeljau (*þorskur*) feilgeboten. Hinzu kommen Forelle (*silungur*) und Lachs (*lax*). Letzterer ist allerdings in Island nicht billig.

Trockenfisch oder Stockfisch (*harðfiskur*) wird an speziellen Gestellen getrocknet, deren Lage oft schon vom scharfen Geruch verraten wird. Dort wird der Fisch ausgenommen, gesäubert, an den Schwanzflossen zusammengebunden und bis zu 12 Wochen durch Sonne und Wind getrocknet. Dann kann er in Stückchen als Snack geknabbert werden oder dient als Basis für eine Fischsuppe. Wird der Fisch vor dem Trocknen gesalzen, wird er als Klippfisch (*saltfiskur*) bezeichnet.

Absolut empfehlenswert sind auch die isländischen Krabben. Diese sind erheblich größer als unsere Nordseekrabben und sehr schmackhaft. Selbstversorger, die frischen Fisch probieren möchten, sollten ruhig einen Fischer auf seinem Kahn direkt ansprechen. Besonders Kabeljau ist nicht sonderlich beliebt und wird deshalb manchmal verschenkt.

Als Nachtisch unschlagbar ist der isländische *skyr*. Diese Milchspeise, die sich am ehesten mit Quark vergleichen lässt, ist besonders fettarm (nur 0,3-0,5 %). Mit Blaubeeren ein Gedicht!

Getränke

Kaffee steht als Nationalgetränk an erster Stelle. Der Bohnenaufguss wird überall und zu jeder Zeit getrunken, oft in großen Mengen. Die Preise für Kaffee sind für isländische Verhältnisse niedrig. In vielen Restaurants und Cafeterias gilt das „Free-Refill"-Prinzip, d. h., Sie bezahlen pauschal einmal und können sich ohne weitere Bezahlung nachbestellen oder nachschenken. Nachfragen! Auch Milch wird gern getrunken.

Dagegen erhalten Sie **Alkohol** – dazu zählt auch Bier mit dem normalen 4,8 % Alkoholgehalt – nicht in Supermärkten, sondern nur in den staatlichen Alkoholläden (*vínbúð* = Weinladen). Island zählt 51 davon, vor allem in den größeren Orten. Jeder Isländer kann Ihnen den Weg dorthin weisen. Alkohol (auch Bier) ist teuer – eine Halbliterdose kostet je nach Marke € 2,50 bis 3. Der günstigste Whisky oder Aquavit ist in der Halbliterflasche ab etwa € 40 zu haben. Für die gleiche Menge des einheimischen *brennivín* mit 37,5 % Alkoholgehalt sind € 37 zu berappen. Auch eine Flasche Wein kostet das Doppelte und mehr als daheim! In Kneipen und Restaurants wird für ein Glas Bier (0,5 l) etwa € 10 berechnet, für ein Glas Wein € 10 bis 13. In Supermärkten ist nur Bier mit 2,25 % Alkoholgehalt erhältlich, z. B. „Carlsberg" oder „Egils Pilsner" in Halbliterdosen ab € 1.

Bis 1989 durfte im Land kein Bier verkauft werden, heute sind Egill und Víking die führenden einheimischen Biermarken. Wieder erhältlich ist auch das „Polar Beer", das nach dem Zweiten Weltkrieg extra für die britischen Besatzungssoldaten gebraut wurde. Der Konsum von Alkohol in der Öffentlichkeit ist erst ab dem 20. Lebensjahr erlaubt. Der „Tag des Bieres" (bjórdagurinn) wird jeweils am 1. März begangen und mit kräftigen Schlucken gefeiert.

Als Getränk besonders beliebt ist das isländische **Wasser**. Es schmeckt ausgesprochen gut, ist sehr sauber und kann bedenkenlos aus jeder Wasserleitung getrunken werden (natürlich nicht das schwefelhaltige Warmwasser). Auch die meisten Quellen und Bäche sind so sauber, dass ihr Wasser gefahrlos getrunken werden kann (nicht wenn sie vorher durch eine Viehweide führten!).

☺ Im Restaurant ist es nicht ungewöhnlich, beim Essen nur eine Karaffe Wasser zu verlangen, die mit einem Lächeln gereicht wird – selbstverständlich kostenlos.

Restaurants

Zum Frühstück werden im Hotel meist Brötchen oder Weißbrot mit Kaffee oder Tee angeboten.

Alle Restaurants bieten eine Speisekarte, die auch den zufriedenstellt, der sich nicht mit isländischen Spezialitäten anfreunden kann. Die Tendenz geht sogar eher dahin, dass es schwierig ist, solche Spezialitäten überhaupt noch zu bekommen.

Wild steht in Island nur selten auf der Karte; wenn doch, so beschränkt es sich auf ein wenig Wildgeflügel oder Rentierfleisch – selten, aber gut! **Rind- und Schweinefleisch** ist nicht mehr so rar wie früher, aber immer noch teuer.

Hotels und Gaststätten bieten darüber hinaus eine große Auswahl an belegten Broten an, die meist als **Sandwiches** deklariert werden.

Nachtisch gibt es traditionell im Suppenteller und mit Suppenlöffel. Pudding, Quarkspeisen und Ähnliches werden flüssig, fast wie Soße, angerichtet, schmecken deswegen aber bestimmt nicht schlechter.

In Hotels und Restaurants gelten üblicherweise etwa folgende **Essenszeiten** (Richtwerte): Frühstück 8:00-9:00, Mittagessen 12:00-13:00, Kaffee 15:00-16:00, Abendessen 19:00-20:00. Viele Restaurants, vor allem Schnellrestaurants, schließen bereits um 20:00 oder 21:00.

In Restaurants und Cafés herrscht ein striktes **Rauchverbot**, ebenso in Hotels, Einkaufszentren und öffentlichen Transportmitteln.

☹ Die ☞ Preise in den Restaurants sind atemberaubend!

Fahrtrichtung

Uhrzeigersinn oder Gegenuhrzeigersinn? Die „richtige" Fahrtrichtung ist natürlich Geschmackssache. Da die meisten Islandreisenden mit dem Flugzeug über Keflavík anreisen, haben wir uns in diesem Buch bewusst für eine Umrundung der Vulkaninsel auf der Ringstraße im Uhrzeigersinn entschieden. Der Grund: Somit heben Sie sich das Beste bis zum Schluss auf. Denn gerade die Südküste bietet mit ihren malerischen Fjorden (Ostfjorde), Gletschern, Wasserfällen, Geysiren und Seevogelkolonien besonders viel Abwechslung.

☺ Wenn die Reisezeit eher begrenzt ist, empfehlen wir, zügig bis zum Mývatn im Nordosten durchzureisen, damit Ihnen für den Mývatn und die vielen Highlights der Südküste mehr Zeit zur Verfügung steht.

Feste und Feiertage

1. Januar, Gründonnerstag (Tag vor Karfreitag), Karfreitag, Ostersonntag und -montag, erster Sommertag (3. Donnerstag im April), Tag der Arbeit (1. Mai), Himmelfahrt, Pfingstsonntag und -montag, 17. Juni (Nationalfeiertag), Bankfeiertag (1. Montag im August), 1. und 2. Weihnachtsfeiertag (25. und 26. Dezember), Heiligabend (24. Dezember) und Silvester (31. Dezember) ab mittags. An diesen Tagen sind Geschäfte usw. geschlossen, und vor allem am Wochenende des Bankfeiertags ist ganz Island auf den Beinen. Auf den Zeltplätzen (besonders Húsafell, Ásbyrgi und Þórsmörk) herrscht ungewohnter Betrieb und es wird kräftig gefeiert.

Geld

Währung

Währungseinheit ist die Isländische Krone (króna = ISK). Es gibt Noten zu 10.000, 5.000, 2.000, 1.000 und 500 ISK und es sind Münzen zu 100, 50, 10, 5 und 1 ISK im Umlauf. Die Einfuhr ausländischer und isländischer Zahlungsmittel ist unbegrenzt möglich.

Geldwechsel

Banken (BANK) gibt es meist auch in kleinen Orten. Neben Bargeld können Sie auch Reiseschecks problemlos verwenden. Für den Umtausch werden unterschiedliche, teils erhebliche Gebühren erhoben. Bei der Fähranreise können Sie in Seyðisfjörður oder besser in Egilsstaðir bei einer Bank Geld wechseln. Auf dem Flughafen in Keflavík kann ebenfalls Geld getauscht werden.

Banken sind in der Regel Mo-Fr von 9:00-16:00 geöffnet.

Geldbeschaffung

Kreditkarten, insbesondere MasterCard und VISA, sind weitverbreitet. Neben Tankstellen akzeptieren vor allem Geschäfte, Hotels, Verkehrsunternehmen, Reisebüros und sogar Supermärkte sowie Gästehäuser die Karten.

An Tankstellen mit Automaten – die immer mehr verbreitet sind – kann eine PIN-Eingabe erforderlich sein. Alternativ können Sie sich eine Tank-Prepaidkarte kaufen, die es in verschiedenen Wertigkeiten in isländischen Kronen gibt.

☺ Mit Kredit- und EC-Karten mit dem Maestro-Logo nebst PIN können Sie an Geldautomaten (hraðbanki) Bargeld abheben (dabei fällt aber u. U. eine üppige Gebühr an).

☺ Bei Problemen mit der Karte (Verlust etc.) von Eurocard/MasterCard wenden Sie sich an ☏ 550 1500, von VISA-Karten an ☏ 525 2000.
Alternativ: MasterCard: ☏ +49/800/819 10 40, VISA ☏ +49/800/814 91 00, EC-Karte (Girokarte) ☏ +49/18 05/02 10 21.

Die meisten Debit- und Kreditkarten lassen sich auch unter der zentralen Nummer ☏ +49/116 116 sperren. Alternativ können Sie auch ☏ +49/30/40 50 40 50 wählen.

Wechselkurs

Der aktuelle Wechselkurs der Isländischen Krone (ISK) lässt sich jederzeit auf der Website der staatlichen Landesbank oder bei Oanda ermitteln.

▷ Im April 2019 war der Umtauschkurs
€ 1 = ISK 135 bzw. ISK 100 = € 0,73.

▷ Der Schweizer Franken wurde so notiert:
CHF 1 = ISK 119 bzw. ISK 100 = CHF 0,83.

www.oanda.com, www.landsbankinn.com

Tauschen Sie nicht mehr Geld, als Sie benötigen, da beim Rücktausch erhebliche Verluste entstehen können.

☺ Tauschen Sie unbedingt erst in Island, da der Wechselkurs in Deutschland ungünstiger ist!

Information

Visit Iceland – isländisches Fremdenverkehrsamt, www.inspiredbyiceland.com

Karten

▷ Die Karte „Island“ von Freytag & Berndt im Maßstab 1:400.000 hat einen Innenstadtplan von Reykjavík. Das Kartenbild ist sehr übersichtlich gehalten (mit Schummerung und Höhenlinien). Sehenswürdigkeiten (z. B. Wasserfälle, Leuchttürme und Museen), Tankstellen sowie Campingplätze und Jugendherbergen sind mit Symbolen eingezeichnet. ISBN 978-3-707904512, € 10,90

▷ Die Straßenkarte „Ferðakort Ísland“ des isländischen Verlags Iðnú im Maßstab 1:500.000 ist übersichtlich, detailliert und aktuell. Sie basiert auf Daten des isländischen Vermessungsamtes Landmælingar Íslands und enthält u. a. Straßennummern, Angaben zu Entfernungen und Straßenzustand sowie Informationen zu touristisch interessanten Stellen. ISBN 978-9979-67-370-5, € 18,90

▷ Von Iðnú gibt es unter der Bezeichnung „Ferðakort“ auch 5 regionale Karten (Norðvesturland, Suðvesturland, Norðausturland, Suðausturland und Hálendið) im Maßstab 1:250.000, jeweils € 21,90.

☺ Unser Tipp: der dicke „Ísland Vegaatlas“ von Iðnú im Maßstab 1:200.000 mit praktischer Spiralbindung. Ein Stadtplan von Reykjavík inklusive Umgebungskarte ist enthalten und ein ausführliches Ortsregister erleichtert die Suche. Nachteilig ist, dass man keine rechte Übersicht hat und ständig hin und her blättern muss. ISBN 978-9979-67-369-9, € 43,80

▷ Auch gut ist der Straßenatlas „Kortabók“ des isländischen Verlags Mál og Menning im Maßstab 1:300.000. Neben der Straßennummer ist der Straßenzustand eingezeichnet und auch touristisch interessante Stellen sind hervorgehoben. ISBN 978-9979-3-3828-4, € 33,99

▷ Noch mehr Details und übersichtliche Höhenlinien bietet der spiralgebundene „Iceland/Island Atlas“ von Mál og Menning im Maßstab 1:200.000. ISBN 978-9979-3-3827-7, € 59,95

▷ Die flächendeckende Serie „Atlaskort" im Maßstab 1:100.000 von Mál og Menning bietet ebenfalls gute Karten. Da dort meist auch die Wanderrouten eingezeichnet sind, eignen sie sich sogar zum Wandern. Es gibt 31 Kartenblätter. € 19,95 pro Blatt

▷ Ideal für Wanderer sind die Detailkarten der Serie „Sérkort" im Maßstab 1:100.000 (Teilgebiete 1:50.000) von Mál og Menning. 12 Karten decken die schönsten Wandergebiete des Landes ab, z. B. Landmannalaugar und Þórsmörk, Mývatn oder Hornstrandir. € 19,95 pro Blatt

📖 Alle diese Karten sind im Shop und Versand erhältlich, z. B. bei:
Geobuchhandlung Kiel, Schülperbaum 9, 24103 Kiel, ☏ 04 31/910 02,
💻 www.geobuchhandlung.de

Medizinische Versorgung

Die ärztliche Versorgung (⊞) ist ausreichend, und auch die in genügender Anzahl in nahezu jedem größeren Ort vorhandenen Apotheken (A) führen alle notwendigen Medikamente.

Notrufe

Der allgemeine Notruf ist 112. Da Notfälle meist nicht in der Nähe eines Telefons geschehen, sollten Sie wissen, dass in Island praktisch alle Busse, Taxis und viele Privatfahrzeuge mit Funk ausgestattet sind. Diese Funkgeräte haben eine große Reichweite und ermöglichen es, selbst im Hochland rasch Hilfe herbeizuholen.

☺ Isländer sind im Allgemeinen sehr hilfsbereit und versuchen, z. B. bei Autopannen, das Missgeschick zu beheben. Wegen der relativ geringen Verkehrsdichte ist man auf gegenseitige Hilfe angewiesen, deshalb sollten auch Sie anhalten, wenn Sie ein liegen gebliebenes Fahrzeug sehen.

Papiere

Bei einem Aufenthalt bis zu drei Monaten benötigen Sie bei der Einreise lediglich Ihren Personalausweis, dies gilt auch für andere EU-Bürger und für Schweizer. Planen Sie einen längeren Aufenthalt in Island, ist ein Visum erforderlich, zu beantragen bei der zuständigen isländischen Botschaft oder bei einem isländischen Konsulat (☞ Diplomatische Vertretungen).

Wer mit dem eigenen Wagen nach Island einreist, sollte neben dem Fahrzeugschein eine internationale **grüne Versicherungskarte** mitführen, dies vereinfacht eine eventuelle Schadensregulierung. Ein internationaler Führerschein ist nicht erforderlich und die Einfuhr eines Kfz ist problemlos (☞ Zoll).

Post

Das Postwesen ist gut organisiert und Postämter (**𝕻**) gibt es auch in vielen kleineren Orten. Briefkästen sind rar, Briefe werden im Postamt abgegeben. Postlagernde Sendungen sollten den Vermerk „poste restante, Posthús" sowie den Ort des jeweiligen Postamtes tragen.

Postämter sind in der Regel Mo-Fr von 9:00-16:30 geöffnet.

Preise

Preisgefüge

☹ Island ist eines der teuersten Urlaubsländer Europas, das muss bei der Finanzplanung unbedingt einkalkuliert werden! Es gibt nur weniges, was in Island nicht teurer ist als in Deutschland.

Preisbeispiele

Die Preise für Lebensmittel sind zum Teil mit denen in Deutschland vergleichbar, oft jedoch deutlich höher! Das gilt besonders für Nahrungsmittel wie Fleisch, Obst und Gemüse. Günstig sind Frischfisch (wenn nicht im Geschäft, sondern am Hafen gekauft!) und Strickwaren.

☺ Die niedrigsten Lebensmittelpreise finden Sie in Reykjavík, daher sollten dort am besten die Vorräte ergänzt werden.

☹ In Restaurants der mittleren Preisklasse ist für das Abendessen (ohne Getränke) € 25 bis 40 je Gericht zu veranschlagen, für ein Menü mit Vor- und Nachspeise oft € 60 bis 70. Eine Tagessuppe kostet € 13 und eine einfache Pizza Margherita schlägt mit € 15 bis 20 zu Buche! Spaghetti Bolognese gibt es für etwa € 23, für ein Fischgericht sind im Schnitt € 25 bis 35 fällig, für einen Lammbraten eher € 40. Für einen Kaffee sind € 4 und für ein Glas Bier (0,3 l) ab € 8 zu berappen. Viele Restaurants werben mit einem günstigen Lunch-Menü (Vorspeise, Hauptspeise und Kaffee), das bereits ab € 20 angeboten wird.

Kinderportionen sind billiger. Selbst in Schnellrestaurants oder Cafeterias sind für einen Hamburger mit Pommes schnell € 15 fällig.

☹ Übernachtungspreise in Hotels, Pensionen und sogar Jugendherbergen sind ebenfalls extrem hoch.

Trinkgelder waren vor wenigen Jahren noch gänzlich unbekannt, ja gar verpönt. Heute ist die Bedienung bei der Restaurant-, Hotel- oder Taxirechnung nach wie vor im Endpreis enthalten. Bei Busrundfahrten ist Trinkgeld für Fahrer, Guide und eventuelles Küchenpersonal üblich.

Das hohe Preisniveau in Island rührt daher, dass nahezu alle Rohmaterialien eingeführt werden müssen und dass eine hohe Umsatzsteuer enthalten ist. Im Vergleich mit den enormen Importkosten sind die meisten Dienstleistungen zwar etwas billiger, aber auch deren Niveau liegt immer noch deutlich höher als in Deutschland.

Im Goðafossmarkaður verkaufen Frauen in Eigenregie ihre Strickwaren

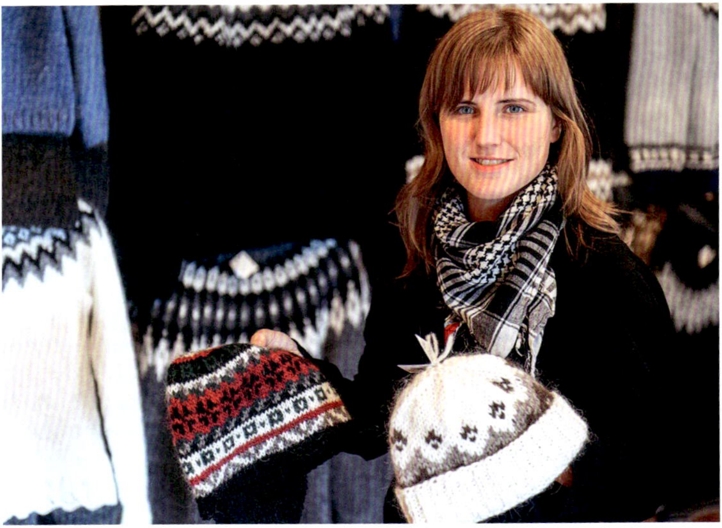

Reisezeit

- ▷ Die beste Reisezeit sind die Monate Juli und August. Aber auch die Monate Mai, Juni und September sind für einen Islandurlaub geeignet (☞ Klima).
- ▷ Mai und Juni sind etwas problematisch, wenn Sie ins Hochland wollen. Aufgrund der Schneeschmelze sind die meisten Hochlandpisten zu dieser Zeit noch unbefahrbar und gesperrt.
- ▷ Je nach Schneeschmelze können manche Pisten sogar bis Mitte Juli oder gar noch länger unpassierbar sein, andererseits kann es bereits im September zu ersten heftigen Schneefällen im Hochland kommen, und bald darauf sind die Pisten wieder unbefahrbar.
- ▷ Etliche Unterkünfte (Sommerhotels, verschiedene Jugendherbergen) sind nur in den Sommermonaten geöffnet. Auch Hochlandbusse verkehren nur in diesen Monaten.

Sicherheit

Island ist ein ausgesprochen sicheres Land – die Kriminalität gehört zu den niedrigsten in Europa. Sicherheit sollte aber großgeschrieben werden, wenn es um die Besonderheiten dieses unberührten Landes und seiner Natur geht:

- ▷ Überschätzen Sie niemals Ihre Fähigkeiten, weder beim Wandern noch beim ☞ Autofahren.
- ▷ Überschätzen Sie auch nie die Möglichkeiten, die Ihr Fahrzeug bietet, und rüsten Sie sich für Ihr Vorhaben entsprechend aus.

Sport

Angeln

Die sehr sauberen Flüsse bieten einen großen Fischreichtum, vor allem an Lachsen und Forellen. Die Fanggründe sind von April/Mai bis September freigegeben. Beachten Sie, dass Sie einen Angelschein (veiðileyfi) benötigen. Dieser ist besonders für das Lachsangeln nicht leicht erhältlich, zudem sündhaft teuer. Für andere Fische sind Lizenzen billiger, man bekommt sie meist auf den Gehöften in der Nähe. Fragen Sie ggf. in der nächsten Tourist-Information oder an einer Tankstelle.

Schwimmen und Baden

ist besonders in den vielen beheizten Freibädern ein Genuss. Dort müssen Sie sich vor dem Bad in der Dusche komplett abseifen (auch die Haare)! Der Eintritt variiert von ISK 900-950 auf dem Land bis ISK 1.000 in Reykjavík. Zum Bad gehören meist mehrere unterschiedlich temperierte Hot Pots (O) und ein Whirlpool.

sundlaugar.is

Zum Relaxen laden auch die vielen von heißen Quellen gespeisten Naturbäder ein. Schwimmen ist in den meisten Seen angesichts der niedrigen Wassertemperaturen nicht möglich. Auch das Meer ist sogar im Sommer zum Baden viel zu kalt, abgesehen vom Ylströnd, dem künstlich beheizten Stadtstrand von ☞ Reykjavík.

Ein besonderes, aber exorbitant teures Vergnügen (Eintritt ca. € 83!) ist das Bad im warmen Wasser der schön in der Lava integrierten ☞ Blauen Lagune.

Reiten

ist sehr beliebt und die berühmten Islandpferde sind auch für Ungeübte gut zu reiten. Eine steigende Zahl von Reiterhöfen stellt Pferde zum Reiten zur Verfügung. Für Pferdeliebhaber gibt es viele Möglichkeiten – vom Reiterurlaub auf dem Hof bis hin zu mehrtägigen Reittouren durch das Hochland. Auch einige Höfe, die Ferien auf dem Bauernhof anbieten, vermieten Pferde.

Wegen Infektionsgefahr ist die Einfuhr von gebrauchtem Sattelzeug gar nicht erst erlaubt. Bei gebrauchter Reitkleidung muss eine ordnungsgemäße Desinfektion nachgewiesen werden. Übrigens ist die Wiedereinfuhr von Pferden, beispielsweise nach Turnieren im Ausland, verboten.

Wandern

ist eine der besten Möglichkeiten, das Land kennenzulernen. Sie können auf eigene Faust losgehen oder sich einer geführten Wanderung anschließen. Die Palette reicht von Kurzwanderungen bis zu wochenlangen Touren.

Island: Trekking-Klassiker, von Erik Van de Perre, Conrad Stein Verlag, Der Weg ist das Ziel, ISBN 978-3-86686-411-5, € 16,90. Beschreibung von fünf populären Routen: Laugavegur, Fimmvörðuháls, Kjalvegur, Jökulsárgljúfur und Öskjuvegur

Island, 22 Wanderungen, von Erik Van de Perre, Conrad Stein Verlag, Regional, ISBN 978-3-86686-498-6, € 12,90. Beschreibung der schönsten Tagestouren in der Nähe der Ringstraße

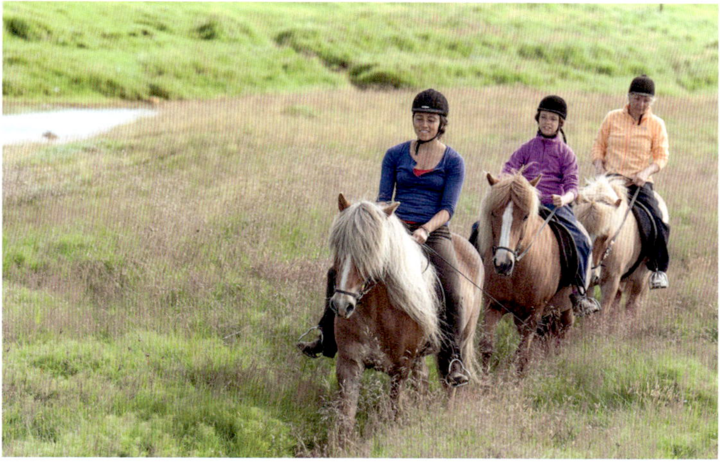

Viele Reiterhöfe in der Nähe der Ringstraße bieten geführte Ausritte an

Denken Sie bei Wanderungen daran, ausreichend Verpflegung und Trinkwasser mitzunehmen. In wüstenähnlichen Gebieten gibt es oft keinen Tropfen. Das graue Wasser der Gletscherflüsse ist wegen der Sedimentfracht nicht trinkbar!

Für längere Wanderungen abseits markierter Wege ist ein **Kompass/GPS** ebenso unerlässlich wie gutes Kartenmaterial. Beachten Sie, dass wegen der Nähe zum magnetischen Pol die Kompassnadel nicht exakt nach Norden zeigt! Ein Fernglas kann gute Dienste leisten, sofern sich die Mitnahme nicht aus Gewichtsgründen verbietet.

Wanderungen sind insbesondere im Hochland **keine harmlosen Spaziergänge**. Die Natur ist hier gewaltiger, als wir es aus Mitteleuropa gewohnt sind. Neben einer den Witterungsverhältnissen angepassten Ausrüstung (Kleidung, Zelt und Packutensilien müssen beständig gegen Regen, Kälte und Wind sein) ist auch die Fähigkeit, sich in der Wildnis zurechtzufinden, erforderlich.

Zumindest bei größeren Wanderungen sollte auch der Umgang mit Karte und Kompass geübt sein!

Karte · Kompass · GPS, von Reinhard Kummer, Conrad Stein Verlag, Basiswissen für draußen, ISBN 978-3-86686-619-5, € 8,90

📖 **GPS: Grundlagen · Tourenplanung · Navigation,** von Michael Hennemann, Conrad Stein Verlag, Basiswissen für draußen, ISBN 978-3-86686-495-5, € 9,90

📖 **Trekking**, von Michael Hennemann, Conrad Stein Verlag, Basiswissen für draußen, ISBN 978-3-86686-354-5, € 7,90

✋ Verlassen Sie sich weder auf Wegmarkierungen – die können auch bei markierten Wegen streckenweise fehlen – noch auf Sicht. Allzu oft bricht Nebel herein und schon ist der Weg von Markierung zu Markierung kaum mehr zu finden. Rechnen Sie außerdem stets mit Wetterumstürzen! Sturm, Regen und sogar Schnee sind im Hochsommer nicht ungewöhnlich.

Häufig werden Sie auf Wanderungen mit nicht überbrückten **Flüssen** konfrontiert werden. Das Durchwaten von Flüssen gehört dann auch bei vielen Wanderungen einfach dazu!

Ist das Wasser zu tief für Gummistiefel, sollten Sie mit Badesandalen o. Ä. den Fluss durchwaten. Mit nassen Wanderschuhen zu laufen ist unangenehm, und ohne Schuhe sind die Flüsse schon wegen der scharfkantigen Steine meist nicht passierbar.

Beim Wandern stößt man in Island oft auf unüberbrückte Flüsse

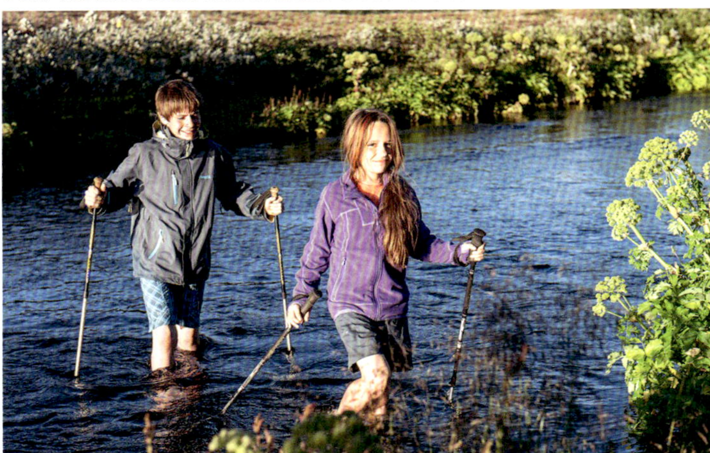

Bei Flussdurchquerungen ist außerdem besondere Vorsicht geboten.

- Wenden Sie der Strömung nie den Rücken zu, durchqueren Sie den Fluss mit flussaufwärts gewandtem Körper.
- Machen Sie ruhige, kleine Schritte, belasten Sie ein Bein erst, wenn Sie im Flussbett sicheren Halt gefunden haben.
- Weist der Fluss eine stärkere Strömung auf, sollten Sie die Furt zunächst ohne Gepäck und angeseilt erkunden. Der Sichernde muss dabei mit festem Halt am Ufer bleiben.
- Bedenken Sie, dass Gletscherflüsse oft eine tiefe Gletscherrinne aufweisen, also vorsichtig vortasten. Ist die Furt schwierig, nicht mit vollem Gepäck durchwaten, das verstärkt die Gleichgewichtsprobleme. Lieber zwei- oder dreimal laufen und alles in kleinen Etappen holen.

Zu Wasserstand und Auswirkungen des Wetters ☞ Autofahren.

Telekommunikation

Telefon

- Es gibt keine **Vorwahlnummern** innerhalb Islands, seit ein siebenstelliges Telefonnummernsystem eingeführt wurde.
- Für **Auslandsgespräche** gelten folgende Vorwahlen: Deutschland 00 49, Schweiz 00 41, Österreich 00 43, danach Ortsvorwahl ohne die 0.
- Telefonkarten sind in Läden sowie Post- und Telefonämtern erhältlich. Von einigen Apparaten lässt sich auch per Kreditkarte (teurer) telefonieren.
- Die **Telefonvorwahl** für Island ist die 00 354, dann folgt die jeweilige Rufnummer.
- **Telefonauskunft** 118, Auslandsauskunft 1811
- **Notruf** 112

☺ Die Benutzung von Handys ist in keinem Land so verbreitet wie in Island. Unsere Funktelefone sind mit dem isländischen GSM-Netz kompatibel.

Große Funklöcher, vor allem im Landesinneren, jedoch auch in dünn besiedelten Gebieten entlang der Ringstraße, sorgen allerdings für das große Schweigen.

☺ Wenn Sie über ein SIM-Lock-freies Handy/Smartphone verfügen und nicht nur viel telefonieren, sondern auch regelmäßig im Netz surfen, Musik streamen und Bilder posten wollen, lohnt es sich, vor Ort eine Prepaid-SIM-Karte eines isländischen Anbieters (z. B. Síminn oder Vodafone) anzuschaffen. Diese sind u. a. an Tankstellen erhältlich.

☺ Beachten Sie, dass das isländische Telefonbuch nach Vornamen geordnet ist, die vorangestellt werden, während der Vaters- oder Muttersname (nach deutscher Vorstellung der Familienname) zweitrangig ist und nachgestellt wird.

Internet

Internetcafés sind oft in Tourist-Informationen oder in großen Tankstellen zu finden. Im Großraum Reykjavík und in Akureyri gibt es häufig WLAN-Hot-Spots.

Auch viele Hotels, Guesthouses, Jugendherbergen und Campingplätze bieten kostenloses WLAN.

Transport

Bus

Da es keine Eisenbahn gibt, ist der Bus das wichtigste Verkehrsmittel, mit dem der gesamte öffentliche Personenverkehr bewältigt wird. Das Busnetz erfasst alle nennenswerten Orte des Landes. Entlegene Gegenden sind oft nur ein- bis zweimal pro Woche per Bus erreichbar, in die stärker besiedelten Gebiete fährt mindestens einmal täglich ein Bus von Reykjavík aus. Der Busfahrplan für alle Überlandbusse ist bei Postämtern und Busbahnhöfen erhältlich (fragen Sie nach dem leiðabók)

- **Reykjavík Excursions** (auch Flybus), BSÍ Bus Terminal, Vatnsmýrarvegur 10, Reykjavík, ☏ 580 5400, ✉ main@re.is, 💻 www.re.is
- **SBA-Norðurleið**, Hjalteyrargata 10, Akureyri, ☏ 550 0700, ✉ sba@sba.is, 💻 www.sba.is
- **Sterna**, Harpa Concert Hall, Reykjavík, ☏ 551 1166, ✉ info@sternatravel.com, 💻 www.sternatravel.com und www.icelandbybus.is
- **Trex**, Hestháls 10, Reykjavík, ☏ 587 6000, ✉ info@trex.is, 💻 www.trex.is
- **Strætó**, Þönglabakki 4, Reykjavík, ☏ 540 2700, ✉ straeto@straeto.is, 💻 www.straeto.is

- ▷ Bei **Linienbussen** ist eine Reservierung nicht erforderlich. Die Fahrer versuchen, den Fahrplan möglichst genau einzuhalten. Sie können auf der Fahrt an jeder beliebigen Stelle ein- und aussteigen. Teilen Sie dies nur rechtzeitig dem Fahrer mit bzw. geben Sie am Straßenrand ein deutliches Zeichen.
- ▷ Neben den Linienbussen verkehrt (im Sommer) eine Vielzahl von **Ausflugsbussen** zu touristisch interessanten Orten.
- ▷ Leider sind nicht alle Sehenswürdigkeiten mit Linienbussen erreichbar. Oft fährt außerdem nur ein Bus pro Tag – zurück geht es manchmal sogar erst Tage später. Und gerade an diesen Stellen ist es mit dem Trampen dann auch nicht weit her.

Flug

Das Inlandsflugnetz ist gut ausgebaut und verbindet die wichtigsten Orte des Landes. Die Hauptstrecken werden von der Icelandair-Tochter Air Iceland Connect bedient, weitere von der Gesellschaft Eagle Air.

- **Air Iceland Connect**, Reykjavík Airport, Reykjavík, ☏ 570 3000, websales@airicelandconnect.com, www.airicelandconnect.com
- ♦ **Eagle Air**, Reykjavík Airport (hinter Icelandair Hótel Reykjavík Natura), Reykjavík, ☏ 562 2640, info@eagleair.is, www.eagleair.is

- ▷ Inlandsflüge sind nicht nur wegen des schnellen Transportes interessant, sondern bieten bei schönem Wetter auch grandiose Ausblicke auf die Gletscher und Gebirgswelt Islands. Da Fliegen in Island insgesamt relativ preiswert ist, ist es eine ernsthafte Überlegung wert, einen Flug zu unternehmen.
- ▷ Neben dem Linienflugverkehr existiert ein gut organisiertes, aber relativ teures Charterflugsystem, betrieben von kleinen Fluggesellschaften mit kleinen Maschinen, die Sie überall dort hinfliegen, wo es eine Landepiste gibt.
- ▷ Hinzu kommt eine Vielzahl von Sightseeing-Flügen. Das Angebot ist groß und reicht von Kurzausflügen auf die Westmännerinseln bis hin zu Flügen nach Grönland.
- ▷ Die Fluggesellschaften bieten sowohl bei Linienflügen als auch bei Ausflugstrips oft Sonderpreise. Nähere Informationen beziehen Sie direkt von den Fluggesellschaften. In jedem Fall lohnt ein Preisvergleich zwischen den verschiedenen Anbietern.

Mietwagen

Eine große Anzahl von Mietwagenunternehmen bietet die verschiedensten Wagentypen an, meist Fahrzeuge japanischer Hersteller. Zum Angebot gehören auch große Geländewagen und amerikanische Kleinbusse.

☺ Einige Unternehmen bieten auch E-Autos an, z. B. Hertz (Volkswagen e-up!).

- ▷ Zur Anmietung eines Wagens muss der Fahrer **mindestens 20 Jahre** bzw. bei Geländewagen oder Kleinbussen 23 Jahre alt sein. Mietwagenstationen finden sich häufig an den größeren Flughäfen, Mietwagenanbieter finden Sie im Telefonbuch unter „bílaleiga".
- ▷ Aufgrund der starken Beanspruchung der Fahrzeuge auf den teilweise sehr schlechten Straßen, weisen Mietwagen nicht immer den sonst gewohnten technischen Standard auf: Klappern, kleinere Defekte usw. sind nicht ungewöhnlich – sie stören die Isländer auch nicht.
- ▷ Mieten Sie stets ein Fahrzeug, das Ihren Zielen gerecht wird. Für das Hochland (☞ Autofahren, Hochlandpisten) empfiehlt sich ein allradgetriebener Wagen; für Fahrten über Haupt- und Nebenstraßen genügt ein **normaler Pkw.**
- ▷ In der Hochsaison kann es schwierig sein, in Reykjavík oder Akureyri kurzfristig einen Wagen zu bekommen. Es ist deshalb ratsam, die Wagenmiete frühzeitig zu arrangieren, am besten schon mehrere Monate im Voraus.
- ▷ Die Preise für Mietwagen sind in den letzten Jahren gesunken, aber immer noch recht hoch. Preisvergleiche ergeben, dass das Mieten von Deutschland aus kaum teurer ist als vor Ort. Vergleichen Sie aber die Preise der verschiedenen Anbieter, es gibt erhebliche Unterschiede!
- ▷ Nur wenige Vermieter bieten **Wohnmobile** oder Pick-up-Camper an.
- ▷ Der **Isländische Automobilclub FÍB** unterhält nur in den Regionen Reykjavík und Akureyri einen Pannendienst rund um die Uhr, der bei Pannen hilft und ggf. einen Abschleppdienst organisiert.

ℹ **The Icelandic Automobile Association** (FÍB – Félag Íslenskra Bifreiðaeigenda), Skúlagata 19, Reykjavík, ☏ 414 9999, 💻 www.fib.is, Notruf ☏ 511 2112

✋ Achten Sie bei der Fahrzeugmiete darauf, für welche Schäden Sie haften müssen. Steht dies nicht in den Vertragsbedingungen, lassen Sie sich eine schriftliche Bestätigung über den Umfang der von Ihnen zu tragenden Schäden ausstellen. Auch bei Abschluss einer Vollkaskoversicherung haftet der Mieter bei Hochlandfahrten für diverse Schäden, insbesondere bei Verlust des Wagens bei Flussdurchfahrten.

Fly & Drive

Komplettprogramme bieten mehrere Reiseveranstalter an. Es lohnt sich allerdings zu prüfen, ob nicht Fahrzeugmiete und Flug einzeln günstiger sind und ob Transfers und Steuern usw. eingeschlossen sind.

☺ Eine Alternative ist die Kombination einer Busrundreise mit einer gelegentlichen Wagenmiete, wobei der Mietwagen dazu genutzt wird, die Stellen anzufahren, die mit dem Bus nicht erreichbar sind (z. B. Askja, Halbinsel Langanes).

Prüfen Sie bei Preisvergleichen, ob die 24 % Umsatzsteuer im Preis inbegriffen sind!

Mitnahme des eigenen Fahrzeugs

Angesichts der hohen Mietwagenkosten kann die Mitnahme des eigenen Wagens nach Island durchaus lohnend sein. Die Rentabilitätsgrenze dürfte wegen der hohen Fährpreise in der Hauptsaison etwa bei zwei bis drei Wochen liegen (☞ Fähranreise).

- Die **Vorteile** der Mitnahme des eigenen Wagens liegen auf der Hand: Sie sparen Geld, können erheblich mehr Ausrüstung mitnehmen als im Flugzeug und außerdem durch die Mitnahme größerer Lebensmittelvorräte die Urlaubskasse entlasten. Achten Sie aber auf die Zollbeschränkungen! (☞ Zoll)
- **Nachteilig** ist, dass das eigene Fahrzeug arg strapaziert wird und Reparaturen selbst zu tragen sind. Zudem ist der Zeitaufwand hoch: Allein An- und Abreise erfordern jeweils zwei zusätzliche Tage.
- Die Einfuhr ist unproblematisch (☞ Zoll). Angesichts der schlechten Straßenverhältnisse im Hochland sollten Sie keinen fabrikneuen Wagen mit nach Island nehmen, weil er auf Schotter und Lavapisten leiden wird. Andererseits sollte das Fahrzeug auch nicht zu alt sein, da Defekte allzu leicht auftreten können. In jedem Fall sollte der Wagen vor der Reise gründlich durchgecheckt werden. Einkalkulieren müssen Sie vor allem Reifendefekte, die nicht selten den Kauf eines neuen Reifens erfordern.

Taxi

Innerhalb der Städte und größeren Orte gibt es Taxiunternehmen, die jedoch nicht gerade billig sind. In kleinen Orten können häufig Tankstellen oder Werkstätten ein Taxi vermitteln, selbst wenn es im betreffenden Ort keines gibt.

Trampen

Per Anhalter fahren ist durchaus nicht ungewöhnlich. Zwar sind es fast nur Touristen, die sich auf diese Art fortbewegen, dennoch sind die Chancen, mitgenommen zu werden, nicht schlecht. Problematisch wird es manchmal an wenig befahrenen Straßen, die zudem überwiegend von Touristen benutzt werden. Deren Wagen sind meist voll bepackt und bieten keinen Platz für Anhalter. In jedem Fall müssen Sie wegen der geringen Verkehrsdichte auch auf der Ringstraße mit teilweise erheblichen Wartezeiten rechnen.

☺ In Jugendherbergen und größeren Gästehäusern werden am „schwarzen Brett" manchmal Mitfahrgelegenheiten mit Kostenbeteiligung angeboten. Auch an Tankstellen oder Parkplätzen von Supermärkten können Sie Fahrer ansprechen.

Bei Radtouren im Hochland lauern oft tückische Furten

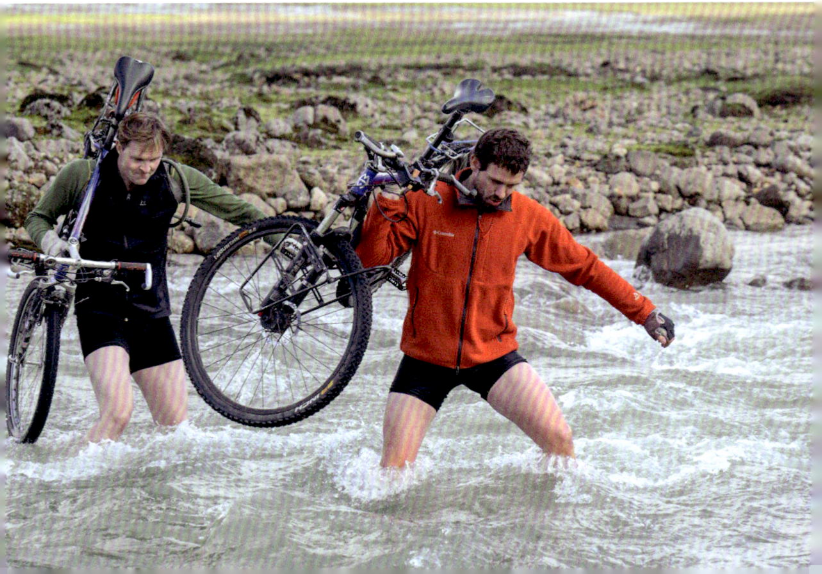

Radfahren

Bei Mieträdern handelt es sich meist um normale Standardräder, die nicht fürs Gelände geeignet sind. Nach Aussagen einiger Radfahrer ist die Mitnahme des eigenen Rads weitaus sinnvoller, wenn längere Strecken zurückgelegt werden sollen. Mieträder sind aber für kleine Ausflüge sinnvoll. Reisen mit dem Fahrrad ist eine immer beliebter werdende Alternative zur typischen Auto- und Busreise. Dafür spricht, dass Sie mehr Zeit für die durchfahrenen Gebiete haben und das Land hautnah und intensiver erleben. Dagegen spricht das Wetter ...

Nicht nur der Regen, auch der Wind, der (fast) immer von vorn kommt, ist oft ein Spielverderber. So berichteten Radler von der Frustration, als sie sich mühsam einen Berg hochgekämpft hatten und sich auf die entspannende Abfahrt freuten – doch der Wind blies so kräftig von vorn, dass sie selbst bergab kräftig in die Pedale treten mussten. Auch Kies- und Schotterstraßen, durch vorbeifahrende Autos hochgeschleuderte Steine, bei Regen rutschige Oberflächen und scharfkantige Steine, die zu Reifenpannen führen, machen einem zu schaffen.

Damit der Fahrradurlaub nicht zum Fiasko wird, ist eine gute Ausrüstung unerlässlich. Dazu gehören auch wasserdichte Kleidung und Packtaschen. Das Rad sollte breite Geländereifen haben und eine Schaltung mit vielen Übersetzungen. Für Fahrten ins Hochland eignet sich am besten ein gutes Mountainbike (nicht eine gut aussehende Imitation!). Flickzeug und Ersatzreifen nicht vergessen!

☺ Wichtig sind auch eine sehr gute Kondition und ein starker Selbsterhaltungstrieb nebst Durchhaltevermögen.

📖 **Radreisen: Ausrüstung · Planung · Durchführung**. von Andreas Bugdoll, Basiswissen für draußen, Conrad Stein Verlag, ISBN 978-3-86686-034-6, € 8,90

Motorradfahren

Viele Biker sagen, das sei die einzig wahre Art, Island zu erleben. Die Zahl der Motorradtouristen nimmt ständig zu, und während es früher fast nur Geländemaschinen waren, sind heute auch schon viele Straßenmaschinen auf dem Weg in die Wildnis zu sehen. Durch die verbesserten Straßenverhältnisse wird das Motorradfahren einfacher, verliert aber sicher nicht an Reiz.

☹ Leider sind einige Geländemaschinenfahrer nicht mit der Herausforderung durch Schotterpisten und Hochlandtracks zufrieden und zerfurchen die empfindliche Natur abseits der Wege. Das ist streng verboten!

Besondere Probleme bereiten Zweiradfahrern die Flussdurchquerungen im Hochland. Die Regeln zum Furten mit dem Auto (☞ Autofahren) gelten natürlich sinngemäß auch hier, nur ist es ungleich schwerer, auf zwei statt auf vier Rädern einen reißenden Gletscherfluss zu durchfahren. Aber auch die Straße birgt Gefahren. Im Zuge der stärkeren Motorisierung auf der Insel hat sich eine recht unbekümmerte Fahrweise bei den Isländern entwickelt. So klagen Motorradfahrer, dass sie beim Überholen geschnitten werden, entgegenkommende Wagen keinen Platz machen und sie in den weichen Randbereich der Straßen gedrängt werden.

Da es auf Island fast keine Motorräder gibt, bestehen kaum **Reparaturmöglichkeiten**. Sich selbst helfen zu können, ist deshalb unerlässlich. Ersatzteile müssen fast alle eingeflogen werden, eine Schadenschätzung ist fast unmöglich, da es keine Motorradsachverständigen gibt.

Bedenken Sie, dass Staub und Schlamm den ungeschützten Teilen der Mechanik arg zusetzen, sodass Sie hochempfindliche Straßenmaschinen wohl besser zu Hause lassen.

Unterkunft

Island bietet eine große Bandbreite von Übernachtungsmöglichkeiten. Die Preise variieren stark, liegen jedoch generell – vor allem im Sommer – deutlich über westeuropäischem Niveau. In allen beschriebenen Orten haben wir uns auf ein paar repräsentative Unterkunftsmöglichkeiten beschränkt, da eine ausführliche Auflistung den Rahmen dieses Buches sprengen würde.

☹ Seit 2012 existiert eine Übernachtungssteuer von € 0,90 pro Wohneinheit – auch auf Campingplätzen.

☺ Wer beim Übernachten Geld sparen möchte, sollte unbedingt einen Schlafsack im Gepäck haben. Ein eigenes Spannbettlaken und ein Kopfkissenbezug sind auch zu empfehlen.

✋ Wundern Sie sich nicht, wenn für ein 16 m² großes Zimmer mit zwei Betten, zwei Stühlen, einem Tischchen und ein paar Haken an der Wand sowie Gemeinschafts-WC und -dusche auf dem Flur € 70-120 verlangt werden. Das ist völlig normal und kann ggf. durch Verzicht auf Bettwäsche und Benutzung des eigenen Schlafsacks um € 20 gedrückt werden.

Hotels

Nahezu in jedem Ort werden Sie ein kleines Hotel, ein Guesthouse oder ein paar Privatzimmer finden. Hotels internationalen Standards sind beispielsweise die neun Häuser von Icelandair, die allerdings in der Hauptsaison ab € 280 für ein Doppelzimmer verlangen!

Die Übernachtungspreise in Hotels und Pensionen richten sich nach Lage, Ausstattung (bewertet zwischen einem * Stern und fünf ***** Sternen) und gebotenem Service. Im Allgemeinen muss für ein Doppelzimmer mit Dusche/WC (fast immer mit Frühstück) mit € 150-250 gerechnet werden.

Ein Verzeichnis vieler Hotels, Gästehäuser und Campingplätze (ohne Preisangaben) enthält die von Heimur herausgegebene deutschsprachige Broschüre „Rund um Island", die Sie beim isländischen Fremdenverkehrsamt und in den meisten lokalen Tourist-Informationen erhalten.

- Im Internet findet sich auch ein Verzeichnis unter www.hotel.is und www.inspiredbyiceland.com.
- Ein anderes (kommerzielles) Verzeichnis namens „Áning" (auch auf Deutsch) wird ebenfalls von Heimur herausgegeben. Hier werden die verschiedenen Unterkünfte und Campingplätze mit Foto und Piktogrammen vorgestellt – jedoch ebenfalls ohne Preise.
- Icelandair betreibt 8 Hotels, davon 6 auf dem Land und 2 in Reykjavík. www.icelandairhotels.com, Zentralreservierung unter ☏ 444 4000
- Die Kette Íslandshótel (früher Fosshótel) zählt 17 Hotels, die an touristischen Brennpunkten liegen, darunter 6 in Reykjavík. Buchung unter www.islandshotel.is
- Die 11 Keahotels der gehobenen Kategorie (7 in Reykjavík, 2 in Akureyri, 1 am Mývatn, 1 in Vík) finden Sie unter www.keahotels.is
- In einem weiteren Verzeichnis werden die Unterkünfte auf Bauernhöfen unter dem Namen „Hey Iceland" aufgeführt, mit Preisindikation. ☏ 570 2700, www.heyiceland.is

Edda-Hotels

Erwähnenswert sind auch die Edda-Hotels, eine Reihe von Sommerhotels. Diese sind meist in Internatsschulen eingerichtet, die während der langen Sommerferien (in der Regel Mitte Juni bis August) Reisenden als Unterkunft zur Verfügung stehen. Ausstattung, Preis und Leistung unterscheiden sich kaum von den anderen Hotels.

Ein Vorteil der Edda-Hotels ist ihre meist schöne Lage im Land. Dank des dichten Netzes (8 Hotels 2019) lässt sich Island heute – mit Ausnahme des

Hochlandes und Teilen der Westfjorde – von Edda-Hotel zu Edda-Hotel bereisen. Alle Hotels haben Internet-Anschluss (WLAN/Wi-Fi). Die meisten verfügen über ein Restaurant, manche auch über ein Schwimmbad.

Übernachtungen sollten vor allem in der Hochsaison frühzeitig gebucht werden. Da die Bettenzahl meist gering ist, kann oft bereits eine Reisebusgruppe das Hotel füllen. Für eine Vorbestellung reicht der Name des Hotels sowie der Name des Ortes; Straßennamen sind nur in Reykjavík und Akureyri erforderlich. Achten Sie unterwegs auf die gelben Flaggen mit der grünen Schrift.

Hotel Edda, zentrale Reservierung: ☏ 444 4000, www.hoteledda.is

Gästehäuser

Viele ehemalige Farm- oder Familienhäuser wurden zum gistiheimili (Pension) oder gistihús (Herberge) umgerüstet. Diese sind zunehmend in allen Ecken des Landes zu finden, erkundigen Sie sich vor Ort. Viele Bauern- und Reiterhöfe, die Feriengäste aufnehmen, vermieten auch nächteweise. Auch hier hilft ein Schlafsack, Kosten zu sparen. Grundsätzlich sind diese Privatunterkünfte mit Küchen ausgestattet, sodass Sie sich Abendessen und/oder Frühstück zubereiten können.

Hütten für Selbstversorger auf dem Reiterhof Lýsuhóll (Snæfellsnes)

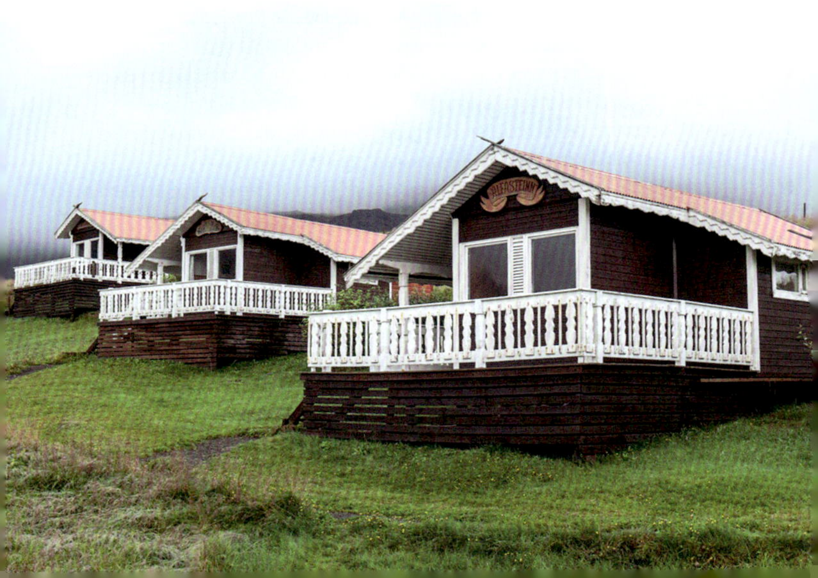

Das Vorhandensein einer Küche/Kochnische bei der Unterkunft ist in diesem Buch mit dem Symbol gekennzeichnet.

Der Preis für ein Doppelzimmer mit Frühstück in der Hochsaison variiert von € 130-170 (mit geteiltem Bad) bis € 190-230 (mit eigenem Bad).

Verzeichnisse ☞ Hotels

☺ Wer nicht zeltet, braucht keinen eigenen Kocher mitzubringen. In (fast) allen Gästehäusern und in allen ☞ Jugendherbergen gibt es eine Küche mit Geschirr und „Pött un Pann", die Sie verwenden können. Benutzen Sie zum Kochen kein Wasser aus dem Heißwasserhahn, Kaffee oder Tee könnten nach Schwefel schmecken!

Schlafsackunterkünfte

Eine landestypische Einrichtung sind Schlafsackunterkünfte, die manchen Edda-Hotels und einigen anderen Hotels und Gästehäusern angegliedert sind. Wer den eigenen Schlafsack mitbringt, kann hier auf einer Art Lager in Schlafsälen zu günstigen Preisen übernachten.

Ein Schlafplatz ist hier oft schon ab € 35 bis 40 pro Person zu haben. Für das Frühstück wird in der Regel ein Zuschlag von € 10 bis 15 berechnet.

Neuerdings bieten auch viele Bauernhöfe diese Übernachtungsmöglichkeit. Manche (Edda-)Hotels bieten auch eine gehobene Form, nämlich Zweibettzimmer, in denen Sie im eigenen Schlafsack übernachten. Diese sind deutlich billiger als eine normale Hotelübernachtung.

Verzeichnisse ☞ Hotels und ☞ Edda-Hotels

Jugendherbergen

Das isländische Jugendherbergswesen ist relativ jung. Die derzeit 34 Jugendherbergen sind zum Teil nur in der Saison geöffnet und oft sehr klein – einige haben sogar nur ein Dutzend Betten. Jugendherbergen heißen farfuglaheimili (= Zugvögelheim), aber das englische *youth hostel* wird überall verstanden.

Ein Jugendherbergsausweis aus dem Heimatland ist nicht zwingend erforderlich, aber ratsam – so können bis zu € 8 pro Person und Nacht gespart werden. Die Mitgliedschaft im DJH kostet für Erwachsene (Partner auf Zweitkarte gratis) € 22,50 jährlich (bis 26 Jahre nur € 7) und ist leicht in einer örtlichen Jugendherberge zu Hause zu erhalten. Apropos sparen: Ein eigener Schlafsack reduziert auch hier die Übernachtungskosten!

DJH, www.jugendherberge.de

Für Mitglieder kostet eine Übernachtung im Doppelzimmer € 50-75 pro Person im Sommer bzw. € 40-55 im Winter. In Reykjavík liegen die Preise noch etwas höher. Nichtmitglieder zahlen € 6-8 mehr, auch Bettwäsche wird extra berechnet. Die Jugendherbergen, die meist an landschaftlich schönen Stellen liegen, sind (besonders an der Südküste) oft schnell ausgebucht. Es ist deshalb ratsam, den Schlafplatz frühzeitig in der Herberge oder über den isländischen Jugendherbergsverband zu reservieren. In vielen Herbergen werden Fahrräder vermietet, oft werden Wanderungen, Ausflüge usw. angeboten.

Hostelling International Iceland (HI Iceland), Sundlaugavegur 34, Reykjavík, ☎ 575 6700, info@hostel.is, www.hostel.is

Fragen Sie bei HI Iceland nach dem Verzeichnis „Hostelling in Iceland".

Ferien auf dem Bauernhof/Hey Iceland

Stark angestiegen ist in den letzten Jahren die Zahl der Bauernhöfe (inzwischen über 170), die Übernachtung (Bed & Breakfast) oder Ferien auf dem Bauernhof anbieten.

Angebote finden Sie in den Prospekten der Reiseveranstalter, zum Teil mit Pauschalarrangement für Angeln oder Reiten. Einige bieten auch ein Voucher-System, wobei Übernachtungsgutscheine ohne Buchung zu erwerben sind.

Hey Iceland, Síðumúli 2, Reykjavík, ☎ 570 2700, www.heyiceland.is. Auf der Website werden sämtliche Höfe mit Fotos, einem Video und Text kurz vorgestellt.

Campingplätze

Islandweit finden Sie über 180 Campingplätze (tjaldsvæði). Viele sind einfach ausgestattet, manchmal gibt es nur kaltes Wasser und ein Plumpsklo (Kategorie C). Sie werden aber immer häufiger mit sanitären Einrichtungen versehen (meist mit fließendem Wasser und WC, oft auch mit warmen Duschen, Kategorie A). Ansonsten findet sich meist in der Nähe eine Duschmöglichkeit (z. B. im Schwimmbad). Die Zeltplätze in Skaftafell, Reykjavík und Ásbyrgi verfügen über ausgesprochen gute Sanitäranlagen, heiße Duschen und großzügig angelegte Sanitärräume. Die Plätze sind gebührenpflichtig und meist von Mai/Juni bis August/September geöffnet. Die Lage ist sehr unterschiedlich, viele liegen in landschaftlich schönen Gegenden, manche innerhalb der örtlichen Bebauung (Reykjavík und Akureyri). Die meisten Zeltplätze werden vom Staat oder von Gemeinden betrieben, nur wenige privat.

Die Übernachtungsgebühr liegt in der Regel zwischen € 12 und € 16 pro Person (Reykjavík € 20).

- Eine Übersicht mit ausführlichen Informationen inkl. Preisangaben zu den einzelnen Campingplätzen finden Sie auf der Website des isländischen Fremdenverkehrsamtes www.inspiredbyiceland.com unter der Rubrik „Unterkunft".
- www.campingcard.is – Auf dieser Website werden 40 Campingplätze rund um Island detailliert in Wort und Bild vorgestellt. Die Campingcard gilt für 2 Erwachsene und bis zu 4 Kinder, kostet € 159 und gewährt freies Campen an bis zu 28 Tagen nebst Rabatt auf Treibstoff bei Shell/Orkan. Die Unterkunftssteuer von € 0,90 (ISK 111) je Einheit und Nacht ist extra vor Ort zu entrichten.

Wildcamping

Wildzelten ist prinzipiell erlaubt, jedoch mit einigen Einschränkungen: In Nationalparks und Naturschutzgebieten ist Zelten nur an den ausgewiesenen Plätzen erlaubt, ansonsten streng verboten.

Auf Privatgelände darf man ohne Erlaubnis nicht zelten. Fragen Sie darum bei eingezäuntem Gebiet oder in der Nähe eines Gehöfts den betreffenden Eigentümer – meist der nächste Bauer. Die Isländer beklagen zunehmend eine Missachtung ihres Privateigentums durch zeltende Touristen.

Nehmen Sie bei wildem Zelten jederzeit Rücksicht auf die sehr empfindliche Natur. Schlagen Sie niemals Buschwerk zur Herstellung eines Lagerfeuers, vernichten Sie keine Pflanzen und lassen Sie keine Abfälle zurück!

☺ Bei der Wahl des Zeltplatzes sind einige Regeln zu beachten. Wichtig ist eine windgeschützte Lage, für den Aufbau des Zeltes ist zudem ein Untergrund erforderlich, in dem sich die Heringe einschlagen lassen. Der Platz sollte so beschaffen sein, dass auch bei starkem Regenfall nicht gleich alles wegschwimmt (Senken oder Kuhlen meiden). Ein steiniger Untergrund, zum Beispiel Lavagestein, kann den Zeltboden beschädigen.

Die **Zeltausrüstung** sollte auf die isländischen Verhältnisse abgestimmt sein. Das Zelt muss unbedingt wasserdicht (Doppeldachzelt) und sturmfest sein. Stürme ungeheuren Ausmaßes gehören in Island zum Alltag – dasselbe gilt für Regenfälle.

Windschatten, zum Beispiel durch Bäume oder Büsche, ist oft Mangelware, sodass auf die Standfestigkeit der Behausung Verlass sein sollte.

Zur Ausrüstung gehören sowohl felsbodengeeignete Stahlheringe als auch große Sandheringe. Bei sehr weichem oder hartem Untergrund ist das Zelt ggf. mit Steinen zu fixieren, damit es nicht bei der ersten kräftigen Windböe zusammenkracht. Zum Kochen sind Gaskocher zu empfehlen, da sich diese, anders als Benzinkocher, relativ gefahrlos im Zelt betreiben lassen. Spirituskocher (z. B. Trangia) eignen sich auch, haben aber den Nachteil, dass etwas mehr Zeit zum Erhitzen des Essens benötigt wird. Der Kauf von Spiritus (Bränsle oder T-Röd) ist an Tankstellen, auf Campingplätzen und in Apotheken möglich.

Ein Schlafsack, der auch bei Minustemperaturen warm genug ist, gehört ebenfalls dazu. Hinzu kommen außerdem eine Isomatte und einige zusätzliche Abspannleinen. Nähzeug und etwas Stoff zum Flicken sind wohl selbstverständlich.

Wohnmobile

Viele isländische Zeltplätze sind speziell auf Zelte zugeschnitten. Wohnmobile werden oft an den Rand der Zeltplätze auf parkplatzähnliche Flächen verbannt. Als Grund wird angegeben, der Rasen werde durch das Befahren zu stark beschädigt. Dennoch bietet der Camper gerade für Island einige erhebliche Vorteile: Sie können überall verweilen und sich immer trocken aufhalten. Nachteil ist, dass Camper weniger geländegängig sind als Allradfahrzeuge und sich deshalb nur bedingt für Fahrten ins Hochland eignen.

Das Freistehen mit dem Wohnmobil wird nicht gern gesehen, wird aber nach unseren Erfahrungen oft toleriert. Wichtig ist, dass Sie niemals in der Nähe eines Campingplatzes stehen sollten – dem Besitzer oder seinem Personal könnte das missfallen. Und dass Sie einen freien Stellplatz müllfrei verlassen, sollte eigentlich selbstverständlich sein.

Auch das Entsorgen von WC-Kassetten und Grauwasser muss hier unbedingt unterbleiben! Campingplätze und Tankstellen, wo eine Entsorgung möglich ist, sind in diesem Buch mit dem Symbol angegeben.

Updates

Der Conrad Stein Verlag veröffentlicht Updates zu diesem Buch, die direkt von den Autoren oder von Lesern dieses Buches stammen. Sie finden diese auf der Verlagshomepage www.conrad-stein-verlag.de. Der abgebildete QR-Code führt Sie direkt dorthin.

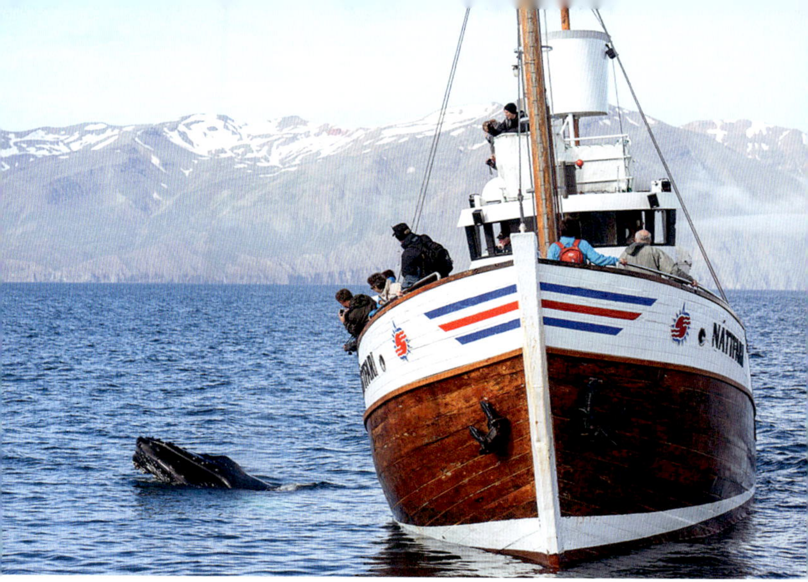

Whalewatching in Húsavík: Begegnung mit einem Buckelwal

Walbeobachtungen

Die Isländer (wie auch Norweger und Japaner) machen nach wie vor Jagd auf Wale – seit 2006 sogar auch wieder zu kommerziellen Zwecken. Inzwischen hat aber das Whalewatching rasant zugenommen, sodass ein Umdenken eingesetzt hat. Allein 2015 wurden mit Walsafaris ca. € 13,5 Mio. umgesetzt. Die selbst ernannte „Whalewatching-Hauptstadt Europas" ist ☞ Húsavík, gefolgt von ☞ Reykjavík und einigen Orten an der Nord- und Westküste.

- Húsavík: 💻 www.gentlegiants.is
- Húsavík: 💻 www.northsailing.is
- Húsavík: 💻 www.salkawhalewatching.is
- Húsavík: 💻 husavikadventures.is
- Dalvík, Reykjavík, Ólafsvík und Grundarfjörður: 💻 www.arcticseatours.is
- Akureyri: 💻 www.whalewatchingakureyri.is
- Hauganes: 💻 www.whales.is
- Hjalteyri: 💻 www.whalewatchinghjalteyri.is
- Ólafsvík, Hólmavík und Grundarfjörður: 💻 www.lakitours.com
- Reykjavík und Akureyri: 💻 www.elding.is

- Reykjavík und Akureyri: www.whalesafari.is
- Reykjavík und Akureyri: ambassador.is
- Reykjavík: www.specialtours.is
- Reykjavík: www.reykjaviksailors.is
- Keflavík: www.whalewatchingreykjanes.is

Die am häufigsten vorkommenden Walarten in isländischen Gewässern sind Nördliche Zwergwale (ca. 50.000 Exemplare), Nördliche Entenwale (ca. 40.000), Weißseitendelfine (ca. 35.000), Grindwale (ca. 35.000), Schweinswale (ca. 25.000), Finnwale (ca. 17.000), Seiwale (ca. 10.000), Weißschnauzendelfine (ca. 10.000), Schwertwale (ca. 5.000), Buckelwale (ca. 1.500) und Pottwale (ca. 1.200). Insgesamt sind 23 verschiedene Arten gesichtet worden.

2009 hatte das Fischereiministerium eine Walfangquote von 200 Zwerg- und 150 Finnwalen festgelegt. Ausgeschöpft wurde diese Zahl aber nicht, denn die einzige Walfangfirma Hvalur wird das Fleisch kaum noch los. Trotzdem wurden etwa im Juli 2016 noch 1.529 t Walfleisch nach Japan exportiert. Die Tötung eines gigantischen Wal-Mischlings, eines Hybrids aus Blau- und Finnwal, im Sommer 2018 hat die Rufe nach einem Ende des kommerziellen Walfangs erneut lauter werden lassen.

Übrigens ist die Einfuhr von Walfleisch nach Deutschland streng verboten und wird durch Geldstrafe oder gar Haft bestraft!

Wale beobachten, von Fabian Ritter, Conrad Stein Verlag, Basiswissen für draußen ISBN 978-3-86686-563-1, € 9,90

Wale erforschen, von Fabian Ritter, Conrad Stein Verlag, Basiswissen für draußen ISBN 978-3-86686-210-4, € 9,90. Bezug nur noch über den M.E.E.R e.V., m-e-e-r.de

www.icewhale.is (Website über Wale in Island mit tollen Fotos und Videos)

Zeit

Island hat die Greenwich-Mean-Time (GMT), die gegenüber unserer Zeit (MEZ) eine Stunde zurückliegt (wie in Großbritannien, Portugal und auf den Kanarischen Inseln). Island kennt keine Sommerzeit, daher beträgt die Zeitverschiebung im Sommer gegenüber unserer Zeit zwei Stunden, d. h., Sie müssen die Uhr im Sommer bei der Ankunft um zwei Stunden zurückstellen.

Zoll

Zollfrei dürfen eingeführt werden: 1 l Spirituosen (22 % Alkohol und mehr) und 1,5 l Wein oder 1 l Spirituosen und 6 l Bier oder 1,5 l Wein und 12 l Bier oder 3 l Wein und 6 l Bier oder 18 l Bier. Außerdem: 200 Zigaretten oder 250 g andere Tabakwaren (Mindestalter 18 Jahre, bei Alkohol 20 Jahre).

Directorate of Customs, www.tollur.is

- Die Einfuhr von frischem oder geräuchertem Fleisch (außer Konserven) ist **streng verboten**, dazu zählt auch jede Art von Wurst und Aufschnitt. Untersagt ist auch die Einfuhr von Eiern und Molkereiprodukten (z. B. Milch, Butter und Käse!). Andere Lebensmittel dürfen nur bis **3 kg** (!) pro Person eingeführt werden. Dabei darf der Gesamtwert ISK 25.000 nicht überschreiten. Der Zoll macht (besonders bei den Fahrzeugen in Seyðisfjörður) Stichproben!
- Die Einfuhr von **Haustieren** ist grundsätzlich verboten bzw. sehr streng: Antragstellung, hohe Gebühren und vierwöchige Quarantäne!
- Über die Einfuhr von Jagdwaffen und anderen Gegenständen erteilen die isländischen Vertretungen Auskunft.
- Sie können alle für den persönlichen Gebrauch bestimmten Gegenstände einführen, müssen diese aber auch wieder ausführen. Zollfreier Einkauf ist auf der Fähre nach Seyðisfjörður und bei der Ankunft in Keflavík am Flughafen möglich – für Reisende aus Deutschland lohnt der Einkauf sich jedoch kaum, da die meisten Produkte zwar billiger als auf Island, aber teurer als zu Hause im Supermarkt sind.
- Ein **Fahrzeug** kann bis zu drei Monate zollfrei eingeführt werden, wenn es im Ausland zugelassen ist. Es darf aber nicht zu gewerblichen Zwecken benutzt und nicht an Dritte verliehen werden.
- Bis zu 200 l **Kraftstoff** dürfen in fest eingebauten Tanks eingeführt werden. Verboten ist die Einfuhr von Kraftstoff in Reservekanistern. Es wird kontrolliert und ggf. beschlagnahmt!

Reit- und Angelausrüstungen müssen entweder fabrikneu oder desinfiziert sein (Bescheinigung!). Gegen Gebühr gibt es auch eine Desinfektionsmöglichkeit in Seyðisfjörður am Zoll.

Autofahren

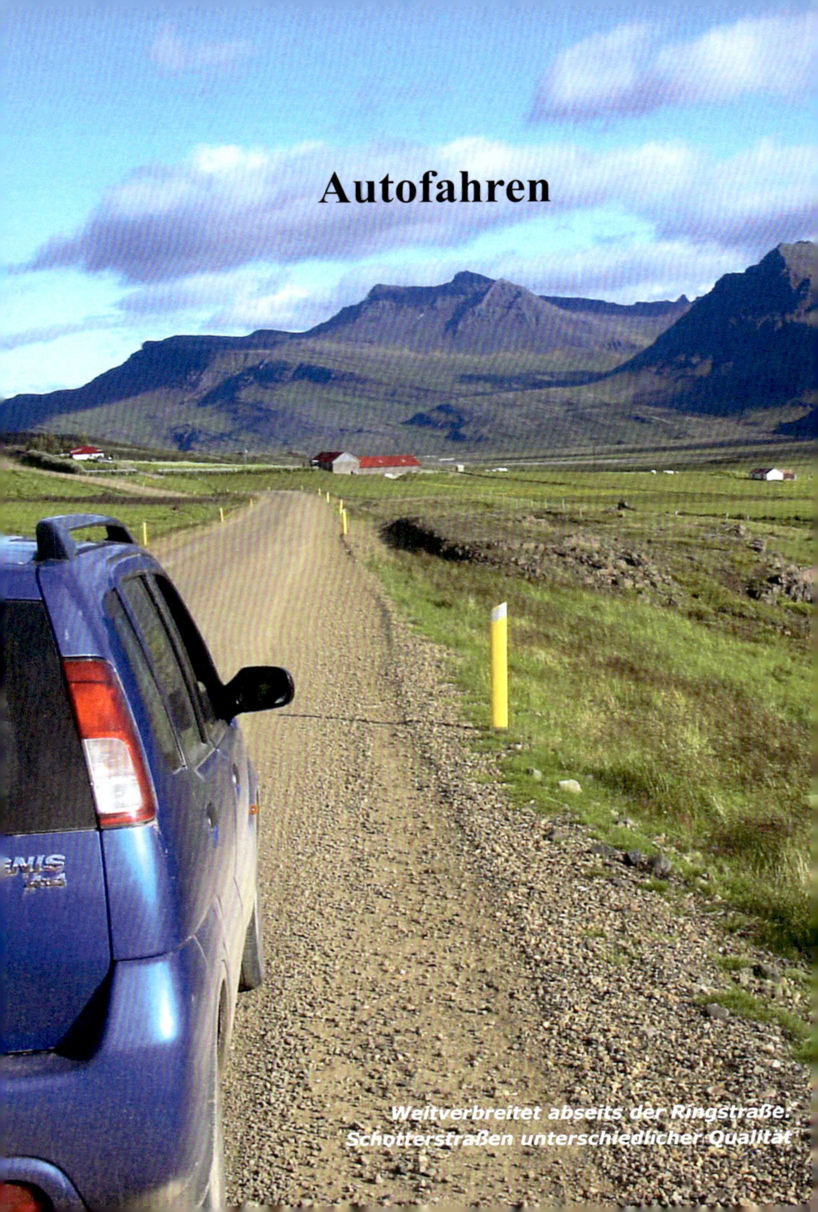

Weitverbreitet abseits der Ringstraße:
Schotterstraßen unterschiedlicher Qualität

Straßenverhältnisse

Ein Großteil der isländischen Straßen, sogar einige Hauptstraßen, besteht aus Schotter. Die Ringstraße (Nationalstraße 1 = 1.321 km) ist mittlerweile fast durchgehend mit einer festen Asphaltdecke versehen.

Die Straßen (nicht die Pisten) sind auf einem aufgeschütteten Damm verschiedener Höhe angelegt. Es erfordert sehr konzentriertes Fahren, um nicht von der Fahrbahn abzukommen. Ein Abrutschen aus 3 bis 5 m Höhe kommt einem Absturz gleich!

Auf der englischsprachigen Website der Straßenbehörde Vegagerðin finden sich wertvolle Tipps und Hinweise u. a. zum Wetter, Straßenzustandsberichte (auch von den Hochlandpisten) sowie isländische Verkehrszeichen.

www.road.is

Schotterpisten

Die Pisten sind mehr oder weniger gut gepflegt, meist jedoch rau, wellblechartig und löcherig. Fahrzeug und Fahrer werden auf eine harte Probe gestellt. Nach kurzer Gewöhnung wird aber auch derjenige, der mit derlei Straßen noch keine Bekanntschaft gemacht hat, damit zurechtkommen.

Die besondere Gefahr dieser Straßen liegt zum einen in den von entgegenkommenden Fahrzeugen **hochgeschleuderten Steinen**, die Scheiben und Scheinwerfer zerstören können. Zum anderen sollten die meist **unbefestigten Ränder** nur mit großer Aufmerksamkeit befahren werden. Die Bankette sind oft weich und ziehen den Wagen geradezu in den Abgrund.

Bei **Regen** werden die Straßen rutschig und damit sehr gefährlich. Bei Nässe muss stets mit einem plötzlichen Wegrutschen des Fahrzeugs gerechnet werden.

Selten kann bei längerer Trockenheit auch der **Staub** zum Problem werden. Sie sollten nie blind in eine Staubwolke hineinfahren, da Sie nie wissen, welche Hindernisse dort lauern können!

Fahren Sie langsamer als gewohnt und besonders vorsichtig in Kurven. Die Straßen haben Schlaglöcher und Wellen, die die Bodenhaftung des Wagens beeinträchtigen können. Besonders übel sind sogenannte „Waschbretter", das berüchtigte „Wellblech".

Vorsicht vor und nach Brücken sowie beim plötzlichen Übergang von Asphalt zu Schotter (Warnschild „Malbik endar") – besonders üble Schlaglöcher!

Schließlich sollten Sie bei Gegenverkehr die Geschwindigkeit reduzieren. Dadurch wird die Gefahr von Glasbruch bei beiden Fahrzeugen erheblich gemindert.

Haupt- und Nebenstraßen sind so ausgebaut, dass sie in der Regel mit einem normalen Pkw zu befahren sind, wenn auch manchmal mit erheblichen Schwierigkeiten. Bei Nebenstraßen müssen Sie teilweise mit rauen Wegen rechnen, auf denen Fahrzeuge mit geringer Bodenfreiheit Probleme bekommen können. Regnet es länger, kann auch eine unbefestigte Hauptstraße nahezu unpassierbar werden.

Der Zustand der Kies- und Schotterpisten ist sehr unterschiedlich. Vor allem hängt er davon ab, wann die Straße das letzte Mal präpariert wurde. Nach Regen wächst die Zahl der Schlaglöcher, besonders schlimm ist der Zustand immer in der Nähe von Baustellen (wegen der schweren Baufahrzeuge).

Die Reifen werden auf isländischen Straßen besonders stark beansprucht. Aber Sie können dafür sorgen, dass nicht unnötig Reifendefekte auftreten. Erste Regel ist, dass der Luftdruck stimmt. Fahren Sie nie mit zu niedrigem Luftdruck! Kontrollieren Sie den Druck oft – das ist fast an jeder größeren Tankstelle möglich.

Da scharfkantige Steine auf der Straße besonders die weichen Schultern der Reifen zerschneiden können, ist es ratsam, einen etwas **erhöhten Luftdruck** auf die Reifen zu geben, da diese dann mehr als sonst auf der widerstandsfähigeren Profilfläche abrollen.

Hochlandpisten

Sobald Sie auf eine Hochlandpiste (mit einem F vor der Zahl gekennzeichnet, zum Beispiel F26) oder gar auf einen der vielen nicht nummerierten Jeep-Tracks einbiegen, verlassen Sie im Hinblick auf den Straßenzustand jegliche Zivilisation.

Diese Hochlandpisten sind in doppelter Hinsicht problematisch: Obwohl auf einigen Hauptpisten wie der Kjölur-Route mittlerweile Brücken errichtet wurden, warten anderswo nach wie vor viele **unüberbrückte Flussläufe**. Außerdem sind diese Pisten sehr **wetterabhängig**, sodass sich die Befahrbarkeit von einem Tag auf den anderen völlig ändern kann.

Ein weiteres Hindernis können stark **versandete Stellen** sein. Diese sind oft nur mit Allradantrieb zu überwinden. Für solche Sandstrecken gilt: mit Schwung hineinfahren 1. oder 2. Gang, Vollgas, nicht vom Gas gehen, nicht schalten!

☺ Grundregel: Muten Sie sich und Ihrem Wagen nur das zu, was Sie sicher bewältigen können. Erkundigen Sie sich gründlich und kehren Sie ggf. rechtzeitig um.

✋ Bedenken Sie, dass Ihr Wagen im Hochland, wo Sie überwiegend in niedrigen Gängen fahren, deutlich mehr Kraftstoff verbraucht.

✋ Straßen mit einem „F" vor der Nummer dürfen mit Miet-Pkw nicht befahren werden, Ausnahme sind Geländewagen mit viel Bodenfreiheit. Bei Nichtbeachtung des Mietvertrages wird eine saftige Strafe von der Kreditkarte abgebucht!

Verhalten bei Flussdurchfahrten und Furten

Die Flussdurchquerungen, die Sie im Hochland erwarten, reichen von ausgesprochen einfach (knöcheltiefes Wasser mit festem Kiesbett) bis hin zu unmöglich (halstiefes, reißendes und milchiges Wasser, ungewisser Untergrund). In jedem Fall sind ein paar wichtige Regeln zu beachten:

Ein fester Bestandteil vieler Hochlandpisten: unüberbrückte Flüsse

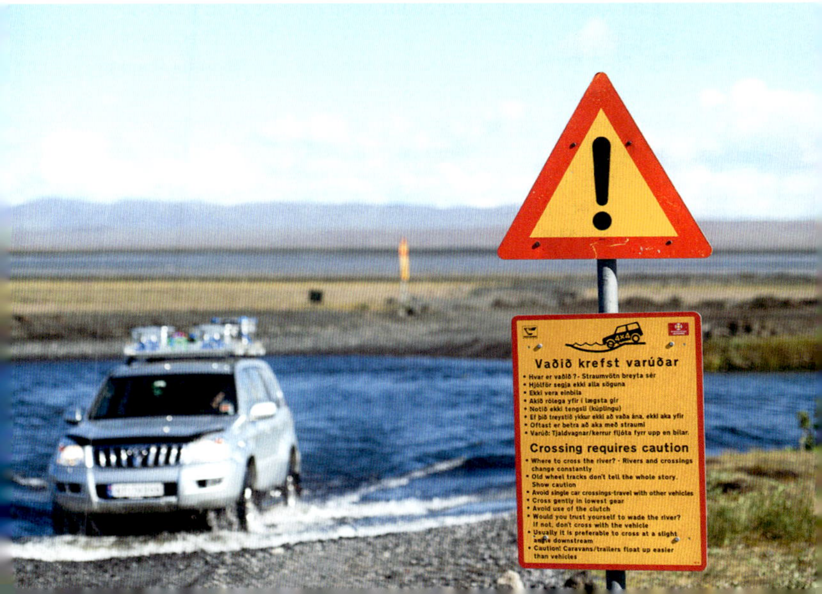

- ▷ Stellen Sie Ihr Fahrzeug vor der Furt ab und durchwaten Sie diese bis Gummistiefelhöhe, suchen Sie den günstigsten Weg. Dabei ist nicht unbedingt der flachste oder kürzeste Übergang der beste, wichtig ist vor allem ein Untergrund, auf dem Ihr Wagen auch vorwärtskommt und nicht zu tief einsinkt. Sowohl allzu loser Kies als auch Treibsand können arge Probleme bringen. Auch größere Felsbrocken bergen Gefahren, lassen sich jedoch vielleicht beiseite räumen.
- ▷ Für Pkw gilt als Grundregel, dass ein Fahrzeug durch Wasserläufe hindurchkommt, die mit normalen Gummistiefeln trocken durchquert werden können. Besonders gut für das Durchwaten der Flüsse eignen sich hüfthohe Anglerstiefel. Spielen Sie nicht den Helden!
- ▷ Befahren andere vor Ihnen die Furt, achten Sie darauf, wie tief das Fahrzeug ins Wasser eintaucht, ob besonders unebene Stellen auf diesem Weg sind etc. Eine gute Beobachtung hilft, Überraschungen zu vermeiden und die Entscheidung über den eigenen Kurs vorzubereiten.
- ▷ Beachten Sie Schilder und Hinweise an den Furten und folgen Sie den vorhandenen Spuren. Hören solche Spuren plötzlich auf – Gefahr von Treibsand! Sie sollten, wenn vorhanden, über Kiesbänke furten.
- ▷ Ist ein Fluss besonders tief und reißend oder ist er so trübe, dass Sie dies nicht abschätzen können, sollten Sie sich beim Durchwaten anseilen. Beachten Sie auch die übrigen Hinweise zu Flussdurchquerungen im Abschnitt ☞ Sport, Wandern.
- ▷ Bevor Sie Ihren ersten Fluss durchfahren, stellen Sie fest, wo Ihr Fahrzeug die Ansaugluft herbekommt. Niemals dürfen Sie einen Fluss durchfahren, bei dem die Gefahr besteht, dass der Motoransaugstutzen Wasser ansaugt – dies führt zum totalen Motorschaden! Sind Sie sich nicht ganz sicher, ob Sie den Fluss schaffen können, warten Sie.
- ▷ Arrangieren Sie die Durchquerung gemeinsam mit einem anderen Wagen, der stark genug ist, Ihren Wagen u. U. herauszuziehen, oder lassen Sie sich von einem starken Geländewagen durch den Fluss schleppen. Bedenken Sie, dass das Wasser, selbst wenn Sie geschleppt werden, in wenigen Sekunden durch die Dichtungen in das Innere des Wagens dringt. So haben Sie schnell ein vollgelaufenes Fahrzeug. Schlimm bei Campern für die Inneneinrichtung! Ein Verkleben der Türschlitze mit breitem, kräftigem Klebeband verhindert dies für eine Weile; problematisch wird aber dann der Einstieg – er ist nur noch durch das Fenster möglich!

- ▷ Schützen Sie auch die Fahrzeugelektrik. Ist der Fluss so tief, dass das Wasser die Batterie oder Lichtmaschine völlig überspült, hilft nichts mehr. Der Schutz richtet sich also vornehmlich gegen das Spritzwasser. Dazu können Sie entweder mit kleinen Plastiktüten die empfindlichen Teile einschlagen oder aber mit einer großen Mülltüte praktisch den gesamten Motorblock einpacken – am sichersten ist beides zusammen.
- ▷ Ist der Fluss so tief, dass der Kühlerventilator – falls dieser ständig mitläuft – ins Wasser eintauchen würde, müssen Sie den Keilriemen lösen oder einen elektrisch betriebenen Ventilator abklemmen. Sonst kann er beim Eintauchen ins Wasser den Kühler aufreißen.
- ▷ Fahren Sie, wenn möglich, stets mit der Strömung des Wassers! Fahren Sie weder zu schnell noch zu langsam, sondern gleichmäßig und zügig mit mittlerer Drehzahl im 1. Gang hindurch! Halten Sie im Fluss niemals an!
- ▷ Halten Sie den Wagen bei starker Strömung, die seitlich auf das Fahrzeug trifft, „auf Kurs" und suchen Sie auf der Uferseite mit den Augen einen festen Punkt (nicht aufs Wasser schauen!). Lenken Sie ggf. gegen, geben Sie nötigenfalls stärker Gas, lassen Sie sich auf keinen Fall abtreiben!
- ▷ Schalten Sie vor der Durchfahrt alle elektrischen Verbraucher ab! Ist die Maschine sehr heiß, lassen Sie sie erst etwas abkühlen – das eiskalte Wasser kann zu einem Riss im Motorblock führen.
- ▷ Wasserstände in isländischen Flüssen können sich je nach Witterung und Tageszeit rasch ändern. Bei Gletscherflüssen hängt der Pegel vom Abschmelzen des Eises ab. Beste Zeit zum Durchfahren eines solchen Flusses ist der frühe Morgen. Auch Regen und Schneefall können sich innerhalb von 12 Stunden drastisch auf den Wasserstand auswirken. Warten Sie ggf. auf eine Wetteränderung.
- ▷ Wichtigste aller Regeln: Gehen Sie nie ein unkalkulierbares Risiko ein! Jedes Jahr geraten Touristen bei Flussdurchfahrten im Hochland in ernste Schwierigkeiten.

Durchfahren Sie gefährliche Flüsse nie alleine. Spielen Sie den schlimmsten aller Fälle in Gedanken durch: Das Fahrzeug wird von der Strömung mitgerissen! Der (Not-)Hammer sollte daher immer griffbereit sein, jeder sollte seine Rettungsdecke nah am Körper tragen, nur so kann sie nicht weggespült werden. Diese Decke kann lebensrettend sein, wenn zwar Sie, nicht aber Ihr Fahrzeug und die Ausrüstung aus dem Fluss herauskommen. Bedenken Sie die Folgen, die eine Nacht im Hochland ohne Schutz und in nasser Kleidung haben kann.

Seien Sie kritisch, wenn Ihnen Einheimische Auskunft über die Passierbarkeit der Furten geben. Isländer setzen etwas andere Maßstäbe an, als wir es tun! „Problemlos machbar" heißt, dass Sie es schaffen können, „es wird schwierig" oder „es könnte gehen" heißt, dass es eigentlich unmöglich ist, hindurchzukommen!

Tückisches Hindernis auf dem Weg nach Þórsmörk: die Furt der Krossá

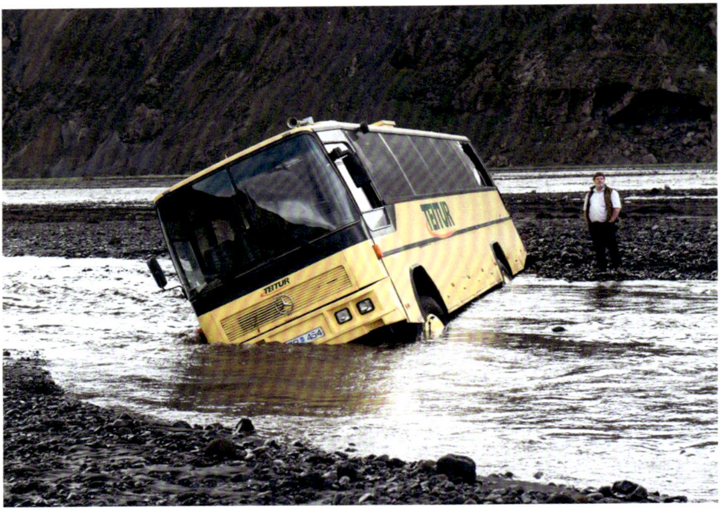

☺ Für den Fall, dass Sie tatsächlich stecken bleiben, sollten Sie Vorsorge treffen: Halten Sie das Abschleppseil, Gummistiefel und/oder Wathose griffbereit, ebenso alle wichtigen Papiere, also alles, was beim Volllaufen des Wagens Schaden nehmen kann. Bleiben Sie stecken, schalten Sie niemals den Motor aus, es sei denn, er saugt Wasser an. Geraten Sie nicht in Panik – ein Auto trocknet auch wieder!

Sofern keine Gefahr für Menschen besteht, bergen Sie den Wagen, indem Sie ihn an einem stabilen Seil von einem anderen Wagen zu der Seite aus dem Fluss herausziehen lassen, zu der es am leichtesten möglich ist. In dieser Lage hilft Ihnen jeder, sogar die Fahrer der Linienbusse!

Die Hochlandpisten sind bis weit in den Sommer hinein gesperrt. Wer als Tourist gesperrte Wege befährt, kann sofort des Landes verwiesen werden! Fahren Sie niemals abseits der Piste (offroad) durchs Gelände. Die Strafen für Offroad-Fahren sind drakonisch: Neben saftigen Bußgeldern drohen in besonders schweren Fällen sogar eine Haftstrafe und Beschlagnahmung des Fahrzeugs. Im August 2018 wurde z. B. eine Gruppe von vier Fahrern für das Offroad-Fahren in zwei Fällen (bei der Gletscherlagune Jökulsárlón und in Grafarlönd) zur Zahlung eines Bußgeldes von ISK 1,4 Mio. (ca. € 11.700) verdonnert.

☺ Die Straßenverwaltung gibt eine Karte heraus, auf der die gesperrten Gebiete verzeichnet sind. Diese hängt an Tankstellen, Tourist-Informationen und vielen Zeltplätzen aus. Infos erhalten Sie auch über ☏ 522 1000 und ☏ 17 77. Die Wege werden meist schon ein paar Tage vor dem Erscheinen der Karte freigegeben, erkundigen Sie sich vor Ort an der Tankstelle oder bei Einheimischen.

Verkehrsregeln

Die isländischen Verkehrsregeln sind nahezu mit unseren identisch. Es gilt rechts vor links, wenn nicht Verkehrsschilder vorhanden sind, die die Vorfahrt regeln. Vorfahrtsstraßen sind nicht als solche gekennzeichnet, nur die Wartepflichtigen haben ein Stopp- oder Vorfahrt-beachten-Schild. Die Verkehrsschilder entsprechen überwiegend den unsrigen. Auf diese Zusatzhinweise stoßen Sie häufig:

Blindhæð	unübersichtliche Kuppe
Einbreið brú	einspurige Brücke
Malbik endar	Asphaltierte Straße endet hier!
Óbrúaðar ár	unüberbrückte Flüsse
Varúð	Vorsicht!

- ▷ Die Höchstgeschwindigkeit beträgt 50 km/h (zum Teil 30 km/h) in Ortschaften, 90 km/h außerhalb geschlossener Ortschaften und 80 km/h auf unbefestigten Straßen.
- ▷ Parkverbot besteht an einer gestrichelten gelben Linie am Fahrbahnrand, bei einer durchgezogenen gelben Linie gilt Halteverbot.
- ▷ Die Promillegrenze ist 0,5.
- ▷ Fahren mit Abblendlicht ist Vorschrift.

- Es gilt Gurtpflicht, fahren Sie immer angeschnallt.
- Ungewöhnlich ist die Vorfahrtsregelung in Kreisverkehren in Reykjavík: Die vom Innenkreis in die Ausfahrt einbiegenden Fahrzeuge haben Vorrang vor den Wagen, die außen fahren und die Ausfahrt passieren wollen.

Überall ist mit Tieren (Schafen, Pferden, Kühen) auf der Straße zu rechnen, auch wenn kein Hof in der Nähe ist. Gefährlich sind die oft plötzlich kopflos in Panik über die Straße rennenden Schafe (Jungtiere folgen oft blind der Mutter!). Tiere haben auf isländischen Straßen grundsätzlich Vorrang – bei einem Unfall sind Sie schadensersatzpflichtig!

Kfz-Ausrüstung

Die Frage nach der Ausrüstung wird maßgeblich davon bestimmt, wo Sie unterwegs sind. Wenn Sie keine Hochlandpisten befahren, sondern sich überwiegend auf der Ringstraße mit kleinen Abstechern bewegen, dann brauchen Sie nur wenig an die Ausrüstung des Wagens zu denken.

Kraftstoff

Diesel und Bleifrei-Super 95 gibt es an allen Tankstellen.

Kraftstoffrichtpreise:

Kraftstofftyp	Preis in ISK	Preis in €
Bleifrei (*blýlaust*) 95 Oktan	ab 217,40	1,60
Diesel (*dísil*)	ab 218,20	1,61

(Stand April 2019, Quelle: www.gsmbensin.is)

Werkzeug

- Zusätzlich zum Bordwerkzeug sollten Sie **Schraubenschlüssel** in den gängigen Größen, Kreuz- und Schlitzschraubendreher, Zangen und einen Kuhfuß dabeihaben.
- **Motoröl**, ein stabiles **Abschleppseil**, eventuell ein **Benzinkanister** und ein **Verbandskasten** gehören ebenfalls in den Wagen.
- Da nicht nur Nebenstraßen sondern auch manche Hauptstraßen streckenweise so uneben sind, dass kleine Wagen leicht aufsetzen können, empfiehlt es sich, ein paar Meter **Bindedraht** mitzunehmen, um im Notfall einen abgerissenen Auspuff zu befestigen.

▷ Weil durch das Geratter auf den vielen **Schlaglochpisten** Kabelverbindungen und Lampenbirnen leicht kaputtgehen und Verbindungsschläuche abreißen können, empfiehlt sich die Mitnahme von Kabelschuhen und Schlauchschellen passender Größe, Ersatzlampen, Sicherungen und Seilklemmen.

▷ Ein zusätzlicher **Reservereifen** schadet nicht, da die scharfkantigen Steine häufig zu Reifendefekten führen. Auch ein **zweiter Wagenheber** kann gute Dienste leisten, vor allem dann, wenn an einer Steigung auf weichem Grund der Wagen aufgebockt werden muss.

▷ Wichtig ist, Vorsorge für das **Durchfahren der Flüsse** zu treffen. Dazu ist erforderlich: Kontaktspray, Klebeband, ein Plastiksack (mit dem bei Flussdurchfahrten die elektrischen Teile des Motors abgedeckt werden können), Benzinkanister, Holzplatte zum Unterlegen unter den Wagenheber bei weichem Untergrund und Schneeketten (helfen außer bei Schnee auch bei Morast oder losem Sand).

▷ Außerdem sind noch **(Rettungs-)Decken** und ein oder besser zwei lange, stabile **Abschleppseile** wichtig, die es ermöglichen, den eigenen Wagen durch einen Fluss schleppen zu lassen – beziehungsweise den Wagen, ist man doch einmal im Fluss versoffen, herauszuziehen.

Kfz-Reparatur

Vertragswerkstätten sind rar und für seltenere Fahrzeugtypen praktisch nicht vorhanden. Dagegen ist die Zahl der freien Werkstätten ansehnlich, nahezu jeder größere Ort hat eine. Sie machen zwar oft keinen übermäßig vertrauenerweckenden Eindruck, aber die Isländer sind ausgesprochen erfinderisch und pfiffig und schaffen es meist, ein brachliegendes Fahrzeug wieder flott zu kriegen.

☺ Probleme kann es geben, wenn Ersatzteile beschafft werden müssen. Sind diese am Importlager (meist in Reykjavík) nicht vorrätig, müssen sie z. B. in Deutschland besorgt werden. Dies verursacht hohe Kosten, vor allem wird ein hoher Importzoll fällig. Empfehlenswert ist daher der Erwerb eines Schutz- oder Sicherheitsbriefes, zum Beispiel vom ADAC oder großen Versicherungen.

☹ Die häufig erforderlichen Reifenreparaturen nehmen viele Werkstätten und oft auch die Tankstellen vor, ansonsten sind die Preise in den Werkstätten hoch und Ersatzteile sündhaft teuer!

☺ In der Regel sind die Isländer ohne viele Worte bemüht, einem in Not geratenen Touristen sofort zu helfen. Oft findet sich schnell ein hilfreicher Geist, der Sie bis zur nächsten Werkstatt abschleppt. Einen regulären Straßenhilfsdienst wie bei uns gibt es nicht.

Tankstellen

Das Netz ist dichter als vermutet. Meist liegen die Tankstellen weniger als 50 km auseinander, nur selten sind es mal 100 km. Bei kleinen Tankstellen auf dem Land gibt es oft kein Kassenhäuschen, d. h., es kann nur in bar oder (bei Eingabe der PIN!) mit Kreditkarte oder Bankkarte mit Maestro-Symbol am Automaten bezahlt werden. Als Alternative bietet sich eine Prepaid-Tankkarte der Tankstellenkette N1 an, die es in den Wertigkeiten von ISK 5.000 und ISK 10.000 gibt. Diese kann mit Kreditkarte auch ohne PIN gekauft werden. Sollte die Karte nur teilweise „abgetankt" werden, können Sie später den verbliebenen Rest woanders zapfen.

Nur die Hochlandpisten bilden eine Ausnahme, dort sollten Sie bei der Anfahrt bei jeder Gelegenheit tanken und die Piste nur vollgetankt in Angriff nehmen.

Ladestationen E-Autos

In einem Land, das sich zu 100 % mit Strom aus Geothermie und Wasserkraft versorgt, ist auch die Elektromobilität rasch auf dem Vormarsch. Ein gut ausgebautes Netz von Ladestationen sorgt dafür, dass eine Inselumrundung auf der Ringstraße heute auch mit dem E-Auto problemlos möglich ist.

Besonders dicht ist das Netz des Betreibers ON Power (*Orka náttúrunnar* = Energie der Natur). Der größte Energieversorger Islands betreibt, teils in Kooperation mit der Tankstellenkette N1, Dutzende Ladestationen, vor Ort sofort erkennbar an der leuchtend orangen Farbe. Ortschaften mit mindestens einer Ladestation sind im Text mit dem Symbol gekennzeichnet.

Eine Übersichtskarte der Ladestationen von ON Power finden Sie unter:

www.on.is/stada-a-hledslum

Für eine Übersicht sämtlicher Ladestationen können Sie auch die App „ON Hleðsla" downloaden.

www.onpower.is/products-and-services (Rubrik „Fast Charging for EVs")

Die Ringstraße

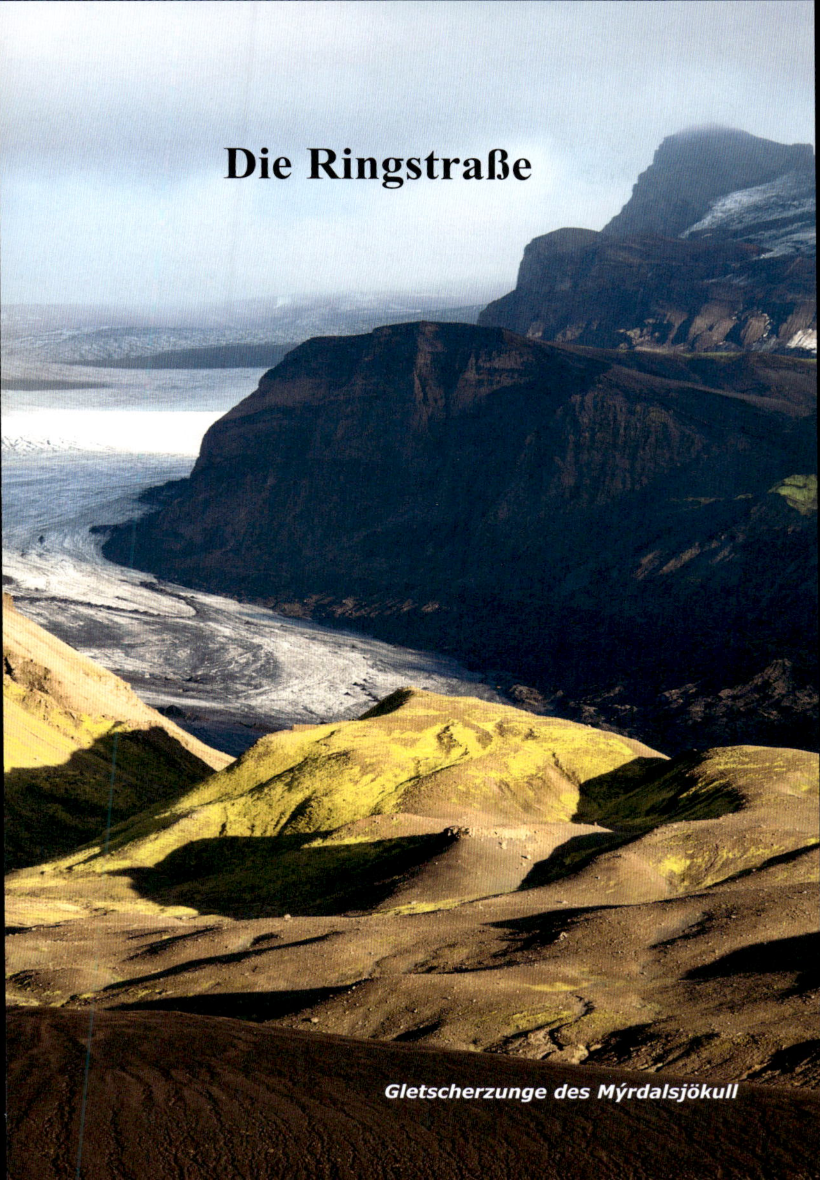

Gletscherzunge des Mýrdalsjökull

☺ Wir beschreiben die Islandumrundung im Uhrzeigersinn, also von Reykjavík erst einmal in Richtung Norden. Wer mit eigenem Fahrzeug über den Fährhafen Seyðisfjörður einreist, schwenkt bei ☞ km 626 auf die Ringstraße ein.

☺ Wenn Sie sich per Mietwagen auf den Weg machen, empfiehlt es sich, vorher alles Nötige (z. B. Lebensmittel) in der Hauptstadt einzukaufen. Die ersten Bónus-Supermärkte gibt es nördlich von Reykjavík in Mosfellsbær, Akranes und Borgarnes.

Unser Tipp: Planen Sie Besichtigungen in und um Reykjavík für das Ende des Aufenthalts auf Island ein, dann haben Sie mehr Ruhe und können alles viel entspannter besuchen.

Die Ringstraße, auch **Hringvegur** oder *Þjóðvegur* 1 (Nationalstraße 1) genannt, führt über 1.321 km rund um Island. Sie ist mittlerweile nahezu komplett asphaltiert.

0 **Reykjavík**
Abzweigung der Str. 1 (Ringstraße) von der Str. 49 (Schnellstraße), die in das Stadtzentrum führt.

7 Nach mehreren Kreisverkehren erreichen Sie die nördliche Vorstadt **Mosfellsbær**, 11.400 Ew.,

Mosfellsbær Tourist Information Center, im Hótel Laxnes, Háholt 7, ☏ 566 8822, www.visitmosfellsbaer.is

Minna-Mosfell Guesthouse (2 km), an der Str. 36 nach Þingvellir, ☏ 669 0366, www.minnamosfell.net, O. 3 gemütliche Zimmer mit geteiltem Bad

Bekanntester Sohn der Stadt war der Literaturnobelpreisträger Halldór Laxness (☞ Ausflug nach Þingvellir, Geysir und Gullfoss). Über 100 Bohrlöcher in und um Mosfellsbær leisten heute einen großen Beitrag zur Heißwasserversorgung der Hauptstadt. Am Wasserfall Álafoss befand sich einst die bedeutendste Wollfabrik Islands. Das ehemalige Fabrikgebäude beherbergt heute Ateliers und Galerien. Auch das landesweit bekannte Wollgeschäft Álafoss ist hier ansässig.

♦ **Álafoss**, Álafossvegur 23, ☏ 566 6303, alafoss.is, Mo-Fr 8:00-20:00, Sa/So 9:00-20:00

8 Am Nordrand von Mosfellsbær passieren Sie die Abzweigung der Str. 36 nach ☞ Þingvellir. In dieser Gegend des Kollafjörður landeten angeblich einst irische Mönche, noch bevor die Wikinger das Land besiedelten.
Die Straße führt nun um den bei Wanderern beliebten Berg **Esja** (⇧ 914 m) herum.

13 **Esjustofa**, 🅿 ✕

✕ ☏ 565 3200, 💻 www.esjustofa.is, Juni bis Aug tägl. 11:30-17:30

Der Parkplatz am Café ist der beste Ausgangspunkt für eine Besteigung des „Hausberges" von Reykjavík. ⌛ h/z 5 Std., 🚌 57 (Strætó) ab Reykjavík

16 Schöne Blicke zurück auf Reykjavík, das von der Hallgrímskirkja überragt wird (leider keine Parkbucht).

20 **Grundarhverfi**, ⛽

24 Vor dem Weiler **Saurbær** zweigt die Str. 47 von der Ringstraße ab. In Fahrtrichtung erblicken Sie hier erstmals den **Hvalfjörður** (= Wal-Fjord). An dem 30 km langen und bis zu 84 m tiefen Fjord betrieben die Alliierten im Zweiten Weltkrieg zwei Flottenstützpunkte. Die Ringstraße durchquert den Weiler und verschwindet seit 1998 in einen **Tunnel** unter dem Fjord, während die „alte" Ringstraße (heute Str. 47) den Fjord umrundet.

☺ Wer genügend Zeit zur Verfügung hat, sollte der (41 km) längeren, aber sehr ruhigen und landschaftlich reizvollen ☞ **Variante rund um den Hvalfjörður** den Vorzug geben.

Variante rund um den Hvalfjörður

0 Abzweigung der Str. 47

15 Hinter der Brücke über die Laxá zweigt die Str. 48 nach ☞ Þingvellir (38 km) ab. Hübsche Stromschnellen: Während der Lachssaison gegen Ende August sehen Sie hier nicht selten Lachse springen.

24 🅿 ⛩

25 Bei der Ruine des Gehöfts Hvítanes informieren Tafeln über die Bedeutung des Hvalfjörður im Zweiten Weltkrieg, als erst die Briten (am Südufer) und später die Amerikaner (am Nordufer) am Fjord einen bedeutenden Stützpunkt betrieben. Das Hauptquartier der Engländer lag auf der Halbinsel Hvítanes. Ruinen und Stegreste sind noch zu erkennen.

27 🅿 Rastplatz bei einem kleinen Wasserfall

35 Am Fjordende führt eine Brücke über den Fluss Botnsá, der aus dem See Hvalvatn entspringt. Hier lockt ein Abstecher zum Wasserfall **Glymur**, mit einer Fallhöhe von 195 m der zweithöchste Wasserfall Islands.

Die Wanderung zum Glymur beginnt am 3 km entfernten P Wanderparkplatz, erreichbar über eine Schotterstraße, die 400 m hinter der Brücke rechts abgeht (Hinweisschild „Glymur" beachten).

Glymur

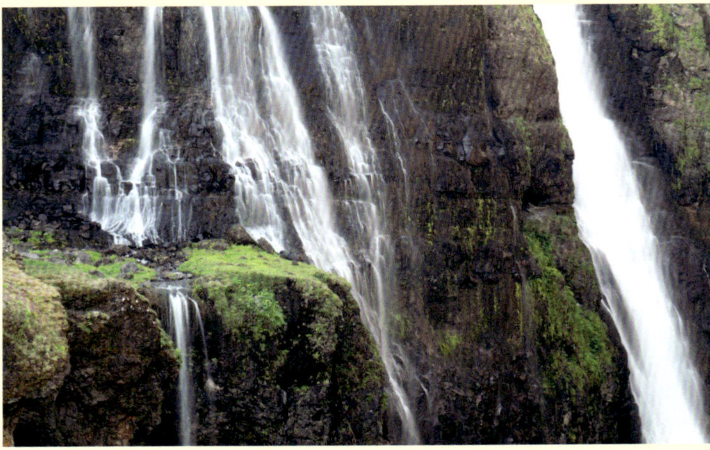

Vom P Parkplatz führt ein mit gelb gestrichenen Steinen markierter Weg zunächst nahezu flach gen Osten. Nach 30 Min. taucht die Botnsá wieder auf. Durch eine Lavahöhle hindurch geht es zum Fluss hinunter, der etwas abenteuerlich (auf einem Baumstamm mit Stahlseil zum Festhalten) überquert wird. Nervenkitzel verspricht auch der weitere Weg: Steil schießt der Pfad in die Felsen empor, zum Teil an schwindelerregenden Abgründen entlang. Heikle Stellen sind seilversichert. Nach insgesamt 45 Min. ermöglicht eine Aussichtskanzel einen ersten Blick auf den Wasserfall, der sich in eine dunkle, moosbewachsene Klamm stürzt. Nach weiteren 15 Min. bietet eine zweite Kanzel einen noch grandioseren Ausblick über den gesamten Fall und die Klamm bis hin zum Fjord.

Der Pfad steigt aber noch weiter an. Oberhalb der Abbruchkante muss die Botnsá durchwatet werden. Der Fluss ist hier breit und seicht und die Furt lässt sich unter „normalen" Umständen problemlos meistern (Watschuhe mitnehmen!). Falls die Strömung zu stark ist, wird auf das Durchwaten verzichtet und Sie gehen denselben Weg zurück!

Die Abstiegsroute auf der Westseite der Schlucht ist erheblich leichter und führt über Schotterflächen und durch Birkenwäldchen zurück zum **P** Parkplatz.

Die anspruchsvolle Wanderung erfordert festes Schuhwerk, Trittsicherheit, Schwindelfreiheit und Ausdauer. Sie sollte nur bei trockenem Wetter unternommen werden! ⌛ h/z 2 Std. 45 Min.

Die Straße führt anschließend nach Westen am Hvalfjörður entlang, am Fuße der steilen Basaltkliffe des Berges Þyrill.

39 Bei **Miðsandur** verraten große Trantanks, eine Slipanlage und Kais die Lage der 1948 gegründeten Walfangstation **Hvalstöð**. Nachdem der Betrieb 1989 eingestellt worden war, wurde sie jedoch nicht demontiert. Seit 2009 werden dort sogar – trotz internationaler Proteste – wieder Wale zerlegt.
Nebenan lag im Zweiten Weltkrieg die große amerikanische Basis. Daran erinnern die im Hang gebauten Nissenhütten und Baracken.

48 **Ferstikla**, ✕ ☕ ⌘
Der Tankstelle ist ein kleines ⌘ Walmuseum angegliedert, das die Geschichte des Walfangs in Island illustriert.
Abzweigung der Str. 520, die über das Svínadalur mit drei hübschen Seen in das Skorradalur (See) bis zur Abzweigung ins Reykholtsdalur führt.

48 **Hlaðir**, ⛺ ☕ ⌘

⌘ **War and Peace Museum**, ☏ 433 8877, www.warandpeace.is, Juni bis Aug Di-So 11:00-17:00, Eintritt ISK 1.500 inkl. Kaffee oder Tee, ☕. Museum über die Kriegsjahre am Hvalfjörður (alliierte Stützpunkte, Alltag der Bevölkerung)

49 Südlich der Straße liegt der Weiler **Saurbær** mit der hübschen weiß-grünen ✝ **Hallgrímskirkja**. Auf dem ehemaligen Pfarrhof lebte und arbeitete einst der Pfarrer-Dichter Hallgrímur Pétursson (1614-1674), Verfasser der berühmten „Passionspsalmen". Nach ihm wurde nicht nur diese Kirche, sondern auch die wesentlich bekanntere Hallgrímskirkja in Reykjavík benannt. Sein Grab befindet sich auf dem örtlichen Friedhof.
100 m weiter rechts 🛏 ☕

Hótel Glymur, ☏ 430 3100, www.hotelglymur.is. Komfortables Boutique-Hotel und ebensolche Ferienhäuser. Das erstklassige Restaurant, die tolle Lage und der Hot Pot sind weitere Pluspunkte.

60 Einmündung der Str. 47 in die Ringstraße (☞ Ringstraße, km 43)

25 1 km hinter der Abzweigung der Str. 47 taucht die Ringstraße in den ☞ Hvalfjarðargöng, einen 5,8 km langen Tunnel, der unter dem Hvalfjörður hindurchführt.

Für Radfahrer ist das Durchfahren des Tunnels verboten!

Hvalfjarðargöng

Der Tunnel unter dem Hvalfjörður gilt bis heute als Islands bedeutendste Ingenieursleistung des Jahrzehnts 1991-2000. Mit dem Bau wurde 1996 begonnen. Die Eröffnung erfolgte im Sommer 1998. Der Tunnel hat eine Gesamtlänge von 5.770 m, davon sind 3.750 m unter Wasser. Von der Südseite fällt die Straße im Tunnel mit einem Gefälle von 4 bis 7 % ab, bis der tiefste Punkt in 165 m Tiefe unter dem Fjord erreicht ist – d. h., über dem Tunnel liegen etwa 120 m Gestein und 40 m Wasser. Auf der Nordseite ist das Gefälle deutlich steiler und beträgt 8,1 %.

Durch den Tunnel wurde die Strecke von Reykjavík nach Borgarnes um fast 42 km verkürzt. Vorher musste der Hvalfjörður auf einer kurvigen Straße (☞ **Variante rund um den Hvalfjörður**) komplett umrundet werden. Als Alternative gab es eine Autofähre zwischen Reykjanes und Akranes, die nach der Eröffnung des Tunnels eingestellt wurde.

Für die Refinanzierung des Tunnels wurde zwanzig Jahre lang eine Mautgebühr erhoben. Nachdem diese im September 2018 aufgehoben wurde, wurde der Tunnel der isländischen Straßenverwaltung Vegagerðin übergeben.

In Spitzenzeiten stößt der zweispurige Tunnel jedoch längst an seine Belastungsgrenze, sodass bereits 2008 der Bau eines Paralleltunnels beantragt wurde. Die Kosten wurden auf ca. € 60 Mio. beziffert. Konkrete Baupläne gibt es aber noch nicht.

An der Nordseite des Tunnels passieren Sie bei km ...

31 die Abzweigung der Str. 51nach Akranes.

Abstecher nach Akranes

0 Abzweigung der Str. 51

9 **Akranes**, 7.400 Ew.,

Akranes Information Centre (im Leuchtturm), Breið, 894 2500, www.visitakranes.is, Mai bis Mitte Sep tägl. 10:00-18:00; Mitte Sep bis April Di-Sa 11:00-17:00

Akranes HI Hostel, Suðurgata 32, 868 3332, akranes@hostel.is, ganzjährig, , 30 Betten

Akranes (= Kornacker-Halbinsel) wurde vermutlich im 9. Jh. von irischen Siedlern gegründet. Doch erst im 17. Jh. entwickelte sich der Ort, der damals noch *Skipaskagi* hieß, zu einem Handelszentrum von Bedeutung. Ein Denkmal in der Innenstadt erinnert an verschollene Seeleute. Sehenswert sind auch die beiden Leuchttürme an der Südspitze. Zwischen den beiden Leuchttürmen steht eine moderne Skulptur in Form eines Schiffbugs, errichtet zum Gedenken an elf junge Fischer aus Akranes, die 1905 beim Schiffbruch der „Hafmeyjan" den Tod fanden.

⌘ Das Akranes Folk Museum vereint ein Heimatmuseum (Landwirtschaft, Seefahrt und Fischerei), Sportmuseum (lokale Sporthelden) und Mineralienmuseum (Gesteine, Mineralien und Fossilien, Ausstellung zum Tunnelbau).

♦ **Akranes Folk Museum**, Garðaholt 3, 433 1150, www.museum.is, Mitte Mai bis Mitte Sep tägl. 10:00-17:00, Eintritt ISK 800

43 Einmündung der Str. 47 (☞ **Variante rund um den Hvalfjörður**)
Die Str. 1 passiert nun den lagunenartigen Leirárvogur und zieht sich dann am **Hafnarfjall** entlang.

Dieser 844 m hohe Gebirgszug ist wegen seiner plötzlich auftretenden Fallwinde berüchtigt, die bereits mehrfach Autos und sogar Lkw von der Straße gefegt haben.

63 Abzweigung der Str. 50 nach Reykholt

Abstecher zum Reykholtsdalur

0 Abzweigung der Str. 50 nach Reykholt. Der Abstecher ist hin und zurück 117 km lang. Die Straße ist bis Húsafell gut ausgebaut, weist aber in

ihrem späteren Verlauf teilweise nicht ausgeschilderte Querrinnen auf, die beispielsweise ein Wohnmobil ganz schön ins Nicken bringen können.

9 Abzweigung der Str. 53 nach **Hvanneyri** (2 km), ⌘

Skemman Kaffihús, 868 8626, www.facebook.com/skemmancafe, Juni bis Mitte Aug Di-So 12:00-17:00. Im ältesten Haus von Hvanneyri serviert Rósa Björk köstliche belgische Waffeln, Kuchen und weitere hausgemachte Delikatessen.

⌘ **Agricultural Museum of Iceland**, 844 7740, www.landbunadarsafn.is, Juni bis Aug tägl. 11:00-17:00, Eintritt ISK 1.200. Im Isländischen Landwirtschaftsmuseum sind alte Landmaschinen und Traktoren ausgestellt.

17 Vor der Brücke über die Grímsá zweigt die Str. 52 nach rechts ab. Diese führt zum Campingplatz Brautartunga (15 km).

19 **Fossatún**

Fossatún, 433 5800, fossatun.is. Hotel, Guesthouse, Hütten und Campingfässer am Ufer der Grímsá

30 **Kleppjárnsreykir**

In diesem kleinen Ort sprudeln besonders viele heiße Quellen. Die ergiebigste ist **Deildartunguhver** (3 km weiter, an der Str. 50). Das heiße Wasser wird für den Anbau von Tomaten und Paprika in den örtlichen Gewächshäusern genutzt.

31 Hinter Kleppjárnsreykir biegen Sie in die Str. 518 ab, die nach Reykholt führt.

36 **Reykholt**, ⌘

im Snorrastofa, 433 8000

Fosshótel Reykholt, 435 1260, www.islandshotel.is. Geräumige, moderne Zimmer in einem ehemaligen Schulgebäude

Reykholt (= Dampfhügel) gehört zu den bedeutendsten historischen Stätten Islands. Hier lebte von 1206 bis 1241 der Schriftsteller Snorri Sturluson (1179-1241). Er war einer der bekanntesten Dichter jener Zeit, die heute als Sturlungenzeit bezeichnet wird, und verfasste u. a. die „Snorra-Edda" und „Heimskringla" (Land und Leute, Literatur). Darüber hinaus war Snorri als Politiker tätig. Er wurde im Auftrag des norwegischen Königs Håkon Håkonarson ermordet, weil er im Verdacht stand, in einen Aufstand gegen das Königshaus verwickelt zu sein. 1947 stiftete das norwegische Königshaus eine von Gustav Vigeland gefertigte Bronzestatue des Dichters. Diese steht vor der Bezirksschule in Reykholt.

Ungewöhnlich schlank und spitz ist der Turm der modernen ✝ Kirche (1989). Im Reykholtsdalur gibt es unzählige heiße Quellen. Diese liefern nicht nur Heißwasser, das via Pipelines in die Städte Borgarnes (35 km) und Akranes (65 km) geleitet wird, sondern speisen auch die örtlichen Treibhäuser in Reykholt.

⌘ Im Snorri-Museum werden Werke des Dichters Snorri Sturluson ausgestellt. Ein weiterer Schwerpunkt sind die Ausgrabungen, bei denen die Überreste von Snorris Hof und mehreren Kirchen freigelegt wurden. Sein Wohnhaus ist nicht mehr erhalten, im Gegensatz zum Snorralaug, dem mit heißem Quellwasser gespeisten Pool Snorris. Das kreisrunde Becken, 4 m im Durchmesser, gehört zu den ältesten Bauwerken Islands. Ein unterirdischer Gang, der zufällig bei Bauarbeiten entdeckt wurde, verband wahrscheinlich das Freibad mit dem Hof. Das Wasser für den Pool lieferte die heiße Quelle Skrifla. Snorri wurde auf dem Friedhof der Anlage begraben – das Grab lässt sich aber nicht mehr lokalisieren.

♦ **Snorrastofa**, ☏ 433 8000, 💻 www.snorrastofa.is, 🚪 Mai bis Aug tägl. 10:00-17:00; Sep bis April Mo-Fr 10:00-17:00, Eintritt ISK 1.200. Gute Infos und große Auswahl an Islandbüchern

54 **Hraunfossar**, P ☕ WC

Die **Hraunfossar** (= Lavafälle) bilden eine Kette hübscher, kleiner Wasserfälle, die auf einer Breite von 1 km aus der Lava austreten und in die Hvítá (= weißer Fluss) fließen. Das Wasser strömt bis zum Austritt durch das Lavafeld Gráhraun und hat keinen an der Oberfläche sichtbaren Lauf. Die Erklärung für das Phänomen ist einfach: Ein Seitenbach der Hvítá versickert im porösen Gestein des Lavafeldes Hallmundarhraun oberhalb des Flusses. Das Sickerwasser trifft in ein paar Metern Tiefe auf Ignimbrit, ein wasserundurchlässiges Gestein, strömt auf diesem abwärts und tritt an den Felswänden am Bett der Hvítá zutage. Der Wasserfall ist weltweit einmalig.

Nur wenige Meter flussaufwärts bildet die Hvítá den sehenswerten **Barnafoss** (= Kinderwasserfall). Der Name dieses Wasserfalls verweist auf eine alte Sage. Als sich eine reiche Witwe eines Tages auf dem Weg zum Gottesdienst machte, ließ sie ihre beiden Söhne alleine zu Hause zurück. Doch die Kinder langweilten sich bald. Sie kletterten auf die natürliche Basaltbrücke, die den Fluss damals überspannte, glitten aber aus und ertranken in den tosenden Fluten. Daraufhin ließ die tobende Bäuerin die Brücke zerstören, damit sich eine solche Tragödie niemals wiederholen würde. Nur ein kleiner Rest blieb erhalten.

In normalen Zeiten hat die Hvítá eine Wasserführung von etwa 80 m^3/s. Zur Schneeschmelze und nach starken Regenfällen wurden aber auch schon 500 m^3/s (!) gemessen. Der Stand früherer Überschwemmungen ist an den höheren Uferbereichen noch deutlich abzulesen.

59 Vor der Brücke über die Kaldá führt rechts eine Stichstraße zur kleinen ✝ **Húsafellskirkja**. Wundern Sie sich nicht, wenn aus der nahen Scheune ungewöhnliche, bezaubernde Klänge ertönen, denn dort liegt das Atelier von **Páll Guðmundsson** (💻 www.pallg.is). Aus Basalt und Rhyolith (oder Liparit) meißelt der Bildhauer ausdrucksstarke Gesichter. Beeindruckend ist auch die von ihm erbaute „Steinharfe", eine Art Xylofon aus Liparitscheiben. Die magischen Klänge faszinierten sogar die Musiker der isländischen Superband Sigur Rós, die den Künstler prompt einluden, sie mit seinem Instrument auf einer Reihe von Konzerten zu begleiten.

60 Húsafell, 🛏 ⛺ 🚐 💧 ✕ ⛽ 🅿 🏊

i 💻 husafell.is

Der größte Birkenwald Westislands bildet die Kulisse für eines der größten Erholungsgebiete des Landes mit zahlreichen Sommerhäuschen und Wandermöglichkeiten. Es bieten sich tolle Ausblicke auf die nahen Gletscher Langjökull und Eiríksjökull. Húsafell eignet sich auch gut als Ausgangspunkt für Ausflüge in die Umgebung, z. B. zur nahen Eiskappe **Langjökull**.

☺ Seit 2015 bietet ein im Langjökull gebohrter Eistunnel die Möglichkeit, das Innenleben eines Gletschers zu erkunden. Ausgangspunkt der Führungen ist das Klaki Base Camp (20 km östlich von Húsafell), erreichbar über die Str. 550, eine raue Gebirgsstraße. Die Anfahrt ist nur mit geländegängigem Fahrzeug ratsam. Ansonsten bietet sich an, den ab Húsafell bereitgestellten Shuttle-Dienst zu nutzen.

Von Klaki geht es zunächst mit dem Gletschershuttle, einem ehemaligen NATO-Raketenwerfer, der zum Bus umgebaut wurde, über den Gletscher zum Tunneleingang in 1.260 m Höhe. Danach wird unter sachkundiger Führung der 500 m lange, schön ausgeleuchtete Tunnel erkundet. Dabei entdecken Sie eine spektakuläre Gletscherspalte und erfahren Wissenswertes über die Gletscher und die Folgen der Klimaerwärmung. Ein eiskaltes Vergnügen, das heiß empfohlen werden kann. Denken Sie an warme, wind- und regenfeste Kleidung, Mütze, Handschuhe und gute Wanderschuhe.

♦ **Into the Glacier**, Buchung: Húsafell Center, ☏ 578 2550, 💻 intotheglacier.is, ganzjährig, ⌛ 3-4 Std., ab ISK 19.500, Shuttle ISK 2.000 (h/z)

Eiskaltes Vergnügen: die Erkundung des Gletschertunnels im Langjökull

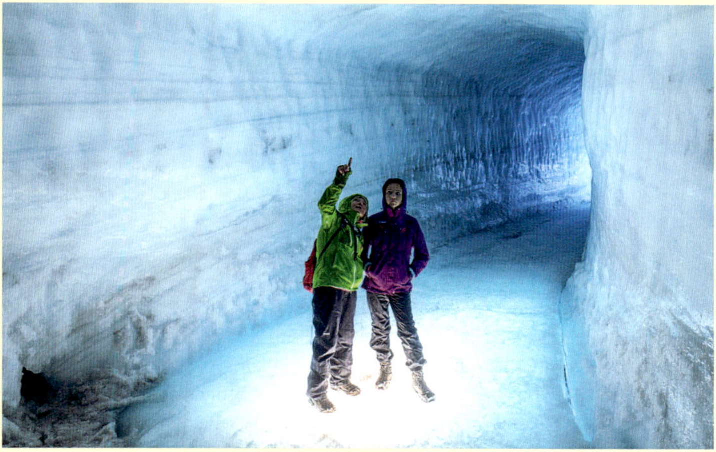

62 Abzweigung der Str. 550 (ehemals F550). Die schroffe, landschaftlich reizvolle Hochlandstraße führt durch das Kaldidalur südwärts nach Þingvellir. (Wer auf eigener Faust zum ☞ Eistunnel fährt, biegt hier rechts ab. Wenn sich die Str. 550 nach 11 km gabelt (Hinweisschild), wählen Sie die links abzweigende Stichstraße (Str. 551), die steil ansteigt zum 7 km entfernten Klaki Base Camp. Die Piste ist meist von Juni bis Mitte Oktober befahrbar.)

Ab hier ist die Straße nicht mehr befestigt. Auch die Nummerierung ändert sich, Sie folgen jetzt der Str. 523. Die Straße quert bald darauf das riesige Lavafeld **Hallmundarhraun**. Das Lavafeld, entstanden bei einem Vulkanausbruch, der sich um 930 in der Nähe des Gletschers Langjökull ereignete, ist berühmt für seine riesigen ∩ Lavahöhlen. Diese tunnelähnlichen Röhren entstehen, wenn dünnflüssige Lava unter einer bereits erstarrten Kruste einem sanft geneigten Hang entlangströmt. Am Ende des Ausbruchs bleiben dann riesige Hohlräume zurück. Einzigartig in ihrer Größe und Beschaffenheit sind vor allem die Höhlen **Surtshellir**, **Stefánshellir** und **Víðgelmir**.

69 Abzweigung der unbefestigten Stichstraße nach **Víðgelmir** (2 km), P

∩ Der P Parkplatz ist der Ausgangspunkt für eine Erkundung der Höhle. Diese gehört mit einer Länge von 1.585 m und einem Volumen von 148.000 m³ zu den größten Lavahöhlen Islands. Im Gegensatz zu den meisten Höhlen ist diese durch den Bau von Treppen und Holzstegen gut erschlossen. Da sie auf Privatgelände liegt, ist eine Besichtigung nur im Rahmen einer geführten Tour möglich.

Empfehlenswert – auch mit Kindern!

♦ **The Cave**, Fljótstunga, ☎ 783 3600, 💻 www.thecave.is, ganzjährig, ⌛ 1 Std. 30 Min., ISK 6.500. Warme Kleidung und festes Schuhwerk sind unentbehrlich. Schutzhelm und Stirnlampe werden gestellt.

Die gut befahrbare Schotterstraße 523 folgt nun dem Nordrand des Lavafeldes Hallmundarhraun. An der Weggabelung bei km…

79 biegen Sie links ab. Sie folgen nun der Str. 519 (ab hier asphaltiert), die bald die Hvítá überquert und erreichen bei km…

80 wieder die Str. 518. Biegen Sie hier rechts ab und folgen Sie dieser bis zur Weggabelung kurz vor ☞ **Kleppjárnsreykir** bei km…

99 Für die Weiterfahrt haben Sie nun zwei Möglichkeiten:

Wenn Sie nach **Westen** Richtung ☞ Borgarnes oder auf die Halbinsel Snæfellsnes (☞ Rundfahrt auf der Halbinsel **Snæfellsnes**) möchten, folgen Sie nun der Str. 50 (Strecke der Hinfahrt) nach links. Auf dieser erreichen Sie bei km…

130 vor der Brücke nach Borgarnes wieder die Ringstraße (☞ Ringstraße, km 63).

Wenn die Fahrt nach **Norden** Richtung Akureyri weitergehen soll, biegen Sie vor ☞ Kleppjárnsreykir rechts in die Str. 50 nach Norden ab. Bei km…

100 führt eine Stichstraße zu den heißen Quellen von **Deildartunguhver**, den ergiebigsten Thermalquellen Europas. Diese werfen gut 180 l/s kochend heißes Wasser aus. In den Gewächshäusern von Deildartunga wird frisches Gemüse (Tomaten, Gurken usw.) verkauft.

Die Thermalquellen speisen auch das Thermalbad Krauma, das im Herbst 2017 eröffnet wurde. Das Wasser wird direkt aus der nahen heißen Quelle gepumpt und mit kühlem Gletscherwasser von Islands kleinstem Gletscher, Ok, gemischt. Fünf Hot Pots laden zum Entspannen ein, ein kaltes Becken bringt den Kreislauf in Schwung. Es gibt auch zwei Dampfbäder, in denen der Dampf mit ätherischen Ölen vermischt wird.

♦ **Krauma**, Deildartunguhver, ☎ 555 6066, 💻 krauma.is, 🚪 Mitte Juni bis Mitte Aug tägl. 11:00-23:00; Mitte Aug bis Mitte Juni tägl. 11:00-21:00, ✕, Eintritt ISK 3.950

Folgen Sie nun weiter der Str. 50. So erreichen Sie bei km…

117 wieder die Ringstraße (☞ Ringstraße, km 85).

64 Beginn der 520 m langen Brücke über den Borgarfjörður. Beachten Sie die gewaltige Strömung unter der Brücke; der ganze Fjord leert und füllt sich bei Ebbe/Flut durch diesen schmalen Zugang!

65 **Borgarnes,** 2.000 Ew.

Borgarnes Regional Information Centre, im Shoppingcenter Hyrnutorg, ☎ 437 2214, ✉ info@west.is, 💻 www.west.is, 🚪 Juni bis Aug Mo-Fr 9:00-18:00, Sa 10:00-16:00, So 10:00-14:00; Sep bis Mai Mo-Fr 10:00-18:00

Hótel Hafnarfjall (3 km vom Zentrum), ☎ 437 2345, 💻 www.hotelhafnarfjall.is, ✕. Landhotel in ruhiger Lage am Südufer des Borgarfjörður. Gutes Preis-Leistungs-Verhältnis

♦ **Kría Guesthouse**, Kveldúlfsgata 27, ☎ 845 4126, 💻 kriaguesthouse.is, ○. Kleines, familiengeführtes Gästehaus in schöner Lage am Wasser. Hinzu kommen drei Cottages an der Str. 50 (6 km südlich).

♦ **Bjarg**, ☎ 437 1925, ✉ bjarg@simnet.is, 💻 www.heyiceland.is, . Gemütliches Gästehaus in einem umgebauten Bauernhof am Stadtrand

Borgarnes HI Hostel, Borgarbraut 9-13, ☎ 437 1126, ✉ borgarnes@hostel.is, 🚪 ganzjährig, , 47 Betten

Borgarnes Campsite, Granastaðir (an der Ringstraße), ☎ 775 1012, ✉ borgarnes.camping@gmail.com, 🚪 Mitte Mai bis Mitte Sep, ●

Bónus und **Hagkaup** (Digranesgata), **Nettó** (im Hyrnutorg)

Borgarnes (= Felsenhalbinsel) liegt auf einer kleinen Landzunge hübsch im Borgarfjörður und ist auf einem Damm mit Brücke erreichbar. Die Einwohner der Kleinstadt leben überwiegend von Fischerei und ein wenig Handel. Sehenswert ist der kleine Park Skallagrímsgarður mit dem Grabhügel von Skallagrímur, einem der ersten Siedler Islands.

⌘ Hauptattraktion des Ortes ist das **Settlement Center** (= Landnahmezentrum). Das mehrfach preisgekrönte multimediale Museum widmet sich nicht nur der Besiedlung Islands, sondern auch der *Egils saga* (☞ Land und Leute, Literatur), deren Handlung sich in dieser Region bei Borg (☞ Rundfahrt um die Halbinsel Snæfellsnes) abspielt.

♦ **The Settlement Center**, Brákarbraut 13-15, ☏ 437 1600, 💻 www.landnam.is, tägl. 10:00-21:00, Eintritt: ISK 2.500, ☕

67 Abzweigung der Str. 54 auf die Halbinsel **Snæfellsnes**

69 Hamar, 🛏

🛏 **Icelandair Hótel Hamar*****, ☏ 433 6600, 💻 www.icelandairhotels.com/hamar, ✕ 🍷 O. Modernes, komfortables Hotel am Golfplatz

76 Die Ringstraße verläuft durch buschreiches Gebiet mit vielen Sommerhäusern.

83 🅿 Anhöhe, auf der eine Panoramascheibe die Namen der umliegenden Berge angibt. Bei schönem Wetter guter Ausblick zum Eiríks-, Lang- und Þórisjökull im Osten und zum Snæfellsjökull im Westen

Der nur ca. 22 km² große Gletscher **Eiríksjökull** gilt als einer der schönsten Tafelvulkane des Landes. Unter seiner Eiskappe ist ein Vulkan verborgen, der bei seinen Ausbrüchen gewaltige Lavamassen hervorbrachte. Der Berg war einst – genauso wie der weiter südlich gelegene Þórisjökull – mit dem Langjökull verbunden. Die 1.672 m hohe weiße Kappe ist weithin sichtbar.

85 ⛽ ✕ , Abzweigung der Str. 50 nach ☞ **Reykholt**

94 Die Straße führt nun durch ein mit Moos bewachsenes Lavafeld nahe dem **Hreðavatn**, einem beliebten Ausflugsgebiet an einem kleinen, von niedrigen Büschen und Bäumen gesäumten See. Gute Wander- und Angelmöglichkeiten.

95 🅿 ⛼ in unmittelbarer Nähe des kleinen Wasserfalls Glanni

96 **Bifröst**, 165 Ew., 🛏 ✕ 🍷
Der kleine Ort entstand um eine private Wirtschaftshochschule mit angeschlossenem Internat.

97 **Hreðavatnsskáli**, ✕ ⛽

98 Der 🅿 Parkplatz auf der linken Straßenseite ist ein guter Ausgangspunkt für eine Wanderung zum Krater des erloschenen Vulkans **Grábrók**.

Grábrók

Der seit 1962 als Naturdenkmal geschützte Vulkan gehört zu den wenigen Feuerbergen, die nicht in der vulkanisch aktiven Zone des zentralisländischen Grabens liegen. Der Grábrók (173 m) ist Teil einer Kraterreihe, die vor 3.400 Jahren entstanden ist, und gilt als Musterbeispiel eines Schlackenkegels. Beim selben Ausbruch entstanden der nahe Grábrókarfell und der kleinere Krater Lítla-Grábrók. Letzterer ist leider abgetragen worden, das Gestein wurde für den Straßenbau genutzt. Treppen und Wege führen auf den steilen Kraterrand des Grábrók hinauf, der eine herrliche Aussicht über das Blocklavafeld Grábrókarhraun bietet.

98 Abzweigung der unbefestigten Str. 528, die jenseits des Flusses Norðurá parallel zur Ringstraße verläuft.
Die Str. 1 verlässt nun die Lavalandschaft und führt durch ein weites Tal.

102 Abzweigung der Str. 60 in die Westfjorde. Im Norden erhebt sich der 917 m hohe Rhyolithberg Baula. Der kegelförmige Berg ist ein beliebtes Wandergebiet.
Die Str. 1 passiert Baula und führt durch das Norðurárdalur weiter.

110 Links erhebt sich die hübsche Kirche von Hvammur (1880).
Die Straße steigt nun kräftig zu den rauen Höhen der **Holtavörðuheiði** an.

135 In 407 m Höhe wird die Passhöhe erreicht.

144 **Miklagil.** Kleine Schlucht mit Wasserfall und Aussicht auf den Hrútafjörður

154 **Staðarskáli,**
0,5 km weiter Abzweigung der Str. 68 zu den Westfjorden
Die Ringstraße folgt nun dem Ostufer des **Hrútafjörður**. (Die Str. 68 zu den Westfjorden verläuft auf der Westseite des Fjordes.)

166 **Reykir,** ⌘

Sæberg HI Hostel (am Fjordufer, 1 km von der Ringstraße), Reykjaskóli, Hrútafjörður, 894 5504, saeberg@hostel.is, März bis Okt, O (am Strand).

⌘ Hauptattraktion des **Reykir Regional Museum** ist das Haifischfangboot „Ófeigur" (1875). Diverse Exponate illustrieren den Haifischfang, der einst eine wichtige Existenzgrundlage bildete. Darüber hinaus gibt es mehrere Originalwohnräume alter Bauernhäuser.

♦ **Byggðasafn Húnvetninga- og Strandamanna**, Reykjaskólvegur 6, 451 0040 und 868 8166, reykjasafn.is, Juni bis Aug tägl. 9:00-17:00, Eintritt ISK 1.200

Die Straße verlässt den Fjord und führt nach Nordosten weiter zum Nachbarfjord Miðfjörður.

179 Abzweigung der Str. 704 zum Reiterhof **Brekkulækur** (10 km),

Brekkulækur, ☏ 451 2938, www.abbi-island.is, ganzjährig. B&B auf einem traditionellen Hof in einem idyllischen Flusstal. Kleines Restaurant (Juni bis Aug tägl. 19:00-21:00) mit isländischen Spezialitäten aus lokaler Produktion. Deutschsprachig.

180 Abzweigung der Str. 704 nach **Laugarbakki** (1 km),

Hótel Laugarbakki***, ☏ 519 8600, www.hotellaugarbakki.is, ganzjährig. Die Fassade verrät eine Vergangenheit als Internat, doch die schönen, frisch renovierten Zimmer lassen keine Wünsche offen.

Guesthouse Langafit, ☏ 892 8487, olina@simnet.is,

Das Dorf zählt gut 50 Einwohner und verfügt über heiße Quellen, die die lokalen Treibhäuser beheizen.

182 Abzweigung der Str. 72/711 um die Halbinsel **Vatnsnes** über **Hvammstangi** (6 km)

Variante rund um die Halbinsel Vatnsnes

0 Abzweigung der Str. 72/711. Die ersten 8 km sind asphaltiert.

6 **Hvammstangi**, 570 Ew. BANK

im ☞ Icelandic Seal Center, www.northwest.is

Hvammstangi Campsite, Brekkugata 12, ☏ 899 0008, hvammur.camping@gmail.com, Mai bis Mitte Okt. Der Zeltplatz bietet eine schöne Aussicht auf den Fjord.

Sjávarborg, Strandgata 1, ☏ 451 3131, www.sjavarborg-restaurant.is, Mo-Fr 11:00-14:00, 18:00-22:00, Sa/So 18:00-22:00. Im umgebauten Schlachthaus am Hafen werden Burger und isländische Spezialitäten wie Salzfisch und Lamm serviert.

⌘ Ziel der meisten Besucher in Hvammstangi ist das Icelandic Seal Centre (= Isländisches Seehundzentrum). Hier sind nicht nur Kegelrobben und Seehunde ausgestellt, sondern Sie erfahren auch vieles zum Thema Robbenschutz und über die frühere wirtschaftliche Bedeutung dieser Tiere. An das Zentrum ist auch eine Forschungseinrichtung angegliedert. Zählungen ergaben, dass die Bestände von Seehunden und Kegelrobben in den letzten Jahren stark zurückgegangen sind. Zurzeit tummeln sich in isländischen Gewässern etwa 7.600 Seehunde und 6.000 Kegelrobben.

♦ **Icelandic Seal Center**, Brekkugata 2, ☏ 451 2345, 💻 www.selasetur.is, 🚪 Juni bis Aug tägl. 9:00-19:00; Mai und Sep tägl. 9:00-16:00; Okt bis April Mo-Fr 10:00-15:00, Eintritt ISK 1.100

⌘ Sehenswert ist auch der ehemalige Kaufmannsladen Bardúsa (neben dem Seehundzentrum).

♦ **Bardúsa**, Brekkugata 4, ☏ 451 2747

🎁 In Hvammstangi ist die größte Wollwarenfabrik Islands ansässig. Die Erzeugnisse werden vor Ort im Kidka Wool Factory Shop verkauft.

♦ **Kidka Wool Factory Shop**, Höfðabraut 34, ☏ 451 0060, 💻 www.kidka.com, 🚪 Mai bis Sep Mo-Fr 8:00-18:00, Sa/So 10:00-18:00; Okt bis April Mo-Fr 8:00-18:00

Die Asphaltierung endet am Ortsausgang.

15 Neben der Straße erhebt sich der Vogelfelsen **Ánastaðastapi**, an dem zahllose Möwen nisten. Im bitterkalten Winter 1882 schlachteten lokale Bauern an gleicher Stelle 32 gestrandete Wale und retteten so ihre Familien vor dem Hungertod.

16 Unterhalb der Straße reckt sich der Leuchtturm **Skarðsviti** (1951) in die Höhe. Am nahen Strand sprudelt eine heiße Quelle (73° C).

21 Links vom Weg taucht der Schafpferch **Hamarsrétt** auf, malerisch eingebettet zwischen Fjord und Felsen. Während des Schafabtriebs (🚪 in der Regel 2. Wochenende im Sepember) erleben Sie hautnah, wie die Bauern hier ihre Tiere sortieren – ein Ereignis mit Volksfestcharakter.

23 Großes Brutgebiet der Küstenseeschwalbe (*kría*) neben der Straße

27 🅿 **Svalbarð.** An der Küste (300 m Fußweg) lässt sich hier bei Ebbe oft eine Robbenkolonie beobachten.

31 Abzweigung der Stichstraße nach **Illugastaðir** (0,5 km), 🅿 ⛺ ☕
In der Nähe des Hofes ist eine der größten Robbenkolonien der Halbinsel Vatnsnes (100-150 Tiere) angesiedelt. Näher werden Sie den Robben auf Island kaum kommen. Ein 800 m langer Pfad führt zu einer überdachten Beobachtungsstation, die auch eine Robbenbeobachtung bei miesem Wetter ermöglicht. 🚪 kein Zutritt vom 1. Mai bis 20. Juni (Brutzeit der Eiderente!)
1828 war der Ort Schauplatz eines grausamen Doppelmords. Die Täter wurden gefasst und zwei Jahre später geköpft – es war die letzte

Hinrichtung in Island. Die Leichname wurden zunächst an unbekannter Stelle verscharrt. Das Ereignis wurde später in einem Roman (☞ unten) verarbeitet.

📖 **Die Obrigkeit**, Þorgeir Þorgeirsson, Reclam Verlag, erhältlich im Antiquariat

☕ **Illugastaðir**, ☏ 451 2664 + 894 0695, ✉ gummijo@simnet.is, 20. Juni bis 20. Aug tägl. 14:30-18:00

34 **Geitafell**, ✕

✕ **Geitafell Restaurant**, ☏ 861 2503 + 893 3380, 💻 geitafell.is, 5. Mai bis 5. Okt tägl. 11:00-22:00. Fischrestaurant, geführt von Robert, Sohn eines schottischen Pfarrers, und Sigrún. ☺ Die Fischsuppe ist legendär!

38 **Tjörn**

Weiler mit kleiner Kirche. Auf dem Friedhof wurden 1934 die sterblichen Überreste der Mörder von ☞ Illugastaðir beigesetzt, nachdem diese mithilfe eines Mediums geortet wurden. Der Grabstein der Doppelmörder ist erhalten.

43 **P** **Hindisvík.** In der Bucht an der Nordspitze ist eine große Robbenkolonie zu Hause.

✋ Da das Fortbestehen der Kolonie aufgrund der vielen Besucher in den letzten Jahren stark beeinträchtigt wurde, ist der Zugang bis auf Weiteres gesperrt! Aus dem Gras ragen die Überreste des gleichnamigen Hofes empor, auf dem einst der Pfarrer-Dichter Sigurður Norland (1885-1971) lebte. Der Visionär ließ die Jagd auf die Seehunde in der Bucht verbieten und legte den Grundstein für den Naturschutz in der Region.

53 Steiler Fahrweg zu einem **P** Parkplatz mit Aussichtsplattform, ⩤. Toller Ausblick über Húnafjörður und Hóp!

Der Umfang des Haffs **Hóp** schwankt je nach Tide zwischen 29 und 44 km². Bei Ebbe sonnen sich auf den Sandbänken an der Mündung des Haffs oft über 100 Robben.

Links taucht die imposante Basaltformation **Hvítserkur** (= weißes Nachthemd) aus den Fluten auf. Der Name verweist auf den Kot der Seevögel, die auf dem 15 m hohen Felsen nisten. Mit etwas Fantasie erkennen Sie im Felsen einen Wasser schlürfenden Dino. Der Legende nach war Hvítserkur ein Troll aus den Westfjorden, der die Bucht Húnaflói überqueren wollte, um das Kloster Þingeyrar auf der Ostseite der Lagune zu zerstören. Doch das Vorhaben scheiterte: Der Troll wurde von der aufgehenden Sonne überrascht und versteinert.

500 m weiter erreichen Sie den Weiler **Ósar**.

HI Hostel Ósar, ☏ 862 2778, osar@hostel.is, Feb bis Nov, 53 Betten. Eine der urigsten Jugendherbergen Islands!

Hvítserkur, Nistplatz der Dreizehenmöwe und des Eissturmvogels

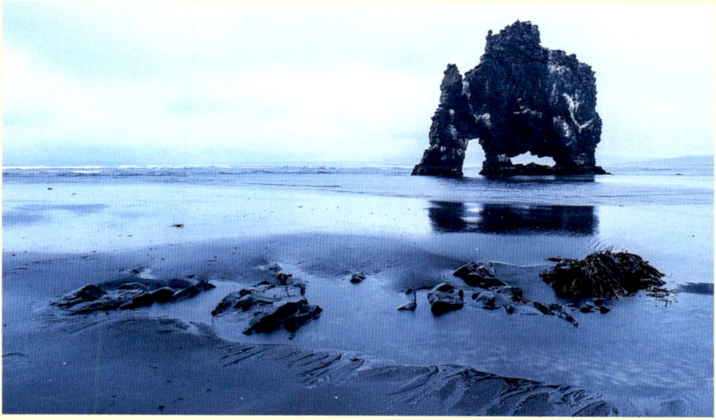

Ein Wiesenweg steigt von der Jugendherberge zum Strand ab, von wo aus Sie auf der gegenüberliegenden Uferseite die sonnenbadenden Seehunde erblicken. Nur ein Steinwurf entfernt liegt die Felsformation Hvítserkur.

Vorsicht! Der Weg am Strand führt durch ein Brutgebiet der Küstenseeschwalbe. Während der Brutzeit sind die Vögel sehr aggressiv und greifen vermeintliche Feinde im Tiefflug an! ca. 1 Std.

62 Þorfinnsstaðir,

Hotel Hvítserkur, ☏ 583 5000, info@hvitserkur.is, Feb bis Nov

An der Gabelung biegen Sie links in die Str. 717 ein, die nach Borgarvirki führt.

70 **Borgarvirki**, **P**

Der markante Basaltfelsen **Borgarvirki** (⇧ 169 m), der seine Umgebung um etwa 15 m überragt, erinnert in seiner Form an eine verfallene „Burg". Es wird angenommen, dass hier einst eine einfache Verteidigungsbastion bestand. Dafür sprechen auch einige von Menschenhand vorgenommene Veränderungen. Der Aufstieg von der Parkplatzseite ist relativ einfach, zur anderen Seite fällt die Steilwand aus fünf- und sechseckigen Basaltsäulen abrupt ab. Vom Aussichtspunkt mit Windrose ergibt sich ein weiter Rundblick über die umgebende Landschaft.

75 An der Gabelung der Str. 717/716 geht es links auf der Str. 716 weiter.
79 Einmündung der Str. 716 in die Ringstraße (☞ Ringstraße, km 199)

186 Gauksmýri,

Gauksmýri Lodge, ☏ 451 2927, www.gauksmyri.com, ganzjährig,

Gegenüber der Lodge befindet sich ein Parkplatz mit einem Plankenweg zu einer Hütte im renaturierten Feuchtgebiet Gauksmýrartjörn, inzwischen Heimat zahlreicher Wasservögel. 35 Arten wurden beobachtet, darunter der seltene Ohrentaucher.

189 Neðra-Vatnshorn,

Guesthouse Neðra-Vatnshorn, ☏ 451 2928, www.vatnshorn.is, . Das zu einer aktiven Schaf- und Pferdefarm gehörende Gästehaus bietet drei Zimmer mit geteiltem Bad.

189 Abzweigung der Schotterstraße 711 zur Halbinsel Vatnsnes
193 Abzweigung der Schotterstr. 715 nach **Víðidalstunga** (4 km)

Auf dem historischen Pfarrhof wurden zu Beginn des 15. Jh. die 225 Seiten des *Flateyjarbók* auf mehr als 100 Kalbshäuten niedergeschrieben. Das Víðidalur war damals Zentrum der Buchproduktion in Island. Nach weiteren 2 km erreichen Sie eine Brücke über die tiefe Schlucht **Kolugljúfur**. Die von der Víðidalsá ausgehobelte Schlucht hat eine Länge von 1,5 km und eine Tiefe von bis zu 50 m. Ein Wasserfall oberhalb der Brücke bietet ein beeindruckendes Bild.

Die Str. 715 führt später über eine Entfernung von 11 km wieder auf die Ringstraße zurück. Auf halber Strecke liegt **Dæli**, .

Dæli Guesthouse, ☏ 451 2566, www.daeli.is, . 16 Zimmer mit eigenem Bad und 7 Hütten.

196 **Víðigerði**, 🛏 ✕ ⛽ 🔧
199 Abzweigung der Str. 716, die nach **Borgarvirki** führt (☞ Variante rund um die Halbinsel Vatnsnes)
200 Abzweigung der Str. 715 zum ☞ Kolugljúfur
Die Straße zieht sich nun am Fuß des Víðidalsfjall entlang. Schöne Ausblicke auf das Haff **Hóp**
211 Brücke über die **Gljúfurá**, mit einem hübschen kleinen Wasserfall in einer Schlucht

Im weiteren Verlauf führt die Ringstraße durch die **Vatnsdalshólar**. Die Umgebung ist über weite Strecken mit kleinen, kahlen Hügeln durchsetzt. Die an überdimensionale Maulwurfshügel erinnernden Erhebungen sind vermutlich das Ergebnis eines enormen Bergsturzes, der sich kurz nach der letzten Eiszeit an den Hängen des Vatnsdalsfjall ereignet hat. Durch die Erosion erhielten sie im Laufe der Zeit ihre oft konische Form. Auch nach der Besiedlung kam es zu mehreren (kleineren) Erdrutschen: 1545 wurden 14 Menschen verschüttet, 1811 wurde eine Kirche zerstört. Die Hügel bedecken eine Fläche von ca. 4 km².

Schöner Ausblick von diesen Hügeln auf die Umgebung und das Haff **Hóp**. Ein Gedenkstein erinnert an den Mord auf dem Hof ☞ Illugastaðir und an die anschließende Hinrichtung der Mörder im nördlichen Abschnitt der Vatnsdalshólar.

216 **P** Parkplatz mit **i** und WC an einer Straßenkreuzung bei Sveinsstaðir.
Nach weiteren 500 m wird die **Vatnsdalsá** überquert.

Das Gewässer gehört zu den berühmtesten (und teuersten!) Lachsflüssen Islands. Jährlich werden im Schnitt 1.250 stattliche Lachse aus dem Wasser gezogen. Auch der britische Bluesmusiker Eric Clapton wirft hier regelmäßig eine Angel aus.

Beim Anstieg jenseits der Brücke ergibt sich ein schöner Blick auf die Vatnsdalshólar.
223 Abzweigung der Str. 724 nach **Húnavellir** (7 km), 🛏

🛏 **Hótel Húni**, Húnavallaskóli, ☎ 456 4500, 💻 www.hotelhuni.com, ganzjährig, ✕ 🍷. Schlichte, frisch renovierte Zimmer, schöne Lage mitten in der Natur. Das große Freibad mit ○ Hot Pots (Juni bis Mitte Aug) ist ein zusätzlicher Trumpf.

234 **Blönduós,** 870 Ew.

am Campingplatz Glaðheimar, www.northwest.is

Kiljan Guesthouse, Aðalgata 2, 452 4500, info@kiljanguesthouse.is. Kleine Zimmer/Mansardenzimmer mit Bad auf dem Flur und ein Apartment für Selbstversorger. Schöne Lage an der Mündung der Blanda

Glaðheimar, Brautarhvammur, 820 1300, www.gladheimar.is, ganzjährig. Campingplatz am Ufer der Blanda, 20 gut ausgestattete Hütten für Selbstversorger, viele mit eigenem O Hot Pot oder Sauna

Das modern und ansprechend wirkende Städtchen erstreckt sich auf beiden Seiten der Mündung des Gletscherflusses Blanda, mit Blick auf die Berge der Westfjorde jenseits der Bucht Húnaflói. Der ruhige ältere Ortsteil liegt westlich der Straße, am Südufer der Blanda. Am Nordufer erhebt sich die Blönduóskirkja, eine moderne Betonkirche. Gegenüber befindet sich der Campingplatz. Ein paar Hundert Meter weiter führt ein Weg zu einem P Parkplatz hinunter, durch eine Fußgängerbrücke mit der Insel **Hrútey** verbunden. Weil der Platz sehr abgeschirmt von der Straße liegt, eignet er sich gut als Übernachtungsplatz für Wohnmobile.

Im Fokus des Textil- und Handarbeitsmuseums steht isländische Wolle, aber auch Stickereien und andere Handarbeiten sowie Nationalkostüme bis 1900 werden gezeigt.

- **Textile Museum**, Árbraut 29, 452 4067, textile.is, Juni bis Aug tägl. 10:00-17:00, Eintritt ISK 1.200

Im angrenzenden Icelandic Textile Center entsteht zurzeit, nach dem Vorbild des berühmten Teppichs von Bayeux, ein gigantischer Wandteppich. Thema des 46 m langen Kunstwerks ist die Vatnsdæla saga, die sich zwischen 840 und 1040 n. Chr. in der Region zugetragen hat. Das 2011 gestartete Projekt wird wohl mindestens zehn Jahre beanspruchen. Mitsticken darf jeder – unter Anleitung.

- **Icelandic Textile Center**, Árbraut 31, 452 4300, www.textilmidstod.is, Mitte Juni bis Mitte Aug tägl. 13:00-17:00, Sticken ISK 2.000/Std.

261 Abzweigung der Str. 731 ins Tal Blöndudalur. Aus dieser wird später die Str. 35, eine ruppige Piste, die über das Thermalgebiet **Hveravellir** am Langjökull entlang zum Gullfoss führt – diese Hochlandroute ist bekannt als **Kjalvegur** oder Kjölur-Route.

Mit Mietwagen (Ausnahme Geländewagen) ist das Befahren der Kjölur-Route in der Regel nicht gestattet.

Hveravellir

Die Str. 35 führt nach Süden in das 86 km entfernte Hochtemperaturgebiet **Hveravellir,** .

Der Name des Geothermalgebiets, das sich in gut 600 m Höhe im westlichen Hochland erstreckt, bedeutet wortwörtlich „Ebene der heißen Quellen". Tatsächlich gehört Hveravellir mit seinen vielen Solfataren, heißen Quellen und bunten Sinterablagerungen zu den außergewöhnlichsten Hochtemperaturgebieten Islands.

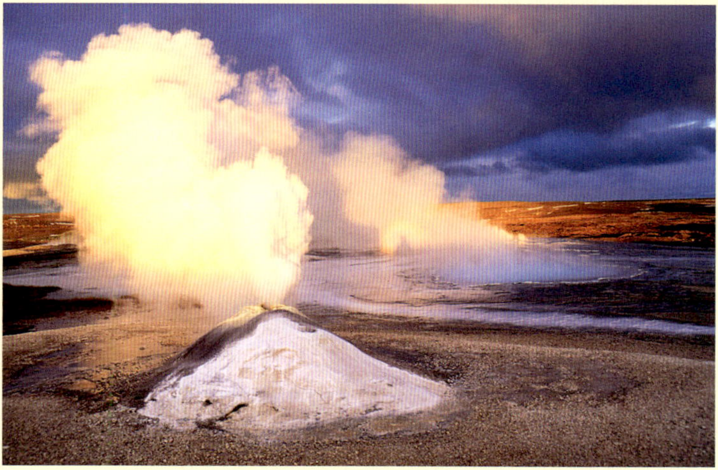

Hveravellir: Der Sinterkegel Öskurhóll macht ordentlich Dampf

Die Hauptattraktion ist **Öskurhóll** (= Donnerkegel), ein formschöner Sinterkegel, aus dem unter lautem Getöse ständig kochend heißes Wasser und Dampf entweichen. Reizvoll ist auch die türkis- bis aquamarinblaue, von Sinterterrassen eingerahmte **Bláhver** (= Blaue Quelle), mit einem Durchmesser von 5 m die größte heiße Quelle des Areals. Die blaue Farbe findet ihren Ursprung in Ausfällungen des im Wasser gelösten Siliziums. Andere Quellen verdanken ihre rote Farbe dem enthaltenen Eisen, gelbe Farbtöne sind auf Schwefel zurückzuführen. Ein Plankenweg erschließt das Hochtemperaturgebiet.

Wegen der Abgeschiedenheit versteckten sich in der Gegend einst oft Geächtete, wie **Fjalla-Eyvindur** (= Berg-Eyvindur). Nachdem er in den Westfjorden wiederholt des Diebstahls bezichtigt worden war, fand der bekannteste isländische Outlaw zusammen mit seiner Frau Halla um 1760 in Hveravellir Unterschlupf. Er war wegen seines Vergehens als vogelfrei erklärt worden und konnte somit von jedem getötet werden.

Das Übernachtungsangebot in Hveravellir umfasst zwei Hütten und einen Zeltplatz. Entspannung bietet der schön angelegte Hot Pot.

264 Sie passieren den ehemaligen ✝ Pfarrhof **Bólstaðarhlíð**. Nebenan liegt das Versammlungshaus **Húnaver**.

Húnaver félagsheimili, ☏ 452 7110, hunaver@visir.is, ganzjährig. Preisgünstige Schlafsackunterkunft

Die Ringstraße steigt nun stark an zum Pass Vatnsskarð, wobei sich großartige Ausblicke über das Tal der Blanda ergeben. Bis zur Passhöhe gibt es vier Haltebuchten, alle auf der linken Seite.

270 **Vatnsskarð** (⇧ 420 m), Passhöhe. Beim Abstieg passieren Sie zur Rechten den kleinen See **Vatnshlíðarvatn**.

279 P Denkmal für den isländischen Dichter Stephan G. Stephansson (1853-1927), der 1873 in die kanadischen Rocky Mountains auswanderte und dort *Poet of the Rockies* genannt wurde.
Anschließend geht es weiter ins Tal des Skagafjörður hinab.

283 Abzweigung der Stichstraße nach **Víðimýri** (700 m)

⌘ Víðimýri

Die ✝ kleine Víðimýrarkirkja (1834) ist ein schönes Beispiel für die einst zu vielen Höfen gehörenden Torfkirchen. Auch hier wurden auf einem Felssteinsockel Torfsoden zu dicken Wänden aufgeschichtet; die einzelnen Lagen sind gut erkennbar. Den Abschluss bildet ein grasbewachsenes Dach, während Vorder- und Rückfront aus angeschwemmtem Treibholz gebaut und dick mit Teer getränkt wurden. Der Innenraum ist mit Holz ausgekleidet. Der Altar (1616) gehörte zu der Kirche, die zuvor hier stand; die Kanzel ist vermutlich noch älter. Die Unterteilung des Innenraums hatte folgenden Sinn: Die vorderen Bänke waren dem Bauern und seiner Familie vorbehalten, hinten saßen auf der einen Seite die Frauen, auf der anderen die Männer der umliegenden Höfe, je ärmer, desto weiter hinten.

✝ Víðimýri, ☏ 453 5095 (Saison) + 849 5674, www.glaumbaer.is/is/information, Juni bis Aug tägl. 9:00-18:00, Eintritt ISK 1.000, Kombiticket mit Glaumbær ISK 2.000

285 **Varmahlíð**, 130 Ew.

Varmahlíð Regional Information Center, in der N1-Tankstelle, 455 6161, info@visitskagafjordur.is, www.visitskagafjordur.is, Mitte Mai bis Sep tägl. 9:00-18:00; Okt bis Mitte Mai Mo-Fr 10:00-16:00

Hótel Varmahlíð***, Laugavegur 1, 453 8170, www.hotelvarmahlid.is,

Hestasport, 453 8383, www.riding.is. Komfortable Ferienhäuser und schöner natürlicher O Hot Pot, große Auswahl an Reittouren, auch mit deutschsprachiger Begleitung

♦ **Lýtingsstaðir** (19 km südlich), 453 8064, www.lythorse.com. ☺ Der Reiterhof von Sveinn und seiner deutschen Frau Evelyn bietet drei urige Hütten. Große Auswahl an Ausritten – von kurzen Schnuppertouren bis hin zur Teilnahme am Schaf- und Pferdeabtrieb.

Varmahlíð Campsite, am Waldrand, 899 3231, www.tjoldumiskagafirdi.is, Mitte Mai bis Mitte Sep, , links unterhalb

Viking Rafting, Hafgrímsstaðir (14 km südlich, an der Str. 752), 823 8300, vikingrafting.is, Mai bis Sep. Rafting auf zwei Gletscherflüssen – von der familienfreundlichen Abfahrt der Vestari-Jökulsá (WW 2+, 3-4 Std., ISK 14.990) bis hin zum anspruchsvollen Rafting-Erlebnis für Adrenalinjunkies auf der Austari-Jökulsá (WW 4+, 6 Std, ISK 24.990).

Abzweigung der Str. 75 nach Sauðárkrókur und auf die Halbinsel **Skagi**. Nach 7,5 km auf der Straße gelangen Sie zum Freilichtmuseum **Glaumbær**.

⌘ Glaumbær

Der Museumshof Glaumbær gilt als Musterbeispiel eines isländischen Torfgehöfts aus dem 19. Jh., obwohl seine Geschichte sogar viel länger zurückreicht. So wird der Ort bereits im frühen 11. Jh. als Wohnsitz des Seefahrers Thorfinn Karlsefni erwähnt, der eine Expedition an die Ostküste Nordamerikas führte. Damals sah der Hof vermutlich ganz anders aus, wie aus Ausgrabungen bei ☞ Stöng zu schließen ist.

Die jetzigen Hofbauten wurden im 18. und 19. Jh. in Torfrasenbauweise errichtet. Die Mauern bestehen aus einem Steinfundament, auf dem dicke Schichten von Torfrasen angebracht wurden. Die ebenfalls mit Torfrasen bedeckten Dächer sind durch eine Holzkonstruktion gestützt, die überwiegend aus Treibholz besteht. Statt Holz wurden zum Teil auch Walknochen verwendet. Die mit Holz verkleidete Vorderfront ist Ausdruck des Reichtums der Hofbesitzer.

Dennoch war das Leben im Torfhof bestimmt kein Zuckerschlecken. Zwischen den Torfwänden herrschte vermutlich stets ein ungemütliches, feuchtes und modriges Raumklima. Auch der Fußboden aus blanker Erde zeugt von wenig Wohnkomfort. Der Holzfußboden in der Wohnstube wurde erst später verlegt.

Beim Bau ergab sich das Problem, dass aus Torfsoden schlecht komplizierte Grundrisse zu verwirklichen sind. Die Lösung bestand in der Errichtung vieler kleiner, einzelner Gebäude, verbunden durch einen zentralen Korridor, sodass auch bei schlechtem Wetter die meisten Räume trockenen Fußes erreichbar waren. Lediglich die Schmiede und ein paar Lagerräume waren nur von außen zugänglich.

Die Besichtigung beginnt mit den beiden Gästezimmern, errichtet Mitte bzw. Ende des 19. Jh. Beide sind durch den Beginn eines langen Korridors getrennt, der nach 20 m in den Wohnräumen endet. Von diesem Gang zweigen mehrere Räume ab, darunter die Küche (*eldhús*) und diverse Vorratskammern, in denen z. B. die Fässer mit *skyr* und *slátur* (in saurer Molke eingelegte Innereien, Blut- und Leberwurst) aufbewahrt wurden.

Am Ende befinden sich die drei Wohnräume (*baðstofa*). In einer abgeteilten Kammer schliefen der Bauer und seine Frau, in den übrigen Räumen hatten die anderen Mitbewohner des Gehöfts ihre Bleibe. Bis zu 22 Personen mussten sich elf Betten teilen.

Die Wohnräume dienten jedoch nicht nur zum Schlafen. Auf dem Bett sitzend wurde auch gegessen und gearbeitet. Die Fensterseite gehörte den Frauen, da ihre Arbeit, Spinnen und Nähen, mehr Licht erforderte. Die Männer kämmten Wolle, fertigten Seile aus Pferdehaar usw.

Bemerkenswert ist das Fehlen einer Heizung: Wärme wurde nur durch die Körperwärme der hier lebenden Menschen erzeugt! Allerdings war die Geruchsbildung nicht so schlimm, wie sich das jetzt manch einer vorstellen mag, da die isländische Luft fast frei von Bakterien ist und so kaum Körpergeruch entstehen kann.

Die Wohnräume sind weitgehend authentisch eingerichtet. Neben vielen Gerätschaften und Möbeln finden sich hier auch alte Trachten. Interessant sind auch die Utensilien in der Küche, im gegenüberliegenden Vorratsraum und in den anderen Räumen.

Wer nach dem Besuch der vielen Ein-Zimmer-Häuschen den Schluss zieht, dass die Bewohner nach damaligen Maßstäben in ärmlichen Verhältnissen lebten, täuscht sich. Im 19. Jh. zeugten Höfe in der Größe von Glaumbær sehr wohl von einem gehobenen Reichtum der Hofbesitzer. Die meisten Landbewohner verfügten über weit weniger Platz und Komfort.

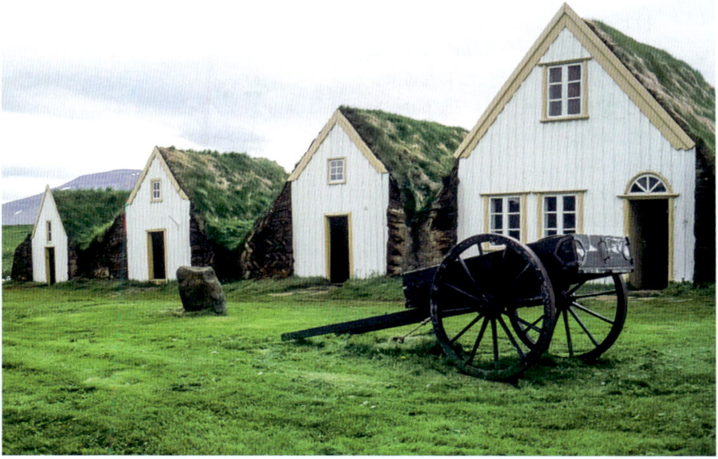

Die mit Holz verkleidete Vorderfront ist Ausdruck des Reichtums

Insgesamt vermittelt der Besuch einen sehr guten Eindruck vom Leben der isländischen Bauern in der Mitte des vorletzten Jahrhunderts. Beim Vergleich mit den heutigen Lebensverhältnissen wird außerdem rasch deutlich, welch ungeheure Entwicklung das Land in rund 150 Jahren durchlaufen hat. Ein Besuch von Glaumbær kann nur heiß empfohlen werden!

⌘ **Glaumbær**, ☏ 453 6173, 💻 www.glaumbaer.is, 🚪 20. Mai bis 20. Sep tägl. 9:00-18:00, 1. April bis 19. Mai und 21. Sep bis 20. Okt Mo-Fr 10:00-16:00, Eintritt ISK 1.700, Kombiticket mit Víðimýri ISK 2.000

☕ **Áskaffi**, ☏ 453 8855, 💻 www.askaffi.is, 🚪 20. Mai bis 31. Aug tägl. 10:00-18:00, 1. bis 19. Mai und 1. bis 20. Sep tägl. 11:00-16:00. Café wie Omas gute Stube mit traditionellem isländischem Gebäck

Nach diesem Abstecher fahren Sie die 7,5 km wieder zurück nach Varmahlíð.

285 Wieder auf der Ringstraße

289 Hinter der Brücke über die Héraðsvötn passieren Sie den Abzweig der Str. 76 nach Hofsós und Hólar (☞ **Küstenvariante über Siglufjörður**).

Küstenvariante über Siglufjörður

0 Abzweigung der Str. 76 von der Ringstraße
Die Straße führt am Ostrand des wasserreichen Mündungsdeltas des Gletscherflusses **Héraðsvötn** nach Norden. Das Gebiet ist heute eine bedeutende Pferdezuchtregion.

21 Abzweigung der Str. 75 nach Sauðárkrókur (15 km)

26 Abzweigung der Str. 767 nach **Hólar** (11 km), 95 Ew.

Tourist Information Hólar, 455 6333, www.visitholar.is

Hólar **Campsite**, 899 3231, tjaldstaedi@gmail.com, Mitte Mai bis Sep. Einfacher, windgeschützter Platz mit WC, fließendem Wasser und

Das beschauliche Hólar war mehr als 700 Jahre lang das religiöse und kulturelle Zentrum Nordislands. Zwischen 1106 und 1801 regierten hier 36 Bischöfe, darunter Jón Arason (1484-1550), der letzte katholische Bischof, und Guðbrandur Þorláksson (1541-1627), der 1584 die erste Bibel in isländischer Sprache drucken ließ.

Das markanteste Gebäude ist die Domkirche. Die älteste Steinkirche Islands wurde 1763 vom deutschen Baumeister Sabinsky aus rotem Sandstein erbaut. Das Interieur gefällt mit einem prächtigen Altarbild, das vermutlich um 1500 in Deutschland geschnitzt wurde. Der Taufstein (1674) entstand aus einem Stück Speckstein, das mit einer Eisscholle aus Grönland angeschwemmt wurde.

Hóladómkirkja, 895 9850, Juni bis Aug tägl. 10:00-18:00

Im Zentrum für die Geschichte des Islandpferds, untergebracht in einem alten Stallgebäude, erfahren Sie alles über die Zucht und Besonderheiten dieser Rasse und seine Rolle in der Geschichte des Landes. Ein Muss für Pferdeliebhaber!

♦ **Icelandic Horse History Centre**, 455 6345, www.sogusetur.is, Juni bis Aug tägl. 10:00-18:00, Eintritt ISK 900

39 In **Gröf** wurde der berühmte Pfarrer-Dichter Hallgrímur Pétursson (1614-1674) geboren. Hier steht auch die älteste Torfkirche Islands.

Die ältesten Teile der Grafarkirkja stammen aus dem 17. Jh. Die 6 x 3 m große Kirche ist Islands einzige Torfkirche mit einer Holzkonstruktion im Stil der Stabkirchen. Sie wurde 1775 entweiht und danach fast zwei Jahrhunderte lang als

Lager genutzt. Nach der Renovierung durch das Nationalmuseum wurde sie 1953 wieder geweiht. Eine Besichtigung ist leider nicht möglich.

42 Abzweig nach **Hofsós** (300 m), 140 Ew.

Hofsós **Campsite**, 899 3231, tjaldstaedi@gmail.com, Juni bis Mitte Sep, WC. Mit Bäumen geschützter Platz in der Nähe der Grundschule und des Schwimmbads.

Das beschauliche Fischerdorf Hofsós ist einer der ältesten noch existierenden Handelsplätze Islands. In den Tagen des dänischen Handelsmonopols war es sogar der einzige Handelsort der Region Skagafjörður. Aus dieser Zeit stammt der Speicher Pakkhúsið (1772).

⌘ In einigen restaurierten Gebäuden am Hafen befindet sich das Icelandic Emigration Center. Das Museum erläutert die Beweggründe der Auswanderer und es wirft ein Licht auf das Leben der Emigranten in der Neuen Welt. Zwischen 1870 und 1914 emigrierten 16.000 bis 20.000 Isländer nach Amerika, ein Viertel der damaligen Bevölkerung.

♦ **Icelandic Emigration Center**, Kvosin, 453 7935, www.hofsos.is, Juni bis Aug tägl. 11:00-18:00, Eintritt ISK 1.500

Die zweite Attraktion von Hofsós ist das herrlich in der Fjordlandschaft integrierte Freibad, für viele der schönste Pool Islands. Beim Bad in diesem wunderbaren Infinity pool schweift der Blick über den Fjord bis hin zur Insel Drangey.

♦ **Hofsós Swimming pool**, Suðurbraut, 455 6070, Juni bis Aug tägl. 7:00-21:00; Sep bis Mai Mo-Fr 7:00-13:00 und 17:00-20:00, Sa/So 11:00-16:00, Eintritt ISK 1.000, O

Von Hofsós werden Bootstouren zu den Inseln im Skagafjörður durchgeführt. Das Angebot reicht von Kurztouren zum Kap Þórðarhöfði bis hin zu mehrstündigen Touren zu den Vogelinseln Málmey und Drangey. Drangey ist auch bekannt aus der Sagazeit: In der Saga von Grettir fungierte der 135 m hohe Tuffelsen drei Jahre lang als Zufluchtsort des Geächteten Grettir der Starke und seines Bruders Illugi.

♦ **Sailing in Skagafjörður**, 849 2409, sailinginskagafjordur.is, Mai bis Okt tägl. 9:30, ab ISK 9.000

Hinter Hofsós durchqueren Sie zunächst ausgedehnte Weidengebiete.

47 Die Straße führt rechts am Haff Höfðavatn vorbei. Westlich davon erhebt sich das Kap **Þórðarhöfði**. Der erodierte Stumpf einer ehemaligen Vulkaninsel ist durch zwei Sandbänke mit dem Festland verbunden. Fotografen lieben den Ort wegen der oft spektakulären Sonnenuntergänge über dem Fjord.

53 Auf der Weiterfahrt schiebt sich links die vorgelagerte Insel **Málmey** ins Bild, vom Festland getrennt durch den 5 km breiten Málmeyjarsund. Die 2,4 km² große Insel war bis 1950 von einer einzigen Familie bewohnt.

54 Lónkot, 🛏 ✕

🛏 **Lónkot Rural Resort**, ☎ 453 7432, ✉ lonkot@lonkot.is, Ende Mai bis Sep, ✕ 🍷 ○. In dem unauffälligen Bauernhaus am Ufer des Málmeyjarsund befindet sich heute ein romantisches Boutique-Hotel mit Blick auf den Fjord.

⛺ Zum Hotel gehört ein einfacher ⛺ Zeltplatz mit WC und fließendem Wasser.

✕ Lónkot ☞ oben. Im Gourmetrestaurant wird nach dem Slowfood-Prinzip gekocht. Auf der Karte stehen Lamm, fangfrischen Fisch, Seevögel usw. Im Speiseraum sind Werke des Künstlers und bekanntesten isländischen Vagabunden Sölvi Helgason (1820-1895) ausgestellt.

77 Abzweigung der Str. 82 nach Ólafsfjörður. Die kurvenreiche Gebirgsstraße über die **Lágheiði** (⇧ 409 m) war bis zur Eröffnung des Tunnels Héðinsfjarðargöng (2010) die einzige Verbindung zwischen den Nachbarorten Siglufjörður und Ólafsfjörður. Im Sommer bietet die gut befahrbare Schotterstraße durch die Berge von Tröllaskagi eine landschaftlich reizvolle Alternative.

Die Str. 76 führt am Haff Miklavatn entlang, heute ein Vogelschutzgebiet. Anschließend gewinnt der Weg an Dramatik und schlängelt sich hoch über dem Meer an der dünn besiedelten Steilküste entlang weiter.

96 An der Nordspitze der Halbinsel liegt das Kap **Sauðanes**, überwacht von einem orangefarbenen Leuchtturm.

97 Wenig später verschwindet die Straße in einen 830 m langen, einspurigen Tunnel. Der **Strákagöng** ist der zweitälteste Tunnel Islands. Vor seiner Eröffnung 1967 führte der einzige Weg – abgesehen vom Seeweg – nach Siglufjörður über eine abenteuerliche Gebirgsstraße. Die 630 m hohe Siglufjarðarskarð-Passstraße war aber meist schlecht und an sieben bis acht Monaten im Jahr gar nicht befahrbar.

102 **Siglufjörður**, 1.190 Ew.

Information Centre Siglufjörður, Gránugata 24, ☎ 467 1555, info@fjallabyggd.is, www.visittrollaskagi.is, Mo-Fr 9:00-17:00, Sa/So 11:00-15:00

Sigló Hótel****, Snorragata 3, ☎ 461 7730, www.siglohotel.is, und Sauna. Topmodernes Luxushotel in traumhafter Lage am Hafen.

♦ **The Herring House**, Hlíðarvegur 1, ☎ 868 4200, theherringhouse.com. Das sympathische kleine Guesthouse verfügt über vier gut ausgestattete Zimmer mit geteiltem Bad. Schöne Terrasse mit Blick auf die Berge.

Siglufjörður **Campsite**, Gránugata 24, ☎ 464 9100, Mitte Mai bis Mitte Okt, WC. Campingplatz in der Nähe des Hafens.

Harbour House Café, Gránugata 5b, ☎ 659 4809, www.facebook.com/harbourhousesiglo.

Das kleine Lokal am Hafen ist ein echter Geheimtipp. In der urgemütlichen Gaststube wird leckere Hausmannskost serviert, z.B. Fischsuppe und Forelle mit Ofenkartoffeln. Großzügige Portionen.

Chocolate Café, Túngata 40a, ☎ 467 1117, frida.is, tägl. 13:00-18:00. Das Café der Künstlerin Fríða Gylfadóttir lockt mit exzellentem Kaffee und köstlicher handwerklich hergestellter Schokolade.

Die Entwicklung von Siglufjörður, von den Einheimischen Sigló genannt, begann 1903, als norwegische Fischer von dort zum Heringsfang aufbrachen. Bald schossen Kais und Baracken für das Einsalzen der Fische und Siedereien für die Mehl- und Tranherstellung wie Pilze aus dem Boden. In der Blütezeit zählte der Ort 23 Heringsstationen. Allein 1916 wurden von Siglufjörður 200.000 Fässer Salzhering exportiert. Als der Hering Ende der 1960er-Jahre aus den Gewässern der Nordküste verschwand, begann der Niedergang. Seit der Eröffnung des Tunnels zwischen Siglufjörður und Ólafsfjörður 2010 sorgt der Tourismus für neue Impulsen.

⌘ Der Heringsboom lebt indes weiter in einem erstklassigen Museum: The Herring Era Museum. Zu sehen sind u. a. eine authentische Heringsstation von 1907, eine rekonstruierte Fischfabrik und ein nachgebauter Heringshafen.

♦ **The Herring Era Museum**, Snorragata 10, ☎ 467 1604, www.sild.is, Juni bis Aug tägl. 10:00-18:00; Mai, Sep tägl. 13:00-17:00, Eintritt ISK 1.800

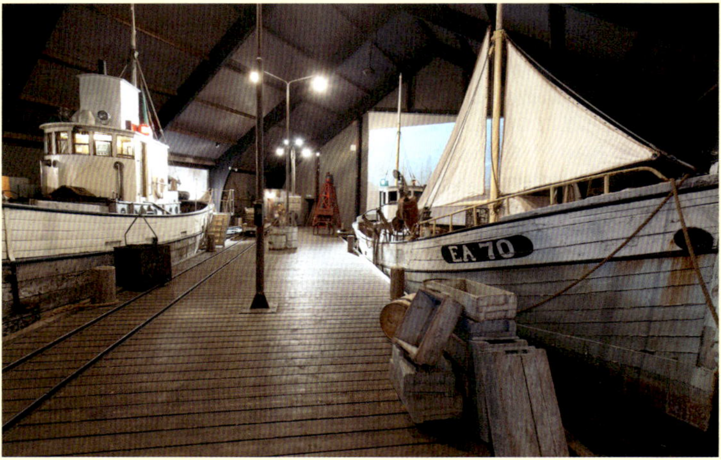

Authentische Ausstellungsstücke im The Herring Era Museum

105 P ⛼ mit 📷 Blick auf Siglufjörður

Mit der Eröffnung des Tunnels Héðinsfjarðargöng 2010 wurde die Distanz zwischen Siglufjörður und Ólafsfjörður auf 15 km verkürzt. Vorher verband nur die 62 km lange Gebirgsstraße über die ☞ Lágheiði die beiden Nachbardörfer. Als diese im Winter gesperrt war, führte der einzige Zugang über die Ringstraße, dadruch verlängerte sich die Anfahrt sogar auf stolze 232 km!

Der zweispurige Tunnel setzt sich aus zwei Teilen zusammen.

106 Beginn des **Héðinsfjarðargöng vestari**. Dieser 3,7 km lange Tunnel verbindet Siglufjörður mit dem Héðinsfjörður.

109 Am Tunnelausgang P ⛼ mit 📷 Blick auf den menschenleeren Héðinsfjörður
Nach 600 m taucht die Straße in den wesentlich längeren **Héðinsfjarðargöng eystri**. Dieser ist 6,9 km lang.

117 Vom Tunnelende erblicken Sie bereits Ólafsfjörður.

118 **Ólafsfjörður**, 785 Ew. i 🛏 🚐 ⛺ ✕ ☕ 🛒 BANK 📯 ⛽ 🔧 ✚ ⌘ 🏊

i **Information Centre Ólafsfjörður**, Ólafsvegur 4, ☏ 464 9215,
💻 www.visittrollaskagi.is, 🚪 Mo-Fr 13:00-17:00, Sa 11:00-15:00

Brimnes Hótel & Cabins, Bylgjubyggð 2, 466 2400, www.brimnes.net, (Juni bis Aug). Die schönen Holzhäuschen mit Hot Pot am Wasser sind z. B. ideal für Familien.

Ólafsfjörður Campsite, Aðalgata, 466 4044, Mitte Mai bis Mitte Okt, WC. In der Nähe des Schwimmbads.

Ólafsfjörður liegt am Ende des gleichnamigen Fjords und gilt als einer der besten Orte um das Schauspiel der Mitternachtssonne zu genießen. Um den verschlafenen Fischerort attraktiver zu gestalten, werden nach und nach diverse Fassaden mit Trollmotiven geschmückt.

Das Besondere: Die Trolle tragen die Geschichtszüge der jeweiligen Bewohner...

121 Der Gebirgszug Ólafsfjarðarmúli wird durch den Tunnel **Ólafsfjarðargöng** unterquert. Der einspurige, beleuchtete Tunnel mit Ausweichbuchten wurde 1991 eröffnet und ist 3,4 km lang.

124 P mit am Tunnelende
Anschließend führt die Straße an der Steilküste entlang weiter nach Dalvík.

136 **Dalvík**, 1.380 Ew. BANK

Dalvík Information Centre, Berg, Menningarhús, 460 4930 + 846 4908, www.visittrollaskagi.is, Juni bis Anfang Sep Mo-Fr 9:00-17:00, Sa 12:00-17:00

HI Hostel Dalvík, Hafnarbraut 4, 699 6616, dalvik@hostel.is, www.dalvikhostel.com, ganzjährig. Das kleine Hostel liegt nur einen Steinwurf vom Hafen entfernt. Zum Übernachtungsangebot gehören auch einige Hütten und ein 100 Jahre altes Haus, beide mit Hot Pot im Garten.

Dalvík **Campsite**, Svarfaðarbraut, 625 4775, Mai bis Mitte Sep, WC. In der Nähe des Schwimmbads.

Dalvík liegt in einer kleinen Bucht des Eyjafjörður, eingerahmt von hohen, schneebedeckten Bergen. Berühmtester Sohn des Fischerorts war Jóhann Kristinn Pétursson (1913-1984), einst der größte Mann Islands: Der 2,34 m lange Riese trat als Attraktion in Zirkussen auf, auch in Deutschland, wo er als „der nordische Riese Olaf" bekannt wurde. 1934 wurde der Ort von einem schweren Erdbeben (6,2 auf der Richterskala) getroffen, das große Schäden anrichtete. Heute lebt ein Großteil der Bevölkerung von der Fischerei und dem Tourismus.

⌘ Ein kleines Volksmuseum zeigt Steine, Pflanzen und ausgestopfte Tiere, darunter ein Eisbär. Eine Abteilung ist dem „nordischen Riesen Olaf" gewidmet.

♦ **Byggðasafnið Hvoll**, Karlsrauðatorg, ☏ 460 4928, www.dalvikurbyggd.is/hvoll, Juni bis Aug tägl. 11:00-18:00; Feb bis Mai, Sep bis Nov Sa 14:00-17:00, Eintritt ISK 870

Von Dalvík werden Walbeobachtungsfahrten mit Holzkuttern und Festrumpfschlauchbooten (RIB) angeboten.

♦ **Arctic Sea Tours**, Hafnarbraut 22, ☏ 771 7600, www.arcticseatours.is. Whale Watching „klassisch": Mitte Feb bis Okt 1-4x tägl., ⌛ 3 Std., ISK 9.990; Whale Watching im Festrumpfschlauchboot: April bis Okt 1-4x tägl., ⌛ 2 Std., ISK 15.990

Dalvík hat Fährverbindungen mit den Inseln **Hriséy**, 165 Ew. und **Grímsey**, 60 Ew.

♦ **Samskip**, Ránarbraut 2b, ☏ 458 8970, samskip.is/innanlandsflutningur/saefari/english. Dalvík - Hriséy: Di, Do 1x tägl., ⌛ 30 Min., ISK 1.500; Dalvík - Grímsey: 3-5x wöch., ⌛ 3 Std., ISK 3.500

147 Abzweigung der Str. 808 nach **Árskógssandur** (2 km), 110 Ew.

Wellness einmal anders: In Árskógssandur geht es zum Baden nicht ins Thermalwasser sondern ins warme… Bier. Im Juli 2017 wurde hier Islands erster Bier-Spa eröffnet (die dazu gehörende Brauerei Kaldi liegt gleich um die Ecke). Die Badetemperatur beträgt kuschelige 37 bis 39° C. Das Bier im Holzzuber ist leider ungenießbar, doch dafür kann sich jeder, der über 20 Jahre alt ist, kostenlos am Zapfhahn neben dem Bad bedienen. Nach dem Bad sollte 3 bis 5 Std. lang nicht geduscht werden – damit Hopfen und Hefe ihre vitalisierende Wirkung entfalten können. Neben dem „Bier-Bad" gibt es draußen ein paar schöne Hot Pots mit Fjordblick.

♦ **The Beer Spa**, Ægisgata 31, ☏ 414 2828, www.bjorbodin.is, Mo-Do 12:00-21:00, Fr-Sa 11:00-23:00, ⌛ 1 Std., davon 30 Min. Bier-Bad, ISK 9.900, Paar ISK 16 900,

Auch von Árskógssandur verkehrt eine Fähre nach Hriséy.

♦ **Sævar**, ☏ 695 5544, www.hrisey.is, 8-9x tägl., ⌛ 15 Min., ISK 1.500

148 Abzweigung der Str. 809 nach **Hauganes** (3 km), 120 Ew.

Hauganes Campsite, 620 1035, Juni bis Aug, WC. Neuer Campingplatz mit schönen Hot Pots am Fjordufer.

Baccalá Bar, Aðalgata 2, 466 1035, www.ektafiskur.is, Mai bis Sep tägl. 10:00-22:00. Im Restaurant des selbsternannten „Salzfischkönigs" Elvar Reykjalín, Betreiber der lokalen Salzfischfabrik, werden Fischgerichte kredenzt. Salzfisch nimmt auf der Karte natürlich einen Ehrenplatz ein!

Von Hauganes werden Walbeobachtungsfahrten auf dem Eyjafjörður durchgeführt. Buckelwale werden fast immer gesichtet, oft auch Delfine, Zwerg- und Schweinswale, manchmal sogar Nördliche Entenwale.

♦ **Whale Watching Hauganes**, Aðalgata 15, 867 0000, whales.is, Mitte Mai bis Mitte Okt, 2 Std. 30 Min., ISK 9.990

158 Abzweigung der Str. 811 nach **Hjalteyri** (3 km), 40 Ew.

Die Fluke eines Buckeswals, Whale Watching ist atemberaubend

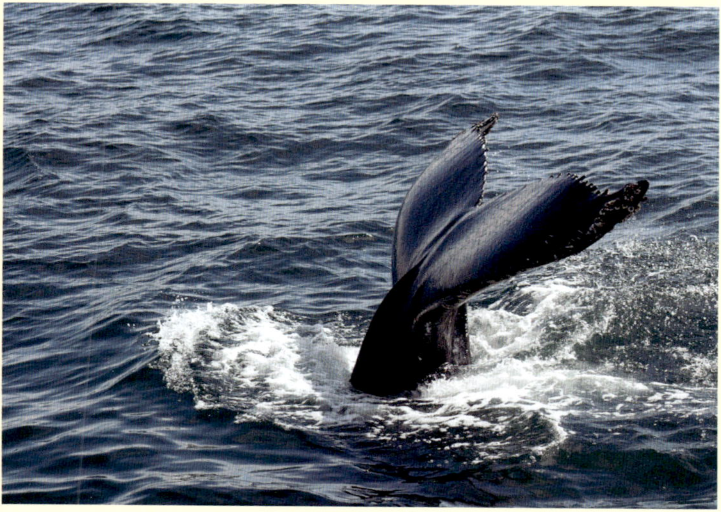

Von Hjalteyri geht es mit der „Knörrinn“ (1963) zum Whale Watching hinaus. Mit diesem liebevoll restaurierten Eichenholzkutter fand übrigens vor mehr als 20 Jahren die allererste isländische Walbeobachtungsfahrt überhaupt statt.

♦ **Whale Watching Hjalteyri**, ☏ 840 7250, www.whalewatchinghjalteyri.is, Mitte Mai bis Sep, 1-3x tägl., ⌛ 2 Std. 30 Min., ISK 9.900

167 Abzweigung der Str. 813 nach **Möðruvellir** (0,7 km), einst Pfarrhof und Mönchskloster. Die Bauernkirche (1868) gehört zu den eindrucksvollsten des Landes. Auf dem Friedhof ruhen mehrere bekannte isländische Dichter und Politiker. Ein Gedenkstein erinnert an Jón Sveinsson, Verfasser der Kinderbücher von Nonni und Manni, der hier geboren wurde.

169 Einmündung der Str. 82 in die Ringstraße (☞ Ringstraße, km 368)

295 **Miklibær**, historische ✞ Kirche mit Pfarrhof und Friedhof

296 **Örlygsstaðir**, P, Infotafel. Ein kurzer Spaziergang (⌛ 5 Min.) führt zu einer frei stehenden Basaltsäule mit einer Tafel auf einem kleinen Hügel. Der Gedenkstein erinnert an die blutige **Schlacht**, die sich hier im 13. Jh. zugetragen hat.

Die Schlacht von Örlygsstaðir

Beim Kampf um die Vormacht im Lande hatten die drei einflussreichsten Sippen Islands im August 1238 rund 3.000 Mann zusammengezogen. Dem Clan der Sturlungen standen die Ásbirningar und Haukdælir gegenüber. Letztere gingen als Sieger aus dem Gemetzel hervor. Auf dem Schlachtfeld blieben rund 60 Tote zurück, darunter der Häuptling Sighvatr Sturluson (der ältere Bruder von Snorri Sturluson) und sein Sohn Sturla Sighvatsson. Die Macht des Sturlungar-Clans, bis dahin eine der einflussreichsten Familien Islands, war nun gebrochen. Teile der Grundmauern, hinter denen sich die Männer verschanzt hatten, sind erhalten geblieben.

Die Schlacht von Örlygsstaðir gilt bis heute als die größte kriegerische Auseinandersetzung, die jemals in Island stattgefunden hat. **Snorri Sturluson**, der Verfasser der „Snorra-Edda“, war auch in diesen Kampf verwickelt. Er wurde drei Jahre später überfallen und ermordet (☞ Land und Leute, Literatur, ☞ Reykholt).

1246 kam es am Skagafjörður – etwas weiter nördlich – erneut zu einer blutigen Schlacht zwischen den isländischen Sippen. In der Schlacht bei Haugsnes fielen 110 Männer.

305 **Silfrastaðir.** Von hier stammt die Torfkirche, die seit 1960 im Freilichtmuseum ☞ Árbæjarsafn in Reykjavík zu sehen ist. Die heutige achteckige Holzkirche wurde 1896 ihrer Bestimmung übergeben.

316 Brücke über die Norðurá. Anschließend verlässt die Ringstraße das Tal und steigt allmählich zu den rauen Höhen der Öxnadalsheiði an.

321

329 Passhöhe **Öxnadalsheiði** (540 m). Schöne Aussicht auf die hohen, oft bis in den Juli hinein schneebedeckten Berge. Durch das Öxnadalur führt die Straße mit 8 % Gefälle hinab und begleitet im weiteren Verlauf den Fluss Öxnadalsá.

345 Links erhebt sich eine für Island ungewöhnlich spitze Bergkette, gekrönt von der Basaltnadel **Hraundrangi** (1.075 m).

347 **Jónasarlundur**. Schöner, großer Rastplatz mit WC in einem Wäldchen, mit Blick auf die Stromschnellen des Flusses. Ein einzelner, schöner Tisch ist über eine Treppe erreichbar und steht direkt am Fluss.

368 Abzweigung der Str. 82 Richtung Dalvík (☞ **Küstenvariante über Siglufjörður**)

Im weiteren Straßenverlauf tauchen zuerst links und dann rechts Aufforstungsgebiete auf.

371 Abzweigung der Str. 816 nach **Skjaldarvík** (1 km).

Skjaldarvík Guesthouse, 552 5200, www.skjaldarvik.is. Gästehaus mit toller Fjordlage und origineller Einrichtung (Schuhe als Blumenvase, Gläser mit Spitze als Lampe), Reittouren für Anfänger und Fortgeschrittene, MTB-Verleih

379 Am Ende des Eyjafjörður liegt die größte Stadt Nordislands:

Akureyri

18.600 Ew.

Akureyri Regional Information Center, Menningarhúsið Hof, Strandgata 12, 450 1050, www.visitakureyri.is, Mitte Juni bis Aug tägl. 8:00-19:00; Sep Mo-Fr 8:00-17:00, Sa/So 9:00-14:00; Mai bis Mitte Juni Mo-Fr 8:00-17:00, Sa 8:00-16:00; Okt bis April Mo-Fr 8:00-16:00

Icelandair Hotel Akureyri***, Þingvallastræti 23, 518 1000, www.icelandairhotels.com/akureyri. Freundliches Stadthotel in der Nähe des Schwimmbads

♦ **Sæluhús**, Sunnutröð 2, 412 0800, www.saeluhus.is. Geräumige Studio-Apartments und komfortable Ferienhäuser mit eigenem Hot Pot

Amma Guesthouse, Skólastígur 5, ☏ 780 0500, ammaguest.is. Zimmer mit geteiltem Bad, in zentraler, ruhiger Lage

♦ **Pétursborg** (5 km nördlich), ☏ 461 1811, www.heyiceland.is, O. Familienfreundliches Gästehaus mit tollem Fjordblick. Die Gastgeberin stammt aus der Schweiz.

♦ **Hótel Edda Akureyri**, Þórunnarstræti, ☏ 444 4900, www.hoteledda.is, Mitte Juni bis Mitte Aug. Sommerhotel in der Nähe des botanischen Gartens

♦ **Akureyri Backpackers**, Hafnarstraeti 98, ☏ 571 9050, www.akureyribackpackers.com

HI Hostel Akureyri, Stórholt 1, ☏ 894 4299, akureyri@hostel.is, Mitte Jan bis Nov

Akureyri Campsite, Þórunnarstræti, ☏ 461 2264, www.hamrar.is, Juni bis Mitte Sep

Nóa Seafood Restaurant, Hafnarstræti 22, ☏ 461 2100, www.noa.is, März bis Okt tägl. 15:00-21:30; Nov bis Mitte Dez, Mitte Jan bis Feb tägl. 17:00-20:30. Erstklassige Fischgerichte, zubereitet mit lokalen Zutaten: Salzfisch aus Hauganes, Muscheln von der Insel Hriséy usw.

♦ **Strikið**, Skipagata 14 (5. Stock), ☏ 462 7100, www.strikid.is. Die Karte reicht von Lammfilet bis Sushi. Erstklassige Aussicht

Kaffi Ilmur, Hafnarstræti 107b, ☏ 571 6444, kaffiilmur.com, Mitte März bis Okt. Gemütliches Café mit heimeliger Atmosphäre und schöner Terrasse

Die „Hauptstadt des Nordens“ liegt am Ende des tief eingeschnittenen Eyjafjörður und kann sich einer sehr langen Geschichte rühmen. Bereits im 10. Jh. soll sich hier Helgi der Magere, ein Wikinger von den Orkney-Inseln, niedergelassen haben. 1562 wurde die Stadt erstmals urkundlich erwähnt. Von etwa 1600 bis zur Mitte des 19. Jh. existierte ein kleiner dänischer Handelsplatz ohne große Bedeutung. 1816 lebten nur 45 Menschen in Akureyri, erst nach dem Erhalt der Stadtrechte im Jahr 1862 begann ein langsamer wirtschaftlicher Aufschwung. Dabei profitierte die Stadt vom guten Hafen, ertragreichen Fischgründen und den vielen landwirtschaftlich nutzbaren Flächen in Stadtnähe. Zu dieser Zeit zählte Akureyri bereits 268 Einwohner.

1886 gründeten die Isländer die (noch immer existierende) Genossenschaft KEA, um den Dänen, die bis dahin das Handelsmonopol innehatten, Paroli zu bieten. Fortan stieg die Einwohnerzahl stetig, Kleinindustrie und Handel siedelten sich an und Akureyri mauserte sich zum Zentrum des Nordens.

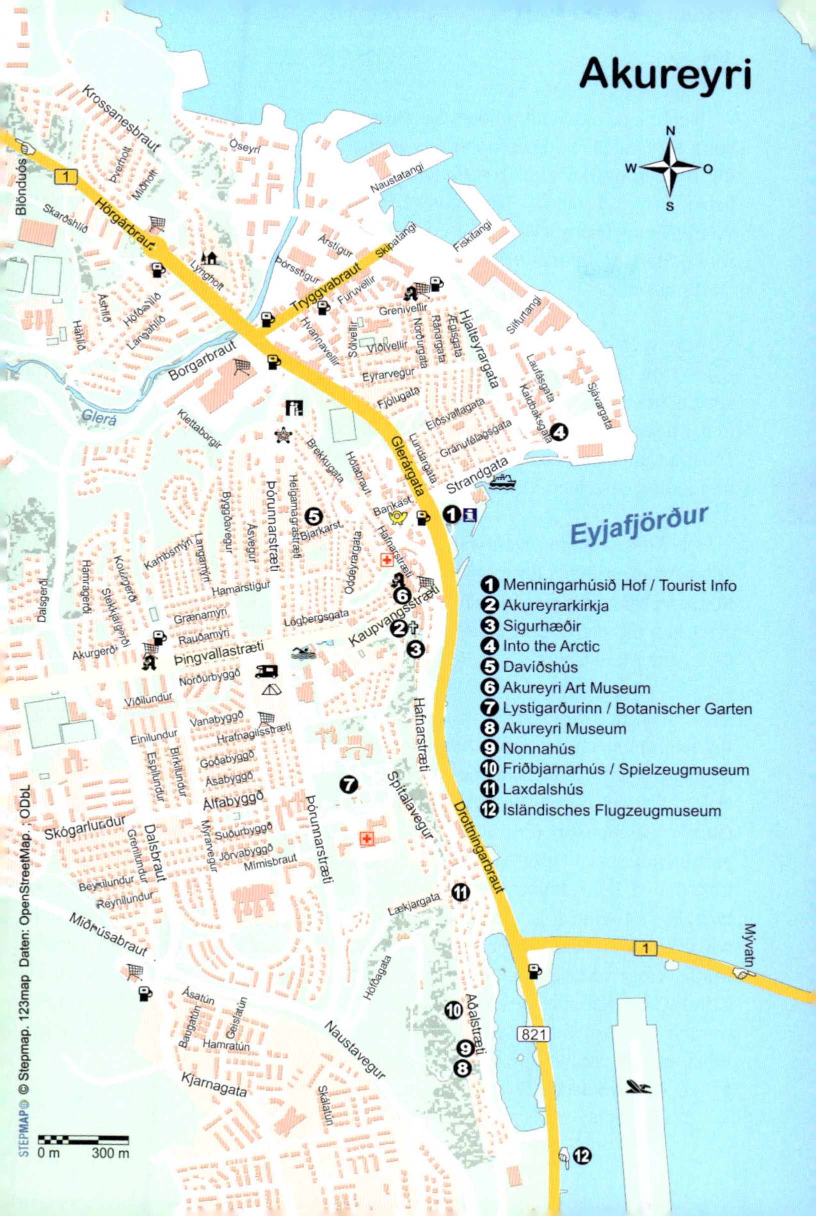
Akureyri
N
W
O
S
Eyjafjörður
1 Menningarhúsið Hof / Tourist Info
2 Akureyrarkirkja
3 Sigurhæðir
4 Into the Arctic
5 Davíðshús
6 Akureyri Art Museum
7 Lystigarðurinn / Botanischer Garten
8 Akureyri Museum
9 Nonnahús
10 Friðbjarnarhús / Spielzeugmuseum
11 Laxdalshús
12 Isländisches Flugzeugmuseum
Blönduós
Mývatn
1
821
Glerá
Krossanesbraut
Hörgárbraut
Óseyri
Naustatangi
Fiskitangi
Skipatangi
Tryggvabraut
Ártstígur
Þórsstígur
Furuvellir
Grenivellir
Hvannavellir
Sólvellir
Víðivellir
Norðurgata
Ránargata
Ægisgata
Hjalteyrargata
Silfurtangi
Laufásgata
Kaldbaksgata
Sjávargata
Eyrarvegur
Fjólugata
Eiðsvallagata
Gránufélagsgata
Lundargata
Strandgata
Glerárgata
Borgarbraut
Klettaborgir
Brekkugata
Hólabraut
Bankast.
Helgamagrastræti
Þórunnarstræti
Bjarkarst.
Oddeyrargata
Hafnarstræti
Byggðavegur
Ásvegur
Kambsmýri
Langamýri
Hamarstígur
Grænamýri
Rauðamýri
Lögbergsgata
Kaupvangsstræti
Þingvallastræti
Norðurbyggð
Víðilundur
Vanabyggð
Hrafnagilsstræti
Einilundur
Espilundur
Birkilundur
Goðabyggð
Ásabyggð
Álfabyggð
Spítalavegur
Drottningarbraut
Skógarlundur
Dalsbraut
Grenilundur
Mýrarvegur
Suðurbyggð
Jörvabyggð
Mímisbraut
Beykilundur
Reynilundur
Lækjargata
Miðhúsabraut
Höfðagata
Aðalstræti
Ásatún
Baugatún
Geislatún
Hamratún
Naustavegur
Kjarnagata
Skálatún
Hamragerði
Kotárgerði
Stekkjargerði
Dalsgerði
Akurgerði
Skarðshlíð
Þverholt
Miðholt
Lyngholt
Áshlíð
Háhlíð
Höfðahlíð
Langahlíð
STEPMAP © Stepmap. 123map Daten: OpenStreetMap, ODbL
0 m
300 m

Heute lebt die Stadt, anders als die meisten isländischen Küstenstädte, nicht von Fischfang allein. Dieser spielt zwar auch eine große Rolle, doch wichtiger ist die Bedeutung der Stadt als Handelsplatz für den gesamten Norden. Daneben haben sich im Laufe der Jahre etliche Betriebe (u. a. Textilindustrie) angesiedelt. Werften und Dienstleistungsunternehmen sind weitere wichtige Wirtschaftsfaktoren. Stark an Bedeutung gewonnen hat in den letzten Jahren auch der Kreuzfahrttourismus.

Sehenswertes

☺ Mit der ***Sólarhringskort*** (= 24-Stunden-Museumspass) in der Tasche sparen Sie eine Menge Eintrittsgebühren. Die Karte kostet ISK 2.000 und gilt für fünf Museen: **Akureyri Museum**, **Nonnahús**, **Davíðshús**, **Friðbjarnarhús** (Spielzeugmuseum) und **Laufás** (Torfhof). Sie ist erhältlich bei der Tourist-Information und in den einzelnen Museen.

Die Sehenswürdigkeiten von Akureyri lassen sich leicht zu Fuß erkunden. Ein guter Ausgangspunkt für einen kurzen Rundgang ist die Tourist-Information im Kulturzentrum **Menningarhúsið Hof** am Hafen. Über Strandgata und Ráðhústorg erreichen Sie die Hafnarstræti, die verkehrsfreie Hauptader der Stadt mit vielen Geschäften und Cafés.

✞ Von der Kreuzung Hafnarstræti/Kaupvangsstræti geht es über eine lange Betontreppe hoch zur doppeltürmigen **Akureyrarkirkja** oder „Eiskathedrale". Vom Kircheneingang ergibt sich eine schöne Aussicht über die Innenstadt und den Hafen. Die moderne Betonkirche wurde 1939/1940 nach den Plänen von Guðjón Samúelsson (der auch die Hallgrímskirkja in Reykjavík entworfen hat) gebaut. Interessant sind vor allem die Glasfenster, die Szenen aus dem Leben Christi und bedeutende Ereignisse der isländischen Kirchengeschichte zeigen. Das älteste Exemplar ist 400 Jahre alt und stammt aus der ehemaligen Domkirche von Coventry (England), die im Zweiten Weltkrieg durch Bombenangriffe zerstört wurde. Ungewöhnlich sind die Kanzel und das große Kreuz der Kirche, die mit isländischem Kalkspat verziert sind. Die Reliefdarstellungen an der Orgelempore wurden von Ásmundur Sveinsson geschaffen. Von der Decke hängt ein Segelschiff, das die Fischer und Seeleute auf dem Meer beschützen sollte.

♦ **Akureyrarkirkja**, Eyrarlandsvegur, ☏ 462 7700, www.akureyrarkirkja.is, Eintritt frei

⌘ Nach der Besichtigung der Kirche erreichen Sie über einen kleinen Weg von der Treppe aus das Haus **Sigurhæðir** (= Siegeshügel). Hier lebte ab 1903 der bekannte Pastor und Poet Matthías Jochumsson (1835-1920). Zu seinen bedeutendsten Werken gehört der Text der Nationalhymne Islands. Daneben verfasste er zahlreiche Gedichte und Dramen. Das Haus beherbergte bis 2017 das Matthías-Jochumsson-Museum. Es ist zurzeit wegen Renovierungsarbeiten geschlossen und wird nicht mehr als Museum eröffnet.

♦ **Sigurhæðir**, Eyrarlandsvegur 3, 💻 www.minjasafnid.is

Wieder in der Hafnarstræti folgen Sie dieser nach links. In dieser Einkaufsmeile wird eine breite Auswahl an isländischen Qualitätsprodukten feilgeboten. Vor allem Wollwaren und Lavakeramik sind günstiger als in Reykjavík zu erwerben. Achten Sie aber auf Preisänderungen! Sobald ein Kreuzfahrtschiff angelegt hat, schnellen die Preise seltsamerweise plötzlich in die Höhe.

Am **Ráðhústorg** wenden Sie sich nach rechts und gelangen über die Strandgata zum Hafen. Dieser ist nicht nur Heimat einer bedeutenden Fischereiflotte, sondern wird auch von einer wachsenden Zahl von Kreuzfahrtschiffen frequentiert. Im Hafenviertel liegt auch eines der erstaunlichsten Museen der Stadt.

⌘ Die Ausstellungen des 2017 eröffneten Museums **Into the Arctic** zeichnen ein vielseitiges Bild des Lebens im hohen Norden: Die Themenbreite reicht von der Ankunft des ersten Siedler Islands Ingólfur Arnarson über die Reisen großer Polarforscher wie Alfred Wegener bis hin zur arktischen Tierwelt. Ein Highlight ist die Sammlung historischer Karten, die ältesten Exemplare sind 400 Jahre alt.

♦ **Into the Arctic**, Strandgata 53, ☏ 588 9050, 💻 nordurslod.is, Mo-Fr 11:00-18:00, Sa/So 11:00-17:00, Eintritt ISK 1.500, ✕ Gutes Restaurant mit traditionellen isländischen Gerichten, 🚌 5, 6

Vom Hafen sind es nur wenige Schritte zurück zum Ausgangspunkt dieses kleinen Rundgangs. Wenn Sie mehr Zeit haben, können Sie die weiteren Sehenswürdigkeiten des Ortes erlaufen (oder sich einer Rundfahrt anschließen).

Vom Ráðhústorg, abends ein beliebter Treffpunkt der Jugend, führt die Brekkugata hinauf zu einem kleinen **Aussichtspunkt** mit Blick über die modernen Stadtviertel. Von dort gehen Sie die Helgamagrastræti hinab und biegen links in den Bjarkarstígur ein.

⌘ Dort steht das **Davíðshús**, in dem der Dichter Davíð Stefánsson (1895-1964) lebte. Es enthält Erinnerungsstücke des Lyrikers.

♦ **Davíðshús**, Bjarkarstígur 6, ☏ 462 4162, 🖳 www.minjasafnid.is, Juni bis Aug Di-Sa 13:00-17:00, Eintritt ISK 1.600, 24-Stunden-Museumspass, 🚌 1, 3

Sie gehen nun durch den Krabbastígur abwärts und biegen rechts in die Oddeyrargata ein. Diese mündet nach 300 m in die Kaupvangsstræti. Kunstliebhaber sollten hier links abbiegen, um diese aufgrund ihrer kulturellen Vielfalt oft als *Listagil* (= Kunstschlucht) bezeichnete Straße, die eine beachtliche Metamorphose durchgemacht hat, etwas genauer unter die Lupe zu nehmen. Nach dem Verschwinden der einst hier ansässigen Gewerbe- und Industriebetriebe blieben diverse große Hallen zurück, die sich perfekt als Ausstellungsraum eignen. Neben der Kunsthochschule, Ateliers und Galerien ist hier heute auch das bedeutendste Kunstmuseum außerhalb der Hauptstadt beheimatet.

⌘ Das im Sommer 2018 nach aufwendiger Renovierung neu eröffnete Akureyri Art Museum ist in den ehemaligen Arbeitshallen der Molkerei der Genossenschaft Kaupfélagið Eyfirðinga (KEA) beheimatet. Auf einer Fläche von 3.000 m² werden in etwa zweimonatigem Wechsel qualitativ hochwertige Ausstellungen einheimischer und ausländischer Künstler präsentiert.

♦ Akureyri Art Museum, Kaupvangsstræti 8, ☏ 461 2610, 🖳 www.listak.is, Mai bis Sep tägl. 10:00-17:00; Okt bis April tägl. 12:00-17:00, Eintritt ISK 1.500, ☕

Gehen Sie anschließend den gleichen Weg wieder zurück und folgen Sie derselben Straße weiter, die in die Þingvallastræti übergeht. Hinter dem Schwimmbad wenden Sie sich an der Kreuzung Þingvalla-/Þórunnarstræti nach links. Nacheinander passieren Sie den Zeltplatz und den Botanischen Garten, an dessen Ende Sie links Richtung Krankenhaus abbiegen.

✿ Gegenüber vom Krankenhaus (🅿) liegt der Eingang zum sehenswerten Botanischen Garten Lystigarðurinn Akureyrar. Dort gedeihen praktisch alle Pflanzen, die in Island wild wachsend vorkommen. Der Park vermittelt aber durch die vielen Bänke, durch Springbrunnen und gepflegte Grünanlagen auch die Atmosphäre eines Erholungsparks.

♦ **Lystigarðurinn Akureyrar**, Eyrarlandsvegur, ☏ 462 7487, 🖳 www.lystigardur.akureyri.is, Juni bis Sep Mo-Fr 8:00-22:00, Sa/So 9:00-22:00, Eintritt frei, 🚌 1, 3

⌘ Der Spítalavegur führt zur Lækjargata hinunter, in die Sie links abbiegen. Nach wenigen Metern treffen Sie auf die Aðalstræti und folgen dieser nach rechts bis zum Akureyri Museum, dem lokalen Heimatmuseum.

♦ **Akureyri Museum**, Aðalstræti 58, ☏ 462 4162, 💻 www.minjasafnid.is, 🚪 tägl. 10:00-17:00, Eintritt ISK 1.600, 24-Stunden-Museumspass, 🚌 5, 6

⌘ Das dunkle Holzhaus nebenan ist das **Nonnahús** (1850). Es ist das Geburtshaus des Jugendbuchautors Jón Sveinsson, Verfasser der Nonni-und-Manni-Bücher. Die Bücher, die vom Leben eines isländischen Jungens erzählen, wurden durch eine 1988/89 gezeigte Fernsehserie (beim ZDF in sechs Folgen) auch in Deutschland populär. Die Außenaufnahmen der Serie wurden auf der Insel ☞ Flatey gedreht.

♦ **Nonnahús**, Aðalstræti 54, ☏ 462 3555, 💻 www.nonni.is, 🚪 Juni bis Aug tägl. 10:00-17:00; Sep Do-So 13:00-17:00, Eintritt ISK 1.600, 24-Stunden-Museumspass, 🚌 5, 6

⌘ Ein paar Häuser weiter Richtung Zentrum liegt das **Friðbjarnarhús** (1856). Das einstige Versammlungshaus der Guttempler beherbergt heute ein **Spielzeugmuseum** (Puppen, Spielzeugautos usw. aus dem 20. Jh.)

♦ **Friðbjarnarhús**, Aðalstræti 46, ☏ 863 4531, ✉ ringsted@akmennt.is, 🚪 Juni bis Aug tägl. 13:00-17:00, Eintritt ISK 1.600, 24-Stunden-Museumspass, 🚌 5, 6

⌘ Auf Nr. 11 der Aðalstræti steht das **Laxdalshús** (1795). Es ist das älteste Haus der Stadt.

⌘ Etwas außerhalb liegt das Isländische Flugzeugmuseum. Das Museum, untergebracht in einem Hangar auf dem Flughafengelände, illustriert anhand Dutzender Flugzeuge die Luftfahrtgeschichte Islands. Eine Geschichte, die maßgeblich von Deutschen mitgeprägt wurde: 1928 führte Fritz Simon den ersten Passagier- und Postflug in Island durch. In einer Ecke des Museums erinnern persönliche Gegenstände und Wrackteile an das Schicksal eines britischen Bombers, der 1941 auf einem Gletscher der Halbinsel Tröllaskagi abgestürzt war. Die Maschine vom Typ „Fairey Battle“ wurde erst 1999 vom Eis freigegeben.

♦ **The Aviation Museum of Iceland**, Akureyri Airport, ☏ 461 4400, 💻 www.flugsafn.is, 🚪 Mitte Mai bis Sep tägl. 11:00-17:00; Okt bis Mitte Mai Sa 14:00-17:00, Eintritt ISK 1.500

380 Die Ringstraße führt am Fjord entlang nach Süden und überquert dann (unmittelbar vor der Landebahn des Flughafens) das Ende des Fjords auf einem Damm. Falls Sie einen ☞ **Abstecher in das Tal Eyjafjarðardalur** unternehmen möchten, fahren Sie stattdessen vor dem Damm auf der Str. 821 geradeaus weiter.

Abstecher in das Tal Eyjafjarðardalur

Das fruchtbare Tal der Eyjafjarðará, das sich südlich von Akureyri erstreckt, lockt mit geschichtsträchtigen Höfen, sehenswerten Kirchen, weihnachtlichem Charme und kulinarischen Hochgenüssen.

0 Abzweigung der Str. 821,

2 Zu Ihrer Linken passieren Sie den **Flughafen Akureyri**.

⌘ Auf dem Flughafengelände liegt auch das ☞ Isländische Flugzeugmuseum.

3 Gleich dahinter taucht zu Ihrer Rechten der Wald **Kjarnaskógur** auf, eines der wenigen isländischen Waldgebiete und ein beliebtes Naherholungsgebiet.

Hamrar Campsite, Kjarnaskógur, ☏ 461 2264, www.hamrar.is,

10 Slétta

⌘ Ein rotes „Lebkuchenhaus" mit Zuckerstangen auf dem Dach bietet die passende Bühne: Im Jólagarðurinn (= Weihnachtsgarten) herrscht das ganze Jahr über weihnachtliche Atmosphäre. Aus den Lautsprechern dudeln Weihnachtslieder, im Kamin knistert das Feuer und drinnen tummeln sich Heerscharen von Weihnachtsmännern und Rentieren neben Christbaumkugeln, Nussknackern und Räucherstäbchen. Wer originellen Weihnachtsschmuck sucht, wird bestimmt fündig. Eine kleine Ausstellung weiht in die Besonderheiten des isländischen Weihnachtsfests ein.

Wussten Sie z. B., dass es in Island nicht einen Weihnachtsmann gibt, sondern gleich 13 sogenannte *jólasveinar*, ziemlich grobe, etwas ungehobelte Gesellen, die allerhand Unfug treiben? Interessant mit Kindern.

♦ **Jólagarðurinn**, Sveinsbær, ☏ 463 1433, jolagard@simnet.is, Juni bis Aug tägl. 10:00-21:00; Sep bis Dez tägl. 14:00-21:00; Jan bis Mai tägl. 14:00-18:00, Eintritt frei

13 P ⊼, windgeschützt am Waldrand
17 Abzweigung der Str. 824 nach **Holtsel** (1 km)

Lust auf leckeres Eis direkt vom Erzeuger? Dann sollten Sie hier rechts abbiegen. 2006 begannen die Hofbewohner, als erste überhaupt in Island, mit der Produktion von Eis aus eigener Milch. Mittlerweile gibt es schon über 100 Sorten.

♦ **Holtsel**, ☏ 463 1159, www.holtsel.is, Juni bis Aug tägl. 11:00-18:00; Mai Sa/So 13:00-18:00

18 **Grund**. Der Hof zu Ihrer Rechten ist einer der vielen geschichtsträchtigen Höfe im Tal. So war er im 13. Jh. Wohnsitz von **Sighvatr Sturluson** (1170-1238), einem der Anführer der mächtigen Sturlungar-Sippe. Wie sein jüngerer Bruder, der Dichter ☞ Snorri Sturluson, war dieser ein einflussreicher Mann, der u. a. das Amt des Bezirksvorstehers innehatte. Sighvatr fiel in der ☞ Schlacht von Örlygsstaðir. Eine weitere prominente Hofbesitzerin war **Þórunn Jónsdóttir** (1511-1593), Tochter des letzten katholischen Bischofs Jón Arason, der in ☞ Skálholt geköpft wurde.

✝ Zum Hof gehört auch die Grundarkirkja (1905), eine der schönsten ländlichen Kirchen Islands. Die rot-weiße Holzkirche, gekrönt von einem Turm mit Zwiebelkuppe, wurde von Magnús Sigurðsson (1846-1925) errichtet. Der reiche Bauer war fest entschlossen, die größte Kirche in Eyjafjörður zu schaffen. Beim Bau wurde nichts dem Zufall überlassen. Das Bauholz wurde im Winter 1903-1904 nach Akureyri verschifft und mit Pferdeschlitten ins Tal transportiert. Anschließend verfrachtete Magnús das ganze Holz in sein Wohnzimmer, wo es zwei Wochen lang trocknen konnte. Für den Bau wurden die besten Zimmerleute engagiert. Zur Kirchenausstattung gehörten wertvolle Schätze, darunter ein Kelch (1489) und der kunstvoll geschnitzte Stuhl (16. Jh.) der früheren Hofbesitzerin Þórunn Jónsdóttir, beide zu bewundern im ☞ Nationalmuseum (Reykjavík).

♦ **Grundarkirkja**, Grund, den Schlüssel für die Kirche erhalten Sie beim Hausmeister Hjörtur Haraldsson (☏ 894 0283, Víðigerði, 3 km vor Grund) oder bei Guðjón Sigfússon (☏ 898 1540, gegenüber von der Kirche, einfach anklopfen).

22 Links von der Straße erstreckt sich der ✈ **Flugplatz Melgerðismelar**. Der von den Briten im Zweiten Weltkrieg angelegte Flugplatz war einst der größte Nordislands. Von hier war am 26. Mai 1941 auch die Fairey

Battle „P2330“ gestartet, die später auf der nahen Halbinsel Tröllaskagi zerschellte (☞ Isländisches Flugzeugmuseum). Heute wird der Flugplatz nur noch von Segelfliegern genutzt.

26 Abzweigung nach Saurbær

✞ Die Saurbæjarkirkja (1858) ist eine von nur sechs erhaltenen Torfkirchen Islands. Die Außenwände bestehen aus Basalt und Torf, das Dach ist mit Grassoden bedeckt, der Innenraum komplett mit Holz verkleidet. Typisch ist auch das Fehlen eines Turms, die beiden Kirchglocken hängen am Giebel über der Eingangstür. Mit 60 Sitzplätzen ist das Gotteshaus die größte Torfkirche des Landes.

♦ **Saurbæjarkirkja**, Saurbær, ☏ 463 1261 + 898 5468, Schlüssel erhältlich im ☞ Smámunasafn Sverris Hermannssonar

⌘ Gleich nach der Abzweigung zur Kirche zeigt das Museum **Smámunasafn Sverris Hermannssonar** (= Sverrir Hermannssons Sammlung Kleinigkeiten aller Art) allerhand „Kleinteile“ – Türklinken, Schlüssel, Küchengeräte, Werkzeuge usw. –, die der Gründer, ein gelernter Tischler, über Jahrzehnte beim Wiederaufbau alter Häuser zusammengetragen hat.

♦ **Smámunasafn Sverris Hermannssonar**, ☏ 463 1261 + 898 5468, www.esveit.is/smamunasafnid, Mitte Mai bis Mitte Sep tägl. 11:00-17:00, Eintritt ISK 1.000,

39 Hinter einem kleinen See (Hólavatn) biegen Sie links ab in die Str. 826. (Die geradeaus weiterführende Str. 821 geht später in die F821 über, die zur Sprengisandur-Hochlandpiste weiterleitet.)

43 Nachdem Sie erneut am Hólavatn vorbeigefahren sind, taucht links das Gehöft Hólar auf.

✞ Neben der Hólakirkja (1853), einer kleinen, weißen Hofkirche, sind es vor allem die verwitterten Holzgiebel eines verfallenen Torfhofes (ca. 1860), die den Ort einen besonderen Reiz verleihen.

50 An der Gabelung der Str. 826/827 halten Sie sich links und folgen weiter der Str. 826.

51 Nach der Brücke über die Eyjafjarðará biegen Sie an der Gabelung der Str. 826/821 rechts ab und folgen der Str. 821. Auf der Fahrt am linken Flussufer entlang passieren Sie erneut die Saurbæjarkirkja.

54 An der Gabelung der Str. 821/829 biegen Sie rechts ab in die Str. 829 und queren wieder die Eyjafjarðará. Achtung: Schotterstraße mit unübersichtlichen Kuppen!

55 In der scharfen Linkskurve lohnt sich ein kurzer Abstecher nach **Möðruvellir**. Auf diesem historischen Hof am Fuß des Möðruvallafjall lebte einst Guðmundur „der Mächtige“ Eyjólfsson, einer der einflussreichsten Häuptlinge des Saga-Zeitalters. Angeblich besaß er 120 Kühe, mehr als 100 Knechte arbeiteten für ihn.

✞ Die heutige Hofkirche, die Möðruvallakirkja, wurde 1848 geweiht. Der Stolz der schmucken, weißen Holzkirche ist ein Altarstück (Triptychon), gefertigt aus Alabaster im englischen Nottingham, das 1484 der damaligen Kirche übereignet wurde. Ein weiteres Unikat ist das hölzerne Glockentor (1781) in der Steinmauer vor der Kirche, das seit mehr als zwei Jahrhunderten Wind und Wetter trotzt.

♦ **Möðruvallakirkja**, Möðruvellir, 🚪 Schlüssel bitte auf dem Hof erfragen.

62 Ab dem Gehöft Akur ist die Straße wieder geteert.

67 400 m nach der Brücke über die Þverá, die durch eine Schlucht fließt, führt eine kurze Stichstraße links zum historischen Hof **Munkaþverá**. In der Saga-Zeit wohnte hier der blutrünstige Gode Glúmr Eyjólfsson alias Víga Glúm (= Totschlag-Glúm), Protagonist der *Víga-Glúms saga*, der im zarten Alter von 15 Jahren seinen ersten Mord verübte. An gleicher Stelle stand von 1155 bis zur Reformation ein Kloster samt Schule. Eine Skulptur erinnert an den letzten katholischen Bischof Jón Arason (1484-1550), der im Kloster studierte. Auf dem Friedhof wurden vermutlich Sighvatr Sturluson und seine Söhne beerdigt, alle gefallen in der ☞ Schlacht von Örlygsstaðir.

68 Der Hof **Grýta** (links) ist vermutlich die Geburtsstätte von Jón Arason.

74 **Kaffi Kú**, ☕

☕ **Kaffi Kú**, Garður, ☏ 867 3826, 💻 kaffiku.is, 🚪 Mo-Fr 11:00-16:00, Sa/So 12:00-17:00. Der Name ist Programm: Vom Café im Dachgeschoss über dem Stall geben große Glasscheiben den Blick frei auf die Kühe. Über einen Fernsehmonitor sehen Sie jederzeit, was gerade im Stall los ist, und sind live dabei, wenn die Kühe mit dem Melkroboter gemolken werden. Kleine Karte mit Waffeln und Herzhaftem wie „Kaffikú“-Burger und Gulaschsuppe.

500 m weiter passieren Sie Ásar, 🛏.

🛏 **Ásar Guesthouse**, Ásar, ☏ 863 1515, 💻 asarguesthouse.is, ⌂ O. Gemütliche Zimmer mit schönem Blick auf die Berge. Herrliches Frühstück mit selbst gemachten Produkten!

Der Weg führt nun bis zur Ringstraße durch das ausgedehnte Feuchtgebiet des Eyjafjarðará-Deltas, in der Saison Brutplatz zahlreicher Wasservögel (rotes Warnschild beachten).

82 Einmündung in die Ringstraße (☞ Ringstraße, km 382)

382 Einmündung der Str. 829 in die Ringstraße (☞ Abstecher in das Tal Eyjafjarðardalur)

384 P i Schöner Ausblick zurück auf die Stadt

384 Hinter dem Parkplatz zweigt die Str. 83 nach Norden ab Richtung Laufás und Grenivík (☞ **Variante über Víkurskarð**).

385 Die Ringstraße verschwindet nun in den **Vaðlaheiðargöng**. Dieser 7,5 km lange Mauttunnel ersetzt seit 2019 die ☞ Víkurskarð-Passstraße. (Die alte Passstraße ist im Sommer jedoch weiterhin befahrbar, ☞ **Variante über Víkurskarð**.)

♦ **Vaðlaheiðargöng**, 💻 veggjald.is/en. Mautgebühr: Pkw, Wohnmobil oder Gespann bis 3,5 t ISK 1.500, Fahrzeug über 3,5 t ISK 6.000, Motorrad gratis

✋ Es empfiehlt sich, die Mautgebühr innerhalb von 3 Std. nach Durchfahrt online zu begleichen. Nach diesem Zeitraum wird automatisch eine Rechnung erstellt und es wird ein Zuschlag von ISK 1.000 berechnet!

Vaðlaheiðargöng

Mit der Inbetriebnahme des Straßentunnels unter dem Höhenzug Vaðlaheiði gehört die im Winter oft durch Schneemassen blockierte Víkurskarð-Passstraße nun der Vergangenheit an. Mit dem Bau des Tunnels, der die Strecke von Akureyri zum Mývatn um 16 km verkürzt, wurde im April 2013 begonnen. Doch beim Bau kam es immer wieder zu Verzögerungen, u. a. aufgrund von Heißwassereinbrüchen im Tunnel. Dadurch erhöhten sich auch die Baukosten von ISK 8,7 Mrd. (ca. € 64 Mio.) auf ISK 16 bis 17 Mrd. (circa € 118 bis 125 Mio.). Im Januar 2019 wurde der Tunnel für den Verkehr freigegeben. Er hat eine Länge von 7.206 m (7.514 m inklusive der Schutztunnel an beiden Enden). Der westliche Eingang (Eyjafjörður) liegt 60 m über dem Meeresspiegel. Von dort steigt die

Straße mit einem Gefälle von 1,5 % auf 230 m an. Vom höchsten Punkt geht es mit 2 % Gefälle hinunter zum östlichen Eingang im Fnjóskadalur, der sich 160 m über dem Meeresspiegel befindet. Der neue Tunnel soll innerhalb von 25 Jahren durch Mauteinnahmen (☞ oben) refinanziert werden.

Für Radfahrer ist die Durchfahrt verboten!

Variante über Víkurskarð

Durch die Eröffnung des Tunnels Vaðlaheiðargöng verlor die alte Gebirgsstraße über Víkurskarð an Bedeutung. Die heute nur noch wenig befahrene Strecke stellt aber im Sommer eine Alternative für Autofahrer dar, die sich die Mautgebühr ersparen möchten. Unterwegs bietet sich außerdem ein Abstecher zum Torfhof Laufás an.

0 Abzweigung der Str. 83 von der Ringstraße
Die Straße führt zunächst am Ufer des Eyjafjörður entlang nach Norden.

12 Weggabelung der Str. 83/84
Links geht es auf der Str. 83 in Fjordnähe weiter zum 11 km entfernten ⌘ Torfhof **Laufás**.

Ein Musterbeispiel für ein Torfgehöft: der alte Pfarrhof in Laufás

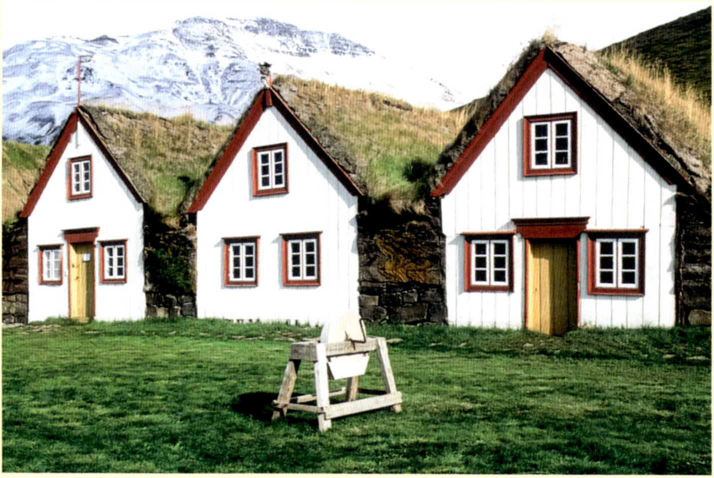

⌘ Der ehemalige Pfarrhof ist ein weiteres Musterbeispiel für ein Torfgehöft aus dem 19. Jh. Mächtige Wände aus geschichteten Torfsoden, grasbewachsene Dächer und eine Front mit hölzernen Giebelfassaden prägen wie in ☞ Glaumbær das Gesicht des Anwesens. Die meisten Teile des Hofes und ein Großteil der Einrichtung, wie der Wohn- und Schlafraum (1867), stammen aus der Mitte des 19. Jh., einige Teile sind noch älter. Der Hof spiegelt eine typische Pfarrei der damaligen Zeit wider. Neben dem Pastor und seiner Familie lebten auch Dienstboten und Landarbeiter in den Räumen, insgesamt 20 bis 30 Personen. Die bis 1936 bewohnten Gebäude wurden in den 1950er-Jahren restauriert und als Museum erhalten. Die dazugehörige ✞ Kirche stammt aus dem Jahr 1865.

♦ **Laufás**, ☏ 895 3172, ✉ laufas@minjasafnid.is, Mitte Mai bis Sep tägl. 9:00-17:00, Eintritt ISK 1.600, 24-Stunden-Museumspass

12 Rechts geht es auf der Str. 84 (der früheren Ringstraße) relativ steil und mit schöner Aussicht auf den Fjord zum Víkurskarð-Pass (⇧ 325 m) hoch.

19 Auf der Passhöhe gibt es einen P Parkplatz, jedoch ohne Aussicht. Anschließend geht es mit moderatem Gefälle ins Fnjóskadalur hinunter.

26 Gleich vor der Brücke über die **Fnjóská** stößt der Weg wieder auf die Ringstraße (☞ Ringstraße, km 394).

392 Ende des Vaðlaheiðargöng-Tunnels

394 Abzweigung der Str. 84 (☞ **Variante über Víkurskarð**)
Gleich danach führt eine Brücke über die Fnjóská. Der 117 km lange Quellfluss entspringt im zentralen Hochland.

395 Links zweigt die Str. 835 ins Fnjóskadalur ab. Rechts erstreckt sich der Birkenwald **Vaglaskógur** mit (für isländische Verhältnisse) „riesigen", über 10 m hohen Bäumen.

403 Stórutjarnir, 🛏

🛏 **Hótel Edda Stórutjarnir**, ☏ 444 4890, 💻 www.hoteledda.is, Anfang Juni bis Mitte Aug, ✕ O. Sommerhotel mit 41 Zimmern, auch Schlafsackunterkunft

407 P am See **Ljósavatn**

409 Abzweigung der Str. 85 nach ☞ Húsavík (45 km) und auf die Halbinsel Tjörnes

410 Abzweigung zur ✞ **Þorgeirskirkja**, die im Jahr 2000 eingeweiht wurde. Hier lebte um das Jahr 1000 der Gode und Gesetzessprecher Þorgeir Ljósvetningagoði, der nach der Christianisierung der Isländer seine Göt-

terstatuen in den nahen Wasserfall warf, der seitdem den Namen Goðafoss (= Wasserfall der Götter) trägt.

412 Abzweigung der Str. 842, die ins Bárðardalur führt. (Diese geht später in die Piste F26 über, die über **Sprengisandur** nach Südisland führt.)

413 Zufahrt (400 m) zum Wasserfall **Goðafoss** (150 m vor der Brücke)

Goðafoss

Mit einer Höhe von „nur" 12 m gehört der „Wasserfall der Götter" nicht gerade zu den höchsten Vertretern seiner Zunft. Beeindruckend ist dann auch weniger die Fallhöhe, sondern vor allem die Breite und Mächtigkeit des hufeisenförmigen Wasserfalls. Urheber ist der Gletscherfluss Skjálfandafljót, der unter dem Eis des Vatnajökull und Tungnafellsjökull entspringt und sich hier durch den Lavastrom Bárðardalshraun frisst. Letzterer bahnte sich vor mehr als 7.000 Jahren vom 100 km entfernten Schildvulkan Trölladyngja einen Weg nach Norden. Mit etwas Glück können Sie wagemutigen Kanuten zuschauen, die sich am Goðafoss in die Tiefe stürzen.

414 Direkt hinter der Brücke liegt **Fosshóll**.

Goðafoss Hotel, Fosshóll, Bárðardalur, 464 3108, www.godafoss.is, Mitte Mai bis Mitte Sep. Kleines Hotel in der ehemaligen Post- und Telefonrelaisstation

☺ Auf der Suche nach Souvenirs landen Besucher in Fosshóll fast zwangsläufig im großen Souvenirladen neben der Tankstelle. Doch die wahren Schätze findet nur, wer sich zwischen Plastikwikingern und Plüschpapageitauchern einen Weg nach hinten bahnt. In einem zweiten, wesentlich kleineren Souvenirladen mit der Überschrift Goðafossmarkaður (= Goðafoss-Markt) verkaufen etwa 100 Frauen aus der Region in Eigenregie selbst gefertigte Souvenirs aus Naturprodukten wie Horn, Knochen, Lava, Wolle und Birkenholz. Das Angebot reicht vom handgestrickten lopapeysa oder „Islandpullover" über Schuhe aus Lammleder bis hin zu heilsamen Bergkräutern. Eine wahre Fundgrube!

♦ **Goðafossmarkaður**, 464 3323, godafossmarkadur@simnet.is, Juni bis Aug tägl. 8:00-21:00, sonst tägl. 10:00-15:00

Auf den nächsten Kilometern ergibt sich von der ansteigenden Straße ein schöner Blick zurück auf den Goðafoss – leider ohne Parkmöglichkeit. Typisch für diese Gegend sind die zahlreichen, in Island vielerorts üblichen Grashöcker (isländisch: *þúfur*), die durch Frostaufbrüche in Permafrostböden entstehen.

423 Abzweigung der Str. 845 nach ☞ Húsavík (36 km)

☺ Für den weiteren Weg gibt es zwei Möglichkeiten:

1. Sie können über Húsavík auf der Str. 85 um die Halbinsel **Tjörnes** herumfahren und ☞ Ásbyrgi besuchen – bis dorthin ist die Straße asphaltiert. Wenn Sie danach auf der teilweise sehr rauen Schotterstraße 864 (Schlaglöcher, Wellblech) die gewaltigen Wasserfälle **Hafragilsfoss**, **Dettifoss** und **Selfoss** sehen wollen, gelangen Sie nach 57 km wieder auf die Ringstraße (☞**Alternativroute Húsavík, Ásbyrgi, Dettifoss**). Vor allem für Wohnmobile ist eine langsame, vorsichtige Fahrweise erforderlich, während Pkw mit 60-80 km/h über das Wellblech „fliegen" können – wir raten Womos von dieser Strecke ab.
2. Sie verzichten wegen der rauen Schotterstraße 864 auf den Umweg über die sehenswerten Wasserfälle, fahren z. B. zur Walbeobachtung nach ☞ Húsavík und schauen sich anschließend die Umgebung des ☞ Mývatn ausführlicher an.

✋ Bitte beachten Sie, dass die Mývatn-Region ein reines Touristengebiet und deshalb in der Saison stark überlaufen ist. Nahezu alle Unterkünfte sind bereits Monate im Voraus ausgebucht! Betten sollten sehr frühzeitig reserviert werden.

Die Ringstraße führt anschließend das Reykjadalur hinauf.

425 **Laugar,** 115 Ew.

North Aurora, Lautavegur 8, ☏ 860 2206, auroraguesthouse.is. Kleines Gästehaus, gestaltet nach Feng Shui und geführt von einer Elfenexpertin

Tröð North, Tröð, ☏ 821 5109 + 698 3126, www.trodnorth.com. Kleines B&B in idyllischer Lage, wo Gäste sich sofort zu Hause fühlen. Schöner Garten und Schwimmbad

Laugar Campsite, Dalakofinn, ☏ 464 3344, www.dalakofinn.is, 15. Mai bis 15. Sep,

430 Narfastaðir,

Narfastaðir Guesthouse, Reykjadalir, Laugar, ☏ 464 3300, farmhotel.is. Landhotel in einem ehemaligen Schafstall. Großes Dinner-Büfett

442 und Ausblick über das Tal der **Laxá** und die farbenfrohe Umgebung des Sees ☞ Mývatn

Abzweigung zum Gehöft Stöng (5 km), 🛏

🛏 **Guesthouse Stöng**, Mývatn, ☎ 464 4252 + 896 6074, 💻 www.stong.is, 🚪 April bis Okt. Auf diesem aktiven Bauernhof am Rand des Hochlands gibt es Zimmer mit/ohne eigenem Bad und 5 komfortable Cottages für Selbstversorger. Die tolle Lage ist ein extra Trumpf: An schönen Tagen reicht die Aussicht bis zum Vatnajökull! ✕ O

Mývatn

Der 37 km² große Mývatn (= Mückensee) liegt 277 m über dem Meeresspiegel und zählt zu den beliebtesten Touristenzielen Nordislands. Dafür gibt es mehrere Gründe: Der See und seine Umgebung sind in geologischer Hinsicht ausgesprochen interessant, es bieten sich hervorragende Wandermöglichkeiten und auch das Klima ist milder und sonniger als anderswo in Island. Der 2 bis 4 m tiefe See liegt auf einer Hochebene und entstand vor langer Zeit infolge vulkanischer Aktivität, bei der Lavaströme das Wasser aufstauten.

„Bartläuse des Teufels"

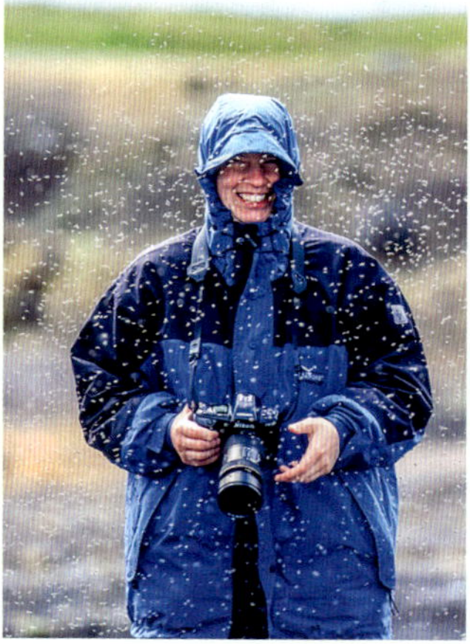

Sowohl der Fischreichtum des Sees als auch der Artenreichtum der Vögel (ein Großteil des Sees ist Vogelschutzgebiet!) sind bemerkenswert, genauso wie die durch das Klima begünstigte Vegetation. Im Sommer schwirren Myriaden von Mücken über den See, denen er auch seinen Namen verdankt. Es ist allerdings beruhigend zu wissen, dass die meisten nicht stechen! Stechen tun nur die Weibchen der Kriebelmücke, die u. a. menschliches Blut zur Fortpflanzung benötigen. Harmloser, aber überaus lästig sind die Zuckmücken, die im Sommer in riesigen Schwärmen auftauchen und überall hinkrabbeln: in Getränke, aufs Essen, in Ohren und Nase. In einer Volkssage wurden die winzigen Plagegeister einst sogar als „Bartläuse des Teufels" bezeichnet.

Rund um den Mývatn finden sich viele Zeugnisse vulkanischer Aktivität, so der Tuffring **Hverfjall**, die Kraterreihen **Lúdentsborgir** und **Þrengslaborgir**, die Solfatarenfelder am Fuß des **Námafjall** und nicht zuletzt der Zentralvulkan **Krafla**, der zuletzt von 1975 bis 1984 aktiv war. Weitere geologische Besonderheiten sind die **Pseudokrater** am Südende des Sees, die bizarren Lavaformationen von **Dimmuborgir** (= dunkle Städte) auf der Ostseite und die mit heißem Wasser gefüllten Lavaspalten **Grjótagjá** und **Stóragjá**.

Der Mývatn liegt in einer äußerst unwirtlichen Gegend, was der herrliche See und seine abwechslungsreiche Umgebung aber schnell vergessen machen. Im Norden und Osten schließt sich hochlandartiges Ödland an. Im Süden erstreckt sich die Ódáðahraun (= Missetäter-Wüste), ein 4.400 km² großes Lavafeld, das seinen Namen den Geächteten verdankt, die einst hierhin flüchteten.

Mehrere markante Berge prägen die Umgebung des Sees, darunter die kantigen Tafelberge Bláfjall (im Süden) und Búrfell (im Osten) sowie der Tuffring Hverfjall, der sich in unmittelbarer Nähe des Sees erhebt. Im Nordosten liegt das Námafjall als letzte Barriere vor der endlosen Lavalandschaft, nördlich davon das vulkanisch aktive Gebiet um die Krafla.

Der Mývatn gilt als Vogelparadies. Einige hier ansässige Entenarten kommen sogar nirgendwo sonst in Europa vor. Besonders verbreitet sind Reiher-, Spatel-, Berg-, Pfeif- und Trauerente. Für die Spatelente mit ihrem typisch schwarz-weißen Federkleid ist der Mývatn der einzige Brutplatz in Europa.

Hverfjall und **Lúdent** gelten zusammen mit dem von der Ringstraße aus sichtbaren Krater **Hrossaborg** (= Pferdeburg) als Musterbeispiele für **Explosionskrater**. Ein solcher Krater ist das Ergebnis phreatomagmatischer Explosionen (Wasserdampfexplosionen): Durch den Kontakt von heißem Magma mit Wasser werden Gestein und Magma explosionsartig zerkleinert und als Asche und Lapilli abgelagert. Dabei fällt ein Großteil des ausgestoßenen Materials in unmittelbarer Nähe des Vulkanschlotes nieder und bildet so den typischen Kraterwall. Hverfjall entstand vor 2.700 Jahren, Lúdent vor über 6.000 Jahren, Hrossaborg ist etwa 10.000 Jahre alt. Während das Hverfjall gut erschlossen ist, ist der Lúdent nur über einen langen Fußmarsch oder eine beschwerliche Jeep-Tour erreichbar.

Die Entstehungsgeschichte des Mývatn beginnt vor ca. 4.000 Jahren. Damals breitete sich ein Lavastrom des Schildvulkans Ketildyngja, die **„ältere Laxá-Lava“**, über das Gebiet des heutigen Sees aus. Durch die Unterbrechung des Wasserabflusses aus dem Gebiet kam es zur Aufstauung eines ersten Sees. Vor etwa 2.300 Jahren brachen die Spalten Þrengslaborgir und Lúdentsborgir auf und förderten erneut Lava, die **„jüngere Laxá-Lava“**. Diese ergoss sich in und um den See herum und gab seiner Umgebung in etwa ihre heutige Gestalt.

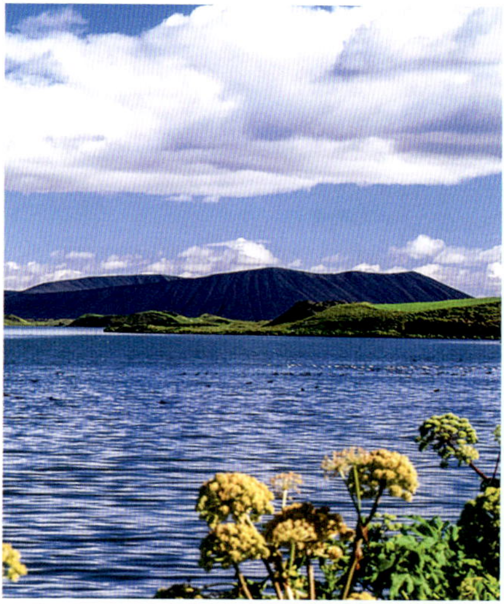
Mývatn und Hverfjall

Erst vor wenigen Jahrhunderten flammte der Vulkanismus erneut auf. Der Ausbruch des Explosionskraters Víti (Krafla) im Jahr 1724 bildete den Anfang der *Mývatnseldar* oder **„Mývatn-Feuer“** (1724-1729). Fünf Jahre lang rissen immer wieder neue Spalten im Bereich des Leirhnjúkur auf und förderten Lavaströme, die sich bis hinab zum Mývatn ergossen. Auf einem dieser Lavafelder liegt heute der Zeltplatz. Auf wundersame Weise hat sich der Lavastrom um die etwas erhöht gelegene Kirche herumbewegt, ohne diese zu zerstören. Auch während der *Kröflueldar* oder **„Krafla-Feuer“** (1975-1984) ergossen sich aus diversen Spalten mehrere Lavaströme, die sich diesmal vor allem nach Norden bewegten.

443 P (linke Straßenseite) mit Ausblick über die Laxá
Sie fahren nun an der Laxá entlang. Der Fluss gehört zu den besten Lachsgewässern Islands.

445 Weggabelung der Str. 1 und 848
Für die Weiterfahrt ergeben sich nun zwei Möglichkeiten:
Die **Ringstraße** folgt dem **Westufer des Mývatn**. Diese Strecke ist vor allem für Ornithologen interessant! 5 km länger, aber geologisch vielseitiger ist die ☞ **Variante am Ostufer des Mývatn** auf der Str. 848.

445 Die Str. 1 biegt an der Gabelung links ab und überquert die **Laxá**, die einige größere Stromschnellen bildet.

Im schnell fließenden Gewässer der Laxá entdecken Sie mit etwas Geduld die Kragenente. Diese seltene Entenart kommt in Europa nur auf Island vor und nistet vor allem am Mývatn.

449 Wanderparkplatz Vindbelgjarfjall

Vom Parkplatz vor dem Hof Vagnbrekka beginnt ein Wanderweg zum Gipfel des eiszeitlichen Tuffberges Vindbelgjarfjall (⇧ 524 m). Der Weg führt erst über ein altes Lavafeld zum Fuß des kegelförmigen Berges und schraubt sich dann in engen Kehren hoch. Lohn der Mühe ist eine großartige Aussicht über den Mývatn, die vielen Pseudokrater und den Tuffring Hverfjall jenseits des Sees. An schönen Tagen ist sogar die Silhouette des Tafelvulkans Herðubreið im Hochland zu sehen. ⌛ h/z 1 Std. 30 Min. bis 2 Std., ↑ 250 m

Der nun folgende Abschnitt entlang des nordwestlichen Seeufers führt durch ein ausgedehntes Vogelschutzgebiet. Bleiben Sie hier bitte auf den vorhandenen Pfaden.

Während der Brutzeit (⌛ 15. Mai bis 20. Juli) ist das Verlassen der Straße zwischen Vagnbrekka und Grímsstaðir gänzlich verboten!

452 Die Straße führt zwischen einigen schönen Pseudokratern hindurch.
455 Abzweigung nach Ytri-Neslönd (1 km)

⌘ Das hier angesiedelte Museum Fuglasafn Sigurgeirs ist ein Muss für Vogelliebhaber. Die interaktive Ausstellung zeigt 180 Vogelarten, nahezu die komplette Vogelwelt Islands ist vertreten. Es werden auch zwei Beobachtungshütten vermietet.

♦ **Fuglasafn Sigurgeirs**, ☏ 464 4477, www.fuglasafn.is, Mitte Mai bis Okt tägl. 12:00-17:00; Nov bis Mitte Mai tägl. 14:00-16:00, Eintritt ISK 1.500,

458 Abzweigung der Str. 87 nach ☞ Húsavík (☞ **Alternativroute Húsavík, Ásbyrgi, Dettifoss**, ab S. 332)
Die Ringstraße führt nun nach rechts und überquert das Lavafeld Eldhraun, ein Produkt der „Mývatn-Feuer". Am Ostrand des Lavafeldes taucht bald der Hauptort der Mývatn-Region auf:

461 **Reykjahlíð**, 210 Ew. BANK

Visitor Center, Hraunvegur 8 (neben Supermarkt Kjörbúðin), ☏ 464 4460, myvatn@umhverfisstofnun.is, www.visitmyvatn.is, Juni bis Aug tägl. 8:00-13:00, sonst tägl. 9:00-16:00

Icelandair Hótel Mývatn***, 594 2000, www.icelandairhotels.com. 2018 eröffnetes Landhotel mit 59 geräumigen, komfortablen Zimmern mit modernem Design

♦ **Fosshótel Mývatn***** (3 km westlich), Grímsstaðir, 453 0000, www.islandshotel.is. Moderne Hotelanlage am Rand der Lava mit tollem Seeblick

♦ **Guesthouse Helluhraun 13**, Helluhraun 13, 464 4132, helluhraun13@gmail.com. Wie ein zweites Zuhause! 3 blitzblanke Zimmer mit geteiltem Bad, vermietet von einem älteren Ehepaar. ☺ Zum Frühstück gibt es *hverabrauð* – in der heißen Erde gebackenes Brot.

Hlíð Camping & Guesthouse, Hraunbrún, 464 4103 + 899 6203, myvatnaccommodation.is. Campingplatz mit Hütten und großem „Notzelt“ (in der Lava) sowie 9 Zimmer (im Dorf)

♦ **Bjarg Campsite**, 464 4240, ferdabjarg@simnet.is, Mai bis Mitte Sep, auch. Campingplatz mit toller Lage am Seeufer

Mývatn Car Rental, Múlavegur 1, 623 6660, www.myvatncarrental.com. Mietwagen ab ISK 10.900/Tag

Mýflug Air, 464 4400, www.myflug.is. Mai bis Sep. Rundflüge über Mývatn, Dettifoss und Ásbyrgi, Askja und Herðubreið usw., von 20 Min. bis 2 Std. Preisbeispiel: Mývatn und Krafla (20 Min.): ISK 19.000 pro Person.

Variante am Ostufer des Mývatn

0 An der Gabelung der Str. 1/848 fahren Sie geradeaus auf der Str. 848 weiter. Sie durchqueren landwirtschaftlich genutzte Flächen und erreichen bald das touristische Zentrum am Südufer des Sees:

5 **Skútustaðir**

Hótel Laxá***, 464 1900, www.hotellaxa.is. Modernes, schön in die Landschaft integriertes Hotel

♦ **Sel-Hótel Mývatn**, 464 4164, www.myvatn.is. Landhotel mit leicht verstaubtem Charme und freundlichem Personal, in unmittelbarer Nähe der Pseudokrater

♦ **Skútustaðir Farm House**, Skútustaðir 2b, 464 4212, www.skutustadir.is. Gästehaus auf einem aktiven Bauernhof mit Kühen, Pferden und Schafen

In Skútustaðir empfiehlt sich eine Wanderung durch eine der schönsten Pseudokrater-Landschaften der Welt. Pseudokrater entstehen, wenn heiße Lava über feuchtes Gebiet fließt. Dadurch kommt es zu Dampfexplosionen, bei denen Lavafetzen in die Luft geschleudert werden. Sie werden Pseudokrater genannt, weil die vulkanähnlichen Krater nie mit einer Magmakammer in Verbindung gestanden haben, aber innerhalb eines Lavastromes entstanden sind. Die Pseudokrater am Mývatn entstanden vor etwa 2.300 Jahren während der Eruption der „jüngeren Laxá-Lava". Auf der Insel Mikley, weiter nördlich im See, gibt es 107 derartige Krater! ⌛ Kurzer Rundweg 20-30 Min., langer Rundweg 45-60 Min.

Verstecktes Kleinod am Mývatn: die Lavasäulen von Kálfaströnd

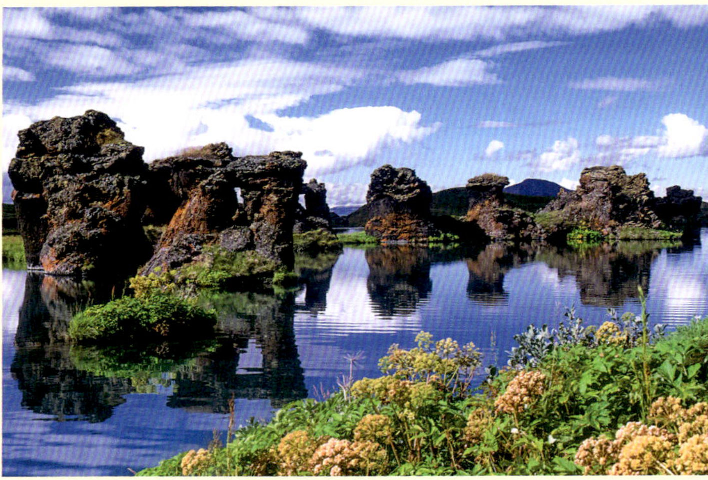

7 Beim Überqueren des kleinen Flusses Grænilækur sehen Sie links am Ufer des Sees Arnarbæli, den größten Pseudokrater der Region. In dieser Gegend sprudeln besonders viele Quellen, deren Wasser den See speist.

8 Zufahrt zum See Grænavatn (1,5 km),
Anschließend wendet sich die Straße nach Norden.

12 Zufahrt zur Halbinsel **Kálfaströnd,** P Parkplatz (250 m)

Vom P Wanderparkplatz führt ein mit gelben Pfosten markierter Rundweg (Schild „Klasar") am Ufer der Bucht entlang zu den sehenswerten Lavaformationen (große Säulen, Klippen und Höhlen) im und am Wasser. ⌛ ca. 45 Min.

12 P mit WC an der Straße. Links vom Weg ragt die grüne Halbinsel **Höfði** in den See hinein. Diese schöne Lavalandschaft mit Bäumen und Büschen ist seit 1970 ein öffentlicher Park.

Ein Spazierweg führt durch lichte Birkenwäldchen zu den bekannten Lavasäulen Kálfastrandarstrípar. Gute Möglichkeiten, Enten und weitere Wasservögel zu beobachten.

Schöne Ausblicke von einem Hügel über den See mit seinen vielen Inseln und Buchten (versteckter erster Pfad rechts).

15 Zufahrt **Dimmuborgir** (1,3 km), P

Kaffi Borgir, 464 1144, www.kaffiborgir.is, Juni bis Aug tägl. 9:00-22:00; Mitte bis Ende Mai, Sep tägl. 10:00-16:00; April bis Mitte Mai, Okt bis Dez tägl. 11:00-14:00. Spezialitäten wie Räucherforelle und *hverabrauð* (Brot, das bei Bjarnarflag in der Erde gebacken wird), serviert mit Blick auf Dimmuborgir und Mývatn.

Die **Dimmuborgir** (= dunkle Städte) erinnern mit ihren Türmen, Säulen und Höhlen an eine verwunschene Burgruine. Das Lavalabyrinth ist, wie die Pseudokrater in Skútustaðir, ein Produkt der „jüngeren Laxá-Lava", die vor etwa 2.300 Jahren austrat. Als sich die Lava in einer Senke staute, bildete sich ein Lavasee. Während dessen Oberfläche abkühlte und erstarrte, blieb die Lava im Innern flüssig. Dampf konnte durch Schlote entweichen, die ebenfalls erstarrten. Als sich der Lavasee entleerte, stürzte die Decke ein. Nur die Schlote blieben erhalten.

Vom P Parkplatz Dimmuborgir führen markierte Rundwege unterschiedlicher Länge (15 Min. bis 1 Std.) zu Basaltformationen mit klangvollen Namen wie Gatklettur (= Lochfelsen) und Kirkjan (= Kirche). Durch den „Lochfelsen" führt ein Wanderweg hindurch. Die „Kirche" ist eine große Höhle, deren Decke an ein gotisches Gewölbe erinnert.

Das Verlassen der markierten Wege ist nicht erlaubt, da die Natur sehr empfindlich ist. Aber auch vom Weg bietet sich ein schöner Eindruck von den merkwürdigen Lavagebilden.

Ein etwas längerer Weg führt zum gewaltigen, dunklen Krater Hverfjall, der nebenan aufragt. Der Aufstieg zum Kraterrand ist nicht ganz ohne: Sehr steil und im endlosen Zickzack geht es durch lockeres Gestein und Sand hinauf.

⇔ 7 km, ⌛ ca. 2 Std. (☺ Von der anderen Seite ist die Besteigung leichter, ☞ unten.)

15 200 m hinter der Abzweigung nach Dimmuborgir gibt es eine weitere Übernachtungsmöglichkeit.

Guesthouse Dimmuborgir, Geiteyjarströnd 1, ☏ 464 4210, www.dimmuborgir.is. Gemütliche Hütten im Blockhausstil und schlichte Zimmer ohne Schnickschnack in ruhiger Lage am See. ☺ Probieren Sie die leckeren hausgemachten Räucherforellen und -lachse. Ein Gedicht!

16 Abzweigung zum Hverfjall (2 km), P

Der Explosionskrater **Hverfjall** (⇧ 452 m) gilt als Paradebeispiel eines Tuffrings. Der Krater hat einen Durchmesser von etwa 1 km.

Die Besteigung des Kraters von dieser Seite ist einfacher als von Dimmuborgir aus. Vom P Wanderparkplatz am Fuß des Vulkans führt ein Trampelpfad mäßig steil hinauf. ⌛ h/z ca. 1 Std., ↑ 175 m. Vom Kraterrand ergibt sich ein schöner Blick über die Dimmuborgir und die Inselwelt des Mývatn. Im Süden erhebt sich der Lúdent, ein weiterer Ringwallkrater.

18 Abzweigung der Schotterpiste zur Grjótagjá (2 km), P

Grjótagjá, eine mit heißem Wasser gefüllte Lavaspalte, wurde früher zum Baden genutzt. Nach der Eruption bei Krafla im Jahre 1977 stieg die Temperatur auf 60° C. Seitdem ist die Temperatur wieder unter 45° C gesunken.

Ein Hinweisschild im Eingangsbereich der Höhle deutet jedoch darauf hin, dass das Baden in der Spalte heute verboten ist!

Auch als Drehort hat sich die „Badespalte" etabliert – als Liebesgrotte von Jon Snow und Ygritte im Streifen „Game of Thrones".

Nach dem Abzweig folgt die kleine Siedlung Vogar.

Vogafjós, ☏ 464 3800, www.vogafjos.is. Gästehaus im Blockhausstil. Das Restaurant befindet sich in einem abgetrennten Teil des Kuhstalls. Beim Essen schauen Sie auf den See oder auf die Kühe, die vielleicht gerade gemolken werden.

Vogar Travel Service, ☎ 464 4399, www.vogahraun.is, Juni bis Aug.

✕ **Daddi's Pizza**, am Eingang des Campingplatzes, ☎ 773 6060, www.daddispizza.com, tägl. 17:00-21:00. ☺ Pizza mit Räucherforelle vom See

20 **Reykjahlíð**, ☞ S. 152
Einmündung der Str. 848 in die Ringstraße (☞ Ringstraße, km 462)

Fahren Sie nun von Reykjahlíð auf der Ringstraße nach Osten weiter.

464 Abzweigung der Str. 860 zur Lavaspalte **Grjótagjá** (2 km), P
500 m weiter erreichen Sie die Abzweigung der Stichstraße zu den **Mývatn Nature Baths** (1 km), O

Das Thermalbad der Mývatn Nature Baths (isl. Jarðböðin við Mývatn) ist eine Miniaturausgabe der ☞ Blauen Lagune. Die 5.000 m² große, türkisfarbene Lagune ist kleiner als das Pendant auf der Halbinsel ☞ Reykjanes, dafür aber wesentlich ruhiger. Das mineralhaltige Wasser kommt mit einer Temperatur von 130° C aus 2.500 m Tiefe, wird im Wärmetauscher des nahen Geothermalkraftwerks Bjarnarflag (3 MW) abgekühlt und schließlich mit einer Temperatur von 36-40° C in den Badesee geleitet. Aufgrund des hohen Mineraliengehalts werden dem Wasser heilsame Effekte bei Hautkrankheiten wie Psoriasis nachgesagt.

♦ **Mývatn Nature Baths**, ☎ 464 4411, myvatnnaturebaths.is, Mai bis Sep tägl. 9:00-24:00; Okt bis April tägl. 12:00-22:00, Eintritt Sommer: ISK 5.000, sonst: ISK 4.500,

466 Die Straße führt nun zum kleinen Pass **Námaskarð** hinauf. Auf halber Höhe ergibt sich von einem P Parkplatz (mit) ein schöner Ausblick über das gesamte Mývatn-Gebiet.

467 Zufahrt zum Solfatarenfeld ☞ **Hverarönd**, das sich am Fuß des Rückens **Námafjall** erstreckt und sich bereits von Weitem durch den penetranten Schwefelgestank ankündigt. P

Hveraröndr

Bis Mitte des 19. Jh. wurde am Námafjall (= Minenberg) Schwefel gewonnen, der über ☞ Húsavík exportiert und auf dem europäischen Kontinent zur Herstellung von Schießpulver verwendet wurde. Das Hochtemperaturgebiet mit seinen vielen

Kochende Schlammtümpel

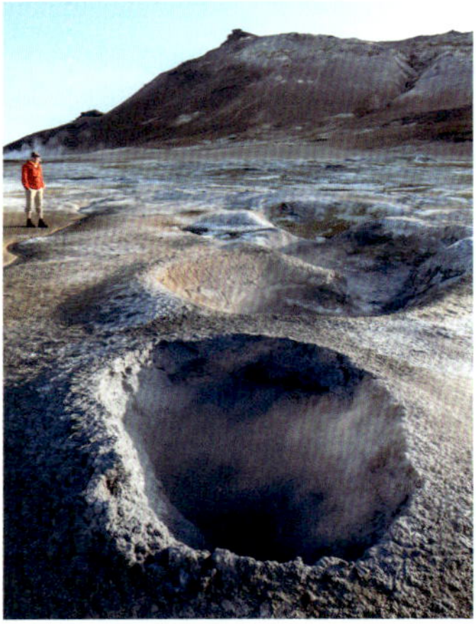

kochenden Schlammtöpfen (tiefen Löchern, in denen heißer Schlamm brodelt), Solfataren (schwefelhaltigen Dampfquellen) und Schwefelablagerungen gehört zu den schönsten im Land.

Mittlerweile sind die Schlammtöpfe und Dampfquellen eingezäunt worden. Holzstege und Plattformen ermöglichen aber recht nah heranzukommen. Gleich nebenan schießt Dampf laut zischend aus der Erde, oder genauer aus aufgegebenen alten Bohrlöchern, gebohrt in der Mitte des 20. Jh. ☞ Beachten Sie unbedingt Warnschilder und Absperrungen! Der Boden ist oft brüchig und unter der Erdoberfläche lauert kochend heißer Dampf! Bleiben Sie auf den dunkel – meist braun und rot – gefärbten Bodenpartien! Betreten Sie niemals gelblich gefärbte Flächen!

400 m weiter zweigt links die Str. 863 zum Krafla-Kraftwerk (7 km) ab.

Abstecher in die Krafla-Region

0 Abzweigung der Str. 863 Richtung Krafla
7 **Kröflustöð, P**

Im Geothermalkraftwerk **Kröflustöð** (60 MW) wird aus heißem Dampf aus der Erde Strom erzeugt. Das Werk liegt am Fuß des Vulkans Krafla (⇧ 827 m). Zweimal erwachte der Zentralvulkan in den letzten Jahrhunderten aus seinem Dämmerschlaf: Bei den „Mývatn-Feuern" (1724-1729) ergossen sich aus Spalten westlich des Vulkans mehrere Lavaströme, die sich nach Süden einen Weg bis zum Mývatn bahnten; bei den „Krafla-Feuern" (1975-1984) rann die Lava nach Norden.

⌘ Im Turbinengebäude des Kraftwerks ist ein **Besucherzentrum** eingerichtet, in dem Wissenswertes über Geothermalkraftwerke im Allgemeinen und das Krafla-Kraftwerk im Besonderen vermittelt wird. Darüber läuft auch ein interessanter Film.

♦ **Kröflustöð**, ☏ 464 8200,
www.landsvirkjun.com/media/enska/operations/Krafla_leaflet_german.pdf,
Juni bis Mitte Sep tägl. 10:00-17:00, Eintritt frei

Nach der Fahrt durch einen „Torbogen" aus dicken Rohren steigt die Straße steil an.

8 Zufahrt zum Hochtemperaturgebiet **Leirhnjúkur** (= Schlammgipfel). **P** mit WC

Ein Rundweg (⌛ 1 Std. 30 Min.) erschließt die Umgebung des **Leirhnjúkur**. Er führt vom **P** Parkplatz zunächst über eine Buckelwiese, später über ein Lavafeld der „Mývatn-Feuer" zu den Solfataren am Fuß des farbenfrohen Rückens. Das Solfatarenfeld ist kleiner als das von Hveraröndm, liegt aber schön in einer Senke. Holzstege und -treppen schützen auch hier die Umgebung. Die Gegend gehört zur aktiven Vulkanzone: Lang gezogene Dehnungsspalten, entstanden während der jüngsten Ausbruchsphase (1975-1984), erinnern daran, dass im Untergrund ungeheure Kräfte schlummern.

Blick vom Leirhnjúkur über die pechschwarze Lava der „Krafla-Feuer"

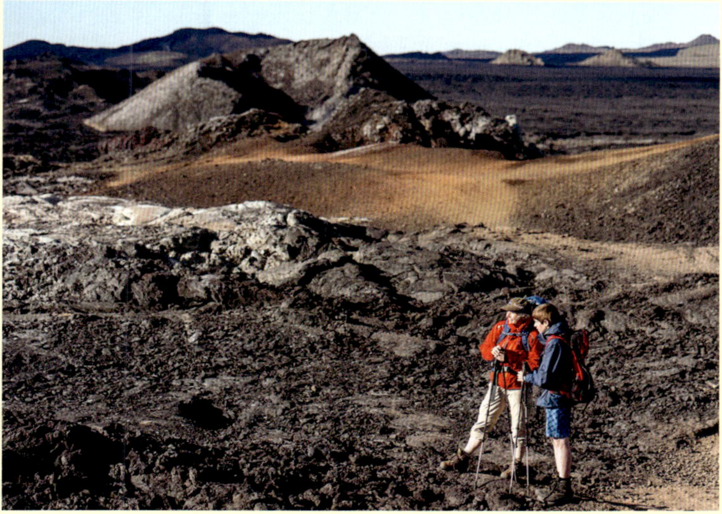

In den Senken am Fuß des Leirhnjúkur schillert es in allen möglichen Rot-, Gelb- und Brauntönen. Überall blubbert, zischt und faucht es – der Gedanke an eine Hexenküche drängt sich auf.

Die Markierungen (kurze Pflöcke) führen anschließend über einen jungen Lavastrom der „Krafla-Feuer", der vom Ausbruch im September 1984 herrührt. Aus den Kratern tritt noch Dampf aus, der das Lavagestein weiß und gelb gefärbt hat, ein Indiz für die langsam abklingende vulkanische Aktivität.

Der Pfad kommt direkt an einigen der dampfenden Krater vorbei und steigt dann zum Gipfel des **Leirhnjúkur** hoch. Die Aussicht ist überwältigend. Bis zum Horizont breiten sich die pechschwarzen Lavaströme aus, die sich bei den „Krafla-Feuern" aus Spalten an der Nordflanke des Leirhnjúkur ergossen. Gegen Ende der Ausbruchsserie bedeckte die Lava schließlich eine Fläche von 66 km².

An den Dampfaustrittstellen drohen Verbrühungen! Festes, hohes Schuhwerk ist Pflicht, da die Lava abseits der Wege sehr scharfkantig ist und böse Schnittwunden verursachen kann.

9 Die Straße endet bei einem weiteren Parkplatz am Fuß des Explosionskraters **Víti** (= Hölle). Der mit Wasser gefüllte Krater ist ein typisches Maar. Seine Entstehung im Jahr 1724 läutete den Beginn der „Mývatn-Feuer" ein.

Ein Fußweg führt auf den Kraterrand hinauf. Von oben ergibt sich ein prachtvoller Ausblick über die Lavafelder des Leirhnjúkur. Lohnend ist auch eine Umrundung des Kratersees (40-50 Min.). Vorsicht bei/nach Regen – der Weg kann rutschig sein!

Hinter Víti liegt noch ein weiteres (kleineres) Solfatarenfeld.

Anschließend fahren Sie die gleiche Strecke zurück bis zur Ringstraße.

467 Von der Zufahrt zur Krafla fahren Sie auf der Str. 1 nach links weiter durch das flache, unbesiedelte Hochland. Die Ringstraße führt nun am Rand des Lavafeldes Búrfellshraun entlang. Im Süden ragt der eiszeitliche Tafelvulkan **Búrfell** (⇧ 953 m) aus der Lava auf. Rechts in der Ferne erhebt sich die ☞ **Herðubreið** (⇧ 1.677 m), oft als „schönster Berg Islands" bezeichnet.

Herðubreið

An schönen Tagen geizt dieser Abschnitt nicht mit beeindruckenden Ausblicken auf den Tafelvulkan Herðubreið (= die Breitschultrige). Dieser liegt mitten in der Lavawildnis **Ódáðahraun** (= Missetäter-Wüste) im zentralen Hochland unweit der ☞ Askja. Herðubreið gilt als Paradebeispiel für einen subglazialen Tafelvulkan (☞ Land und Leute, Geologie). Wie ein mächtiger Klotz erhebt sich der Berg weithin sichtbar aus der Einöde. Abgeschlossen wird er scheinbar durch ein Plateau, tatsächlich befindet sich oben aber ein kleiner Schildvulkan, der fast immer mit Schnee bedeckt ist. Möglicherweise ist der Berg die Götterburg Asgard der germanischen Mythologie.

Herðubreið und der Gletscherfluss Jökulsá á Fjöllum

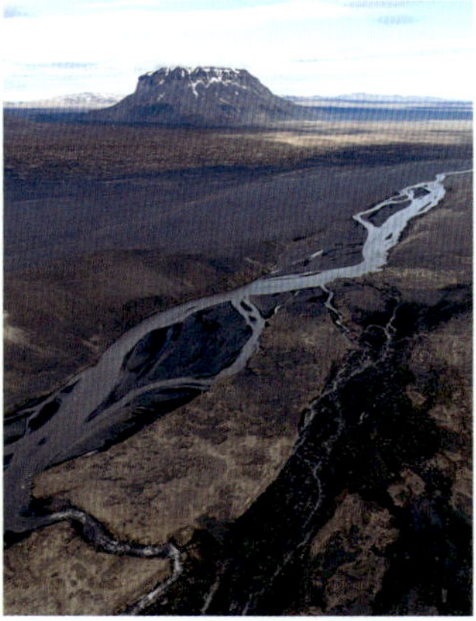

Zu sehen ist die Herðubreið (bei guter Sicht) von weiten Teilen der Ringstraße zwischen Mývatn und Möðrudalsfjallgarður. Der Zugang erfolgt über die Piste F88. Erstmals wurde der Berg 1908 durch den deutschen Geologen Hans Reck mit einem isländischen Begleiter bezwungen.

Die Besteigung ist anspruchsvoll (Steilhänge, Steinschlaggefahr, manchmal verharschte Schneefelder)!

487 Abzweigung der gut ausgebauten Str. 862, die auf der Westseite des Gletscherflusses **Jökulsá á Fjöllum** nach Norden zum ☞ Dettifoss führt.

494 Abzweigung der Hochlandpiste F88 zur ☞ **Askja,** P i
Sie befinden sich hier am Rande einer gewaltigen Lavawüste, die kaum Vegetationsspuren aufweist. Rechts zeichnet sich der Explosionskrater Hrossaborg (⇧ 369 m) ab. 2012 drehte Hollywoodstar Tom Cruise dort Teile des Sci-Fi-Thrillers „Oblivion“.

497 Hängebrücke über die **Jökulsá á Fjöllum**. Der mächtige Gletscherfluss bildet stromabwärts eine Reihe großer Wasserfälle, darunter ☞ Dettifoss.

498 P i Abzweigung der Schotterstraße 864 nach **Grímsstaðir**, (3 km)

🛏⛺ **Guesthouse Grímsstaðir**, ☎ 464 4292, 💻 www.grimsstadir.is, 🚿. Kleines Gästehaus mitten im Hochland. Einfache Zimmer und Schlafsackunterkunft im gemütlichen, alten Wohnhaus *Afahúsi* (= Großvaters Haus)

Die Str. 864 führt in nördliche Richtung weiter zum ☞ Dettifoss (31 km) und nach ☞ Ásbyrgi (59 km).

508 Von einem P Parkplatz mit i Infotafeln (links von der Straße) ergibt sich eine schöne Aussicht auf die Herðubreið und Askja.
Die Ringstraße führt nun durch eine karge Hochebene, geprägt von kahlen Bergen und Lavageröll, die ihren ganz eigenen Reiz hat und eine gute Kostprobe vom isländischen Hochland bietet.

523 Zu skurrilen Formen verwitterte Palagonitberge, wie Vegahnjúkur (rechts vom Weg), erinnern an den eiszeitlichen Vulkanismus.

525 Abzweigung der Str. 901 (*Möðrudalsleið*) Richtung ☞ Möðrudalur (8 km) und Askja

Variante auf der alten Ringstraße über Möðrudalur

Diese 40 km lange Schotterstraße war früher Teil der Ringstraße zwischen Mývatn und Egilsstaðir. Seit 2005 verläuft die asphaltierte Ringstraße weiter nördlich durchs Hochland.

Die alte Strecke (heute Str. 901) ist aber im Sommer bei vorsichtiger Fahrweise nach wie vor befahrbar.

0 Abzweigung der Str. 901 von der Ringstraße

8 **Möðrudalur**, 🛏 🚐 ⛺ ✕ ☕ ⛽ 🚲

🛏⛺ **Guesthouse Fjalladýrð**, ☎ 471 1858, 💻 www.fjalladyrd.is. Übernachtung wahlweise (auch mit Schlafsack) im EZ oder DZ, in einem urigen „Torfhaus“ oder auf dem liebevoll eingerichteten Zeltplatz (mit 💧 🚿)

✕ **Fjallakaffi**, 🚪 tägl. 7:00-22:00. Spezialitäten aus eigener Produktion wie *hangikjöt* (Räucherlamm) und *kjötsúpa* (Fleischsuppe)

🚲 Verleih von Fatbikes

🚁 **Volcano Heli**, ☎ 647 3300, 💻 www.volcanoheli.is, 🚪 Juni bis Sep. Seit 2014 fliegt der Liechtensteiner Matthias Vogt im Sommer von Möðrudalur mit dem Hubschrauber zu diversen Zielen im Hochland: Askja, Mývatn usw.

Wie ein Diamant funkelt **Möðrudalur** (⇧ 469 m) in der düsteren Wüste. Die kleine Ansammlung bunter Häuser, umgeben von grünen Wiesen, bildet ein seltener Farbtupfer in der unwirtlichen Mondlandschaft. Der Bauernhof ist nicht nur der entlegenste, sondern auch der höchstgelegene Bauernhof Islands, der noch ständig bewohnt und bewirtschaftet wird.

✞ Die schneeweiße Hofkirche wurde 1949 vom Bauern Jón Stefánsson (1880-1971) eigenhändig zur Erinnerung an seine verstorbene Frau errichtet. Auch das Bild über dem Altar, das die Bergpredigt darstellt, wurde von ihm selbst angefertigt.

☕ Gegenüber der Kirche liegt das „Fjallakaffi", einst als das „einsamste Café Islands" bezeichnet. Als Versorgungsort mit kleinem Lebensmittelgeschäft und Verkauf von Kunsthandwerk/Souvenirs sowie als Ausgangspunkt für diverse Wanderungen und sogar Hubschrauberrundflüge ist es inzwischen so beliebt geworden, dass davon (zumindest in der Saison) kaum noch die Rede sein kann. Die Panoramaterrasse bietet einen Wahnsinnsausblick bis zu den fernen Vulkanriesen Herðubreið und Askja.

11 Abzweigung der Hochlandpiste F905 nach Askja (87 km)

Der höchstgelegene Bauernhof Islands: Möðrudalur

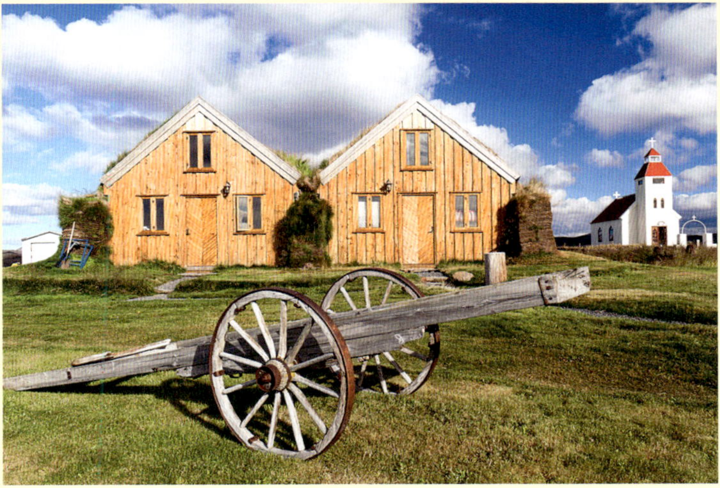

32 Abzweigung der Str. 907 zum traditionellen Torfhof **Sænautasel** (4 km, ohne Allrad befahrbar), ⌘ ☕

⌘ Der Torfhof am Ufer des Sænautavatn war von 1843 bis 1943 bewohnt. Beim Ausbruch des Vulkans ☞ Askja im Jahr 1875 wurde der Hof von schwerem Ascheregen verwüstet. Sænautasel wurde danach verlassen. Erst fünf Jahre später kamen neue Bewohner, die den Hof wieder herrichteten. Der Torfhof wurde seitdem mehrmals neu aufgebaut und ist heute als Museum eingerichtet. Sænautasel inspirierte auch den Literaturnobelpreisträger Halldór Laxness beim Schreiben seines populären Romans „Sein eigener Herr". Im alten Schafstall betreibt Lilja heute ein gemütliches Café.

♦ **Sænautasel**, ☏ 892 8956, ✉ jokulsa@centrum.is, Mitte Juni bis Aug tägl., Eintritt ISK 600

☺ Im Torfhaus übernachten geht auch! Buchung über 💻 www.airbnb.de

40 Einmündung der Str. 901 in die Ringstraße (☞ Ringstraße, km 622)

Askja

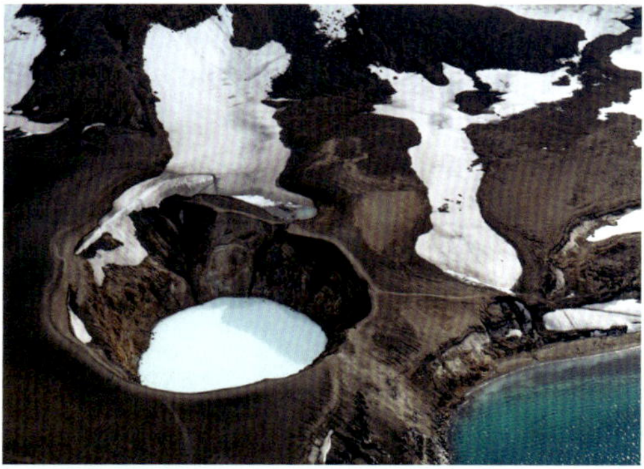

Der Explosionskrater Víti entstand 1875

Die Askja ist eine eindrucksvolle Caldera, die am Rande einer Sandwüste südlich der Herðubreið liegt. Auf dem Boden der Caldera liegt der eiskalte See Öskjuvatn. Er ist mit 220 m der tiefste See Islands und wird von überwiegend schneebedeckten, bis zu 1.500 m hohen Bergen umgeben, die sich bei Windstille im See spiegeln – eine grandiose landschaftliche Kulisse. Neben dem Öskjuvatn liegt das Maar Víti, das 1875 entstand, als der Vulkan Askja mit einem Knall wieder erwachte. Bei diesem besonders heftigen Ausbruch wurden ca. 2,5 Mrd. m³ (!) Bimsstein ausgespuckt, die große Teile Nord- und Ostislands bedeckten. Nach zwei Tagen erreichte die Aschewolke Skandinavien. In Island waren Hungersnöte und Verarmung die Folge. Viele Bauernhöfe mussten aufgegeben werden und es setzte eine beispiellose Auswanderungswelle ein. Viele Isländer zogen damals nach Nordamerika.

Nach dem Zusammenbruch der entleerten Magmakammer bildete sich an der Einbruchstelle der Calderasee Öskjuvatn. Wissenschaftliche Untersuchungen in den Jahren 1875, 1876 und 1907 ergaben, dass der See ständig wuchs, bis er schließlich eine Fläche von 11 km² bedeckte. Fatal wurden ihre Forschungen den beiden Deutschen von Knebel und Rudloff. Sie verschwanden 1907 spurlos auf dem See. Ihr Faltboot kenterte vermutlich aus bis heute unbekannten Gründen – Leichen und Boot wurden nie gefunden. Ihnen zu Ehren wird die Caldera auch „Knebel-Caldera" und der Krater Víti auch „Rudloff-Krater" genannt. Lange wurde Víti für das Zentrum der Eruption von 1875 gehalten. Neuere Untersuchungen ergaben jedoch, dass die Hauptkrater des Ausbruchs vermutlich bei der Entstehung des Calderasees verschwunden sind.

In den 60er-Jahren führte die NASA in der Region Astronautenschulungen durch, da eine große Ähnlichkeit mit der Landschaft auf dem Mond vermutet wurde. Unter der Leitung einheimischer Vulkanologen absolvierten zwei Gruppen Apollo-Astronauten, darunter Neil Armstrong, ein ausführliches geologisches Feldtraining.

Das Askja-Gebiet bietet auch gute Wandermöglichkeiten. Auskünfte erteilen die Ranger in Dreki.

530 P

545 P Abzweigung der Str. 85 nach Vopnafjörður (50 km)

⌘ Auf dem Weg nach Vopnafjörður lohnt sich ein Abstecher zum Museumshof Bustarfell (20 km südlich von Vopnafjörður). Bustarfell ist ein weiteres sehr gut erhaltenes Grassoden-Torfhaus-Ensemble in der Art von ☞ Glaumbær und ☞ Laufás.

Das Gehöft, das von 1770 bis 1966 bewohnt war, wurde dem Staat vom letzten Bewohner mit der Bedingung vermacht, es als Museum zu erhalten. Die Vorderfronten der sechs Häuser sind mit rotbraun angestrichenem Holz verkleidet, die Fensterrahmen sind in Weiß gehalten.

♦ **Bustarfell Museum**, ☏ 844 1153 + 855 4511, www.visitvopnafjordur.com, Juni bis Mitte Sep tägl. 10:00-17:00, Eintritt ISK 1.100

564 Abzweigung der Str. 901 nach ☞ **Möðrudalur**
Die Ringstraße führt jetzt mit schönem Ausblick hinab ins Tal der **Jökulsá á Brú** (auch **Jökulsá á Dal** genannt). Der 150 km lange Gletscherfluss ist der längste Fluss Ostislands, 25 km sind heute aufgestaut. Vor dem Bau des Stausees Hálslón (57 km²) beförderte er täglich ca. 3.000 t Sedimente ins Meer. Seit dem Bau ging die Wassermenge von 205 m³/s auf 95 m³/s zurück.

566 Abzweigung der Str. 923 nach Brú (35 km)

575 Skjöldólfsstaðir,

Skjöldólfsstaðir, ☏ 471 2006 + 895 1085, www.heyiceland.is, O. Gästehaus mit einfachen Zimmern und Schlafsackunterkunft in der ehemaligen Schule im Jökuldalur, Zeltplatz

Bei der Weiterfahrt springen die vielen hohen Wasserfälle ins Auge, die sich von den Steilhängen hinunterstürzen.

603 Abzweigung der Str. 917 nach Vopnafjörður
Anschließend überquert die Ringstraße die **Jökulsá á Brú**, die sich durch einen engen Canyon zwängt.
Gleich hinter der Brücke befindet sich rechts ein **P** Parkplatz mit Picknicktisch.

603 Abzweigung der Str. 925 nach **Bakkagerði** am Borgarfjörður (☞ Rundfahrt zum Borgarfjörður)

☺ Die im Folgenden beschriebene ☞ **Rundfahrt zum Borgarfjörður** und die weiter unten beschriebene ☞ **Lögurinn-Rundfahrt** bieten sich auch für Fährbenutzer an, die etwas zu schnell um Island herumgefahren sind und die Zeit bis zur Abfahrt sinnvoll gestalten möchten.

Rundfahrt zum Borgarfjörður

0 Abzweigung der Str. 925 von der Ringstraße, Schotterstraße im Wechsel mit Asphalt. Die Straße führt am Ostufer der in ihrem Unterlauf stark verflochtenen **Jökulsá a Brú** entlang.

9 An der Gabelung der Str. 925/926 biegen Sie rechts ab und folgen weiter der Str. 925 durch eine Wiesenlandschaft.

11 Denkmal des Poeten Páll Ólafsson (1827-1905)

13 An der Gabelung der Str. 925/927 geht es geradeaus weiter auf der Str. 925.

16 Schöner Blick auf die schwarze Kirche von **Kirkjubær**

18 An der Gabelung der Str. 925/944 biegen Sie links ab und folgen nun der Str. 944.

19 Die Straße überquert das Stauwehr Lagarfoss, gleich dahinter liegt das Kraftwerk **Lagarfossvirkjun** (27 MW).

27 An der Gabelung der Str. 944/94 biegen Sie links in die Str 94 ein.

41 Brücke über den kleinen Fluss Selfljót
Die Straße steigt anschließend steil in Serpentinen bergan.

44 Es eröffnet sich ein schöner Blick zurück auf den Héraðssandur und das Meer.

45 P

47 P WC
Sie fahren nun rechts am Vatnsskarðsvatn vorbei. Der See liegt auf dem Boden eines kleinen Kartals

48 Passhöhe des **Vatnsskarð** (⇧ 431 m), P

Vom P Parkplatz führt ein markierter Wanderweg zum imposanten Geröllfeld **Stórurð**, entstanden bei einem gewaltigen Bergsturz nach dem Ende der letzten Eiszeit. ⇔ 15 km, ⌛ h/z 5 Std.

52 P

Vom P Wanderparkplatz lohnt eine kurze Wanderung in die Schlucht **Innra-Hvannagil** mit ihren malerischen Gesteinsformationen. Achten Sie auf den Kontrast zwischen dem bunten Rhyolithgestein und den dunklen Dykes (Gesteinsgängen) aus Basalt, die die Rhyolithe durchschneiden. ⌛ 30 Min.

53 Schöner Ausblick hinunter auf den Weiler Borg

54 Abzweigung nach Borg (500 m),

Guesthouse Borg, Njarðvík, ☏ 472 9805, www.heyiceland.is, ✕. Schaffarm mit einfachen Zimmern und Apartment in ruhiger Lage an einer kleinen Bucht

62 Am Ende des **Borgarfjörður Eystri**, eines kurzen, breiten Fjords, erstreckt sich das kleine Fischerdorf **Bakkagerði**, 75 Ew. ✕ BANK ⌘.

www.borgarfjordureystri.is

Guesthouse Álfheimar, ☏ 861 3677, www.alfheimar.com, ✕. Öko-Hotel und Restaurant mit Delikatessen von lokalen Produzenten

Blábjörg Guesthouse, Gamla Frystihúsið, ☏ 861 1792, 💻 www.blabjorg.com, O. Gästehaus mit schlichten Zimmern und Studio-Apartment in einer ehemaligen Fischfabrik am Hafen, schöner Fjordblick

Borgarfjörður Eystri Campsite, bei Álfaborg, ☏ 857 2005, 15. Mai bis 15. Okt,

Bakkagerði oder **Borgarfjörður eystri** wird oft als „Hauptstadt der Elfen" Ostislands bezeichnet. Diese unsichtbaren Lebewesen sollen angeblich nicht nur Berge und Geröllfelder in der Umgebung des kleinen Fischerdorfs bewohnen, sondern sogar mitten im Ort leben. In einem Hügel mit dem vielsagenden Namen **Álfaborg** (= Elfenstadt) soll der König der Elfen Hof halten. An gleicher Stelle sollte einst eine Kirche errichtet werden, doch diese bekam einen anderen Standort in der Nähe des Hügels – aus Rücksicht auf die Elfengemeinde …

Die Dyrfjöll erhielten ihre heutige Form nach einem Bergsturz

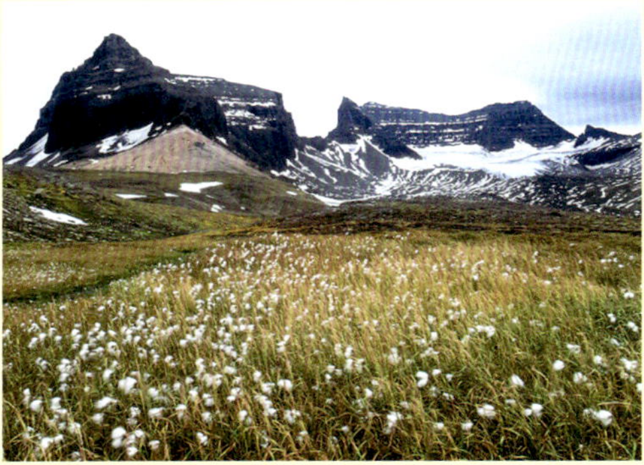

Beim Besuch der Kirche (1901) springt vor allem das Altarbild ins Auge. Es zeigt „Jesus bei der Bergpredigt", abgebildet vor der Kulisse der Bergkette Dyrfjöll, und wurde 1914 von dem berühmten isländischen Maler Kjarval (1885-1972) geschaffen, dessen Konterfei auch den 2.000-Kronen-Schein schmückt.

Nahebei befindet sich das hübsche kleine Grassodenhaus Lindarbakki (1899), das nur im Sommer bewohnt ist. Das schnuckelige „Elfenhaus" ist in Privatbesitz und kann deshalb nicht von innen besichtigt werden.

Die Hauptstraße verläuft an der Bucht entlang weiter zum 6 km entfernten Kleinboothafen, angelegt im Schatten des Vogelfelsens Hafnarhólmi. Dort nisten nicht nur 8.000 bis 10.000 Papageitaucher, sondern auch viele Eissturmvögel und Dreizehenmöwen. Eine Holztreppe führt auf eine Plattform des Felsens, der auf dieser Seite vornehmlich von den putzigen Papageitauchern bewohnt wird. Gegenüber ist die Felswand mit Vogelnestern übersät und auch von der kleinen, links gelegenen Plattform sind Möwennester aus der Nähe zu sehen. Die Brutzeit dieser Vogelarten ist von Anfang Mai bis Mitte August.

Am Vogelfelsen Hafnarhólmi nisten zahlreiche Papageitaucher

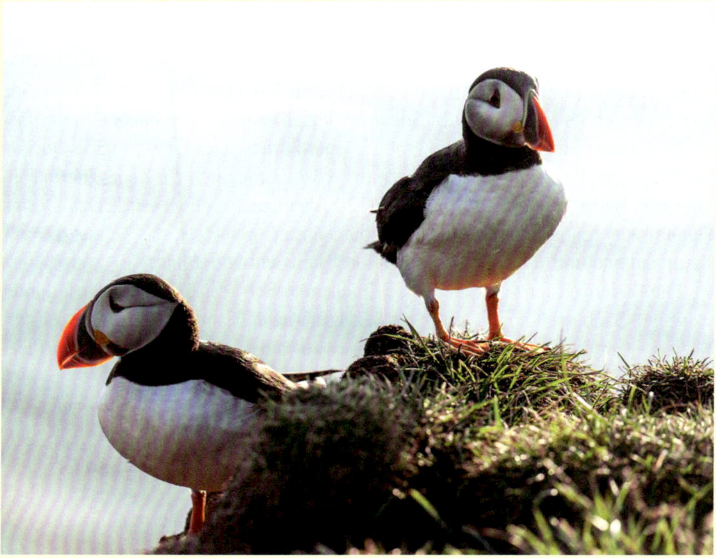

62 Von **Bakkagerði** geht es für die Weiterfahrt Richtung Egilsstaðir zunächst auf der Str. 94 den gleichen Weg zurück bis zur Gabelung der Str. 944/94.

97 An dieser Gabelung fahren Sie nun geradeaus weiter auf der Str. 94.

100 **P** mit ⊼ und Windrose. Ein Automat in einem winzigen grünen Selbstbedienungskiosk (Aufschrift: „Coke Sjálfsali“) versucht Cola und Knabberkram zu verkaufen. Der Strom für die Kühlung etc. wird aus einem Windrad und einem Solarpanel erzeugt.

119 Zu Ihrer Rechten liegt die kleine Siedlung **Eiðar**, einst ein bedeutender Schulstandort.

🛏 **Eiðar Guesthouse**, ☏ 471 3884, 💻 www.eidar.is, . Schlichte, saubere Zimmer mit Etagenbad im früheren Internat. Gutes Preis-Leistungs-Verhältnis.

130 Einmündung der Str. 94 in die Str. 93. Auf Letzterer geht es geradeaus weiter nach ☞ **Egilsstaðir**. (Links führt die Str. 93 zum Fährhafen ☞ **Seyðisfjörður** weiter.)

132 Ende der Str. 93 in der Ringstraße (☞ Ringstraße, km 626)

621 Abzweigung der Str. 925 zu den **Vök Baths**, O

Bereits in den 60er-Jahren beobachteten Einheimische im Winter am See Urriðavatn etwas Merkwürdiges: Sogar an den kältesten Tagen blieben in der Eisdecke auf dem See immer einige große Löcher zurück. Der Grund: heiße Quellen am Seegrund. Nach diesen Eislöchern (isl. vök) wurde auch die neue Thermalanlage Vök Baths benannt, die am 1. Juli 2019 offiziell eröffnet wird. Das Design stammt vom renommierten Architektenbüro Basalt Architects, das bereits die ☞ Blaue Lagune und die ☞ Mývatn Nature Baths entworfen hat.

Die Bäder werden von den heißen Quellen im See gespeist, die aufgrund ihrer extremen Sauberkeit sogar – als einzige dieser Art in Island – als Trinkwasser zertifiziert wurden. Mit dem Quellwasser wird auch ein „Heiße-Quellen-Bier" gebraut.

♦ **Vök Baths**, 💻 vok-baths.is, Mai bis Sep tägl. 11:00-23:00; Okt bis April tägl.12:00-22:00, Eintritt ISK 4.700 inkl. 1 Getränk, ✕

623 **Fellabær**, 400 Ew., 🛏 ⛺ ☕
Abzweigung der Str. 931, die um den See Lögurinn herumführt (☞ **Lögurinn-Rundfahrt**).

🛏⛺ **Skipalækur**, ☏ 471 1324 + 895 1324, 💻 www.skipalaekur.is, 🛏 ganzjährig, ⛺ Mai bis Sep. . Schlicht ausgestattete Zimmer und gemütliche Hütten. Herrliche Lage am See. Kleiner Zeltplatz mit WC

☕ **Bókakaffi Hlöðum**, Helgafell 2 (an der Brücke über Lagarfljót), ☏ 471 2255 + 864 6055, 💻 bokakaffi.is, Mo-Fr 9:00-18:00, Sa 14:00-18:00. Das „Büchercafé" ist Café, Buchladen und Bibliothek in einem. Gemütliche Atmosphäre, erstklassiger Kaffee und tolles Kuchenbuffet!

Anschließend wird der Seeabfluss auf einer 301 m langen Brücke überquert.

625 Am Ostufer des Lögurinn erstreckt sich das Zentrum Ostislands:

Egilsstaðir

2.500 Ew.

- **East Iceland Regional Information Centre**, Miðvangur 1-3, ☏ 471 2320, info@east.is, www.east.is, Juni bis Aug Mo-Fr 8:30-18:00 (Mi 20:00), Sa 10:00-16:00, So 13:00-18:00; Mai Mo, Do und Fr 10:00-18:00, Di-Mi 8:30-18:00, Sa 12:00-15:00; Sep bis Mitte Okt Mo, Do und Fr 10:00-18:00, Di-Mi 8:30-18:00, Sa 11:00-15:00; April Mo, Do und Fr 12:00-18:00, Di-Mi 10:00-18:00, Sa 12:00-15:00; Mitte Okt bis März Mo-Fr 12:00-18:00, Sa 12:00-14:00. Infos über ganz Ostisland
- ♦ **Visit Egilsstaðir**, Kaupvangur 17 (auf dem Campingplatz), ☏ 470 0750, info@visitegilsstadir.is, www.visitegilsstadir.is, Juni bis Aug tägl. 7:00-23:00; Mai und Sep Mo-Fr 8:00-15:00; Okt bis April Mo-Fr 8:00-12:00. Infos über Egilsstaðir und Umgebung
- **Lake Hotel Egilsstaðir**, Egilsstaðir 1-2, ☏ 471 1114, www.lakehotel.is, O. Historisches Gästehaus mit toller Lage am See und individuell eingerichteten Zimmern
- ♦ **Birta Guesthouse**, Tjarnarbraut 7, ☏ 860 2999, www.gistihusbirtu.com. Kleine, familiengeführte Pension mit einem ruhigen Garten im Zentrum. Gutes Preis-Leistungs-Verhältnis
- ♦ **Lyngas Guesthouse**, Lyngás 5-7, ☏ 471 1310, lyngas@lyngas.is. Hinter der unscheinbaren Fassade verbergen sich moderne, saubere Zimmer mit geteilten Bädern.
- ♦ **Hótel Edda Egilsstaðir**, Tjarnarbraut 25, ☏ 444 4880, www.hoteledda.is, Juni bis Mitte Aug. Sommerhotel, auch Übernachtung im Schlafsack
- **Egilsstaðir Camping**, Kaupvangur 17, ☏ 470 0750, campegilsstadir.is, ganzjährig
- **Bónus** (Miðvangur), **Nettó** (Kaupvangur)

Das junge Städtchen ist Verwaltungszentrum für den gesamten Nordosten Islands und ein wichtiger Handels- und Verkehrsknotenpunkt. Ein Blickfang ist die moderne Kirche, weithin sichtbar oben auf einem Hügel. Der Ort eignet sich auch sehr gut als Ausgangspunkt für einen Ausflug um den See (☞ **Lögurinn-Rundfahrt**).

⌘ Das schön gestaltete **Regionalmuseum** erlaubt Einblicke in das ländliche Leben Ostislands. Neben bäuerlichen Gerätschaften sind rekonstruierte Wohnräume zu sehen. Eine weitere Besonderheit ist das Grab eines Mannes mit seinem Pferd und Beigaben aus der Zeit um 980.

♦ **Minjasafn Austurlands**, Laufskógar 1, ☏ 471 1412, 💻 www.minjasafn.is, Juni bis Aug tägl. 10:00-18:00; Sep bis Mai Di-Fr 11:00-16:00, Eintritt ISK 1.200

☺ Für Reisende, die gerade mit der Fähre in ☞ Seyðisfjörður angekommen sind, bietet Egilsstaðir für längere Zeit die letzte Möglichkeit, umfassend Proviant usw. einzukaufen.

Lögurinn-Rundfahrt

Lögurinn oder **Lagarfljót** (53 km²) ist der fünftgrößte See des Landes. Der See ist 35 km lang, bis zu 2,5 km breit und bis zu 112 m tief. Eigentlich ist der Lögurinn eher eine Verbreiterung des Flusses Lagarfljót, der seinerseits aus dem Zusammenfluss der Kelduá und der Jökulsá í Fljótsdal gebildet wird, die an der Ostseite des Vatnajökull entspringen. Da es sich bei beiden um Gletscherflüsse handelt, ist das Wasser des Sees durch Schwebstoffe milchig grün gefärbt.

Um den See ranken sich viele Sagen und Legenden. So soll dort angeblich ein Seeungeheuer namens Lagarfljótsormurinn (= Lagarfljót-Wurm), ein Vetter von Nessie, sein Unwesen treiben und den im See versteckten Goldschatz bewachen. Es existiert sogar eine Karte mit Sichtungsorten des „Wurms"!

0 **Egilsstaðir**, East Iceland Regional Information Centre
Fahren Sie zunächst auf der Ringstraße nach Norden zurück und überqueren Sie den Abfluss des Lögurinn.

3 In ☞ **Fellabær** biegen Sie nach Südwesten auf die Str. 931 ab, die am Ufer des lang gestreckten Lögurinn entlangführt, vorbei an großen Aufforstungsgebieten.

11 **P** Ein Denkmal aus Basaltsäulen ist dem Schriftsteller Jóhann Magnús Bjarnason (1866-1945) gewidmet, der als Neunjähriger mit seiner Familie nach Kanada auswanderte. Dort schrieb er später mehrere Romane, Kurzgeschichten und Dramen, die sich im Wesentlichen mit dem Thema Auswanderung beschäftigen.

34 An der Gabelung der Str. 931/933 fahren Sie geradeaus weiter auf der Str. 933.

35 **P** Parkplatz mit ⊼ und WC, gleich nach der Brücke über die Hengifossá

Am **P** Parkplatz markiert eine Treppe den Beginn des Wanderweges zum Hengifoss. Der steile Aufstieg zum Fuß des 118 m hohen Wasserfalls ist nur bei trockenem Wetter zu empfehlen, da der Trampelpfad sonst rutschig wird. Nach

1 km passieren Sie einen ersten sehenswerten Wasserfall: Der von Basaltsäulen gesäumte Litlanesfoss wird auch als „kleiner" Hengifoss bezeichnet. 1 km weiter folgt ein Aussichtspunkt, der einen ersten Blick auf den Hengifoss ermöglicht, der in einen Talkessel stürzt. Achten Sie auf das Farbenspiel der Gesteinsschichten, drapiert um den vierthöchsten Wasserfall des Landes: Dicke, schwarze Basaltschichten wechseln sich mit dünnen, roten Lehmbändern, entstanden durch die Verwitterung der Vulkanasche im warmen Tertiärklima. ⌛ h/z 1 Std. 30 Min. bis 2 Std., ↑ 250 m.

Folgen Sie anschließend der Str. 933 weiter nach Süden.

38 Abzweigung der gut ausgebauten Str. 910, die sich kehrenreich auf das Hochlandplateau hochschraubt und zum 56 km entfernten Stausee **Hálslón** (57 km²) führt. Der 2006 fertiggestellte Staudamm bei Kárahnjúkar ist mit einer Höhe von 198 m und einer Länge von 700 m das größte Bauwerk, das im Land je realisiert wurde. In der Bevölkerung löste das **Kárahnjúkar-Kraftwerksprojekt** heftige Kontroversen aus.

♦ **Kárahnjúkar**, ☏ 515 9000, www.landsvirkjun.com, visit.us@landsvirkjun.is, Führungen: Juni bis Aug Do und Sa 14:00-17:00

Der Hengifoss gehört zu den höchsten Wasserfällen des Landes

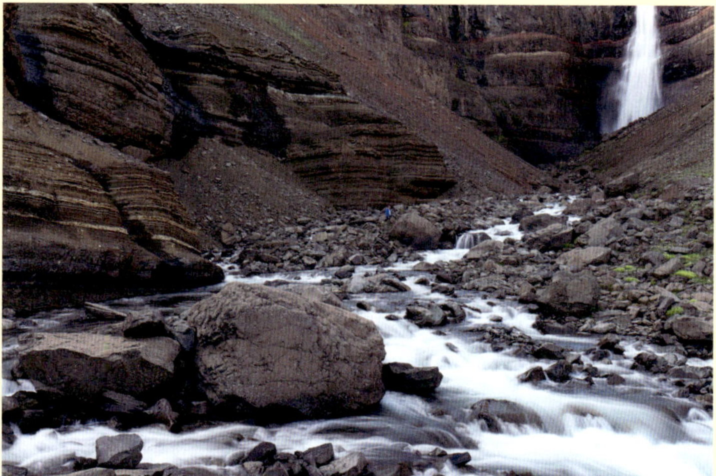

40 Nach weiteren 2 km erreichen Sie Skriðuklaustur.

⌘ Das Gebäude des Kulturzentrums **Skriðuklaustur** wurde vom deutschen Architekten Fritz Höger für den Schriftsteller Gunnar Gunnarsson (1889-1975) entworfen. Dem Autor, der mehrfach für den Literatur-Nobelpreis nominiert wurde, ist eine Ausstellung gewidmet.

♦ **Skriðuklaustur**, ☏ 471 2990, 💻 www.skriduklaustur.is, 🚪 Juni bis Aug tägl. 10:00-18:00; Mai und Sep tägl. 11:00-17:00; April und 1. bis 15. Okt tägl. 12:00-16:00, Eintritt ISK 1.100, ☕

⌘ Das angrenzende Besucherzentrum Snæfellsstofa vermittelt Wissenswertes über den östlichen Teil des Nationalparks Vatnajökull.

♦ **Snæfellsstofa Visitor Centre**, ☏ 470 0840, 💻 www.vatnajokulsthjodgardur.is, ✉ snaefellsstofa@vjp.is, 🚪 Juni bis Aug tägl. 9:00-17:00; Mai und Sep tägl. 9:00-16:00, Eintritt frei

42 An der Gabelung der Str. 933/9340 fahren Sie geradeaus (Str. 9340) weiter und erreichen gleich darauf **Végarður**.

⌘ Das Végarður Visitor Centre, ein Informationszentrum eingerichtet vom staatlichen Energiekonzern Landsvirkjun, wirft ein Licht auf das umstrittene ☞ Kárahnjúkar-Kraftwerksprojekt.

♦ **Végarður Visitor Center**, ☏ 470 2570, ✉ landsvirkjun@lvs.is, 🚪 Juni bis Aug tägl. 10:00-17:00, Eintritt frei

Nebenan gibt es eine Übernachtungsmöglichkeit:

🛏 **Fljótsdalsgrund Guesthouse**, Végarður, ☏ 865 1683, 💻 www.fljotsdalsgrund.is, ✕ (vorab reservieren). Das Gästehaus, Teil einer Schaffarm, bietet einfache, saubere Zimmer und heimische Atmosphäre. Auch Schlafsackunterkunft und 🚐 ⛺

43 Valþjófsstaður

✝ Die heutige Valþjófsstaðarkirkja (1966) ist eine schlichte Betonkirche. Von ihren Vorgängern sind nur einzelne Teile erhalten geblieben, etwa der Dachstuhl (1890) sowie Messbecher und Oblatenkelch (18. Jh.). Berühmt ist das Gotteshaus wegen der Tür (ca. 1200), die heute im ☞ Nationalmuseum (Reykjavík) ausgestellt ist. Die kunstvoll geschnitzte Tür ist mit Szenen eines Ritterepos geschmückt. Eine Szene zeigt einen Ritter, der einen Löwen aus den Krallen eines Drachens befreit, eine weitere vier ineinander verbissene Drachen, deren Krallen in der Mitte eine Blume bilden. Die heutige Kirchentür ist eine exakte Kopie der Originaltür.

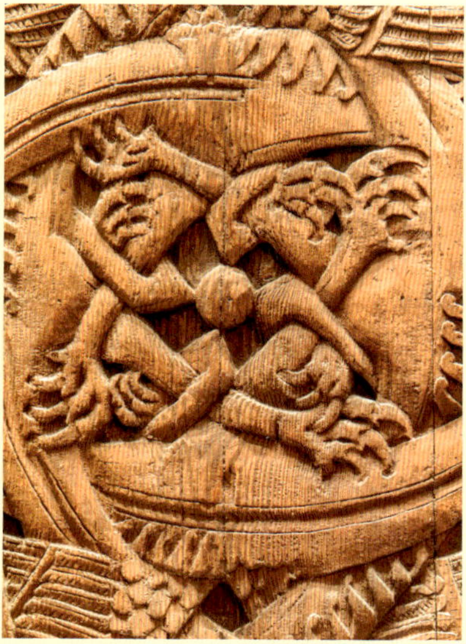

Die Kirchentür der Valþjófsstaðarkirkja

45 Das tief im Berg angelegte Kraftwerk **Fljótsdalsstöð** (690 MW) ist das größte Kraftwerk Islands und eines der größten Wasserkraftwerke Europas. Das Wasser des Stausees Hálslón wird über einen 53 km langen Tunnel in das Kraftwerk geleitet, das 600 m tiefer liegt. Mit dem erzeugten Strom wird die Aluminiumfabrik Fjarðaál in ☞ Reyðarfjörður versorgt. Besichtigung nach Absprache.

♦ **Landsvirkjun**, ☎ 515 9000, 💻 www.landsvirkjun.com, ✉ visit.us@landsvirkjun.is

Fahren Sie anschließend denselben Weg zurück bis zur Gabelung der Str. 9340/933.

49 An der Gabelung biegen Sie nun rechts ab in die Str. 933.

50 Abzweigung der Str. 934 zum **Wilderness Center** (13 km) ⌘ 🛏 ✕

⌘ Das Wildnis-Zentrum ist schon wegen der Lage in einem einsamen Tal, am Rande des Hochlands, einen Umweg Wert. Die Anlage selbst versetzt den Besucher in eine weit zurückliegende Vergangenheit. Die Ausstellungen des Museums, die den früheren Überlebenskampf der Hochlandbauern illustrieren, sind echt gut gemacht. Aber die Gastgeber wissen natürlich auch, wie es geht: Arna ist Historikerin, Denni Filmmacher.

⌘ **Wilderness Center**, Norðurdalur in Fljótsdalur, 440 8822 + 896 2339, www.wilderness.is, Mitte Mai bis Mitte Sep tägl. 11:00-18:00, Eintritt ISK 2.500

ganzjährig. Hier können Sie „schlafen wie die Hochlandbauern einst", wahlweise im authentischen Alkoven oder im liebevoll renovierten Bauernhof aus dem Jahr 1940.

Mitte Mai bis Mitte Sep tägl. 8:00-21:00. Authentische isländische Gerichte zubereitet mit lokalen Zutaten, wie Lamm, Forelle, Rhabarber aus dem Garten und Blaubeeren aus den Bergen

Saftige Blaubeeren aus den Bergen

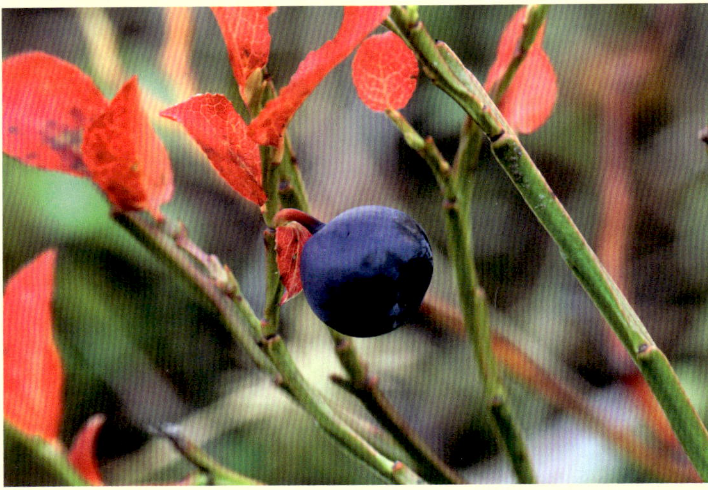

Folgen Sie anschließend weiter der Str. 933.

58 An der Gabelung der Str. 931/933 biegen Sie rechts ab in die Str. 931.

60

62 Campingplatz Atlavík, (Hallormsstaður, Hallormsstaðaskógur Camping)

63 **Hallormsstaður**,

Hótel Hallormsstaður, 471 2400, www.hotel701.is, Mai bis Sep. Moderne Zimmer im Haupthaus und einfachere im angegliederten Gästehaus **Grái Hundurinn**, dazu einige Hütten. Am Waldrand

Hallormsstaðaskógur Camping, ☏ 470 2070, hallormsstadur@skogur.is, Mitte Mai bis Sep. Zwei Standorte, Atlavík und Höfðavík, beide am Seeufer

Kurz darauf erreichen Sie den Hallormsstaðaskógur, den größten Wald Islands. Genießen Sie die Fahrt, die Ihnen das seltene Vergnügen beschert, in Island durch einen Wald, der diesen Namen auch verdient, zu fahren.

Der 740 ha große Wald liegt in einem Schutzgebiet von 20 km² und erstreckt sich auf 18 km Länge am Lögurinn entlang. Das sonst baumlose Island zeigt sich hier von einer lieblichen Seite mit Bäumen, vornehmlich Birken und Lärchen, die bis zu 10 m hoch aufragen. Insgesamt gedeihen hier über 80 verschiedene Baumsorten. Die Baumschule von Hallormsstaður zieht jährlich über 200.000 Jungpflanzen groß und lässt den Wald stetig wachsen. Es gibt zahlreiche markierte Wanderwege (⇔1 bis 7 km).

64 **Campingplatz Höfðavik**, (☞ Hallormsstaður, Hallormsstaðaskógur Camping)

68 P, schön zwischen Birken am See gelegen; versteckter Stellplatz

79 An der Gabelung der Str. 931/95 halten Sie sich links und folgen der Str. 95 Richtung Egilsstaðir.

90 In **Egilsstaðir** treffen Sie wieder auf die Ringstraße.

625 Abzweigung der Str. 95 über Breiðdalsheiði (☞ **Variante über Breiðdalsheiði**). Die Str. 1 führt von hier in südöstlicher Richtung weiter.

Zwischen Egilsstaðir und Breiðdalsvík kennt die Ringstraße seit November 2017 einen neuen Streckenverlauf! Auf älteren Karten ist die Strecke von Egilsstaðir nach Breiðdalsvík über die Breiðdalsheiði (heute Str. 95) noch als Str. 1 ausgewiesen, während der Abschnitt der heutigen Ringstraße zwischen Egilsstaðir und Reyðarfjörður noch als Str. 92 bzw. zwischen Reyðarfjörður und Breiðdalsvík als Str. 96 gekennzeichnet ist. Die alte Strecke der Str. 1 über Breiðdalsheiði ist aber im Sommer nach wie vor befahrbar (☞ **Variante über Breiðdalsheiði**).

Variante über Breiðdalsheiði

0 Abzweigung der Str. 95 in **Egilsstaðir**

Die Str. 95 führt vom East Iceland Regional Information Centre, zunächst mit Blick auf den See Lögurinn, später parallel zur Grímsá, nach Süden.

11 Abzweigung der Str. 931 nach ☞ Hallormsstaður
Die Straße steigt nun durch das Tal der Grímsá leicht an.

16 **Grímsárvirkjun**. Eine 400 m lange und bis zu 12 m hohe Staumauer hat hier die Grímsá aufgestaut. Das dazugehörende Wasserkraftwerk hat eine Leistung von 2,8 MW.

17 Stóra-Sandfell, 🛏 ⛺

🛏⛺ **Stóra-Sandfell Travel Service**, Stóra-Sandfell 3, Skriðdalur, ☎ 471 2420 + 661 3552, 💻 www.sites.google.com/site/storasandfell, 🚪 🛏 Mitte Mai bis Sep, ⛺ Juni bis Mitte Sep, 🏠 🐎. 7 Zimmer, 4 schlicht ausgestattete, urige Selbstversorgerhütten und ⛺ Campingplatz am Waldrand. Die tolle Lage ist ein zusätzlicher Trumpf.

37 Asphaltende (vor dem See Skriðuvatn)
Die Str. 95 steigt nun, teils mit 12 % Steigung, weiter zur Passhöhe an.

✋ Im weiteren Verlauf bis zur Küste sind etwa 30 km der Straße nicht befestigt. Es ist mit Schlaglöchern und Steinschlag zu rechnen!

43 Abzweigung der Str. 939. Diese 19 km lange Schotterstraße, die als *Axarvegur* oder **„Öxi"** bezeichnet wird, verkürzt die Strecke von Egilsstaðir nach Djúpivogur um 61 km! Sie führt an den Hängen des Kistufell entlang und trifft am Berufjörður wieder auf die Ringstraße (☞ Ringstraße, km 758). ✋ Die steile, kurvige Gebirgsstraße, die über einen 532 m hohen Pass führt, war noch vor wenigen Jahren eine holprige Piste, die nur mit Geländewagen zu meistern war. Auch wenn der „Öxi" mittlerweile entschärft ist, ist er für Wohnmobile weiterhin nicht zu empfehlen! Mietwagenfahrer sollten im Kleingedruckten nachschauen, ob der „Öxi" drin ist.

46 Die orangefarbene Notschutzhütte „Stefánsbúð" markiert die Passhöhe der **Breiðdalsheiði** (⇧ 470 m). Bei gutem Wetter ergibt sich ein imposanter Ausblick bis hinunter aufs Meer.
Anschließend schlängelt sich die Str. 95 zwischen bis zu 1.000 m hohen Bergen ins **Breiðdalur** hinunter. Dabei eröffnen sich immer wieder schöne Ausblicke aufs Meer. Die Berge bestehen aus Rhyolith, was ihr ungewohnt farbiges Aussehen erklärt.

52 Þorgrímsstaðir, 🛏

🛏 **Silfurberg**, Þorgrímsstaðir, Breiðdalur, ☏ 475 1515, 💻 www.silfurberg.com, Juni bis Aug, ✕ (am Vortag bestellen) . Kleines, aber feines Boutique-Hotel mit vier sehr komfortablen, individuell eingerichteten Zimmern und einem Apartment in der umgebauten Scheune

63 Ende der unbefestigten Straße

66 P mit schönem Ausblick über das Breiðdalur

75 Staðarborg, 🛏 △

🛏 **Hótel Staðarborg**, Breiðdalur, ☏ 475 6760, 💻 www.stadarborg.is, ✕ . Einfaches Landhotel in der früheren Schule im Breiðdalur

81 Ende der Str. 95 in der Ringstraße (☞ Ringstraße, km 716)

626 Abzweigung der Str. 93 nach Seyðisfjörður (☞ **Weg zum Fährhafen in Seyðisfjörður**)

Weg zum Fährhafen in Seyðisfjörður

0 Abzweigung der Str. 93 von der Ringstraße

2 An der Gabelung der Str. 93/94 halten Sie sich rechts und folgen weiter der Str. 93, die nun in weiten Kurven ansteigt. Zurückblickend ergibt sich eine herrliche Aussicht über ☞ **Egilsstaðir** und den See **Lögurinn** (☞ Lögurinn-Rundfahrt).

8 P

Nicht selten beginnt es oberhalb von hier im Sommer zu schneien oder die Reise führt durch die Wolken. Im Winter ist die Fjarðarheiði-Passstraße oft zugeschneit, sodass Seyðisfjörður von der Außenwelt abgeschnitten ist.

11 Passhöhe der **Fjarðarheiði** (⇧ 620 m)

Die Straße führt nun durch eine wilde, karge Hochgebirgslandschaft. Sie folgt zunächst dem Südufer des Stausees Heiðarvatn. Anschließend geht es kurvenreich hinunter in das Tal der Fjarðará, die zahlreiche Wasserfälle bildet.

20 P mit einem Denkmal aus Basaltsäulen für Þórbjörn Arnoddsson, der als erster Busfahrer auch im Winter einen regulären Busverkehr über den Pass gewährleistete.

23 P **Gufufoss**. Sehenswerter, fast 20 m hoher Wasserfall

26 Durch das Tal der Fjarðará erreichen Sie das Hafenstädtchen Seyðisfjörður.

Seyðisfjörður

670 Ew.

Information Center, Ferjuleira 1 (im Fährterminal), ☏ 472 1551, www.visitseydisfjordur.com, Mai bis Sep Mo-Fr 8:00-16:00; Okt bis April Di und Mi 8:00-12:00 und 12:30-16:00, Mo, Do und Fr 12:30-16:00

Hótel Aldan, Norðurgata 2, ☏ 472 1277, www.hotelaldan.com. Komfortable, geschmackvoll eingerichtete Zimmer in einem historischen Gebäude von 1898, in dem sich fast ein Jahrhundert lang die Bank von Seyðisfjörður befand. Zum Hotel gehört auch eine Dependance, **Hótel Snæfell** (1908), untergebracht im ehemaligen Postgebäude am anderen Ufer der Fjarðará.

♦ **Við Lónið**, Norðurgata 8, ☏ 899 9429, www.vidlonidguesthouse.com. Gästehaus mit acht geräumigen, modern ausgestatteten Zimmern in einem historischen Holzhaus von 1907, das einst als Fertigbaukasten aus Norwegen kam.

♦ **Lónsleira Apartments**, Lónsleira, ☏ 849 3381, www.lonsleira.com. Vier komfortable, moderne Apartments für Selbstversorger

♦ **Nord Marina Guesthouse**, Strandarvegur 21, ☏ 787 0701 + 787 4242, nordmarina1@gmail.com. Schlicht ausgestattete Zimmer in einer umgebauten Fischfabrik am Ostufer des Fjords, 2 km vom Zentrum

HI Hostel Hafaldan, Suðurgata 8 (Empfang), ☏ 611 4410, hafaldan.is, seydisfjordur@hostel.is, April bis Mitte Sep, Sauna. 62 Betten, verteilt auf zwei historische Holzhäuser. Das Hauptgebäude, **Hafaldan „Old Hospital“** (Suðurgata 8), untergebracht im früheren norwegischen Krankenhaus, liegt im Zentrum und fungiert auch als Empfang. Die Dependance, **Hafaldan „Harbour“** (Ránargata 9), liegt im Nordwesten und besticht mit tollem Fjordblick.

Seyðisfjörður Campsite, Ránargata 1, ☏ 472 1521 + 624 1075, camping@sfk.is, Mai bis Sep. Der Zeltplatz liegt im Zentrum und platzt an Abenden vor Abfahrt der Fähre aus allen Nähten. ☺ Am Abend vor Abfahrt der Fähre empfiehlt es sich, auf Nachbarorte, wie ☞ Egilsstaðir (26 km) und ☞ Reyðarfjörður (60 km), auszuweichen.

Seyðisfjörður liegt am Ende des 17 km langen gleichnamigen Fjordes, der von steilen, bis zu 1.000 m hohen Bergen eingerahmt wird. Der Hafen gehört wegen seiner geschützten Lage zu den besten an der Ostküste. Der 1848 gegründete Ort war zunächst ein kleiner Handelsposten, expandierte um 1900 jedoch rasch, als viele norwegische Heringsfänger sich hier niederließen. An diese Zeiten erinnern viele alte Holzhäuser, die die Fischer einst als Bausatz aus der Heimat schicken ließen. Heute lebt der Ort nicht nur von Fischfang und -verarbeitung,

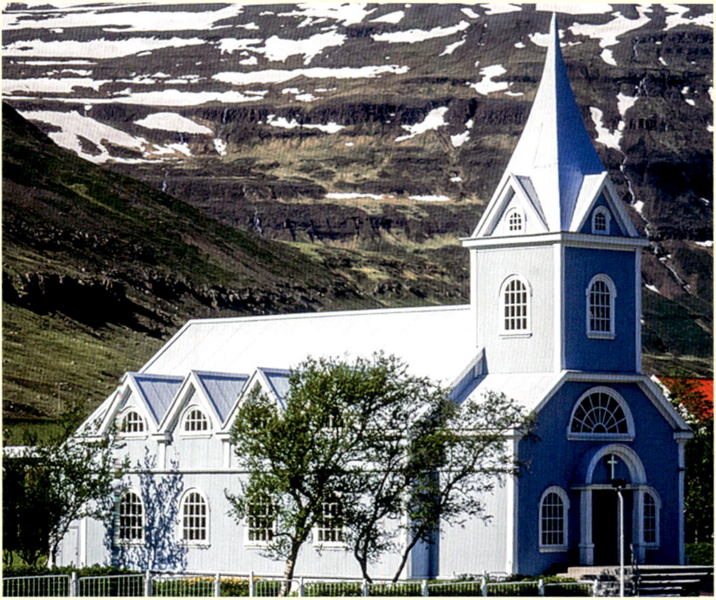

In der Kirche von Seyðisfjörður finden im Sommer oft Konzerte statt

sondern auch in zunehmendem Maße vom Tourismus, da hier die Fähre der Smyril Line vom europäischen Festland anlegt.

Die steilen Berge machen den Reiz des Ortes aus, bergen aber in schneereichen Wintern auch Gefahren. Am 18. Februar 1885 löste sich vom Bjólfur (⇧ 1.085 m) eine gewaltige Schneelawine, die 24 Menschen tötete.

Bekanntheit erlangte der Ort auch durch die isländische Fernsehserie „Trapped – Gefangen in Island“, die 2015 produziert und 2017 im ZDF ausgestrahlt wurde. Die Handlung spielt in Seyðisfjörður, gedreht wurde aber vor allem im nordisländischen Ort ☞ Siglufjörður.

632 P ⊼

635 Abzweigung der Str. 953 zum einsamen Mjóifjörður
Anschließend steigt die Straße gleichmäßig an durch das Fagridalur, das von 1.000 m hohen Bergen eingerahmt wird.

642 Eine orangefarbene Notschutzhütte markiert die Passhöhe (⇧ 350 m). Die Fahrt hinunter zum Reyðarfjörður ist wesentlich steiler und gewährt spektakuläre Ausblicke auf die Steilwände der Ostküste, aufgebaut aus tertiären Plateaubasalten.

652 P

656 Abzweigung der Str. 92 nach Reyðarfjörður (2 km)

Reyðarfjörður

1.350 Ew. BANK ⌘

i im ☞ ⌘ Icelandic Wartime Museum, ☏ 470 9000, fjardabyggd@fjardabyggd.is, www.visitfjardabyggd.is

Tærgesen, Búðargata 2-6, ☏ 470 5555, www.taergesen.com, ✕. Nette kleine Pension in einem schwarzen Wellblechhaus von 1870

Hjá Marlín, Vallargerði 9, ☏ 474 1220 + 892 0336, www.hjamarlin.is. Gelungene Mischung aus Hotel und Jugendherberge, verteilt auf drei Häuser, geleitet von der sympathischen Belgierin Marleen und ihrem isländischen Mann Jón. ☺ Eine gute Wahl für Autofahrer, die am nächsten Tag mit der Fähre von Seyðisfjörður abfahren wollen. Auch Übernachtung im Schlafsack möglich.

Reyðarfjörður Campsite, Búðareyri 7 (am Ortseingang, beim Teich), ☏ 776 0063, camping.reydarfjordur@gmail.com, Mitte April bis Mitte Okt, WC (in der nahen Ólis-Tankstelle)

Hauptarbeitgeber (480 Angestellte) des Küstenstädtchens ist die Aluminiumhütte **Alcoa Fjarðaál**, die westlich von Reyðarfjörður liegt. Die größte Alu-Hütte Islands produziert jährlich 346.000 t Aluminium. Den notwendigen Strom liefert das Kraftwerk ☞ Fljótsdalsstöð (Kárahnjúkar).

⌘ Ein kleines Museum erinnert an die turbulenten Jahre des Zweiten Weltkrieges, als der Fischerort im Sommer 1940 von 3.000 britischen Soldaten besetzt wurde.

♦ **The Icelandic Wartime Museum**, Heiðarvegur 37, ☏ 470 9000, stridsarasafn.fjardabyggd.is, Juni bis Aug tägl. 13:00-17:00, Eintritt ISK 1.500

659 Abzweigung der Str. 955 (☞ **Variante rund um die Halbinsel Vattarnes**). Fahren Sie hier geradeaus auf der Ringstraße weiter.

Variante rund um die Halbinsel Vattarnes

☺ Wer genügend Zeit hat, sollte der 35 km längeren, aber kaum befahrenen und landschaftlich reizvolleren Strecke über die Str. 955 den Vorzug geben. Die einsame Küstenstraße, die die Halbinsel Vattarnes umrundet, war bis zur Fertigstellung des Tunnels zwischen Reyðarfjörður und Fáskrúðsfjörður im Jahr 2005 die einzige Verbindungsstrecke zwischen beiden Fischerorten. Kleinere Abschnitte sind nicht geteert.

0 Abzweigung der Str. 955

13 Im Norden taucht der Eskifjörður auf, ein Seitenarm des Reyðarfjörður. Am Ende des Fjordes ist der gleichnamige Fischerort **Eskifjörður** zu sehen.

29 Zu Ihrer Linken erhebt sich am Fjordufer der fotogene, weithin sichtbare Leuchtturm **Vattarnesviti**. Der 12 m hohe, zylindrische Turm hat eine Feuerhöhe von 26 m und überwacht seit 1957 den Eingang zum Reyðarfjörður.

Der Vattarnes-Leuchtturm überwacht die Einfahrt des Reyðarfjörður

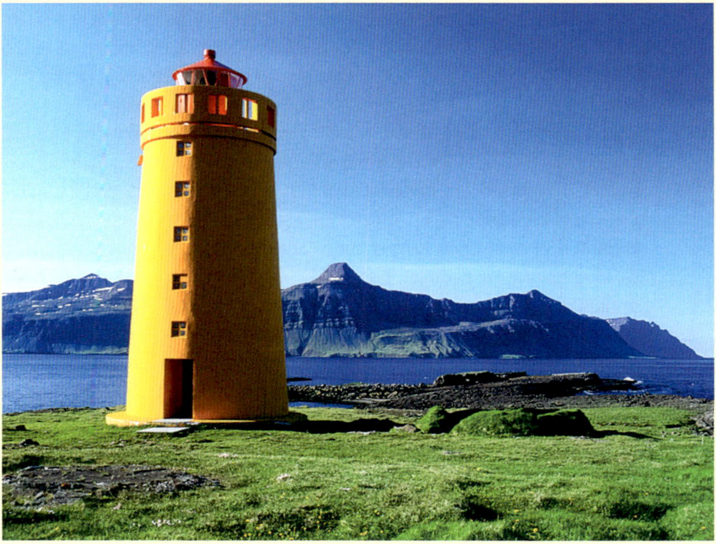

30 Die Straße (Schotterstraße) zieht sich nun um die Steilhänge des Reyðarfjall. Von der Spitze der Landzunge schweift der Blick über die vorgelagerten Inseln Skrúður und Andey.

Die Vogelinsel Skrúður ragt etwa 3 km östlich aus den Fluten auf. Auf der 160 m hohen Felseninsel nisten 18 Vogelarten, vor allem Papageitaucher, außerdem Lummen, Eissturmvögel, Dreizehenmöwen und Basstölpel. Früher wurde die Insel regelmäßig von den Küstenbewohnern frequentiert, die dort Eier sammelten und Vögel jagten. Seit 1995 steht Skrúður unter Naturschutz.

Auf der Insel gibt es eine riesige Höhle: Skrúðshellir ist vermutlich die größte Höhle Ostislands. Als die Fischer noch in offenen Booten aufs Meer hinausruderten, übernachteten sie oft in der Höhle. Mit der Insel ist auch eine Schiffstragödie verbunden. Am 25. Dezember 1986 zerschellte das britische Tankschiff „Syneta" an den Klippen in der Nähe von Skrúður und sank. Alle zwölf Besatzungsmitglieder ertranken in den eisigen Fluten. Das Schiff war auf dem Weg von Liverpool nach Eskifjörður, um dort Fischöl zu laden.

1 km südlich liegt eine weitere Vogelinsel: Andey. Auf dieser flachen Grasinsel lebt eine stattliche Eiderentenkolonie. Auch Papageitaucher nisten dort.

Anschließend folgt der Weg dem Nordufer des Fáskrúðsfjörður.
39 Achten Sie während der Fahrt auf die Bergkette am Südufer des Fjordes. Ein Berg sticht durch seine Kegelform und rötliche Farbe deutlich hervor: **Sandfell**. Dieser 743 m hohe Rhyolithberg ist eine geologische Besonderheit, denn es handelt sich um einen Lakkolith, d. h. einen nach oben gewölbten plutonischen Körper mit relativ flacher Unterseite, bestehend aus Magma, das in geringer Tiefe unter der Oberfläche erstarrt ist. Beim Sandfell geht es um eine rhyolithische Schmelze, die sich im Tertiär einen Weg nach oben bahnte und dabei die vorhandenen älteren Basaltschichten nach oben drückte, die sich dabei wölbten und später erodiert wurden, sodass der mächtige Rhyolithpropfen zum Vorschein kam. Die Mächtigkeit des Lakkoliths wird auf über 500 m geschätzt. Damit wäre der Berg das größte Relikt dieser Art von Intrusion aus dem Tertiär auf der nördlichen Halbkugel.

Aus den Steilhängen schießen mehrere schöne Wasserfälle hinunter.

41 Sehenswert ist vor allem der **Gilsárfoss**.

Ein Wanderweg führt von der Straße an der Gilsá entlang zum Wasserfall hoch. Es ist sogar möglich, hinter dem Wasserfall durchzulaufen. h/z 30 Min. 70 m

46 **Fáskrúðsfjörður**, 700 Ew.

im ☞ Fosshotel Eastfjords, ☏ 470 4070, fjardabyggd@fjardabyggd.is, www.visitfjardabyggd.is

Fosshotel Eastfjords***, Hafnargata 11-14, ☏ 470 4070, austfirdir@fosshotel.is, www.islandshotel.is, ⌘. Neues Hotel im ehemaligen französischen Hospital. Tolle Fjordlage!

♦ **Guesthouse Elínar Helgu**, Stekkholt 20, ☏ 868 2687, www.booking.com. Kleine, familiengeführte Pension in einem Holzhaus mit Fjordblick

Fáskrúðsfjörður Campsite, Óseyri (am westlichen Ortsrand), ☏ 776 0062, camping.stodvarfjordur@gmail.com, Mitte Mai bis Mitte Sep,

Von der Mitte des 18. Jh. bis zum Ersten Weltkrieg war Fáskrúðsfjörður Hauptstützpunkt der französischen Fischer, die jeden Winter zu Tausenden nach Island kamen und in diesem Fischerdorf sogar ein eigenes Krankenhaus, eine Kirche und ein Konsulat errichteten. In Spitzenjahren fischten bis zu 300 Schiffe in den rauen Gewässern rund um Island. Doch der Preis war hoch. Bis zu 400 französische Fischerboote gingen verloren, 4.000 bis 5.000 Seeleute ertranken. Die Fischer sind längst fort, prägen das kleine Fischerdorf aber noch immer. Auf dem „französischen Friedhof" unten am Fjord fanden 49 französische und belgische Fischer ihre letzte Ruhestätte. Und die Straßenschilder sind bis heute zweisprachig – auf Isländisch und Französisch.

⌘ Mehrere historische Bauten aus jener Zeit wurden liebevoll restauriert, darunter das Krankenhaus. Letzteres beherbergt heute ein Hotel und ein Museum, das die Geschichte der französischen Fischer in Fáskrúðsfjörður erzählt.

♦ **The French Museum**, Hafnargata 12, ☏ 475 1170, sofn@fjardabyggd.is, Mitte Mai bis Sep tägl. 10:00-18:00, Eintritt ISK 2.000

48 Ende der Str. 955 in der Ringstraße (☞ Ringstraße, km 673)

660 5,9 km langer Straßentunnel, modern und beleuchtet, mit Nothaltebuchten, Telefon usw.
Vor dem Tunnel

666 Südende des Tunnels

673 Abzweigung nach links in den 2 km entfernten Fischerort ☞ **Fáskrúðsfjörður** (☞ Variante rund um die Halbinsel Vattarnes)

698 **Stöðvarfjörður**, 180 Ew.

im Brekkan, Fjarðarbraut 44, ☏ 475 8939, www.visitfjardabyggd.is, Mo-Fr 9:30-22:00, Sa 10:00-22:00, So 11:00-22:00

Saxa Guesthouse, Fjarðarbraut 41, ☏ 511 3055, saxa@saxa.is. Neues Gästehaus in Hafennähe

♦ **Kirkjubær Guesthouse**, Fjarðarbraut 37a, ☏ 892 3319 + 849 1112, kirkjubaerguesthouse.com. Das einzige isländische Gästehaus in einer ehemaligen Kirche! Zwischen Altar und Kanzel stehen Esstisch und Stühle, zum Schlafen geht es auf die Empore hinauf und auch Dusche und Küchenzeile fehlen nicht. Die 8-10 Schlafplätze sind ideal für kleine Gruppen und Familien. Auch Übernachtung im eigenen Schlafsack

Stöðvarfjörður Campsite, Fjarðarbraut (am östlichen Ortsrand), ☏ 776 0062, camping.stodvarfjordur@gmail.com, Mitte Mai bis Mitte Sep, WC und im nahen Schwimmbad (500 m)

Ein Ort, der überrascht: In der ehemaligen Fischfabrik sind jetzt Ateliers ansässig, in die kleine, blau-weiße Kirche geht es nicht zum Beten, sondern zum Schlafen, und obendrein ist in Stöðvarfjörður das beliebteste Museum der Ostfjorde angesiedelt.

⌘ Das Museum Steinasafn Petru (= Petras Mineraliensammlung) ist das Lebenswerk einer einzigartigen Frau. Bereits als Kind streifte Petra Sveinsdóttir durch die Berge, auf der Suche nach schönen Steinen und Mineralien – eine Leidenschaft, die ein Leben lang anhalten sollte. Die Fundstücke füllten schließlich nicht nur das Wohnhaus bis zur Decke, sondern auch den ganzen Garten. Petra verstarb 2012 im Alter von 89 Jahren, aber ihre Sammlung lebt weiter und begeistert jährlich über 40.000 Besucher.

♦ **Steinasafn Petru**, Fjarðarbraut 21, ☏ 475 8834 + 848 4543, www.steinapetra.is, Mai bis Mitte Okt tägl. 9:00-18:00, Eintritt ISK 1.500, (Juni bis Mitte Sep tägl. 10:00-17:00)

Die Straße windet sich um den ganzen Fjord und bietet mehrere kleine Parkplätze mit Aussicht.

710 Interessante Plateaubasaltformationen

715

Hótel Hamar, Þverhamar 2a, Breiðdalsvík, 846 5547, auduur@gmail.com, Kleines Hotel mit angegliedertem Café in einem gemütlichen Holzhaus im Blockhausstil, mit schöner Aussicht auf Fjord und Berge. ☺ Leckere Waffeln und Pfannkuchen!

716 Abzweigung nach **Breiðdalsvík** (1 km), 130 Ew. BANK

Hotel Bláfell, Sólvellir 14, 470 0000, www.breiddalsvik.is/hotel-blafell, . Kleines, romantisches Landhotel und Apartments

200 m weiter zweigt die Str. 95 ab (Variante über Breiðdalsheiði).

726 Schöner wilder Stellplatz beim Leuchtturm am von der Brandung umtosten Kap Streitishvarf

738 Karlsstaðir,

Havarí, Karlsstaðir, 842 1808, www.havari.is, ganzjährig. Kleines Gästehaus mit vier schlicht ausgestatteten Zimmern im frisch renovierten Bauernhaus von 1927 und Café im Kuhstall, geleitet von einem Künstlerpaar. Berglind und Svavar Pétur sind auch in einer Band aktiv und lieben es, mit Food zu experimentieren. ☺ Probieren Sie unbedingt ihre *bulsur* (Gemüsewurst) oder *sveitasnakk* (Chips aus selbst angebauten Kartoffeln und Grünkohl)!

Die Ringstraße wendet sich nun dem malerischen Berufjörður zu.

740 Am Fjordeingang liegt das ehemalige Gehöft **Berunes** .

HI Hostel Berunes, 478 8988 + 869 7227, www.berunes.is, berunes@hostel.is, Mitte April bis Okt, . Gemütliche Jugendherberge (42 Betten) in einem umgebauten Bauernhof mit einem neueren Flügel, drei Hütten für Selbstversorger. Schöner Fjordblick!

Der von hohen, zackigen Gipfeln eingerahmte **Berufjörður** gehört zu den schönsten der Ostfjorde. Bei der Weiterfahrt schauen Sie zunächst auf die faszinierende Pyramide des **Búlandstindur** (1.069 m), die sich im Westen hoch über dem Fjord erhebt. Der Berufjörður wird ganz umrundet.

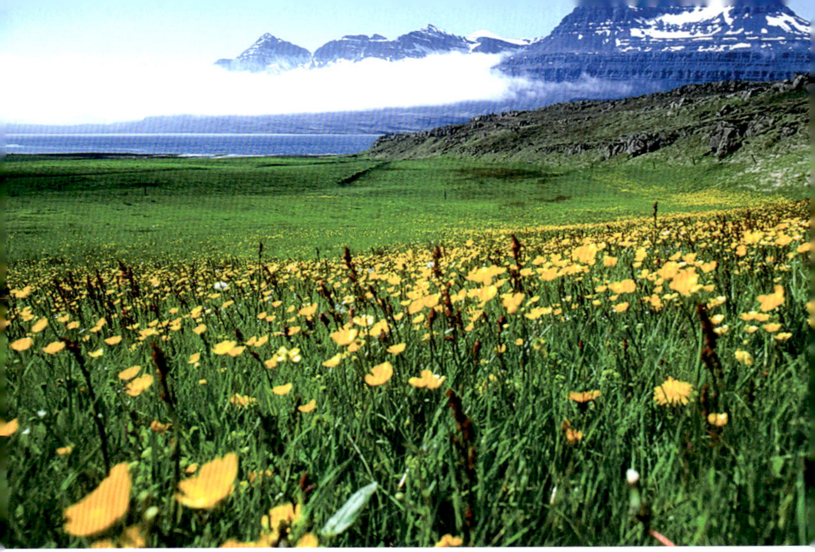

Der Berufjörður, beherrscht von der Pyramide des Búlandstindur (links)

743 An der Küste springen die bizarren blaugrünen Kliffs ins Auge. Es handelt sich um **Ignimbrit**, ein vulkanisches Gestein, das bei besonders explosiven Vulkanausbrüchen entsteht, die mit der Bildung sogenannter pyroklastischer Ströme einhergehen. Dabei rast ein Gemisch aus Lavafetzen, Asche, Gesteinsbruchstücken und Gasen mit hoher Geschwindigkeit hangabwärts und verdichtet sich später zu einem sehr kompakten Gestein: Ignimbrit. Die blaugrüne Färbung stammt von Chlorit-Kristallen, entstanden bei der späteren Verwitterung des Gesteins.

754 Asphaltende

758 Abzweigung der Str. 939 oder **Axarvegur** (☞ Variante über Breiðdalsheiði)

762 Asphaltbeginn

764 🅿 ⛩

764 Abzweigung der Stichstraße nach Eyjólfsstaðir. Sie führt zunächst steil bergan an der Fossá entlang zum Wasserfall Sveinsstekksfoss und endet nach 2 km beim Gehöft Eyjólfsstaðir, 🛏 ⛺.

🛏 **Fossardalur Guesthouse**, Eyjólfsstaðir, ☏ 820 4379, ✉ info@fossardalur.is, 🚪 Mai bis Sep, 🍳. Einfache Zimmer ohne Schnickschnack für Selbstversorger mit Schlafsack in einem separaten Haus (600 m vom Hof)

100 m weiter (hinter der Brücke über die Fossá): 🅿 ⛬ 🚐

776 **Teigarhorn**

Dieser Name wird vor allem Mineralienliebhaber aufhorchen lassen, denn die lokalen Basalte gehören zu den bedeutendsten Fundstellen weltweit von Mineralien wie Heulandit und Skolezit. Die zu der Gruppe der Zeolithe gehörenden Silikat-Minerale können bis zu 40 % ihres Trockengewichts an Wasser enthalten, das bei Erhitzen verschwindet und an feuchter Luft wieder aufgenommen wird, ohne die Struktur zu beeinträchtigen.

✋ Die Umgebung von Teigarhorn, einst eine Fundgrube für Mineraliensammler, ist heute Schutzgebiet. Das Sammeln von Mineralien, insbesondere von Zeolithen, ist verboten!

777 🅿 Parkplatz mit ⛬ und ℹ Infotafeln, die die Bedeutung der Zeolithe erläutern.

779 Zufahrt (mit ⛬ und ℹ Infotafeln) nach **Djúpivogur** (0,5 km), 365 Ew. ℹ 🛏 🚐 ⛺ ✕ ☕ 🛒 BANK 📯 ⛽ 🔌 🔧 ☆ ✚ ⚕ ⌘ 🏊

ℹ **Tourist Information Djúpivogur**, Búð 3, ☎ 470 8740 (nur in der Saison), ✉ info@djupivogur.is, 🚪 Juni bis Aug tägl. 10:00-18:00

🛏 **Hótel Framtíð**, Vogaland 4, ☎ 478 8887, 💻 www.hotelframtid.com, ✕ ☕ ♿. Das große Hotel am Hafen besteht aus einem Altbau (einem ehemaligen dänischen Kaufmannshaus) und einem neueren Flügel mit Zimmern im Blockhausstil. Hinzu kommen Apartments und Hütten. Gutes Café-Restaurant im Nebengebäude

⛺🚐 **Djúpivogur Campground**, beim ☞ Hótel Framtíð, 🚪 Mai bis Sep, WC, 🚿 ⛁ 💧 Übernachtung u.a. in Schlaffässern mit Heizung und Sitzecke

Djúpivogur liegt besonders schön auf einer Landzunge am Ausgang des Berufjörður, im Schatten des pyramidenartigen Búlandstindur (⇧ 1.069 m). Der älteste Hafen der Ostfjorde wurde 1589 von Hamburger Hansekaufleuten gegründet und später von den Dänen übernommen. Etliche schmucke Holzhäuser, die den Ort prägen, stammen aus dem 19. Jh.

⌘ Das älteste Haus, Langabúð, datiert aus dem Jahr 1790. Im roten Holzspeicher sind heute ein Café und ein Museum mit verschiedenen Sammlungen untergebracht.

♦ **Langabúð**, Búð 1, ☎ 478 8220 (Saison), ✉ langabud@djupivogur.is, 🚪 Juni bis Aug tägl. 10:00-18:00, Eintritt: ISK 500, ☕

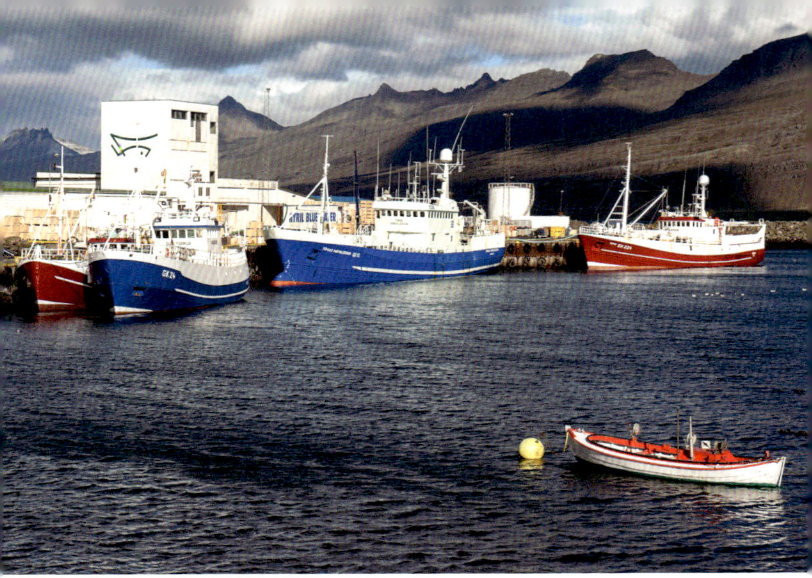

Kutter im Fischerhafen von Djúpivogur

Seit jeher lebt der Ort vom Fischfang. Zunächst brachten Hai und Dorsch Wohlstand, später Hering und Krabben. Auch heute noch ist Fischverarbeitung (gefrorener Fisch, Salz- und Trockenfisch) von großer Bedeutung.

An der kleinen Bucht Innri-Gleðivík am Westende des Hafens hat der isländische Künstler Sigurður Guðmundsson 34 riesige „Eier" aus Stein aufgestellt, die die hier vorkommenden Vogelarten symbolisieren sollen. Das Kunstwerk ist unter dem Namen „Eggin í Gleðivík" oder „Die Eier in der Freudenbucht" bekannt. Am größten ist das Ei des Sterntauchers, der für die Einheimischen eine symbolische Bedeutung hat.

⌘ Auf dem Weg dorthin passieren Sie ein kleines Mineralienmuseum.

♦ **Steinasafn Auðuns**, Mörk 8, ☏ 861 0570, Juni bis Aug tägl. 10:00-18:00

Die Ringstraße windet sich nacheinander um den **Hamarsfjörður** und den **Álftafjörður**, die beide von einer Landbarriere begrenzt werden und einen lagunenartigen Charakter aufweisen. Recht laut wird es hier im Frühling und während der Mauser im Spätsommer, wenn sich in diesen geschützten Gewässern bis zu 10.000 Singschwäne sammeln.

786 P

790 Bragðavellir,

Bragðavellir Cottages, 787 2121, bragdavellir.is. Selbstversorgerhütten mit 1 oder 2 Schlafzimmern und 1 geräumige Ferienwohnung. Im Restaurant, untergebracht im früheren Schafstall, werden in rustikalem Ambiente (Wellblech, Beton, Holz) u. a. saftige Lammburger und gebratener Dorsch kredenzt.

Bekannt wurde die Gegend, als in der Nähe des Hofes **Bragðavellir** zu Beginn des 20. Jh. zwei römische Kupfermünzen aus der Zeit zwischen 270 und 305 n. Chr. gefunden wurden. Die Wissenschaftler rätselten, da die ersten Siedler die Insel doch erst viele Jahrhunderte später betreten hatten. War vielleicht irgendwann doch ein römisches Schiff im Sturm so weit vom Kurs abgekommen und auf Island gestrandet? Wahrscheinlicher ist aber, dass die Münzen später mit den Kelten oder den Wikingern auf die Insel gelangt sind.

799 P mit Blick auf einen Wasserfall

818 P beim Denkmal zur Christianisierung bei Þvottá, am Südende des Álftafjörður

822 P mit großem freien Stellplatz am Meer

831 **Hvalnes**, P mit schönem Blick über das Haff nach Stokksnes. Auf der Landzunge lassen sich manchmal Seehunde beobachten. Eine kurze Stichstraße führt zum knallgelben Leuchtturm **Hvalnesviti** (300 m).

833 Am Fuß des wuchtigen Berges **Eystrahorn** liegt der aufgegebene Bauernhof Hvalnes. Einige Hundert Meter weiter sind am Hang die Überreste eines nachgebauten Torfhofes erkennbar. Dieser fungierte 1979 als Kulisse für die Verfilmung des Laxness-Romans „Das wiedergefundene Paradies" unter der Regie von Rolf Hädrich (1931-2000).

Das wiedergefundene Paradies, Halldór Laxness, Steidl Verlag, ISBN 978-3-86930-405-2, € 9,90

834 P

Anschließend verläuft die Straße am Haff Lón entlang.

844 P

849 **Stafafell**,

Stafafell Guesthouse, 478 1717 + 845 7070, www.stafafell.is, . Einfache Gästezimmer und Schlafsackunterkunft in einem renovierten Bauernhaus von 1897

1 km östlich vom Guesthouse,

600 m weiter befindet sich an der Hauptstraße ein weiteres Gästehaus.

Brekka Guesthouse, Brekka í Lóni, ☏ 478 1716 + 849 3589, olgaf@simnet.is, . Kleines Gästehaus mit familiärer Atmosphäre. Übernachtung auch mit Abendessen möglich.

Stafafell ist ein guter Ausgangspunkt für Streifzüge in das Naturschutzgebiet Lónsöræfi (320 km²) mit seinen farbenfrohen Rhyolithbergen. Die Auswahl reicht von kurzen Spaziergängen bis zur einwöchigen Wildnistour entlang der östlichen Ausläufer des Vatnajökull. Eine schöne Rundwanderung führt z. B. vom Stafafell Guesthouse in die Rhyolithschlucht **Hvannagil**. ⇔ 14 km, ⌛ 4-5 Std.

Erkundigen Sie sich vor Ort nach weiteren Wandermöglichkeiten!

850 Hinter Stafafell überquert die Straße den Gletscherfluss **Jökulsá í Lóni**, kreuzt den Jökulsársandur und verläuft dann an der Lagune **Papafjörður** entlang. Deren Name lässt vermuten, dass hier einst möglicherweise irische Einsiedler (*papar*) lebten.

868 Die Ringstraße verschwindet in den 1,3 km langen Tunnel **Almannaskarðsgöng** (2005).

Kurz vor dem Tunneleingang führt eine Schotterstraße (die ehemalige Ringstraße) rechts mit 8 % Steigung zu einem Aussichtspunkt hinauf. Dieser bietet einen fantastischen Ausblick über das Haff Skarðsfjörður, den Fischerort Höfn, die Gletscherzungen (von rechts nach links) Fláa-, Heinabergs- und Skálafellsjökull, drei Ausläufer des Vatnajökull, und die dahinterliegenden Berge. Vom **P** Parkplatz blicken Sie auch auf die etwas tiefer gelegene ehemalige Passhöhe des **Almannaskarð** (⇧ 153 m), von der es einst mit 16 % (!) Gefälle zum Skarðsfjörður hinunterging – dieser Abschnitt ist heute für den Verkehr gesperrt!

870 Abzweigung nach **Stokksnes** (4 km) ☞ **Abstecher nach Stokksnes**

Abstecher nach Stokksnes

Die nicht geteerte Straße führt von der Ringstraße am Fuß der schroffen Hänge des Gabbromassivs Vestrahorn nach Südosten zur ehemaligen amerikanischen Radarstation Stokksnes. Die 1955 errichtete Anlage war einst ein wichtiges Glied in der Kette amerikanischer Frühwarn- und Luftüberwachungsstationen. Heute hat sie wegen der Satellitenüberwachung längst ausgedient. Die meisten Militärgebäude sind inzwischen abgerissen.

Die Straße endet nach 4 km beim Viking Café. Das Gelände um Stokksnes kann – gegen Gebühr – zu Fuß erkundet werden.

Viking Café Guesthouse, Horn, ☏ 478 2577, vikingcafe.is. Kleine, einfache Zimmer mit Gletscherblick.

⌘ Vom Café gelangen Sie nach einem kurzen Spaziergang (⌛ 10 Min.) über Privatgelände zu einem nachgebauten Wikingerdorf, 2010 als Kulisse für einen isländischen Film errichtet, der bisher jedoch nicht gedreht wurde. In absehbarer Zeit plant der isländische Starregisseur Baltasar Kormákur, bekannt von Hollywoodstreifen wie „2 Guns" und „Everest", hier den Dreh eines Großfilms über das Leben der Wikinger. Das Wikingerdorf kann gegen Gebühr erkundet werden.

♦ **Viking Village**, Eintritt Stokksnes und Wikingerdorf ca. ISK 1.000 (zu bezahlen im ☞ Viking Café)

873 Dynjandi,

Dynjandi Guesthouse, ☏ 849 4159, www.dynjandi.com.
Nettes, kleines Gästehaus auf einer Farm, geleitet von einem jungen österreichischen Pärchen

876 Abzweigung nach ☞ **Höfn** (5 km)

Höfn í Hornafjörður

1.710 Ew.

Höfn Visitor Centre „Gamlabúð", Heppuvegur 1, ☏ 470 8330, hofn@vjp.is, www.vjp.is, Juni bis Aug tägl. 9:00-19:00; Mai und Sep tägl. 9:00-18:00; Okt bis April tägl. 9:00-17:00

Milk Factory Guesthouse, Dalbraut 2, ☏ 478 8900, milkfactory.is. Lassen Sie sich nicht täuschen durch die unscheinbare Fassade dieser früheren Milchfabrik, die in ein topmodernes Guesthouse umgewandelt wurde. Die tolle Aussicht auf die Gletscher des Vatnajökull ist ein zusätzlicher Trumpf!

♦ **Guesthouse Dyngja**, Hafnarbraut 1, ☏ 866 0702, dyngja.com; Kleines B&B am Hafen

♦ **Hótel Edda Höfn**, Ránarslóð 3, ☏ 444 4850, www.hoteledda.is, Mitte Mai bis Sep. 36 Zimmer

HI Hostel Höfn, Hvannabraut 3, ☏ 478 1736, hofn@hostel.is, ganzjährig,

Höfn Camping, Hafnarbraut 52, ☏ 478 1606, ✉ camping@simnet.is, ganzjährig. An der Hauptstraße, auch Campinghütten stehen zur Verfügung.

Humarhöfnin, Hafnarbraut 4, ☏ 478 1200, www.humarhofnin.is, Mai bis Sep tägl. 12:00-22:00; Mitte Jan bis April und Okt bis Nov tägl. 12:00-21:00. Erstklassige Hummergerichte!

♦ **Hafnarbúðin**, Ránarslóð 2, ☏ 478 1095, ✉ hafnarbudin@hafnarbudin.com, Sommer tägl. 9:00-22:00, Winter Mo-Fr 9:00-21:00, Sa/So 11:00-21:00. Einfache, aber leckere Gerichte zu bezahlbaren Preisen. Die Hummersandwiches und die veganen Burger sind besonders beliebt!

Nettó (Litlabrú)

Höfn ist der Hauptort der Gemeinde **Hornafjörður** und eine der jüngsten Städte Islands. Nach der Einrichtung einer Handelsstation um 1900 entwickelte Höfn sich schnell zum Handelszentrum für das Gebiet östlich von Skaftafell. Heute lebt die Stadt vom Fisch- und Hummerfang und von der Fischverarbeitung sowie der Versorgung des umliegenden landwirtschaftlich genutzten Gebietes. Der wirtschaftliche Erfolg ist nicht zuletzt dem hervorragend geschützten Naturhafen zu verdanken, der jedoch durch eine enge Zufahrt und Riffe schwer zu erreichen ist. Hier muss ständig gebaggert werden. Zusätzlich herrschen starke Strömungen, sodass es in der Vergangenheit zu einigen Havarien kam.

Höfn ist ein ausgezeichneter Ausgangspunkt für Ausflüge zum Vatnajökull und zum ☞ Skaftafell-Nationalpark.

Am Westende des Hafens führt ein Fahrweg zu einem Seefahrerdenkmal, von wo aus sich ein ausgezeichneter Rundblick auf den Ort, das Vestrahorn und drei mächtige Eiszungen des Vatnajökull bietet.

Vatnajökull-Nationalpark

Der Nationalpark Vatnajökull wurde seit der Gründung im Juni 2008 ständig erweitert und nimmt heute eine Fläche von 14.482 km² ein – das entspricht 14 % der Landesfläche. Er umfasst neben der Eiskappe Vatnajökull den früheren ☞ Skaftafell-Nationalpark und den ehemaligen ☞ Jökulsárgljúfur-Nationalpark, ☞ Askja, ☞ Herðubreið und die ☞ Laki-Spalte. Die vorerst letzte Erweiterung fand im Juni 2017 statt, als die Gletscherlagunen ☞ Jökulsárlón, Breiðárlón und (Teile des) ☞ Fjallsárlón in den Nationalpark integriert wurden. 2018 wurde der größte isländische Nationalpark für die Aufnahme in die Welterbeliste nominiert.

Herzstück des Nationalparks ist die riesige Eiskappe Vatnajökull (= Wassergletscher), die eine Fläche von 7.800 km² einnimmt. Zum Vergleich: Der größte zusammenhängende Gletscher der Alpen ist nicht einmal 90 km² groß, alle Alpengletscher zusammen bringen es auf etwa 3.000 km²! Ebenso gewaltig wie seine Ausmaße ist die Eisdecke des Vatnajökull, die bis zu 950 m stark ist. Unter dem Eis verbirgt sich auch der höchste Gipfel des Landes: **Hvannadalshnúkur** (⇧ 2.109 m).

Die ungeheuren Eismassen sind den meisten Touristen allenfalls an den vielen Gletscherzungen, die zu allen Seiten von der Eiskappe hinabführen, sichtbar und zugänglich. Im Norden ragen sie in eine Sand- und Lavawüste hinein, im Süden erreichten sie noch im vorletzten Jahrhundert das Meer. Heute trennen nur die Gletscherlagune Jökulsárlón und eine schmale Moräne das Eis an der Gletscherzunge **Breiðamerkurjökull** vom Meer.

Zwischen Höfn und dem westlichen Ende des Skeiðarársandur führt die Ringstraße nahezu 100 km lang an den Eiszungen entlang. Vor allem in ☞ **Skaftafell** oder am ☞ **Jökulsárlón** kommen Sie dieser faszinierenden Gletscherwelt besonders nahe.

Subglazialer Ausbruch des Vulkans Grímsvötn im Jahr 1998

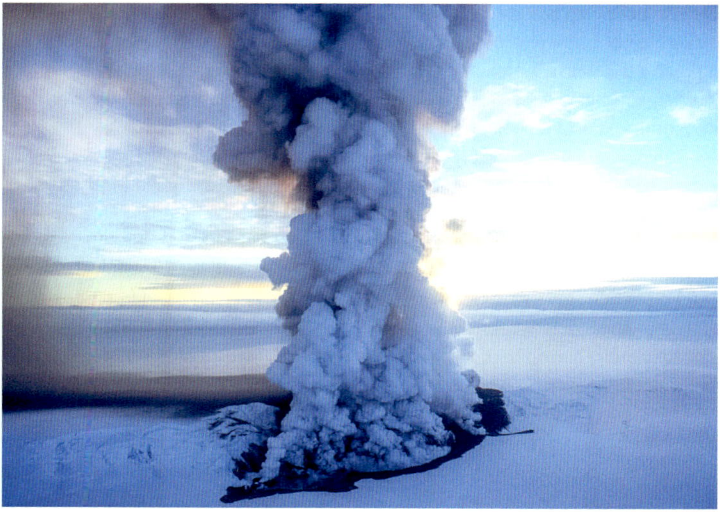

Auch von Osten, von Norden und von Westen her sind die Gletscher erreichbar, allerdings nur über Hochlandpisten, die lediglich mit Allradfahrzeugen befahrbar sind. Besonders eindrucksvoll ist die Gegend um die **Kverkfjöll**, wo sich im Gletscher ein Hochtemperaturgebiet mit dampfenden Solfataren befindet: Hier ist das Zusammentreffen von Feuer und Eis besonders drastisch zu erleben.

Der Vatnajökull stellt auch eine gigantische Wetterscheide dar. Während die Südseite unvorstellbar hohe **Niederschläge** erhält – an der Küste östlich des Vulkans Öræfajökull jährlich im Schnitt 3.000 mm, auf dem Gletscher 4.000 bis 5.000 mm und an manchen Jahren sogar bis zu 8.000 mm –, ist es nördlich des Gletschers mit einer durchschnittlichen Niederschlagsmenge von 300 bis 400 mm pro Jahr fast wüstenhaft trocken. Die enormen Niederschläge, die oberhalb der Schneegrenze von 1.000 bis 1.100 m auf die Eismassen niedergehen, sind der Grund, dass die Eiskappe, deren Bildung vor etwa 4.000 Jahren begann, in dieser Form heute überhaupt noch existiert. Tatsächlich zieht sich das Eis aufgrund der stetigen Erwärmung seit ca. 150 Jahren (fast) überall stark zurück.

Schließlich ist der Vatnajökull auch in großem Maße für die Gestalt der umliegenden Landschaft verantwortlich. Seine gewaltigen Eismassen hobeln und zermalmen die darunter begrabenen Gesteinsschichten, deren „Späne" als Geröll zum Beispiel im Skeiðarársandur abgeladen werden.

Wie bei vielen isländischen Eiskappen schlummern auch unter dem Vatnajökull aktive Vulkane. Erwähnenswert ist vor allem der „Dauerbrenner" **Grímsvötn**, der zuletzt 2011 ausgebrochen ist. Der dortige Vulkanismus ist Sinnbild für das Zusammenspiel von Feuer und Eis. Weitere subglaziale Vulkane sind die Kverkfjöll im Norden, der Öræfajökull im Süden, Esjufjöll und Bárðarbunga.

Zahlreiche subglaziale Eruptionen brachten in kürzester Zeit immer wieder gewaltige Eismassen zum Schmelzen und führten zu den gefürchteten Gletscherläufen (☞ Land und Leute, Geologie). Letztere haben durch das Mitreißen von Geröllmassen auch die gewaltige Schwemmlandebene des ☞ **Skeiðarársandur** aufgebaut. Aber auch ohne diese Gletscherläufe versorgt der Vatnajökull zahlreiche Flüsse mit großen Wassermengen. So speist er z. B. im Norden die Jökulsá á Fjöllum, einen der wasserreichsten Flüsse Islands, der auf seinem Weg einen spektakulären Canyon und imposante Wasserfälle bildet, darunter den berühmten ☞ Dettifoss.

✋ Gletscherbegehungen sind sehr gefährlich und bedürfen eines ortskundigen Führers und/oder Erfahrung sowie einer entsprechenden Ausrüstung, die vor allem auch den besonderen Witterungsverhältnissen Islands gerecht werden muss. Unerfahrene können an geführten Gletscherwanderungen teilnehmen oder (im Winter) mit einem ortskundigen Guide eine Gletscherhöhle erkunden.

Reizvoll und empfehlenswert sind auch Rundflüge über dem Vatnajökull, die von diversen Fluggesellschaften überwiegend von Reykjavík und Skaftafell aus angeboten werden. Diese Flüge lohnen sich jedoch nur bei wirklich ausgezeichnetem Wetter – sind dann aber ein grandioses Erlebnis.

880 **Nesjahverfi**, (in der N1-Tankstelle)

Seljavellir Guesthouse, 478 1866, www.seljavellir.com.
Moderne, komfortable Zimmer mit toller Aussicht auf Berge und Gletscher

♦ **Hótel Jökull**, 478 1400, hoteljokull.is.
Gepflegtes Landhotel in einem ehemaligen Internat. Moderne, solide ausgestattete Zimmer mit geteilten Bädern

885 Lindarbakki,

Fosshótel Vatnajökull***, 478 2555, www.islandshotel.is, ganzjährig. Gut ausgestattete, frisch renovierte Zimmer mit spektakulärem Gletscherblick

888 Abzweigung der Str. 984 nach **Hoffell** (4 km) in der Nähe des Gletschers Hoffellsjökull

Guesthouse Glacier World Hoffell, 478 1514, glacierworld.is, ganzjährig. O. Moderne Zimmer verteilt auf 3 umgewandelte Häuser (Wohnhaus, Scheune und Kuhstall), großartige Lage; Quadtouren; 4 unterschiedlich temperierte O Hot Pots (ISK 1.000, gratis für Hausgäste)

Die Straße wendet sich nun nach Südwesten.

892 Auf einer 254 m langen Brücke wird der stark verflochtene Gletscherfluss **Hornafjarðarfljót** überquert.

Die nun folgende Strecke gehört zu den schönsten Abschnitten der Ringstraße. Immer wieder ergeben sich grandiose Ausblicke auf die Eiszungen des Vatnajökull.

Zu Ihrer Linken erstreckt sich der erste Sander, entstanden durch subglaziale (= unter dem Gletscher vor sich gehende) Vulkanausbrüche.

901 Brunnhóll,

🛏 **Guesthouse Brunnhóll**, Mýrar, ☏ 478 1029, 💻 www.brunnholl.is, 🚪 Feb bis Nov, ✕ ☕ ▢. Auf der Öko-Farm verwöhnen Jón Kristinn und Sigurlaug ihre Gäste mit frischen Pfannkuchen zum Frühstück und leckerem Eis aus eigener Produktion.

903 Lambleiksstaðir, 🛏

🛏 **Lambhús Cottages**, Mýrar, ☏ 662 1029, 💻 www.lambhus.is, 🚪 Juni bis Mitte Sep. Einfache, kleine Holzhütten für Selbstversorger mit ⌂ 🚿 auf dem Bauernhof, ideal für Familien

903 Hólmur, 🛏 ✕

🛏 **Guesthouse Hólmur**, Mýrar, ☏ 478 2063 + 861 5959, 💻 www.holmurinn.is, ✕ ☕ ⌂. Sehr nettes Guesthouse auf einer Farm; Streichelzoo

✕ **Jón Ríki**, 💻 jonriki.is. Das Restaurant mit Kneipenambiente gehört zum Guesthouse Hólmur. Auf der Karte stehen Hummer, Lamm, Pizza usw. Eigene Bierbrauerei!

904 Abzweigung nach Nýpugarðar (3,5 km), 🛏

🛏 **Nýpugarðar Guesthouse**, Mýrar, ☏ 893 1826, 💻 glacierview.is, ✕. Auf der Schaf- und Pferdefarm gibt es sieben preiswerte, einfache, saubere Zimmer mit Etagenbad.

906 P 🚻 Ausblick auf drei Gletscherzungen

914 P Denkmal für den Wissenschaftler und Kartografen Jón Eiríksson (1728-1787), der hier geboren wurde.

Abzweigung nach Skálafell, 🛏

🛏 **Guesthouse Skálafell**, Skálafell 1, ☏ 478 1041, 💻 www.skalafell.net, 🚪 ganzjährig, ✕. Zimmer mit eigenem Bad (Hütten) bzw. mit geteiltem Bad (im Haupthaus) auf einer Farm in der Nähe des Skálafellsjökull

916 P Parkplatz und Abzweigung der F985, einer rauen Piste (nur Geländefahrzeuge!) zur 16 km entfernten Berghütte Jöklasel (⇧ 840 m), ⌂ ✕ ❄

⌂ **Jöklasel**, ☏ 478 1000 + 894 3133, 💻 www.vatnajokull.com/joklasel.htm. Einfaches „Berghotel" mit Matratzenlagern/Schlafsackunterkunft ohne Duschen, ✕ Restaurant mit Blick auf die Küste in der Tiefe

❄ Von Jöklasel werden Gletscherwanderungen, Fahrten mit Superjeeps (modifizierten Jeeps) und Schneemobiltouren auf dem nahen Gletscher Skálafellsjökull angeboten. Wer über ein geländegängiges Fahrzeug verfügt, kann selbst hochfahren. Alternativ besteht die Möglichkeit, sich unten abholen zu lassen. Der Veranstalter holt die Teilnehmer in der Hauptsaison (Mitte Juni bis Mitte Okt) täglich um 9:30 und 14:00 vom P Parkplatz an der Ringstraße ab, in den übrigen Monaten (März bis Mitte Juni und Mitte bis Ende Okt) vom ☞ HI Hostel Vagnsstaðir.

♦ **Glacier Jeeps – Ice & Adventure**, Vagnsstaðir, Hornafjörður, ☎ 478 1000 + 894 3133, www.glacierjeeps.is, Gletscherwanderungen: Mitte Juni bis Mitte Okt; Superjeep-Touren: März bis Okt; Schneemobilfahrten: März bis Mitte Okt; Preise jeweils ab ISK 24.000

918 Smyrlabjörg, 🛏

🛏 **Hótel Smyrlabjörg**, ☎ 478 1074, www.smyrlabjorg.is, ✕ 🍷. Großes, familiengeführtes Landhotel auf einem Bauernhof

923 P i

925 Vagnsstaðir,

HI Hostel Vagnsstaðir, ☎ 478 1048, vagnsstadir@hostel.is, ganzjährig, . Jugendherberge mit 26 Betten

927 Brunnavellir, 🛏

🛏 **Brunnavellir**, ☎ 478 1055 + 892 7056, brunnavellir@simnet.is, . Einfache Zimmer für Selbstversorger auf einem Bauernhof

937 . Abzweigung nach **Hali** (200 m), 🛏 ✕ ⌘

🛏 **Hali Country Hotel*****, ☎ 478 1073 + 867 2900, www.hali.is. Stilvolles Landhotel auf einem Bauernhof. Auch die Nähe zur Gletscherlagune Jökulsárlón (13 km) ist ein Pluspunkt.

♦ **Gerði Guesthouse**, ☎ 478 1905 + 846 0641, www.gerdi.is, ganzjährig. Gästehaus auf einer Schafsfarm an der Küste

⌘ Blickfang in Hali ist ein moderner Bau, dessen Längsseite wie ein riesiges Bücherbrett mit 45 Buchrücken gestaltet wurde. Das Museum Þórbergssetur ist dem Schriftsteller Þórbergur Þórðarson (1888-1974) gewidmet, der u. a. mit dem Buch „Islands Adel" bekannt wurde. Die Buchrücken der Fassade sind überdimensionale Replikate seiner Bücher.

♦ **Þórbergssetur**, Hali, ☎ 478 1078 + 867 2900, www.thorbergur.is, tägl. 8:00-21:00, Eintritt ISK 1.000 (gratis für Gäste des Restaurants), ✕ i

📖 **Íslands Adel**, Þórbergur Þórðarson, S. Fischer Verlag, ISBN 978-3-10-078023-2, € 22,95

Rechts taucht nun der gewaltige Gletscher **Breiðamerkurjökull** auf und Sie erreichen den großen Breiðamerkursandur.

942 🅿 ⛺

951 Vor der Hängebrücke über die **Jökulsá** – der 500 m lange Abfluss der Lagune ☞ **Jökulsárlón** ist der kürzeste Fluss Islands – befindet sich ein großer 🅿 Parkplatz mit einer Ladestation für E-Autos und einem ☕ Café mit Souvenir-Kiosk.

☕ **The Glacier Lagoon Café**, ☏ 478 2222, 💻 icelagoon.is/the-cafe, Juni bis Sep tägl. 9:00-19:00; März bis Mai und Okt tägl. 9:00-18:00; Nov bis Feb tägl. 9:00-17:00

Weil der See auf Meeresspiegelhöhe liegt, ist hier bei Flut das Schauspiel eines „bergauf" fließenden Flusses zu bestaunen. Im Westen erhebt sich in gut 20 km Luftlinie der Gletschervulkan Öræfajökull mit dem **Hvannadalshnúkur** (⇧ 2.109 m), dem höchsten Berg Islands.

Jökulsárlón

Die Hauptattraktion der 248 m tiefen Lagune sind die schneeweiß bis tiefblau leuchtenden Eisberge des in den See kalbenden Gletschers **Breiðamerkurjökull**. Der Gletschersee existiert erst seit der ersten Hälfte des 20. Jh. Um 1890 reichte die Eiszunge noch bis fast ans Meer heran. Dann begann sie zu schrumpfen und es bildete sich ein stetig wachsender See: 1956 hatte dieser eine Fläche von 4,5 km², 1975 war er bereits 8 km² groß, heute sind es in etwa 25 km². Seit 1890 hat sich der Gletscher insgesamt 7 bis 8 km zurückgezogen. Seit dem 25. Juni 2017 gehört Jökulsárlón zum Nationalpark Vatnajökull.

Übrigens ist der Ausfluss des Gletschersees erst seit 1967 überbrückt. Im 18. und 19. Jh. stellte die Jökulsá für Reisende oft ein unüberwindliches Hindernis dar. War der Wasserstand zu hoch, wurde damals oft auf den Breiðamerkurjökull ausgewichen. Zwischen 1870 und 1940 wurde die Route über den Gletscher sogar zu einem echten Verkehrsweg ausgebaut. Die Strecke wurde mit Stangen markiert, Gletscherspalten wurden überbrückt und der „Weg" mit Sand und Ton ausgebessert. Diese Arbeiten wurden von den Bauern von Kvísker und Reynivellir vorgenommen, die auch Post und Reisende über den Gletscher beförderten.

🚢 Vom Kiosk aus schippert das Unternehmen „Glacier Lagoon" mit Amphibienfahrzeugen auf dem See zwischen den Eisbergen hindurch. Die Boote fahren in etwa bis zur Mitte des Sees – leider nicht bis an die Abbruchkante des Gletschers. Später wird ein Mini-Eisberg an Bord geholt, der mit einem Eispickel zerkleinert (für den abendlichen Whisky mit tausendjährigem Eis) an die Fahrgäste gereicht wird. Ein Guide erläutert auf Englisch Besonderheiten der Geologie und Biologie. Unterwegs sind oft Seehunde in der Lagune zu sehen.

Alternativ werden von „Glacier Lagoon" und „Ice Lagoon", einem weiteren Anbieter, Touren mit großen **Schlauchbooten** (Zodiacs) organisiert, die bis fast an die Abbruchkante des Gletschers fahren.

- **Glacier Lagoon**, ☏ 478 2222, 💻 icelagoon.is. Bootstouren mit Amphibienfahrzeug: Mai bis Okt, 6-9x tägl., ⌛ 30-40 Min., ISK 5.800, Kinder 6-12 Jahre ISK 2.000; Bootstouren mit Zodiac: Mitte Mai bis Mitte Okt, bis 12x tägl., ⌛ 1 Std., ISK 9.900, Kinder 10-12 Jahre ISK 5.000, Mindestalter 10 Jahre, Abfahrt beim Café
- **Ice Lagoon**, ☏ 860 9996, 💻 icelagoon.com. Bootstouren mit Zodiac: Mai bis Mitte Okt, 5-8x tägl., ⌛ 1 Std., ISK 9.900, Kinder 6-15 Jahre ISK 6.500, Abfahrt vom Ufer der Jökulsá (100 m nördlich der Brücke)

Auch als Drehort hat sich Jökulsárlón etabliert. So wurden hier Szenen der James-Bond-Filme „Im Angesicht des Todes" (1985) mit Roger Moore und „Stirb an einem anderen Tag" (2002) mit Pierce Brosnan gedreht. Auch Teile des Streifens „Batman begins" (2005) sind hier entstanden.

Bootstour mit einem Amphibienfahrzeug auf dem Jökulsárlón

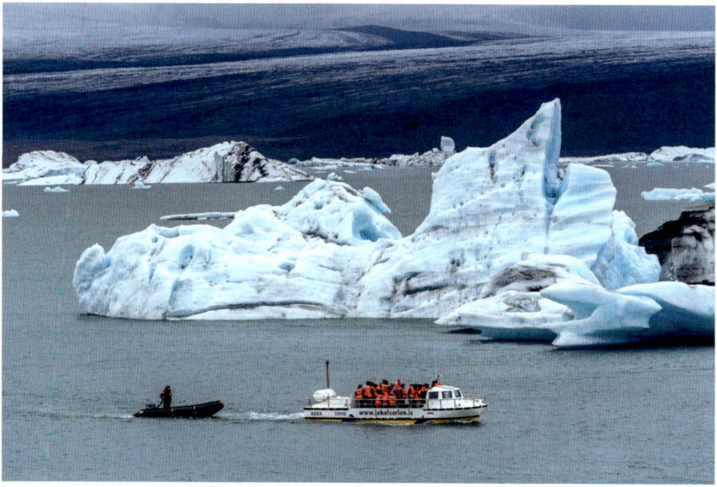

Für „Stirb an einem anderen Tag" wurde der Abfluss des Sees kurzfristig zugeschüttet, um das Einfließen von Salzwasser bei Flut für ein paar Tage zu verhindern. Prompt fror der See wie erwartet zu und wurde so zur Bühne für einige Actionszenen. Für „Batman begins" ließ man den See erneut zufrieren.

Auf der anderen Seite der Brücke gibt es einen weiteren großen Parkplatz mit wildem Stellplatz. Hier lassen sich Küstenseeschwalben und mit etwas Glück auch Seehunde beim Fischen im Fluss zusehen.

Die Ringstraße durchquert anschließend den Breiðamerkursandur, ein großes Vogelbrutgebiet, in dem neben der weitverbreiteten Küstenseeschwalbe auch die dunkelbraune Große Raubmöwe nistet.

Achten Sie auf die Nester, die die Vögel am Boden angelegt haben, wenn Sie durch den Sander wandern. Nehmen Sie sich auch vor den Angriffen der Vögel in Acht, die ihre Brut mit aggressiven Sturzflügen verteidigen. Zum Schutz empfiehlt es sich, eine Mütze auf einem Stock hochzuhalten, da die Vögel dann die Mütze als höchsten Punkt angreifen!

961 Abzweigung einer Schotterstraße zum Gletschersee **Fjallsárlón** (1 km),

Fjallsárlón

Dieser Gletschersee hat sich durch Abschmelzen des Fjallsjökull gebildet. Auch dieser Gletscher kalbt in einen See, auf dem Eisberge schwimmen. Im Gegensatz zum Jökulsárlón ist das Wasser hier von den Schwebstoffen milchig trübe. Schöner Ausblick auf den Gletscher vom Parkplatz am Ende der Stichstraße

Fjallsárlón Frost Restaurant, 666 8006, fjallsarlon.is/frost, tägl. 10:00-17:00 Für den schnellen Happen zwischendurch: Suppen, Sandwiches, Kuchen usw.

Auch auf dem Fjallsárlón werden Bootstouren mit Schlauchbooten (Zodiacs) zwischen den Eisbergen angeboten.

♦ **Fjallsárlón Glacier Lagoon**, t 666 8006, www.fjallsarlon.is. Bootstouren mit Zodiac: Mitte März bis Mitte Nov, 5-9x tägl., z 45 Min., ISK 6.900, Kinder 6-15 Jahre ISK 3.500, Mindestalter 6 Jahre

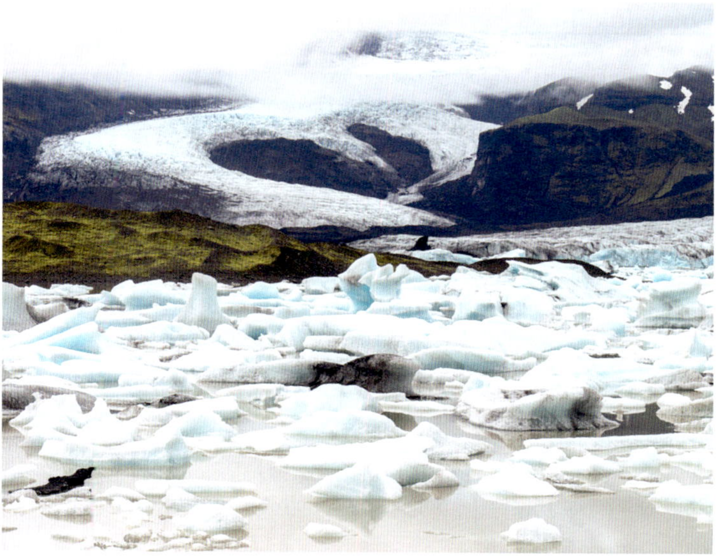

Eisberge auf dem Fjallsárlón

962 Brücke über die **Fjallsá**, den Abfluss des Fjallsárlón

966 Kvísker, ein einsames Gehöft zwischen den Gletscherabflüssen

970 Kvíárjökulskambar, P gleich hinter der Brücke über den Gletscherfluss Kvíá

980 Hnappavellir,

Fosshótel Glacier Lagoon****, Hnappavellir, Öræfi, 514 8300, glacier@fosshotel.is, www.islandshotel.is. Brandneues Luxushotel mit 104 Zimmern in einem modernistischen, mit Holz verkleideten Gebäude mit Blick auf die Berge

983 **Fagurhólsmýri**, (nur mit Karte)

Die kleine Siedlung im Schatten des Vulkans Öræfajökull gehörte lange zu den isoliertesten Orten Islands. Das änderte sich erst mit der Eröffnung einer durchgehenden Straße über den Skeiðarársandur in den 1970er-Jahren.

Öræfajökull

Wer auf der Ringstraße von Westen angerollt kommt, erkennt bei gutem Wetter schon 100 km weit weg die gewaltige, weiße Silhouette des Gletschervulkans Öræfajökull, die geradezu aus der Küstenebene in den Himmel zu wachsen scheint. Der Stratovulkan, der seine Umgebung um 1.850 m überragt, ist der drittgrößte Zentralvulkan Islands. Sein Hauptgipfel, Hvannadalshnúkur (⇧ 2.109 m), ist auch der höchste Berg des Landes. Im Gipfelbereich des Vulkans befindet sich eine 12 km² große und bis zu 700 m tiefe, mit Eis gefüllte Caldera. Gerade diese Lage unter dem Eis macht den Vulkan auch so gefährlich. Seit der Besiedlung explodierte er zweimal: 1362 und 1727. Besonders verheerend war der Ausbruch im Jahr 1362. Damals wurde der fruchtbare Distrikt Litla-Hérað (= der kleine Bezirk) durch Gletscherläufe, pyroklastische Ströme und Ascheregen regelrecht ausradiert. Um die 40 Bauernhöfe wurden zerstört, 250 bis 400 Leute kamen ums Leben. Danach erhielt die Region ihren heutigen Namen: Öræfi (= Ödland).

Seit 1727 ist der Vulkan nicht mehr ausgebrochen. In den letzten Jahren gibt es jedoch vermehrt Anzeichen, dass der Riese allmählich aus seinem Dämmerschlaf aufwachen könnte. Im Sommer und Herbst 2017 wurden ungewöhnlich

Der Gletschervulkan Öræfajökull liegt im Dämmerschlaf

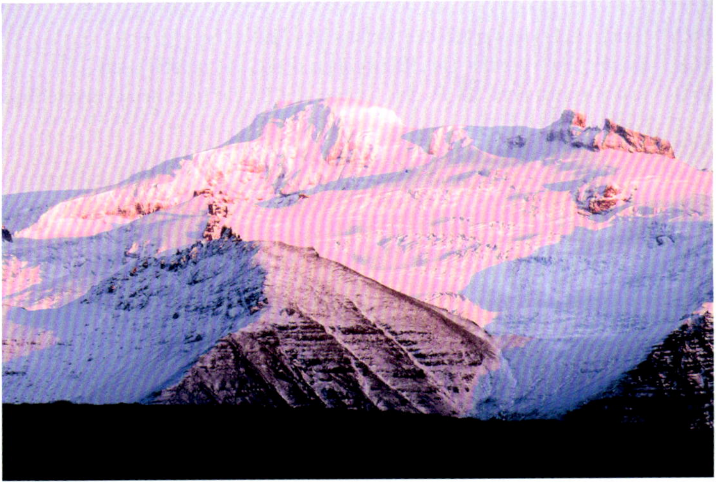

hohe seismische Aktivitäten registriert, während einige Gletscherflüsse einen Schwefelgeruch verbreiteten. Im November 2017 wurde auch ein Einbruchkessel von etwa 1 km Durchmesser entdeckt. Hinzu kommen geodätische Messungen, die auf ein allmähliches Aufquellen des Berges hinweisen. Ob diese Unruhe auch auf einen bevorstehenden Ausbruch hindeutet, lässt sich dennoch zurzeit nicht sagen.

Links liegt auf einer Nehrung das Kap **Ingólfshöfði**, der erodierte Stumpf einer Vulkaninsel, die später verlandet ist. Hier landete 870 der Norweger **Ingólfur Arnarson** und verbrachte seinen ersten Winter auf Island.

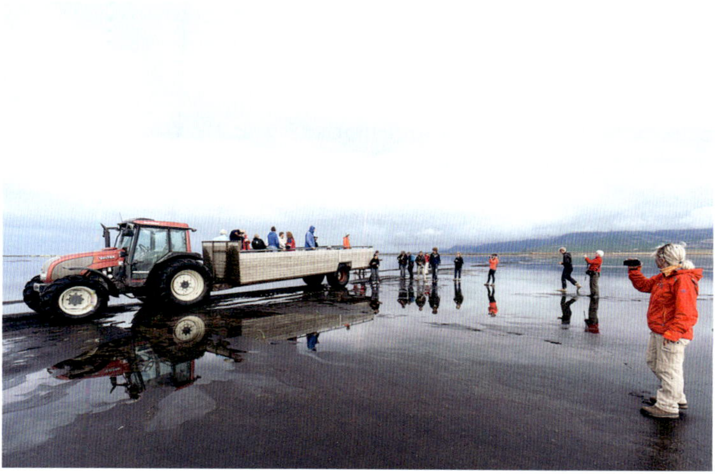

Ingólfshöfði: die etwas andere Vogelsafari

Heute werden in der Saison etwas ungewöhnliche Exkursionen nach Ingólfshöfði angeboten: Mit Trecker und Heuwagen geht es über das Haff Leirur zum Kap, wo Sie unter kundiger Führung zu Fuß den Vogelberg erkunden und Papageitaucher, Trottellummen und Raubmöwen aus nächster Nähe betrachten können. Eine launige Erfahrung, auch mit Kindern!

♦ **From Coast to Mountains**, Fagurhólsmýri, ☏ 894 0894, www.fromcoasttomountains.com. Vogelsafari: Mai bis Mitte Aug Mo-Sa 2-3x tägl., ⧗ insgesamt 2 Std. 30 Min. (davon 1 Std. 30 Min. zu Fuß), ISK 9.000, Kinder 8-16 Jahre ISK 2.500. Startpunkt: Ingólfshöfði Check-in Hut (2 km von der Ringstraße, ausgeschildert)

❄ Im Winter bietet das gleiche Unternehmen auch spannende Touren zu Eishöhlen des Vatnajökull an.

♦ **From Coast to Mountains**, www.fromcoasttomountains.com/icecaving. Eishöhlen: Nov bis März, 5-7 Std., ISK 50.000, Mindestalter 13 Jahre, Startpunkt: Café Vatnajökull (Fagurhólsmýri)

Die Straße führt nun weiter am Ostrand des gewaltigen Skeiðarársandur entlang.

988 Abzweigung nach **Hof**

In Hof lebten im späten 19. Jh. noch etwa 130 Leute, verteilt auf 18 Höfe, heute zählt der abgeschiedene Weiler nur noch 20 Bewohner.

Blickfang ist die malerische kleine Hofskirkja. Die 1883-84 erbaute Kirche ist die jüngste der sechs erhaltenen Torfkirchen Islands. Die Wände bestehen aus aufgeschichteten Basaltblöcken, das Dach aus flachen Steinplatten, bedeckt mit Torf. Die Kirche wurde 1953-1954 wiederaufgebaut und ist heute im Besitz des Nationalmuseums. Sie fungiert noch immer als Pfarrkirche.

Hof 1 Hotel, Hof 1, Öræfi, ☏ 478 2260, hof1.is. Das kleine, gemütliche Landhotel neben der Kirche bietet Zimmer in umgebauten Scheunen und Schafställen und in einem neuen Flügel. Hinzu kommen einige Zimmer in der früheren Schule und vier Hütten.

993 Háalda, **P**

Die beiden „Krater" am Parkplatz waren einmal die „letzte Ruhestätte" von Eisbergen, die von einem Gletscherlauf hierher geschwemmt wurden.

994 Sandfell, **P** mit

1.000 Zufahrt nach Svínafell, der ältesten Siedlung dieser Gegend

Svínafell, ☏ 478 1765 + 868 8193, www.svinafell.com, Mai bis Sep. Preisgünstige Schlafsackunterkunft im Haupthaus und einfache Holzhütten für je 4 Pers. Großer Campingplatz

1.002 Freysnes,

Hótel Skaftafell***, Skaftafell 2, ☏ 478 1945, www.hotelskaftafell.is. Großes Hotel mit zweckmäßig eingerichteten Zimmern. Die Lage am Fuß des Öræfajökull ist einmalig – und hat ihren Preis.

Shell, ☏ 478 2242, tägl. 9:00-20:00, (Pizza, Hamburger)

1.004 P Zufahrt zum **Svínafellsjökull** (Schotterstraße, 3 km, P)
1.005 Abzweigung der Str. 998 nach **Skaftafell** (2,5 km), ⌘

Skaftafell

Skaftafell Visitor Centre „Skaftafellsstofa", ☏ 470 8300, skaftafell@vjp.is, www.vjp.is, Juni bis Aug tägl. 8:00-19:00; März bis Mai, Sep bis Okt tägl. 9:00-18:00; Jan bis Feb, Nov bis Dez tägl. 10:00-18:00, . An der Infotheke bekommen Sie ein Informationsblatt (deutsch) und die Ranger helfen bei Fragen, z. B. zu Wanderungen.

⌘ Ausstellung über Geologie, Fauna und Flora. ☺ Schauen Sie sich unbedingt den Videofilm über den verheerenden Gletscherlauf von 1996 an! Eintritt frei

☏ 842 4350 (Sommer) + 470 8300, ganzjährig, . Sehr großer Zeltplatz mit 400 Standplätzen und modernen Sanitäreinrichtungen. Der Zeltplatz ist besonders an Wochenenden stark besucht und an Feiertagen ist „der Bär los".

Wer außerhalb des Zeltplatzes zelten möchte, z. B. bei einer Wanderung im Nationalpark, benötigt die ausdrückliche Erlaubnis durch die Ranger (im Informationszentrum einholen).

Der frühere Skaftafell-Nationalpark ist seit 2008 Teil des ☞ **Vatnajökull-Nationalparks**. Das Gebiet erstreckt sich am Fuß des Gletschers Vatnajökull oberhalb des mächtigen ☞ **Skeiðarársandur**. Jene Teile, die nicht vom ewigen Eis bedeckt sind, bestehen aus Erosionslandschaften alpinen Charakters. Die Umgebung wird außerdem durch Gletscherflüsse, Seen und hohe Berge geprägt. Der höchste Gipfel ist der Miðfellstindur (⇧ 1.430 m). Der 1.179 m hohe Þumall (= Daumen), ein steiler Basaltfelsen, stellt eine Herausforderung für Extrembergsteiger dar.

Skaftafell wird von drei Gletscherzungen umgeben. Der **Skeiðarárjökull** (1.380 km²) ist ein typischer Auslassgletscher: Das Eis bahnt sich vom Rand der Vatnajökull-Eiskappe einen Weg durch einen relativ schmalen Auslass und ergießt sich schließlich in den ☞ Skeiðarársandur, den vorgelagerten Sander. Der **Morsárjökull** erstreckt sich im Tal der Morsá. Die dritte Eiszunge ist der Skaftafellsjökull, ein Ausläufer des Öræfajökull. Noch 1940 stießen der **Skaftafellsjökull** und der südlich gelegene Svínafellsjökull an ihren Spitzen zusammen. Daran ist zu erkennen, wie stark sich das Eis in den letzten 50 Jahren zurückgezogen hat.

Westlich von Skaftafell entspringt die **Skeiðará** aus dem gleichnamigen Gletscher. Bevor der Gletscherfluss 1974 überbrückt wurde, bildete er wegen seines breiten Laufes und des vielen Wassers oft ein unüberwindliches Hindernis für Reisende, die den Skeiðarársandur überqueren wollten. Die Skeiðará ist auch berüchtigt für ihre wilden **Gletscherläufe** (☞ Land und Leute, Geologie), oft ausgelöst durch Ausbrüche des unter dem Eis des Vatnajökull schlummernden Vulkans Grímsvötn. Vor allem während der Kleinen Eiszeit rasten zahlreiche Gletscherläufe über die Sand- und Schotterebene. Im 19. Jh. ereigneten sich mindestens zehn solcher Gletscherläufe, beim größten wurde die ganze Ebene überschwemmt.

Die Umgebung von Skaftafell weist hohe **Niederschläge** auf, im Schnitt 1.760 mm/Jahr. Dennoch ist das Wetter hier oft erstaunlich gut, da der mächtige Öræfajökull bei Südostwind das schlechte Wetter auf sich zieht und so in Skaftafell die Sonne scheinen lässt.

Trotz der so unwirtlich erscheinenden Umgebung gedeihen im Park etwa 210 Pflanzenarten. Dabei reicht die Vegetation von einfachen Moosen bis hin zu Birken, die im Bereich des Bæjarstaðarskógur sogar „Wahnsinnshöhen" von 10 m und mehr erreichen. Das Tierleben konzentriert sich auf eine bemerkenswerte

Der Wasserfall Svartifoss ist ein beliebtes Wanderziel

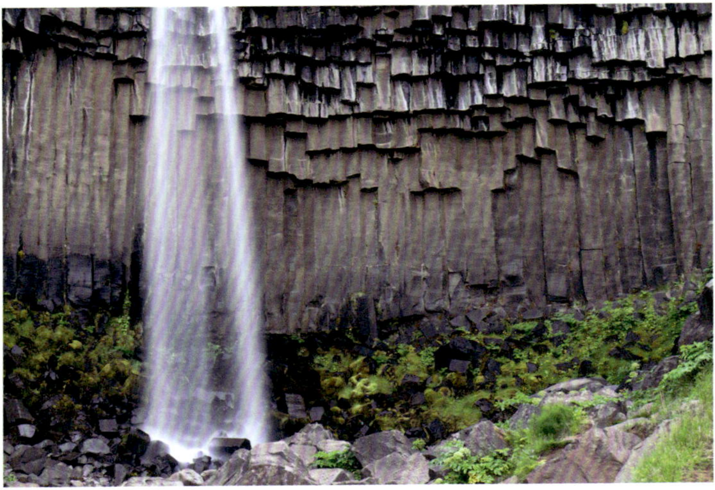

Vielzahl an Insekten und eine Reihe von Vogelarten. Seit gut 20 Jahren hält auch die Feldmaus in dieses Gebiet Einzug. Größere Tiere sind äußerst selten.

Nicht nur wegen der Natur, sondern auch wegen einiger historischer Besonderheiten ist die Region einen Besuch wert. Schon in der Landnahmezeit (☞ Land und Leute, Geschichte) befanden sich hier einige Höfe, im Bereich von Skaftafell soll außerdem ein Versammlungsplatz für die Bewohner der Gegend existiert haben.

Lange gehörte die Umgebung zu den entlegensten Gebieten Islands. Diese Isolation rührte auch daher, dass die gesamte Küste keinen einzigen natürlichen Hafen besitzt. Mit Einführung des Flugverkehrs besserte sich die Lage etwas, da in Fagurhólsmýri eine Landepiste angelegt wurde. Doch erst der Straßenbau brachte den entscheidenden Fortschritt, als es 1974 zur Anbindung an das Straßennetz Westislands kam.

Skaftafell erreichen Sie über die Stichstraße von der Ringstraße, weitere Erkundungen des Nationalparks sind nur zu Fuß möglich. Dazu gibt es etliche gut markierte Wanderwege. Auskünfte über Wandermöglichkeiten erhalten Sie im **i** Besucherzentrum am Zeltplatz.

Wandern im Nationalpark:

▷ Das beliebteste Ziel für Wanderer ist der Svartifoss (= Schwarzer Wasserfall). Dieser führt vergleichsweise wenig Wasser, stürzt aber malerisch über eine Felskante, die aus herrlich langen Basaltsäulen besteht. Der Weg beginnt am Zeltplatz links von der Information und steigt teilweise etwas steil bergan. ⌛ h/z 1 Std. bis 1 Std. 30 Min.

☺ Für Gehbehinderte besteht die Möglichkeit, die Hälfte des Weges mit dem Auto hinaufzufahren. Ein Schild unten verbietet aber allen anderen das Hinauffahren!

▷ Ein weiterer beliebter Wanderweg führt zum Fuß des Skaftafellsjökull. Dieser leichte Weg beginnt östlich des Servicegebäudes. Der größte Teil ist auch für Rollstuhlfahrer geeignet. ⌛ h/z 1 Std. bis 1 Std. 30 Min.

▷ Reizvoll ist auch ein Marsch zu einem Aussichtspunkt im Morsárdalur mit schönem Blick auf den Morsárjökull und dessen Gletschersee. ⌛ h/z 6-7 Std.

▷ Ein weiteres lohnenswertes Ziel ist der Wald Bæjarstaðarskógur. ⌛ h/z 4-5 Std. Sie können diese Wanderung auch bis Kjósarbotn (in der Nähe des Vatnajökull) fortsetzen. Erkundigen Sie sich, ob dazu das Durchwaten von Flüssen notwendig ist. Dies kann (je nach Wasserlage) heikel sein. ⌛ 8 bis 10 Std.

▷ Eine tolle Rundwanderung über die Skaftafellsheiði ermöglicht eine Kombination des Wasserfalls Svartifoss mit diversen Aussichtspunkten wie Sjónarnípa, Gláma (Blick auf Skaftafellsjökull) und Fremri-Hnaukur (Blick auf Skeiðarárjökull). ⌛ 5 bis 6 Std. Für konditionsstarke Wanderer bietet sich – bei guter Sicht! – an, die Wanderung mit der Besteigung des Aussichtsgipfels Kristínartindar (nicht markiert) zu verbinden. ⌛ 7-8 Std.

Für alle Touren gilt: Sie wandern in unmittelbarer Nähe eines Gletschers, gutes Schuhwerk, warme Kleidung und Regenzeug sind ein Muss! Selbst wenn zu Beginn die Sonne scheint, kann es zwei Stunden später bitterkalt sein. Vor einer Begehung der Gletscher muss ausdrücklich gewarnt werden! Nur erfahrene Bergsteiger mit entsprechender Ausrüstung sollten Derartiges erwägen.

Gletscherwanderung auf dem Svínafellsjökull

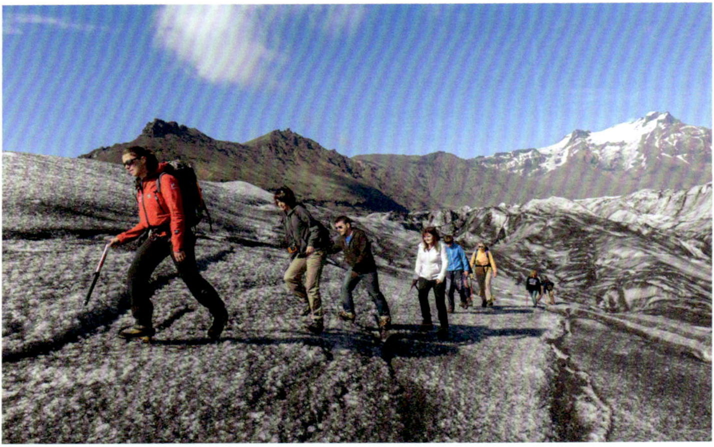

❄ Darüber hinaus werden von Skaftafell aus geführte Gletscherwanderungen und Touren zu Eishöhlen im Gletscher angeboten.

♦ **Icelandic Mountain Guides**, ☏ 587 9999, 💻 www.mountainguides.is. Gletscherwanderungen: ganzjährig, ⌛ ca. 3 Std., ab ISK 10.900, Treffpunkt: P Skaftafell; Eishöhlen: Nov bis März, ⌛ 3-4 Std., ab ISK 16.900, Mindestalter 10 Jahre, Treffpunkt: P Skaftafell

Nun beginnt einer der vielleicht nicht schönsten, aber gewiss eindrucksvollsten Streckenabschnitte der Ringstraße. Diese führt quer durch den gewaltigen ☞ **Skeiðarársandur**, der erst 1974 durch den Bau einer Brücke über die Skeiðará erschlossen wurde. Auf gut 30 km verläuft der Weg durch endlose Stein- und Geröllfelder, die von einigen großen Gletscherflüssen gequert werden.

1.005 Gegenüber der Abzweigung nach Skaftafell liegt der **Skaftafell Airport**. Von diesem kleinen Flugplatz werden Rundflüge zu verschiedenen Zielen angeboten: Grímsvötn, Hvannadalshnúkur und Jökulsárlón, Landmannalaugar, Laki usw.

Atlantsflug, Skaftafell Airport, ☏ 555 1615, www.flightseeing.is. Preisbeispiel: Hvannadalshnúkur und Jökulsárlón (⌛ 45 Min.): ISK 41.500 pro Person

1.008 **P** **i** **Skeiðará Bridge Monument**. Das Denkmal, das aus zwei verbogenen Stahlträgern besteht, erinnert an die zerstörerische Kraft des verheerenden Gletscherlaufs von 1996 (☞ Skeiðarársandur).

Skeiðarársandur

Mit einer Fläche von 1.000 km² ist der Skeiðarársandur nicht nur der größte Sander (= Schwemmlandebene) Islands, sondern auch der größte Sander am Fuß eines aktiven Gletschers weltweit. Er ist bis zu 50 km lang, teilweise fast 30 km breit und wird von unzähligen Armen der Gletscherflüsse vom Vatnajökull geprägt. Die wichtigsten dieser Flüsse sind Gígjukvísl und Núpsvötn, beide im Westen der Ebene. Zahlreiche Gletscherläufe, die ihren Ursprung meist in einer erhöhten geothermalen Aktivität oder subglazialen Eruptionen des Vulkans Grímsvötn fanden, haben hier im Lauf der Jahrtausende Unmengen an Sand und Geröll angeschwemmt. Seismische Untersuchungen ergaben, dass die Sedimente, abgelagert in den 10.000 Jahren seit dem Ende der letzten Eiszeit, an der Küste eine Mächtigkeit von bis zu 250 m aufweisen. Seit der Landnahme rasten etwa 40 Gletscherläufe über den Skeiðarársandur, der erste im 14. Jh.

Da die Gletscherflüsse oft ihren Lauf ändern und vor allem bei Gletscherläufen ungeheure Wassermassen führen, stellte dieses Gebiet für den Bau einer Straße lange Zeit ein unüberwindliches Hindernis dar. Erst in den Jahren 1972 bis 1974 wurde die 33 km lange Strecke zwischen Skaftafell und Núpsstaður angelegt. Dazu wurden kilometerlange Dämme aufgeschüttet und die größten Flüsse überbrückt. Zusätzlich wurden Dämme im Sander errichtet, die die Wassermassen unter den Brücken hindurchleiten sollen.

Dass die Natur dennoch das letzte Wort hat, zeigten die Ereignisse im Herbst 1996: Nach einem subglazialen Ausbruch des Vulkans Gjálp brach eine gewaltige Schmelzwassermenge aus dem Gletscher hervor, die große Teile des Skeiðarársandur überschwemmte.

Der Gletscherlauf erreichte ein Volumen von bis zu 45.000 m^3/s (zum Vergleich: die Jökulsá á Fjöllum führt am Dettifoss im Sommer durchschnittlich 500 bis 700 m^3/s) und bedeckte zeitweise eine Fläche von 700 bis 800 km^2. In wenigen Tagen wurden insgesamt 3,5 km^3 Wasser transportiert. Die Wassermassen rissen bis zu 2.000 m^3 große Eiswürfel aus der Schnauze des Gletschers, die später als gestrandete Eisberge den Sander übersäten.

Die Schäden waren beträchtlich: Die Ringstraße wurde über eine Distanz von 10 km fortgerissen, die Brücke über die Gígjukvísl komplett zerstört, eine weitere über die Skeiðará (☞ Skeiðará Bridge Monument) schwer beschädigt.

Der Skeiðarársandur ist trotz seiner trostlosen Weite, seiner schmutzig wirkenden Flüsse und der grauen Flächen eine einzigartige Erscheinung und daher unbedingt sehenswert. Nicht zuletzt die großartige landschaftliche Kulisse des Skeiðarárjökull, die bis relativ nahe an die Ringstraße heranreicht, macht die Fahrt durch dieses Gebiet zu einem Erlebnis.

1.010 Die Ringstraße führt seit September 2017 über eine neue, nur 68 m lange Brücke über die **Morsá**. Diese ersetzt die wesentlich längere Brücke über die Skeiðará (etwas weiter südlich), über die der Verkehr bis dahin rollte. Die alte Skeiðarárbrú, mit einer Länge von 880 m einst die längste Brücke des Landes, wurde am 30. August 2017 außer Betrieb genommen. Sie war überflüssig geworden, nachdem die Entwässerung des Skeiðarárjökull sich in den letzten Jahren nahezu komplett nach Westen verlagert hat, wo die Schmelzwassermassen jetzt durch die **Gígjukvísl** fließen, während die **Skeiðará** kaum noch Wasser führt.

1.019 **P** ⊼

1.029 Eine 336 m lange Brücke führt über die **Gígjukvísl.** Auch diese Brücke musste nach dem verheerenden Gletscherlauf im Herbst 1996 (☞ Skeiðarársandur) ersetzt werden.

1.034 Brücke über die **Núpsvötn.** Hinter dieser 420 m langen Brücke ist das Ende des Sanders erreicht. Auf der rechten Seite erhebt sich, wie eine Festung, **Lómagnúpur**, ein 764 m hoher Felsklotz aus Palagonit.

1.040 Zufahrt nach **Núpsstaður** (500 m)

Núpsstaður

✝ Die Núpsstaðakirkja ist eine von sechs erhaltenen Torfkirchen in Island. Die ältesten Teile der winzigen Kirche datieren aus der Mitte des 17. Jh. 1765 wurde sie offiziell entweiht. Danach fungierte die Kirche als Oratorium, eine Weile wurde sie sogar als Lagerhaus genutzt. Erst Mitte des 20. Jh. wurde die Kirche, nach aufwendigen Restaurierungsarbeiten, wieder eingeweiht.

Umgeben wird Núpsstaður von hohen Felsen, die sich fast senkrecht in den Himmel strecken und dadurch das Gotteshaus noch winziger wirken lassen. Wie viele andere Kirchen gehört auch diese zu einem Gehöft. Neben der Kirche sind noch drei im Verfall begriffene Torfhäuser zu sehen, die Reste des ehemaligen Hofes.

Die Kirche befindet sich heute in Privatbesitz und kann leider nicht mehr besichtigt werden.

1.043 **P** mit Infotafel

1.048 **Fosshótel Núpar*****,

☎ 517 3060, nupar@fosshotel.is, www.islandshotel.is, ganzjährig. Das aus zweckmäßig ausgestatteten Wohncontainern zusammengesetzte Hotel inmitten karger Lavafelder übt einen ganz eigenen Reiz aus.

1.049 Abzweigung der Str. 201 nach **Hvoll** (2,5 km),

Road 201 – Hvoll Guesthouse, ☎ 487 4785 + 861 5553, www.road201.is, ganzjährig. Einfaches Gästehaus mit Hostel-Ambiente am Ende der Welt; auch Übernachtung im Schlafsack möglich

1.051 Brücke über den tosenden Gletscherfluss **Hverfisfljót**. Die durchschnittliche Wasserführung beträgt im Winter 5 bis 30 m³/s, im Sommer sind es schnell 50 bis 150 m³/s durch das Flussbett erreichte ein Teil der Lavamassen (Brunahraun) der ☞ Laki-Spalte im 18. Jh. die Südküste.
Hinter der Brücke (links): **P**

Die Ringstraße führt nun über das eindrucksvolle Lavafeld **Brunahraun**, entstanden beim Ausbruch der ☞ Laki-Spalte (1783-1784). Die Lava ist über und über mit Moos bewuchert. Aussteigen und anfassen!

1.060 Dverghamrar, **P**

Hinter dem Parkplatz erheben sich die **Dverghamrar** (= Zwergenfelsen), eine eigenartige Basaltsäulenformation. Ihr heutiges Aussehen erhielt die Umgebung vermutlich gegen Ende der letzten Eiszeit. Der Meeresspiegel lag damals höher als heute und die Basaltsäulen wurden wahrscheinlich durch die Brandung bearbeitet.

500 m weiter fällt links der schöne Wasserfall **Foss á Síðu** über die ehemalige Steilküste hinunter – d. h., wenn der Wind mitspielt. Bei starkem Wind kommt es vor, dass unten gar kein Wasser ankommt, weil alles fortgeweht wird …

1.072 **Kirkjubæjarklaustur**, 195 Ew. ⌘

Skaftá Visitor Centre „Skaftárstofa“, Klausturvegur 10, 487 4620, klaustur@vjp.is, www.vatnajokulsthjodgardur.is, Mitte Juni bis Mitte Aug tägl. 9:00-18:00; Mitte Mai bis Mitte Juni, Mitte Aug bis Sep tägl. 9:00-17:00; Okt bis Mitte Mai Mo-Fr 9:00-14:00.
Skaftárstofa ist eines der fünf offiziellen ⌘ Besucherzentren des Vatnajökull-Nationalparks. Diverse Ausstellungen über den westlichen Teil des Nationalparks: Katla-Geopark, Laki-Ausbruch (Film!), Eruption des Eyjafjallajökull (2010) usw. Verkauf von Büchern, Karten und Souvenirs

♦ www.visitklaustur.is

Hotel Klaustur***, Klausturvegur 6, 487 4900, hotelklaustur.is. Luxushotel in zentraler Lage. Gutes Restaurant mit lokalen Spezialitäten wie Seesaibling und Lammfleisch

♦ **Hotel Geirland***** (2 km vom Zentrum), 487 4677, www.geirland.is. Das Landhotel verfügt über 40 geräumige Zimmer mit Bad, die in der Nebensaison auch günstiger als Schlafsackunterkunft zu haben sind.

Tjaldsvæðið Kirkjubær II, 894 4495, kirkjubaer.com, ganzjährig, Juni bis Sep. Schöner Zeltplatz am Hang mit guten Standplätzen für Zelte und Wohnmobile, dazu 6 neue Holzhütten (Schlafsackunterkunft), ideal für Familien

Kirkjubæjarklaustur wird meist kurz als „Klaustur“ (= Kloster) bezeichnet. Der Ort liegt in einem fruchtbaren landwirtschaftlichen Gebiet und gehört zu den ältesten Siedlungen Südislands. Die ersten Bewohner waren vermutlich irische Mönche (*papar*), die noch vor der Landnahmezeit hier lebten. Sie hinterließen jedoch keine sichtbaren Spuren. Von 1186 bis zu Reformation (1550) existierte in Klaustur ein Benediktinerinnenkloster, an das außer ein paar Namen in der Umgebung ebenfalls nichts mehr erinnert.

Die 1974 fertiggestellte ✞ Kirche erinnert an die berühmte „Feuerpredigt" des Pfarrers Jón Steingrímsson während des Ausbruchs der ☞ **Laki-Spalte** im Jahr 1783. Noch während er vor der Gemeinde predigte, änderten die Lavamassen ihren Lauf und verschonten den Ort.

Sehenswert ist der **Kirkjugólf** (= Kirchenfußboden). Eine Kirche stand hier natürlich nie, sondern es handelt sich um ein natürliches, 80 m² großes Mosaik aus sechseckigen Basaltsäulen, die von den Gletschern und der Brandung glatt poliert worden sind. Der Zugang erfolgt über die Str. 203, die in Kirkjubæjarklaustur am Kreisverkehr nach Norden abzweigt. Nach 400 m erreichen Sie einen kleinen **P** Parkplatz mit einer Pforte im Zaun. Von dort führt ein ausgeschilderter Fußweg zu dem etwas erhöht liegenden Kirkjugólf. Oberhalb des Dorfes befindet sich der kleine **Systravatn** (= Schwesternsee), benannt nach den Ordensschwestern. Etwas weiter daneben liegt der Wasserfall **Systrafoss** (zu Fuß erreichbar).

1.072 Die Ringstraße streift den Ort und führt gleich darauf über die **Skaftá**. Der 115 km lange Gletscherfluss, der unter dem Skaftárjökull, einer Eiszunge des Vatnajökull, entspringt, ist berüchtigt für seine vielen Gletscherläufe. Dabei kann die Wasserführung (im Schnitt 115 m³/s) rasch bis auf 1.500 m³/s anschwellen.

Hinter der Brücke zweigt die Str. 204 nach **Þykkvibær** ab. Der kleine Ort ist heute eines der wichtigsten Kartoffelanbaugebiete Islands.

1.074 Sie durchqueren nun die **Landbrotshólar**.

Die vielen grasbewachsenen, oft konischen Hügel, die die Straße säumen, sind Pseudokrater. Wie ihre Vetter in ☞ Skútustaðir (Mývatn) entstanden sie durch Dampfexplosionen, die sich ereignen, wenn sich heiße Lava über einen Sumpf oder Fluss bewegt. Die Landbrotshólar, mit einer Fläche von 50 km² die größte Ansammlung von Pseudokratern in Island, entstanden vermutlich bei der Eruption der Eldgjá (934).

1.073 Abzweigung der Gebirgsstraße F206 zur ☞ **Laki-Spalte**. Die Hochlandpiste zu der 45 km entfernten Kraterreihe ist nur mit Geländewagen befahrbar. Unterwegs müssen mehrere Flüsse gefurtet werden, darunter Stjórn und Geirlandsá.

Am Anfang passieren Sie **Hunkubakkar** (1 km von der Ringstraße entfernt), 🛏.

Hunkubakkar Guesthouse, ☏ 487 4681 + 865 2652, www.hunkubakkar.is. Bauernhof mit 5 kleinen Holzhütten und 3 Zimmern mit/ohne (eigenes) Bad

Laki-Spalte

Der Laki-Ausbruch (1783-1784) gehört zu den größten und verheerendsten Vulkanausbrüchen, die der Mensch in den letzten 2.000 Jahren erlebt hat. Die Eruption hatte katastrophale Auswirkungen auf Island und weite Teile der nördlichen Hemisphäre.

Die Kraterreihe **Lakagígar** (= Laki-Krater) setzt sich aus über 140 einzelnen Kratern zusammen. Sie hat eine Länge von 27 km und reicht vom Úlfarsdalur (östlich der Eldgjá) im Westen bis zum Rand des Síðujökull, einer Gletscherzunge des Vatnajökull, im Osten.

Beim Ausbruch, der im Juni 1783 begann und bis Februar 1784 anhielt, bahnte sich die Lava durch die Täler zweier Gletscherflüsse, Skaftá im Westen und Hverfisfljót im Osten, einen Weg Richtung Südküste. Die Lavamassen bedeckten schließlich eine Fläche von etwa 600 km^2. Beim Ausbruch wurde 14,7 km^3 Basalt produziert, die größte Lavamenge, die je bei einem einzigen

Beim Laki-Ausbruch waren über 140 einzelne Krater aktiv

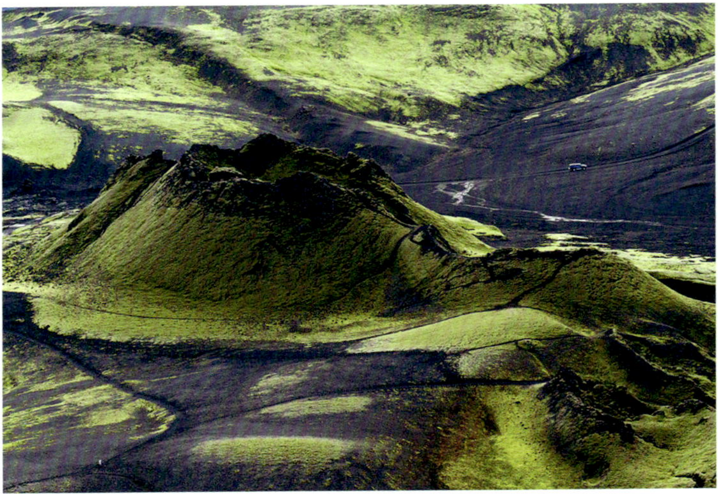

Ausbruch registriert wurde. Die ausgestoßene Asche fiel über ganz Island nieder, selbst auf den Britischen Inseln gab es Ascheregen. Hinzu kamen die freigesetzten Gase, darunter 120 Mio. t Schwefeldioxid (SO_2) und 8 Mio. t Fluor. Dunst und Asche verdunkelten die Sonne und die Temperatur fiel ins Bodenlose.

Auf Island ging die größte Naturkatastrophe seit der Besiedlung als *móðuharðindin* (= Nebelnot) in die Annalen ein. 20 Gehöfte fielen den Lavamassen zum Opfer. Weit schlimmer aber war die Zerstörung und Vergiftung des wenigen Ackerlandes und der Weiden. Als Folge verendete mehr als die Hälfte aller Schafe und Rinder, sodass eine schlimme Hungersnot das Land in den folgenden Jahren plagte. Dadurch ging die Bevölkerung Islands von knapp 50.000 Bewohnern im Jahr 1783 auf ca. 39.000 im Jahr 1787 zurück. Der dänische König erwog seinerzeit sogar, die gesamte Insel zu evakuieren und Island aufzugeben. Im restlichen Europa fielen die Temperaturen wegen der Aschewolken um bis zu 3° C.

1.080 P ⛩
Die Ringstraße durchquert nun das moosbewachsene, 60 km lange und 22 km breite Lavafeld **Eldhraun**, entstanden beim Ausbruch der ☞ Laki-Spalte.

1.095 P Abzweigung der Straße 208 (später F208) durch die Eldgjá ins Wandergebiet von **Landmannalaugar**. Nach etwa 40 km auf dieser Hochlandpiste ist die Abzweigung zum **Ófærufoss** erreicht, der in zwei spektakulären Stufen zu Tal stürzt. Außergewöhnlich war die natürliche Basaltbrücke über den Fällen, die aber im Winter 1992/93 durch die Wucht des Schneeschmelzwassers eingestürzt ist. Die Eldgjá (= Feuerschlucht) ist eine 8 km lange, 150 m tiefe und bis zu 600 m breite Schlucht, die vermutlich bei einem gewaltigen Vulkanausbruch im Jahr 934 entstanden ist.

1.099 Abzweigung der Str. 204

1.101 Brücke über den Gletscherfluss **Kúdafljót**. Bei einem Ausbruch des Vulkans Katla, der unter dem nahen Gletscher Mýrdalsjökull verborgen liegt, ist durchaus mit Gletscherläufen im Kúðafljót zu rechnen.

1.104 P ⛩ **Laufskálavarða**. Gebiet mit kleinen Steinpyramiden (Steinmännchen), die von Reisenden einst aufgeschichtet wurden, bevor sie erstmals die große Sanderebene durchquerten. Das soll angeblich Glück bringen. 200 m weiter zweigt die Str. 209 nach **Hrífunes** (7 km) ab, 🛏.

🛏 **Hrífunes Guesthouse**, ☏ 863 5540, 💻 www.hrifunesguesthouse.is, ✕ ▢.

☺ Der Landschaftsfotograf Haukur und seine Frau Hadda verwandelten das ehemalige Gemeindehaus der Region in ein schönes Gästehaus im Landhausstil. Tolle Lage und erstklassiges Essen mit lokalen Produkten

Glacier View Guesthouse, ☏ 771 8811 + 770 0123, www.glacierviewguesthouse.is, ✕. Schlicht ausgestattete, nach Gletschern benannte Zimmer mit Etagenbad im umgebauten Bauernhof. Herzlicher Empfang und viel gepriesene Küche

1.110 Brücke über die Skálm und Abzweigung der Str. 211/212 nach **Þykkvabæjarklaustur**, von 1168 bis zur Reformation Standort eines weiteren Klosters

Bei der Weiterfahrt über den **Mýrdalssandur** führt die Ringstraße zunächst in einem langen Bogen auf den kantigen Tufffelsen **Hjörleifshöfði** (⇧ 221 m) zu. Der Klotz, der von Weitem sichtbar aus der Ebene emporragt, ist das Ergebnis eines submarinen Vulkanausbruchs. Zur Zeit der Besiedlung war die einstige Vulkaninsel bereits weitgehend vom Schwemmsand diverser Gletscherläufe der ☞ **Katla** eingeschlossen. Es existierte aber zunächst noch ein Zugang zum Meer, der von Hjörleifur, Ziehbruder und Freund des ersten Siedlers Ingólfur Arnarson, zur Landung genutzt wurde. Nachdem er sich hier niedergelassen hatte, wurde er aber von seinen Sklaven erschlagen, die daraufhin auf die ☞ Westmännerinseln flohen, wo Ingólfur seinen Kumpel rächte und die Sklaven tötete. Die Kliffe sind ein beliebter Brutplatz des Eissturmvogels.

Katla

Nach einer Legende hatte der Abt des Augustinerklosters Þykkvabæjarklaustur, östlich des Mýrdalssandur, einst eine Haushälterin namens Katla. Gerüchten zufolge war sie eine Hexe. Katla besaß eine Wunderhose, mit der derjenige, der sie trug, so schnell laufen konnte, wie er wollte, ohne jemals zu ermüden. Eines Tages lieh sich Barði, der Hirtenjunge des Klosters, die Hose heimlich aus, um in den Bergen nach Schafen zu suchen. Katla war außer sich vor Wut. Als er zurückkam, ertränkte sie den Jungen in einer Tonne mit skyr, dem isländischen Magerquark, und ließ ihn dort zurück. Während der skyr im Laufe des Winters zur Neige ging, hörte man Katla murmeln: „Bald wird Barði zum Vorschein kommen.“ Die Hexe erkannte, dass ihr schreckliches Geheimnis bald entdeckt werden würde; sie zog die Wunderhose an, rannte auf den Gletschervulkan hoch und verschwand in den Krater. Katla wurde seitdem nie wieder gesehen. Doch nur wenig später brachen gewaltige Schmelzwasserfluten aus dem Gletscher hervor und überschwemmten die gesamte Südküste. So kam der gefürchtete Vulkan, der unter dem Eis des Mýrdalsjökull lauert, zu seinem Namen, Katla. Bis heute halten die Leute, die am Fuß des Feuerbergs leben, die Gletscherläufe für das Werk der bösen Hexe.

1.135 Eine relativ neue Brücke (eröffnet im August 2014) führt über den Gletscherfluss **Múlakvísl**. Ihre Vorgängerin war im Sommer 2011 durch einen Gletscherlauf im Zusammenhang mit einer kleinen subglazialen Eruption der ☞ Katla zerstört worden. Aufgrund des installierten Wasserpegel-Frühwarnsystems war die Brücke damals aber rechtzeitig für den Verkehr gesperrt worden, sodass niemand zu Schaden kam. Bereits nach wenigen Tagen rollte der Verkehr wieder, zunächst auf einer rasch fertiggestellten Behelfsbrücke. Es war übrigens nicht das erste Mal, dass die Brücke über Múlakvísl einem Gletscherlauf zum Opfer fiel. Ähnliches hatte sich bereits 1955 ereignet, auch damals infolge vulkanischer Aktivität der Katla.

1.138 Abzweigung der Str. 214 nach **Þakgil** (16 km),

☺ Diese Pkw-taugliche Schotterstraße, bis 1955 Teil der Ringstraße, führt vorbei am Katla Hotel recht abenteuerlich durch die Berge und endet in einer wunderschönen Schlucht. Der in der Schlucht versteckte Zeltplatz gehört zu den bestgehüteten Geheimnissen Islands.

Þakgil, ☏ 893 4889, www.thakgil.is, Juni bis Mitte Sep, . Hervorragend geschützter Zeltplatz mit einer Höhle als Gemeinschaftsraum. Dazu 9 urige Holzhütten (4 Pers.) für Selbstversorger, mit Kühlschrank, WC und . Empfehlenswert für Familien. Gute Wandermöglichkeiten

1.143 **Vík í Mýrdal**, 455 Ew. ⌘

Vík Tourist Information, im ☞ ⌘ Kötlusetur, info@vik.is, www.kotlusetur.is, Mai bis Aug tägl. 10:00-20:00; Sep bis April tägl. 10:00-14:00, 17:00-19:00

Icelandair Hotel Vík, Klettsvegur 1-5, ☏ 487 1480, www.icelandairhotels.com/vik, . Moderne, komfortable und geschmackvoll eingerichtete Zimmer mit sehr guten Betten. Fragen Sie nach einem Zimmer mit Meerblick. Panoramarestaurant „Berg“

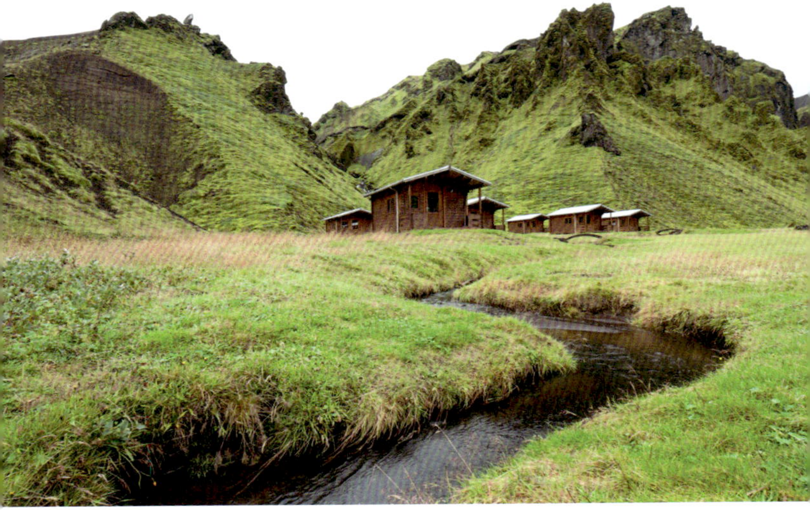

Urige Hütten für Selbstversorger in Þakgil

Guesthouse Kósý Vík, Hátún 6, ☏ 567 9845 + 821 3549, kosyvik.is. Kleines B&B mit Blick auf die Felsnadeln an der Küste. Sehr hilfsbereite, kompetente Gastgeberin

◆ **Guesthouse Carina**, Mýrarbraut 13, ☏ 699 0961, guesthousecarina.is. Brandneues B&B mit komfortablen, hellen Zimmern und prima Frühstück. Am westlichen Ortseingang

HI Hostel Vík, Suðurvíkurvegur 5, ☏ 487 1106 + 867 2389, vik@hostel.is, 36 Betten

Vík Camping, Klettsvegur 7 (am östlichen Ortsrand), ☏ 487 1345, www.vikcamping.is, Mitte Mai bis Okt. Großer, komfortabler Zeltplatz mit 4 neuen Campinghütten (2018). Das Servicegebäude mit Toiletten, und wurde 2017 erneuert. Im Sommer stark frequentiert, beliebt bei

Halldórskaffi, Kötlusetur, Brydebúð, Víkurbraut 28, ☏ 487 1202, www.halldorskaffi.com, Juni bis Sep tägl. 12:00-22:00; Okt bis Mai tägl. 12:00-21:00. Das bei den Einheimischen beliebte Lokal hat mit jedem Besitzerwechsel weiter aufgerüstet. Neben Waffeln und Kuchen, Pizzen und Hamburger stehen jetzt auch lokale Spezialitäten auf der Karte, von Lammfleisch bis gebratenem Saibling.

Icewear – Víkurprjón, Austurvegur 20, ☏ 487 1250, www.icewear.is, tägl. 8:00-22:00. Hier erhalten Sie die teuren Produkte der Marke Icewear günstiger, denn in Vík ist die Fabrik angesiedelt.

Vík í Mýrdal ist neben Kirkjubæjarklaustur die einzige Ortschaft zwischen Höfn und Hvolsvöllur. Das Dorf liegt hübsch am Fuß des hohen Reynisfjall auf einer Sandbank, die erst in den Jahren nach 1660 infolge der zahlreichen Ausbrüche der Katla entstand. Der südlichste Ort Islands ist einer der wenigen isländischen Küstenorte ohne Hafen. Zum Fischen wurden einst offene Boote auf Rädern genutzt, mit denen die Fischer über den Strand ins Meer hineinfuhren und anschließend direkt mit dem Fang in die kleine lokale Fischfabrik rollten.

⌘ Die Ausstellungen im lokalen Besucherzentrum des UNESCO Global Geoparks Katla vermitteln Wissenswertes über Vulkanismus, Gletscher, Wasserfälle und Küsten der Region.

♦ **Katla Geopark Exhibition**, Kötlusetur, Brydebúð, Víkurbraut 28, ☏ 487 1395, 💻 www.kotlusetur.is, 🚪 Mai bis Aug tägl. 10:00-20:00; Sep bis April tägl. 10:00-14:00, 17:00-19:00, Eintritt frei

⌘ Schräg gegenüber liegt das Skaftfellingur Museum mit einer Ausstellung rund um den Küstendampfer „Skaftfellingur VE33", der von 1918 bis 1940 zwischen Reykjavík, Vestmannaeyjar und Vík pendelte. Im Zweiten Weltkrieg wurde das Schiff beim Transport von Gütern zwischen Großbritannien und Island eingesetzt. Ein weiterer Schwerpunkt des Museums sind die vielen Schiffsstrandungen vor der isländischen Südküste: Zwischen Þorlákshöfn im Westen und Höfn im Osten gibt es 112 registrierte Strandungen, bei denen ca. 100 Seeleute das Leben ließen, 1.200 wurden von den Bauern gerettet.

♦ **Skaftfellingur Museum**, Víkurbraut 17, ☏ 487 1395, 💻 www.kotlusetur.is, 🚪 tägl. 12:00-18:00, Eintritt ISK 500

Von Vík führt ein Weg in großen Serpentinen auf den Tuffberg **Reynisfjall** (⇧ 340 m), der eine schöne Aussicht bietet.

Proben für den Ernstfall

Wenn Katla eines Tages wieder explodieren würde, hätte das für die Menschen am Fuß des Vulkans schwerwiegende Folgen. Bei einer bevorstehenden Eruption müssten die ländlichen Siedlungen Sólheimar, Álftaver und Meðalland aufgrund drohender Gletscherläufe sofort evakuiert werden. Auch der Ort Vík wäre bedroht, da die ins Meer schießenden Schmelzwasserfluten einen Tsunami auslösen könnten. Im Falle eines Ausbruchs würde jeder Bewohner eine Textnachricht auf das Handy erhalten. Dann wären die Leute von Vík angehalten, sich sofort in die Kirche zu begeben. Das Gotteshaus, das etwas oberhalb von Vík am Hang liegt, wäre wohl das einzige Gebäude, das den Dorfbewohnern einen sicheren Schutz bieten würde. Regelmäßig durchgeführte, durchaus realistische Evakuierungsübungen gehören längst zum Alltag der Menschen in Vík.

Die Ringstraße führt nun rechts um das Reynisfjall herum aufwärts.

1.148 Abzweigung der Straße 215 nach **Reynishverfi** (6 km), ✕ **P** mit WC

Abstecher nach Reynishverfi

0 Abzweigung der Str. 215

2 Norður-Foss, 🛏

🛏 **Black Beach Suites**, an der Str. 215, ☏ 861 7375, 💻 blackbeachsuites.is, ⌂. Coole, supermoderne und geräumige Apartments in Flachbauten mit Aussicht über die etwas entfernte Küste bis zum Kap Dyrhólaey

4 Die asphaltierte Straße führt am ehemaligen Kirchspiel Reynir vorbei, 🛏.

🛏 **Guesthouse Reynir**, an der Str. 215, ☏ 894 9788, 💻 www.reyni.is, ⌂. Kleine, familiengeführte Pension auf dem Hof Reynir, mit Blick auf den schwarzen Sandstrand und Dyrhólaey. Zimmer mit geteiltem Bad

6 Die Straße endet bei einem **P** Parkplatz am Anfang eines langen, schwarzen Basaltstrands.

Der Strand von **Reynisfjara** gehört zu den ungewöhnlichsten Stränden Europas. Rechts schweift der Blick bis zum entfernten Felsentor vom Kap Dyrhólaey, links erheben sich schöne Basaltformationen mit einer Grotte, in der u. a. hängende Basaltsäulen zu bestaunen sind. Im Grashang darüber nisten zahlreiche Papageitaucher. Unzählige Vögel bewohnen auch die Felsnadeln der **Reynisdrangar**, die gleich nebenan bis zu einer Höhe von 66 m aus dem Wasser ragen. Der Legende nach handelt es sich bei den spitzen Felsen um einen Troll, der beim Versuch, sein Schiff an Land zu ziehen, von der Sonne überrascht wurde und versteinerte.

✋ Bewahren Sie beim Spaziergang einen respektvollen Abstand zum Wasser, da der Strand häufig unvermittelt von schweren Brechern getroffen wird. Aufgrund der starken Unterströmung besteht Lebensgefahr! Es hat in den letzten Jahren leider bereits mehrere tödliche Zwischenfälle gegeben! Warnschilder unbedingt beachten!

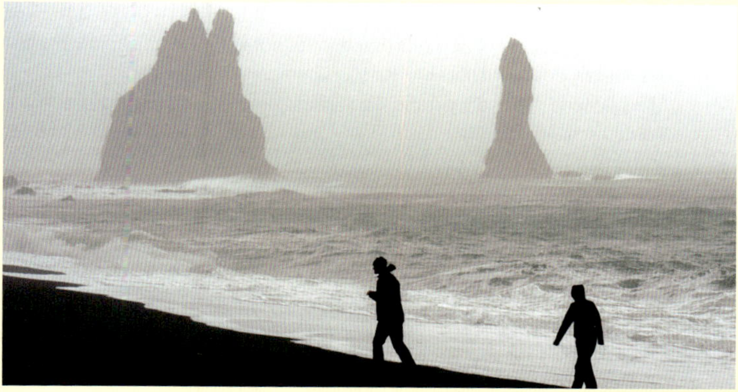

Die Felsnadeln der Reynisdrangar

✕ **Black Beach Restaurant**, Reynisfjara, ☏ 571 2718 + 659 7141, 💻 www.svartafjaran.com, 🚪 tägl. 11:00-19:00. In einem modernen, architektonisch ansprechenden Gebäude am Strand werden, neben Suppen, Salaten und Hamburgern, traditionelle isländische Gerichte wie Lamm und Fisch serviert.

1.148 Zurück an der Ringstraße passieren Sie nach 500 m (rechts) bzw. 700 m (links) auf einer Strecke mit 12-prozentigem Gefälle zwei P ⊼ Parkplätze mit schönem Blick über das Tal.

1.155 **Volcano Hótel**, 🛏

🛏 Ketilsstaðaskóli, ☏ 486 1200, 💻 www.volcanohotel.is, 🚪 Mitte Feb bis Mitte Dez, ✕ 🍸 Das Boutique-Hotel in der umgestalteten Grundschule bietet 7 geräumige Zimmer mit modernem Design.

1.156 Abzweigung der Str. 218 nach Dyrhólaey (6 km)

Abstecher zum Kap Dyrhólaey

0 Abzweigung der Str. 218 von der Ringstraße

1 Garðakot, 🛏

🛏 **Grand Guesthouse Garðakot**, Garðakot, ☏ 487 1441, 💻 www.ggg.is, Eines der liebenswertesten Gästehäuser der Region: Das kleine, aber feine B&B punktet mit geschmackvoll eingerichteten Zimmern und einem köstlichen Frühstück mit frischen Pfannkuchen, hausgemachter Marmelade usw.

3 Die nahe ∩ Höhle Loftsalahellir (Hinweisschild) erinnert an die Wikingerzeiten. Ein kurzer Fußweg führt zu der Tuffhöhle im Geitafjell, in der einst die Bauern des Mýrdalur ihre Ratsversammlungen abhielten.
Anschließend führt die Straße über einen aufgeschütteten Damm. Nach Norden schauen Sie über das 4,8 km² große Haff Dyrhólaós, ein wichtiges Brutgebiet für diverse Zugvögel.

4 Das Ende des Damms markiert den Beginn des Naturschutzgebiets Dyrhólaey.

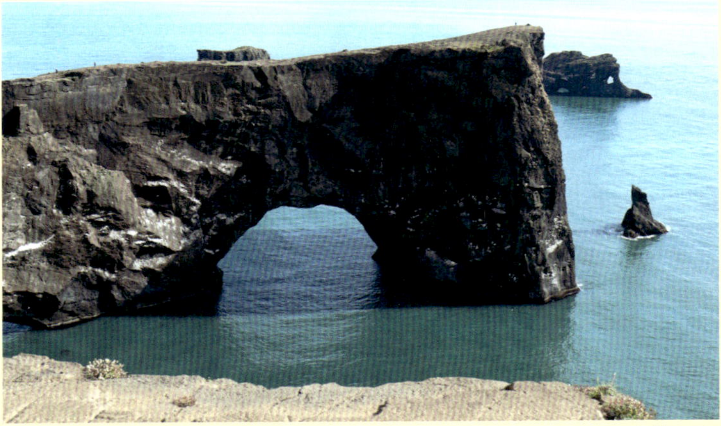

Ein imposantes Brandungstor markiert die Südspitze des Kaps Dyrhólaey

In der Brutsaison (8. Mai bis 25. Juni) ist das Gebiet nur eingeschränkt zugänglich: Tagsüber (9:00-19:00) ist das Verlassen der Wege und Pfade verboten, nachts (19:00-9:00) ist der Zugang komplett gesperrt.

5 An der Gabelung gibt es zwei Möglichkeiten:
Der linke Weg führt geradeaus weiter zu einem **unteren Plateau** mit P Parkplatz (1 km). Von dort ergibt sich eine schöne Aussicht auf den schwarzen Sandstrand **Reynisfjara**, beherrscht von einem frei stehenden Basaltfelsen, die Lagune Dyrhólaós, die Steilküste Reynisfjall und die Felsnadeln der Reynisdrangar am Horizont. In den Klippen links vom Plateau befindet sich eine kleine Papageitaucherkolonie. Zur Brutzeit verhindert eine Absperrung Störungen.

Der rechte Weg (Schotterstraße!) schraubt sich hoch zu einem weiteren 🅿 Parkplatz (1,5 km) auf dem **Gipfelplateau** des Kaps **Dyrhólaey** (= Türhügelinsel). Das 120 m hohe Kap markiert den südlichsten Punkt Islands. Wie ☞ Hjörleifshöfði (östlich von Vík) ist Dyrhólaey eine ehemalige Vulkaninsel. Diese entstand vor etwa 80.000 Jahren durch einen submarinen Ausbruch. Das Kap schmückt ein sehenswerter Leuchtturm (1927), doch die eigentliche Attraktion ist das große Brandungstor an der Südspitze des Kaps.

Auf den Wiesen von Dyrhólaey brüten Küstenseeschwalben, in den steilen Grashängen zahlreiche Papageitaucher. In den Klippen nisten außerdem Lummen, Dreizehenmöwen und Eissturmvögel. Gelegentlich finden sich am Strand auch einige Seehunde ein.

Die Piste hinauf zum Leuchtturm ist für Wohnmobile über VW-Bus-Größe wegen der Kehren, der Bodenwellen und der starken Steigung nicht befahrbar.

1.158 **Steig**,

Guesthouse Steig, ☏ 487 4660, www.guesthousesteig.is, . Der Bauernhof von Ásrún und Ólafur bietet 18 schlichte Zimmer mit/ohne Bad.

1.160 🅿 gleich hinter der Brücke über den Gletscherfluss Klifandi

1.161 Abzweigung der Str. 219, die um den 275 m hohen Tufffelsen **Pétursey** herumführt. Ursprünglich war der Felsklotz eine Vulkaninsel, an die das Meer brandete. Durch das Vorrücken der Sander verlandete sie.
An der Str. 219 liegt auch der Hof **Vellir** (1 km), .

Guesthouse Vellir, ☏ 487 1312, www.f-vellir.123.is, . Gästezimmer und Hütten auf einem Bauernhof am Fuß des Pétursey

2 km später mündet die Str. 219 wieder in die Ringstraße ein. Bei gutem Wetter ergibt sich von hier eine schöne Aussicht auf Dyrhólaey.
Die Ringstraße führt weiter am Fuß der Eiskappe **Mýrdalsjökull** entlang.

Mýrdalsjökull

Der viertgrößte Gletscher Islands bedeckt eine Fläche von 540 km² und erreicht eine Höhe von 1.508 m. Von den Rändern des Plateaugletschers fließen mehrere breite Eiszungen, sogenannte Auslassgletscher, zu den umgebenden Sandern

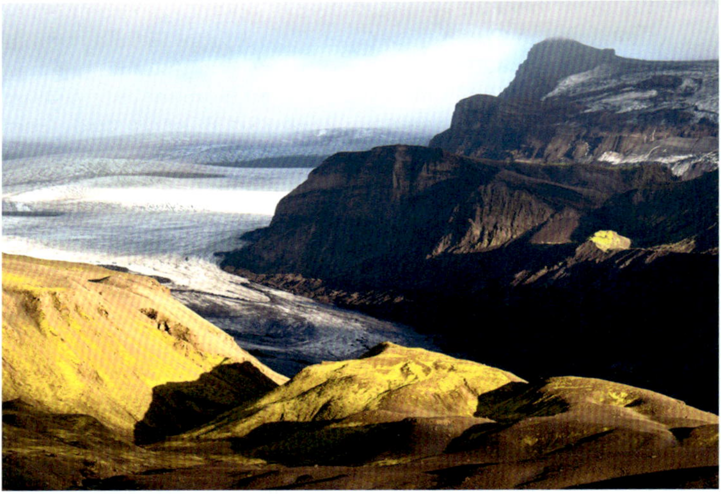

Der Mýrdalsjökull ist der viertgrößte Gletscher Islands

hinab. Die bis zu 700 m dicke Eisdecke füllt auch die 100 km² große Caldera des Vulkans ☞ Katla, der unter dem Gletscher lauert. Dieser große Zentralvulkan, der eng mit einem Spaltensystem verbunden ist, das sich von der Eldgjá im Nordosten bis zu den Westmännerinseln im Südwesten erstreckt, gehört zu den aktivsten und gefährlichsten Feuerbergen Islands. Seit der Besiedlung soll er etwa zwanzig Mal explodiert sein. Der erste nachgewiesene Ausbruch fand um 900 statt, die letzte große Eruption 1918.

Ausbrüche der Katla haben oft katastrophale Folgen. Dies liegt vor allem an den gewaltigen, damit einhergehenden Gletscherläufen (☞ Land und Leute, Geologie). In der Vergangenheit kamen viele Menschen durch solche Gletscherläufe am Mýrdalsjökull ums Leben. Bei einem neuerlichen Ausbruch ist zu befürchten, dass die Ringstraße, die den Mýrdalssandur überquert, zerstört werden könnte. Auch der Ort ☞ Vík wäre gefährdet.

Eine besonders verheerende Wirkung hatte die Eruption im Jahr 1918. Der Ausbruch wurde durch ein starkes Erdbeben eingeleitet. Zwei Stunden später stieg eine 14 km hohe Eruptionssäule aus dem Gletscher empor. Fast zeitgleich brachen aus dem Kötlujökull, einem Seitengletscher des Mýrdalsjökull, die ersten gewaltigen Flutwellen hervor. Die maximale Abflussrate des Gletscherlaufs betrug vermutlich mehr als 300.000 m³/s. (zum Vergleich: Abflussvolumen an der Amazonasmündung 206.000 m³/s). Zeitweise war mehr als die Hälfte des Mýrdalssandur (400 km²) von den Wassermassen bedeckt. Als der Spuk vorüber war, war die vorgelagerte Sand- und Schotterebene mit bis zu 20 m hohen Eisblöcken übersät. Außerdem hatte sich so viel Sand und Geröll abgelagert, dass die Küstenlinie um mehrere Kilometer Richtung Meer verschoben worden war!

Hundert Jahre ist diese Katastrophe nun her. Dass sie sich eines Tages wiederholen wird, steht aber für die Forscher außer Frage. Denn die Katla gilt als überfällig. Fakt ist, dass der Vulkan seit Beginn der Aufzeichnungen im 12. Jh. niemals ein Jahrhundert lang nicht explodiert ist, in der Regel betrug der Zeitraum zwischen einzelnen Ausbrüchen sogar nur 40 bis 80 Jahre. Erdbebenschwärme (große Serien schwacher Erdbeben), die das Gebiet um den Mýrdalsjökull in den letzten Jahren häufiger erschütterten, und kleinere Gletscherläufe, die sich zuletzt im Juli 2011 (Múlakvísl) und im Juli 2014 (Múlakvísl und Jökulsá á Sólheimasandi) ereigneten, deuten auf eine erhöhte vulkanische Aktivität unter dem Gletscher. Auch die ungewöhnlich starke Emission von Kohlendioxid (CO_2) – zwischen 12.000 und 24.000 t pro Tag! –, gemessen bei Forschungsflügen über dem Vulkan in den Jahren 2016 und 2017, lässt aufhorchen. Das alles heißt aber noch lange nicht, dass eine Eruption unmittelbar bevorsteht.

1.166 Abzweigung der Str. 222 zum Mýrdalsjökull. An dieser Straße liegt auch der Hof Sólheimahjáleiga (1 km), 🛏.

🛏 **Sólheimahjáleiga Guesthouse**, ☏ 864 2919, 💻 www.solheimahjaleiga.is, ✕ 🍷 . 19 Zimmer (z. T. mit eigenem Bad) auf einem Bauernhof mit Schafen und Pferden, seit 1850 im Besitz der Familie der Eigentümerin. Auch Übernachtung im Schlafsack möglich

Die Str. 222 verkümmert später zu einer rauen Piste, die zum **Mýrdalsjökull** weiterführt.

❄ Auf dem Gletscher werden von Arcanum Schneemobiltouren veranstaltet.

♦ **Arcanum**, Ytri-Sólheimar 1, ☏ 487 1500, 💻 www.arcanum.is. Schneemobiltouren: tägl. 10:00, 12:30, 15:00, ⌛ 1 Std. + 1 Std. Anfahrt, ab ISK 26.990, Startpunkt: Arcanum, an der Str. 222 (1,3 km von der Ringstraße)

1.167 Nach der Brücke über die Hólsá taucht links von der Straße ein kleiner Parkplatz auf. **P**

Vom P Parkplatz führt ein 3,5 km langer Weg, der für Fahrzeuge gesperrt ist, durch die schwarze Sandwüste des Sólheimasandur zu einem Flugzeugwrack. Seit die Band Sigur Rós hier 2007 das Musikvideo „Heima" drehte, pilgern heute fast täglich Besucher aus aller Welt zu dem Wrack. Die Maschine, eine Douglas C117-D der US-Navy, musste am 21. November 1973 vermutlich wegen der Vereisung des Vergasers notlanden. Leutnant Gregory Fletcher nutzte den schwarzen Sandstrand als „Landebahn" und konnte die Maschine nur wenige Meter vor dem Meer zum Stehen bringen. Die Besatzung überstand den Absturz ohne einen einzigen Kratzer. Doch der US-Navy erschien eine Bergung des kompletten Flugzeugs zu mühsam. Nur die Triebwerke samt Flügel wurden demontiert, auch die Inneneinrichtung wurde entfernt. Der Flugzeugrumpf aus Aluminium blieb als „Strandgut" zurück. ⌛ h/z 2 Std.

1.169 Die Str. 221, eine 4 km lange, raue Piste, führt zu einem P Parkplatz am **Sólheimajökull**, einer Eiszunge des Mýrdalsjökull. Von hier gelangen Sie nach 10-minütigem Fußmarsch unmittelbar an das Gletschereis heran.

❄ Auf dem Sólheimajökull werden geführte Gletscherwanderungen und Eiskletterkurse angeboten.

♦ **Arcanum**, ☏ 487 1500, 💻 www.arcanum.is. Gletscherwanderungen: tägl., ⌛ ab 2 Std., ab ISK 9.900, Mindestalter 8 Jahre, Startpunkt: Arcanum, P Parkplatz am Ende der Str. 221

Gleich hinter der Abzweigung wird der Gletscherfluss **Jökulsá a Sólheimasandi** überquert, dem die Einheimischen den Spitznamen *Fúlilækur* (= Stinkbach) verpasst haben. Der penetrante Geruch rührt vom im Wasser enthaltenen Schwefelwasserstoff her, freigesetzt durch die vulkanische Aktivität der Katla.

1.175 Zufahrt nach **Skógar**, ⌘ und zum **Skógafoss**

Hótel Edda Skógar, ☏ 444 4830, 💻 www.hoteledda.is, Juni bis Aug, ✕. 37 Zimmer mit Bad auf dem Flur

♦ **Skógar Guesthouse**, ☏ 894 5464, 💻 www.skogarguesthouse.is, O. Schmuckes B&B im ehemaligen Haus des Schulleiters. Reichhaltiges Frühstück mit selbst gebackenem Brot

HI Hostel Skógar, ☏ 487 8780 + 650 5955, skogar@hostel.is, 35 Betten. Einfache Zimmer zu recht saftigen Preisen in der alten Schule. Die Nähe zum Skógafoss ist ein Trost.

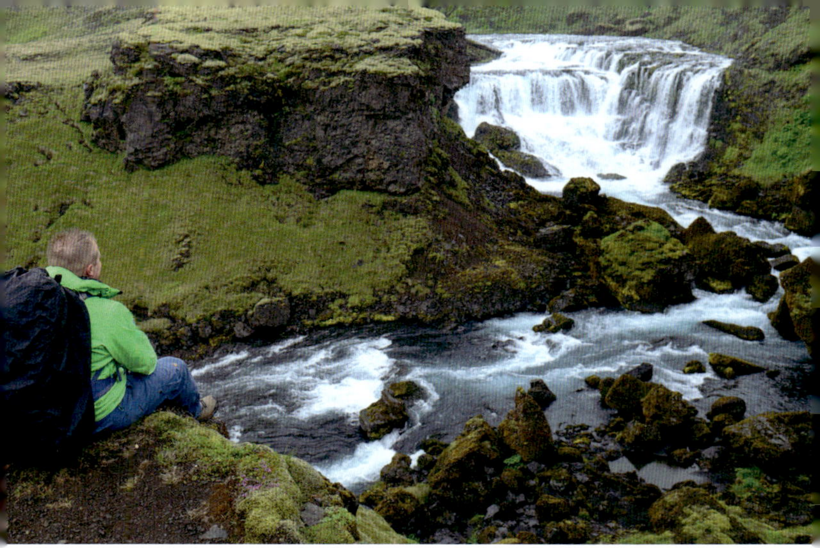

Der zweistufige Kæfufoss gehört zu den Attraktionen im Tal der Skógá

Skógar Camping Ground, ☏ 863 8064, dalur@emax.is, Juni bis Mitte Sep. WC fließendes Wasser und . Einfacher Zeltplatz mit Spitzenlage, direkt vor dem Skógafoss!

Fossbúð, ☏ 487 8843, www.hotelskogar.is/fossbud-restaurant, Mai bis Sep tägl. 11:00-20:00; Okt bis April tägl. 11:00-15:00. Cafeteria mit einfachen Gerichten und Menüs!

Kleines Lebensmittelgeschäft im Gemeindezentrum Fossbúð

Skógafoss

Von der Ortszufahrt zweigt ein kurzer Weg (1 km) zu einem der bekanntesten Wasserfälle Islands ab. An dieser Stelle stürzt die Skógá, die aus dem Mýrdalsjökull entspringt, über eine Felskante 62 m hinab in einen Teich. Sie können zu Fuß ganz nahe an den Wasserfall herangehen – sehr nah, sehr feucht! Rechts vom Wasserfall führt eine Treppe nach oben. Von dort sehen Sie die Fallkante.

Ein schöner Wanderweg führt an der imposanten Schlucht der Skógá entlang Richtung Gletscher hoch. Unterwegs bildet die Skógá eine ganze Reihe weiterer spektakulärer Wasserfälle. Schließlich gelangen Sie zwischen den beiden Gletschern Eyjafjallajökull und Mýrdalsjökull zur Schutzhütte Baldvinsskáli

(⇧ 920 m). 2 km weiter liegt eine weitere ⌂ Schutzhütte: Fimmvörðuskáli (⇧ 1.050 m). Die beiden Gletscher liegen hier kaum mehr als 1 km auseinander. Der Weg dorthin führt meist auch im Hochsommer noch über Schneefelder. Die Wanderung ist eine sehr schöne Tagestour. ⌛ h/z ca. 8 Std.

☺ Sie können auch in einer der beiden Schutzhütten übernachten und am nächsten Tag nach Básar (Þórsmörk) absteigen. Die Übernachtung sollte auf jeden Fall frühzeitig reserviert werden, da die Hütten fast immer ausgebucht sind.

⌂ **Baldvinsskáli**: Ferðafélag Íslands, ☎ 568 2533, 💻 www.fi.is, 🚪 Juni bis Aug, 20 Schlafplätze, 🛏

♦ **Fimmvörðuskáli**: Útivist, ☎ 562 1000, 💻 www.utivist.is, 🚪 Mitte Juni bis Aug, 25 Schlafplätze, 🛏

📖 **Island: Trekking-Klassiker,** Erik Van de Perre, ☞ Reise-Infos von A bis Z, Wandern

⌘ Skógar Museum

Das Heimatmuseum, eines der besten dieser Art in Island, illustriert Wohnverhältnisse und Alltag der Bewohner Südislands durch die Jahrhunderte. Das Museum, eine Mischung aus Freilicht-, Folk- und Technikmuseum, ist das Lebenswerk von

Ausstellungsstücke im Museum

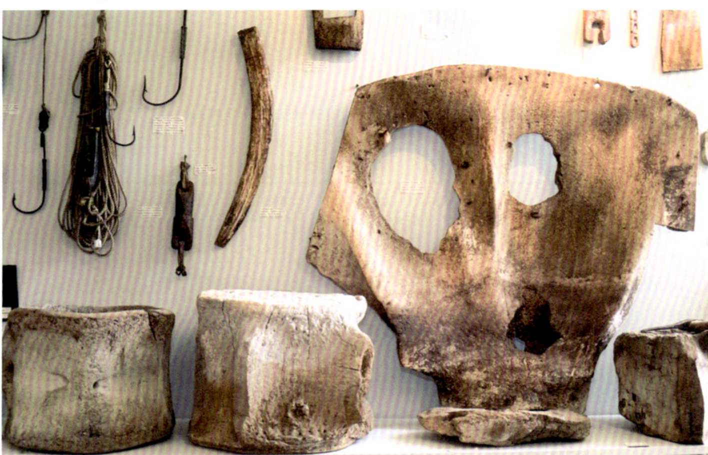

Þórður Tómasson (geb. 1921), der als Kurator das Museum leitete, bis er sich 2013 im Alter von 92 (!) in den Ruhestand verabschiedete.

Ausgestellt sind Werkzeuge, Arbeitsgeräte, Wollkleidung und Handschriften, die der Museumsgründer im Laufe der Jahrzehnte zusammengetragen hat. Unter den Exponaten finden sich u. a. Schuhe aus Fischhaut, Werkzeuge aus Walknochen, mit Tran getränkte Seekleidung aus Schafsleder und das historische Fischerboot „Pétursey" (1855). Im Verkehrs- und Technikmuseum, untergebracht in einem neueren Flügel des Museums, sind alte Fahrzeuge und Maschinen ausgestellt. Hier erfahren Sie z. B., was für eine Herausforderung die Durchquerung des Hochlandes mit Fahrzeugen einst war. Auch der Aufbau von Seenot- und Landrettung wird thematisiert. Zu dem Museum gehört auch ein halbes Dutzend historische Gebäude, darunter ein Torfgehöft (19. Jh.) und eine Kirche, errichtet mit Teilen ehemaliger Kirchen. Ein Blickfang ist das Haus Holt (1878) aus Síða: Dieses Haus, bewohnt bis 1974, war einst das erste Holzhaus der Region und wurde komplett aus Treibholz errichtet. Die Wände auf der Westseite der Wohnstube stammen z. B. vom französischen Hospitalschiff „St. Paul", das 1899 an der Küste vor Meðalland auf Grund lief. In der ehemaligen Grundschule von Litli-Hvammur (1901) ist ein Klassenzimmer aus der Zeit um 1900 eingerichtet.

♦ **Skógar Museum**, ☏ 487 8845, 💻 www.skogasafn.is, 🚪 Juni bis Aug tägl. 9:00-18:00; Sep bis Mai tägl. 10:00-17:00, Eintritt ISK 2.000, ☕

1.179 **Rútshellir**, 🅿 mit Infotafel

Im Tufffelsen neben der Straße befindet sich eine stattliche, von Menschenhand geschaffene „Wohnhöhle". Die obere Höhle ist etwa 20 m lang und besitzt eine gewölbte Decke. Eine Steinbank fungierte als Schlafplatz. Weiter unten im Felsen, im rechten Winkel zur Haupthöhle, befindet sich eine zweite, (deutlich kleinere) Höhle. In dieser Höhle stand vermutlich das Vieh. Durch das Loch, das beide Höhlen verbindet, stieg die durch die Tiere ausgestrahlte Wärme auf und sorgte für eine natürliche Heizung.

1.182 Abzweigung der Str. 242 nach **Seljavellir** und zum 🏊 **Seljavallalaug** (3 km)

🏊 Seljavallalaug ist eine wahre Perle. Der Pool, der in einer kleinen Schlucht am Fuß des Eyjafjallajökull versteckt liegt, ist einer der ältesten des Landes. Er wurde 1923 angelegt, um der lokalen Bevölkerung das Schwimmen beizubringen.

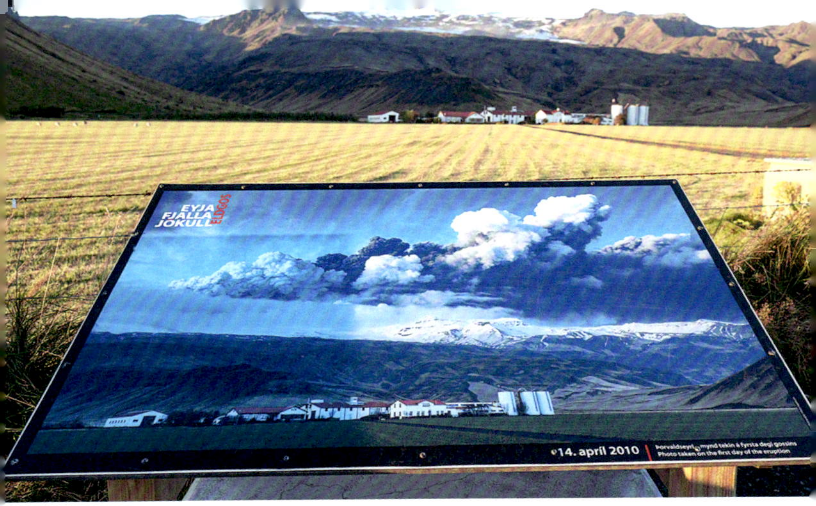

Der Hof Þorvaldseyri, am Fuß des Eyjafjallajökull

Um das Bad zu erreichen, folgen Sie der Str. 242 bis zu einem neueren Schwimmbad mit P Parkplatz in Seljavellir. Von dort führt ein kurzer Spaziergang (15-20 Min.) zum Seljavallalaug. Das von einer heißen Quelle gespeiste Bad ist 25 m lang und 10 m breit. Es wird an drei Seiten von einer Betonmauer begrenzt, die Felswand, aus der das heiße Wasser direkt ins Becken fließt, fungiert als vierte Wand. Die Wassertemperatur beträgt 30 bis 34° C. Neben dem Bad gibt es eine (sehr einfache) Umkleide.

1.184 **Þorvaldseyri**, P mit Infotafel

Vom P Parkplatz ergibt sich ein schöner Ausblick auf den ☞ **Eyjafjallajökull** („Eja-fjatla-jökütl" gesprochen) mit dem Hof Þorvaldseyri davor.

1.186 Hvassafell, ✕

✕ **Gamla Fjósið**, Hvassafell, ☏ 487 7788, www.gamlafjosid.is, tägl. 11:00-21:00. Das Restaurant im umgebauten Kuhstall setzt auf klassische isländische Gerichte mit lokalen Zutaten. Auch die Bullen, die auf dem dazugehörenden Hof gezüchtet werden, landen früher oder später auf der Speisekarte im „alten Kuhstall".

☺ Unser Tipp: die „Vulkansuppe", eine herzhafte Fleischsuppe, serviert mit hausgemachtem Brot.

Die Ringstraße führt nun weiter auf einem schmalen Küstenstreifen unterhalb des Eyjafjallajökull entlang.

Eyjafjallajökull

Mit einer Fläche von 80 km² ist der Eyjafjallajökull (= Inselberg-Gletscher) der sechstgrößte Gletscher Islands. Unter dem Eis des Plateaugletschers verbirgt sich jedoch auch ein aktiver Vulkan. Dessen Caldera hat einen Durchmesser von 3 bis 4 km, ihre Ränder ragen wie Nunataks (= isolierte, über dem Eis eines Gletschers aufragende Berge oder Felsen) aus dem Eis hervor. Höchster Punkt ist der Guðnasteinn (⇧ 1.651 m).

Seit der Besiedelung war der Eyjafjallajökull viermal aktiv: 920, 1612 oder 1613, 1821 bis 1823 und zuletzt im Frühjahr 2010. Beim letzten Ausbruch des Gletschervulkans brachte seine Aschewolke den Flugverkehr in großen Teilen Europas zum Erliegen.

Gut zu sehen ist der Gletscher im gesamten Verlauf der Ringstraße zwischen Skógar und Hella sowie von der Str. 250 nach Þórsmörk. Er ist relativ einfach zu besteigen, dennoch sollten Unerfahrene den Aufstieg nicht ohne Führer unternehmen!

Bald ergibt sich ein schöner Blick auf die ☞ Westmännerinseln im Südwesten. Der Blick auf diese Inseln begleitet Sie bei gutem Wetter nun über viele Kilometer.

1.187 Die Ringstraße führt jetzt an der Salzwasserlagune Holtsós vorbei.

∩ Rechts von der Straße erkennen Sie eine relativ große Höhle: Die Höhle **Steinahellir** wurde im 19. Jh. von den lokalen Abgeordneten als Versammlungsstätte genutzt.

Auf der Weiterfahrt stürzen zahlreiche kleinere und größere Wasserfälle aus den Bergen herab.

1.188 Varmahlíð, 🛏

🛏 **The Garage Apartments**, Varmahlíð, ☏ 487 8962 + 896 5727, ✉ hobbybondi@gmail.com, ✕ 🍸 ○ und Sauna. Die geschmackvoll eingerichteten Apartments in umgebauten Hofgebäuden (Garage, Kuhstall usw.) zeigen eine gelungene Mischung aus Alt (Betonwände, Tische aus Treibholz) und Neu (moderne Küche, großes Bad, schnelles WLAN). Herrliche Lage am Berghang, mit einem Wasserfall im Hintergrund.

1.191 Abzweigung der Str. 246 zum 🛏 **Hótel Anna** (1 km), nach 🛏 **Skálakot** (1,5 km) und 🛏 **Ásólfsskáli** (2 km)

🛏 **Hótel Anna*****, Moldnúpur, ☏ 487 8950, 💻 www.hotelanna.is, ✕ 🍸 O und Sauna. Das kleinste Drei-Sterne-Hotel Islands, benannt nach der Autorin Sigríður Anna Jónsdóttir, die ihre Kindheit in Moldnúpur verbrachte, verfügt über 7 romantische Zimmer, eingerichtet mit Antikmöbeln und bestickten Tagesdecken. In der Küche werden nur Produkte von lokalen Erzeugern verwendet.

♦ **Skálakot Manor Hotel**, Skálakot, ☏ 487 8953, 💻 skalakot.is, ✕. Das schicke Boutique-Hotel bietet exklusiven Wohnkomfort in 14 individuell ausgestatteten Zimmern mit art-déco-inspirierter Einrichtung. Auf dem Hof Skálakot können auch Reittouren gebucht werden.

♦ **Ásólfsskáli**, ☏ 487 8989 + 861 7489, ✉ asolfsskali@simnet.is, O und Barbecue. Bauernhof mit 2 großen, gut ausgestatteten Hütten in schöner Lage. Ideal für Familien!

1.197 P

Neben dem Tisch ist ein sog. „Shed" zu sehen, in dem in früheren Zeiten Milchkannen aufs Abholen warteten – aber auch Menschen Schutz vor dem Wetter fanden.

1.199 Abzweigung zur **Paradísarhellir** (200 m), P

Die Paradísarhellir gehört zu den bekanntesten Höhlen Islands, nicht zuletzt aufgrund einer Liebesgeschichte aus dem 16. Jh. In der Höhle wohnte damals ein Knecht namens Hjalti, der sich dort verbarg, um möglichst nah bei seiner Geliebten sein zu können. Da seine Beziehung zu Anna, der wohlhabenden Witwe von Stóra-Borg, nicht standesgemäß war, war das Paar gezwungen, sich dort heimlich zu treffen.

Vom P Parkplatz hinter dem alten Schafpferch (Seljalandsrétt) führt ein 10-minütiger Fußweg parallel zum Hang nach rechts zu der 700 m entfernten Höhle. Der Höhleneingang liegt mehrere Meter oberhalb des Pfads in der Felswand. Eine in der Wand befestigte Kette ermöglicht wagemutigen Abenteurern zum engen Einstiegsloch hinauf zu klettern. Trittsicherheit und Schwindelfreiheit sind Voraussetzung!

Für eine Erkundung der 15 m² großen Höhle ist eine Taschenlampe erforderlich.

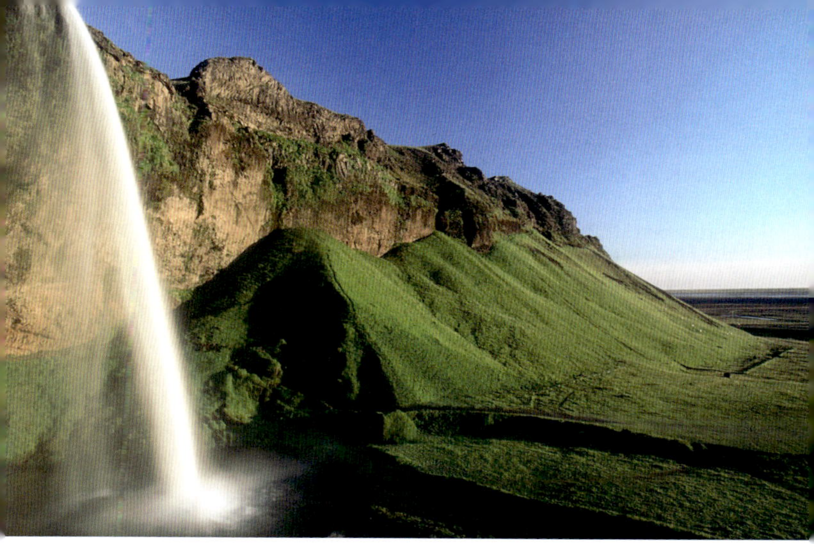

Der Wasserfall Seljalandsfoss

1.202 **P** Abzweigung der Str. 249 nach ☞ **Þórsmörk**

Nach 600 m auf dieser Straße liegt rechts der 65 m hohe Seljalandsfoss, ein hübscher Wasserfall, der wie ein Schleier über die Kante rauscht. Es ist möglich, auf einem Pfad hinter (!) dem Wasserfall entlangzugehen (sehr feucht!). In der Felswand nisten Eissturmvögel.

Auf dem **P** Parkplatz ist Campen mit Wohnmobil ausdrücklich verboten.

Ein paar Hundert Meter weiter ist aber ein Campingplatz eingerichtet worden. Hinter dem Zeltplatz rauscht der 40 m hohe, hinter Felsen versteckte Wasserfall Gljúfrabúi hinunter. Um den Wasserfall zu erreichen, muss der Bach durchwatet werden.

Hamragarðar Campground, ☏ 866 7532, info@southadventure.is. Schöne Lage, in unmittelbarer Nähe der Wasserfälle Seljalandsfoss und Gljúfrabúi

Þórsmörk

Seine geschützte Lage zwischen drei hohen, vergletscherten Gebirgsmassiven beschert Þórsmörk (= Thors Wald) ein erstaunlich mildes Mikroklima. Tatsächlich ist es hier oft sehr viel sonniger und wärmer als in den nahen Küstengebieten. Der leichte Baum- und Buschbewuchs hebt sich deutlich von der sonst so unwirtlichen Umgebung ab.

Aus der Str. 249 wird nach 6 km die F249, eine raue Schotterpiste mit vielen Furten durch Bäche und Flüsse, die nur mit Geländewagen zu befahren ist. Die Piste folgt dem Tal des Gletscherflusses **Markarfljót** in östlicher Richtung am Fuß des Eyjafjallajökull entlang. Während Sie auf den Mýrdalsjökull zufahren, erkennen Sie im Norden auch das Massiv des Tindfjallajökull.

Bizarres offenbart sich bei einem Abstecher zum **Gígjökull**, der bis zum Ausbruch des Eyjafjallajökull im Jahr 2010 noch in einen Gletschersee kalbte. Wer das Gebiet noch von früheren Reisen in Erinnerung hat, wird erstaunt feststellen, dass der See schlicht verschwunden ist: Bei der Eruption unter der Eiskappe kam es zu gewaltigen Gletscherläufen, bei denen der See mit Sand und Geröll zugeschüttet wurde.

Ab hier wird die Piste besonders anspruchsvoll, denn im weiteren Verlauf müssen die tiefen, trüben (und tückischen!) Gletscherflüsse **Gígjökulsá**, **Steinsholtsá** und **Hvanná** durchfahren werden. Der letzte Fluss, die **Krossá**, ist selbst bei günstigen Verhältnissen nur mit großen Geländewagen oder mit den modifizierten Hochlandbussen zu bewältigen.

Außer mit einem Geländewagen erreichen Sie Þórsmörk auch im Rahmen einer organisierten Tour oder mit einem der Linienbusse, die im Sommer mehrmals täglich auf dieser Route verkehren (mit mehrstündigem Aufenthalt in Þórsmörk, sodass auch ein Tagesausflug möglich ist). In Þórsmörk sind **Húsadalur** (Volcano Huts Þórsmörk), **Langidalur** (Wanderhütte FÍ) und **Básar** (Wanderhütte Útivist) mit dem Bus erreichbar.

🛏 **Volcano Huts Þórsmörk**, Húsadalur, ☏ 419 4000, 💻 www.volcanohuts.com, Mai bis Okt, ✕ 🍷 O. Breites Übernachtungsangebot für jeden Geldbeutel: 14 DZ mit geteiltem Bad, Campinghütten für Selbstversorger mit ⌂, Schlafsackunterkunft in 2 Schlafsälen mit ⌂ 🚿 und ⛺ mit komfortablen, möblierten Zelten (Glamping)

⌂ **Skagfjörðsskáli**, Langidalur, Ferðafélag Íslands, ☏ 568 2533, 💻 www.fi.is, Mitte Mai bis Sep. ⛺ ℹ ⌂ 🚿. Hütte (75 Betten) und Zeltplatz am Nordufer der Krossá. Klassischer Ausgangspunkt für Wanderungen auf dem Laugavegur nach Landmannalaugar (2-4 Tage)

♦ **Básar**, Útivist, ☏ 562 1000, 💻 www.utivist.is, Ende Mai bis Mitte Okt, ⛺ ⌂ 🚿. 2 Hütten und großer Zeltplatz zwischen Birkenwäldchen am Südufer der Krossá. Guter Ausgangspunkt für Wanderungen nach Fimmvörðuháls und Skógar (1-2 Tage)

Reykjavík Excursions, ☏ 580 5400, www.re.is, Mai bis Sep, 2-3x tägl. Verbindungen mit Húsadalur, Langidalur und Básar

♦ **Trex**, ☏ 587 6000, www.trex.is, Mitte Juni bis Anfang Sep, 2x tägl. Verbindung mit Langidalur und Básar

♦ **Sterna**, ☏ 551 1166, icelandbybus.is, Mitte Juni bis Mitte Sep, 1 x tägl. Verbindung mit Húsadalur und Langidalur

Island: Trekking-Klassiker, Erik Van de Perre ☞ Reise-Infos von A bis Z, Wandern

I.203 Die Ringstraße überquert den mächtigen Gletscherfluss **Markarfljót**. Der 100 km lange Fluss entspringt in den Bergen östlich der Hekla. Das meiste Wasser stammt jedoch von den Eiskappen Mýrdalsjökull und Eyjafjallajökull. An seinem Ufer ragt der Felsen **Stóra-Dímon** auf.
Auf der Weiterfahrt genießen Sie nun lange Zeit rückwärtig schöne Ausblicke auf die Gletscher Mýrdals-, Eyjafjalla- und Tindfjallajökull im Osten sowie auf das Massiv der ☞ **Hekla** im Norden.

I.204 P Abzweigung der Str. 254 zum Fährhafen **Landeyjahöfn** (12 km). Von dort verkehrt die Fähre „Herjólfur" mehrmals täglich nach Vestmannaeyjar (⌛ 35 Min.).

Der 2010 eröffnete Fährhafen ist allerdings durch Versandung bedroht. Bei ungünstigen Bedingungen kann Landeyjahöfn (vor allem im Winter) manchmal nicht angesteuert werden. Dann wird auf den früheren Fährhafen Þorlákshöfn ausgewichen (⌛ 2 Std. 45 Min.). Im Zweifelsfall bei der Fährgesellschaft nachfragen.

Seatours, ☏ 481 2800, herjolfur@seatours.is, www.seatours.is, bis zu 7x tägl. Preisbeispiele Landeyjahöfn - Vestmannaeyjar (einfache Fahrt): Erw. ISK 1.600, 1 Erw. mit Pkw unter 5 m ISK 3.900

Westmännerinseln

Erstmals erwähnt wurden die **Vestmannaeyjar** oder „Westmännerinseln" um 850. Möglicherweise stammt der Name des Archipels von irischen Sklaven – von den Wikingern traditionell als *vestmenn* (= Männer aus dem Westen) bezeichnet –, die einst vom Festland (☞ Hjörleifshöfði) auf die Inselgruppe flohen. Einige Historiker meinen jedoch, dass mit *vestmenn* im Altisländischen Leute wikingischen Ursprungs gemeint waren, die sich auf den Britischen Inseln angesiedelt hatten.

Die Inselgruppe umfasst 15 Inseln sowie zahlreiche Klippen. Nur die 6 x 3 km große Hauptinsel **Heimaey** ist bewohnt. Alle Inseln entstanden durch Vulkanausbrüche unterhalb der Wasseroberfläche. Die vulkanische Aktivität setzte vermutlich vor über 100.000 Jahren ein, doch erst vor etwa 10.000 Jahren tauchten die ersten Inseln aus dem Ozean auf. Der jüngste submarine Ausbruch führte 1963 zur Entstehung der Insel **Surtsey**.

Letzte vulkanische Aktivitäten ereigneten sich 1973, als die Bewohner der Insel Heimaey von einer gewaltigen Eruption überrascht wurden. Ohne Vorwarnung öffnete sich in der Nacht zum 23. Januar eine fast 2 km lange Spalte, nur 300 bis 400 m hinter den ersten Häusern. Die Insulaner dachten anfangs, es handele sich um einen Brand am Stadtrand, dann hieß es, der seit 5.400 Jahren untätige Vulkan Helgafell sei ausgebrochen. Tatsächlich lag diese Spalte aber neben dem Helgafell, und aus ihr begannen ungeheure Mengen rot glühender Lavamassen herauszuströmen.

Dank äußerster Disziplin der Eilandbewohner und der sofort eingeleiteten Evakuierung gelang es, bis zum Morgen des 23. Januar nahezu die gesamte Inselbevölkerung aufs Festland zu bringen. Zurück blieben freiwillige Helfer, die auch Sachwerte zu bergen begannen. Es gelang, neben den meisten Habseligkeiten der Einwohner auch die Maschinen der Betriebe, Warenlager usw. zu retten und von der Insel zu schaffen.

Hoch über dem Friedhof ragt der neue Vulkan Eldfell auf

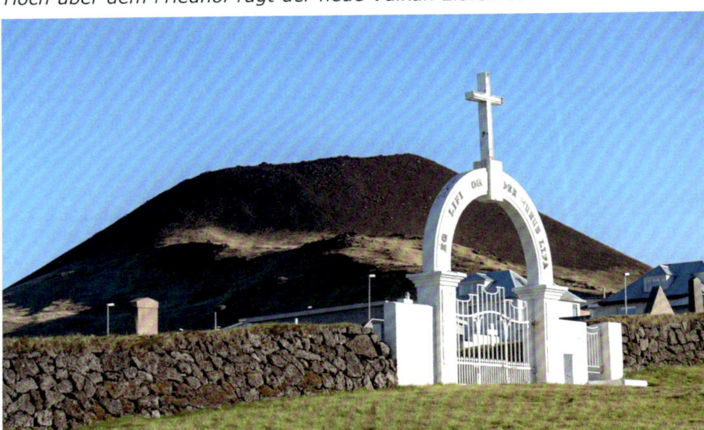

Nach kurzer Zeit zeigte sich, dass entlang der Spalte nur noch ein Krater tätig war, der allmählich einen neuen Vulkankegel aus Lava und Schlacke aufbaute. Dieser Berg wurde später **Eldfell** (= Feuerberg) genannt. In den nächsten Monaten blieb der Vulkan aktiv und spie immer neue Mengen Lava aus. Zudem wurde die Stadt mit einer mächtigen Ascheschicht bedeckt. Viele Dächer brachen unter der Last der Asche zusammen. Aber auch die Lava richtete große Schäden an, indem sie einen Teil der Stadt unter sich begrub. Insgesamt fiel etwa ein Drittel aller Häuser dem Vulkan zum Opfer. Hinzu kam, dass der Lavastrom die Hafenzufahrt zu blockieren drohte und damit die Existenzgrundlage der von der Fischerei abhängigen Inselbevölkerung gefährdete. Isländische Forscher schlugen deshalb vor, die Lava mit Meerwasser abzukühlen, um sie zum Erkalten und Erstarren zu bringen. Aus Wasserkanonen prasselten über 6 Mio. t Seewasser auf den über 1.000° C heißen Lavafluss, der schließlich tatsächlich zum Stehen kam. Die Hafenzufahrt wurde von 800 auf 200 m verengt und ist jetzt durch die 40 m hohe Lavawand sogar besser geschützt als zuvor!

Nach Ende des Vulkanausbruchs war die Inselfläche um 2,5 km² auf 13,6 km² angewachsen. Doch 400 Häuser und eine Fischfabrik waren für immer verloren – begraben unter der Lava oder verschüttet unter einer meterhohen Ascheschicht. Nach und nach kehrten viele Bewohner auf die Insel zurück und begannen die Stadt auszugraben. Für die zurückkehrenden Inselbewohner begann rasch ein wirtschaftlicher Aufschwung. Zuerst war es die notwendige Bautätigkeit, alsbald neu einsetzender Tourismus, der sich zum Wirtschaftsfaktor entwickelte.

⌘ Vor wenigen Jahren wurde im Rahmen des ehrgeizigen Projekts „Pompeji des Nordens" damit begonnen, einige der von der Asche verschütteten Häuser wieder auszugraben. Rund um die freigelegten Überreste eines dieser Häuser entstand das Museum Eldheimar (= Feuerwelt), das mit multimedialen und interaktiven Ausstellungen an die Naturkatastrophe und deren Einfluss auf die Inselbevölkerung erinnert. Ein zweiter Schwerpunkt ist die Geburt der Vulkaninsel Surtsey, die von der UNESCO als Welterbe anerkannt wurde.

♦ **Eldheimar**, Suðurvegur/Gerðisbraut 10, ☏ 488 2700, 💻 eldheimar.is, Mai bis Okt tägl. 10:00-18:00; Nov bis April Mi-So 13:30-16:00, Eintritt ISK 2.400

Ein Trampelpfad führt zum Gipfel des Vulkans Eldfell hoch. Vom Hafen von Heimaey starten Wanderwege zu den Papageitaucherkolonien am Heimaklettur und Stóraklif. Auch eine Wanderung entlang der Westküste bis zum Leuchtturm auf der Halbinsel Stórhöfði ist eine Option.

Eine weitere gute Möglichkeit, die Vielfalt der Inseln zu entdecken, bieten die Bootstouren von Viking Tours. Sie kommen dabei ganz nah an die Steilküsten mit Myriaden von Seevögeln heran. Sie sehen, wie die junge Lava von 1973 vom Meer längst zu beeindruckenden Kliffen modelliert wurde, erkunden geheimnisvolle Höhlen und begegnen mit etwas Glück sogar Delfinen und Schwertwalen.

- **Viking Tours**, ☏ 488 4884, vikingtours.is. Inselrundfahrten: Mitte Mai bis Mitte Sep, 1-2x tägl., 1 Std. 30 Min., ISK 8.200

Voraussichtlich im Sommer 2019 wird in der Bucht Klettsvík (nördlich der Hafenzufahrt) die weltweit erste Auffang- und Schutzstation für Belugawale eröffnet. In der 32.000 m² großen und bis zu 10 m tiefen Bucht wird den beiden weiblichen Belugawalen Little Grey und Little White ein möglichst naturnahes, neues Zuhause geboten. Ein integriertes Besucherzentrum mit angeschlossener Papageitaucherklinik wird Einblicke in das Leben der Wale gewähren. Geplant sich auch „Walbeobachtungsfahrten" mit kleinen Booten, bei denen der Besucher auf Tuchfühlung mit den Belugawalen gehen kann.

Doch bevor die neuen Bewohner auf Heimaey einziehen, gilt es, eine gewaltige logistische Herausforderung zu bewältigen, um die beiden zwölf Jahre alten Wale, derzeit im Changfeng Ocean World Aquarium in Shanghai (China) beheimatet, auf dem Luft-, Land- und Seeweg nach Heimaey zu verfrachten.

- **Sea Life Trust Beluga Whale Sanctuary**, www.sealifetrust.org, Eröffnung vorgesehen im Frühjahr 2019

Vestmannaeyjar

4.300 Ew. BANK

Tourist-Information, Bárustígur 2 (im Buchladen Eymundsson), ☏ 488 2555, info@visitvestmannaeyjar.is, www.visitvestmannaeyjar.is

Hótel Vestmannaeyjar***, Vestmannabraut 28, ☏ 481 2900, www.hotelvestmannaeyjar.is. Zentral gelegenes Hotel mit frisch renovierten, hellen Zimmern und Spa-Bereich

- **Aska Hostel**, Bárustígur 11, ☏ 662 7266, www.askahostel.is. Modernes Hostel ohne Schnickschnack im gleichen Haus wie das ☞ Gott Restaurant. Übernachtung wahlweise im Privatzimmer oder im Schlafsaal. Übernachtungsgäste genießen freien Eintritt ins Schwimmbad.

HI Hostel Vestmannaeyjar, Sunnuhóll, Vestmannabraut 28, ☏ 481 2900, vestmannaeyjar@hostel.is, 25 Betten

Glamping & Camping Vestmannaeyjar, Herjólfsdalur, ☏ 846 9111, www.glampingandcamping.is, Mai bis Sep. Schöner, windgeschützter Zeltplatz zwischen hohen Felskliffen, auch Übernachtung in Schlaffässern. Sehr sauberer, gut ausgestatteter Servicebereich

Gott, Bárustigur 11, ☏ 481 3060, gott.is, Mai bis Aug Mo-Do 11:00-21:00, Fr-So 11:00-22:00; Sep bis April tägl. 11:30-21:00. Kleines, familiengeführtes Restaurant mit exzellentem Ruf. Auf der Karte stehen u. a. Fischgerichte, Pasta und leckere Hamburger.

☺ Unser Tipp: der Fisch des Tages! Gutes Preis-Leistungs-Verhältnis

Einsi Kaldi, Vestmannabraut 28 (im Hótel Vestmannaeyjar), ☏ 481 1415, www.einsikaldi.is, Mai bis Sep tägl. 12:00-22:00; Okt bis April Mi-Sa 18:00-22:00. Alles, was in den Gewässern rund um die Westmännerinseln schwimmt, taucht oder kriecht, wird in den Töpfen von Einar Björn Árnason zu einem exquisiten Essen verarbeitet.

Eagle Air, ☏ 562 2640, www.eagleair.is, 1-2x tägl. ab Reykjavík, ab ISK 13.600/Strecke

♦ **Atlantsflug**, ☏ 555 1615, www.flightseeing.is, Juni bis Aug 4x tägl. ab Bakki, h/z ISK 8.500 (mind. 2 Passagiere)

Das glühende Grab, Yrsa Sigurðardóttir, btb Verlag, ISBN 978-3-442-71837-5, € 10. Islandkrimi rund um die Ereignisse, die während des Vulkanausbruchs auf Heimaey 1973 stattfanden.

1.207 Abzweigung der Str. 250 (☞ **Variante über Fljótsdalur**). Diese führt an verschiedenen Schauplätzen der *Njáls saga* vorbei.

Variante über Fljótsdalur

0 Abzweigung der Str. 250 (Schotterstraße) Richtung Múlakot

7 Rechts führt eine Schotterpiste zum Fuß des **Stóra-Dímon** (⇧ 178 m). Der isolierte Felsklotz, der sich aus der Ebene erhebt, ist eine verlandete ehemalige Vulkaninsel.

Ein Pfad steigt von der Westseite zum Gipfel hoch, der eine hervorragende Aussicht bietet. In der Njáls saga, die in dieser Region spielt, ist der Berg, dort noch als Rauðuskriður bezeichnet, Schauplatz eines wichtigen Kampfes. Nach der Auseinandersetzung, so heißt es in der Saga, schaffte Njáls ältester Sohn Skarphéðinn es, den Fluss auf Eisschollen zu überqueren.

12 Die Schotterstraße endet in der Str. 261. Von der Straßeneinmündung ist bereits der schöne, 50 m hohe **Gluggafoss** (= Fensterwasserfall) oder **Merkjárfoss** zu sehen. Ein Schotterweg führt bis zum Wasserfall, der in einer Klamm zu Tal stürzt.

(Die Str. 261 führt rechts weiter nach **Þórsmörk**. Aus der zunächst noch asphaltierten Straße wird später die nur mit Geländewagen befahrbare F261. Am Ende der geteerten Straße (20 km von der Ringstraße) liegt die hübsche Jugendherberge **Fljótsdalur**.)

HI Hostel Fljótsdalur, Fljótshlíð, 487 8498, fljotsdalur@hostel.is, April bis Okt, 15 Betten. Kleine, urige Jugendherberge, geführt von zwei Engländern.

15 Wenn Sie auf der Str. 261 nach links fahren, durchqueren Sie eine liebliche Weidelandschaft und kommen anschließend durch **Hlíðarendi**, einen weiteren Ort, der durch die *Njáls saga* bekannt wurde. In Hlíðarendi lebte im 10. Jh. der Sagaheld Gunnar Hámundarson, ein enger Freund von Njáll.

30 In **Hvolsvöllur** erreichen Sie wieder die Ringstraße (Ringstraße, km 1.223).

1.213 Abzweigung der Str. 253 zum 17 km entfernten Flugplatz in **Bakki** (Hinweisschild: „Bakkaflugvöllur"). Vom Flugplatz können Sie in weniger als 10 Min. nach Vestmannaeyjar fliegen.

1.219 Abzweigung der Str. 255 Richtung Njálsbúð und Lindartún (9 km).

Lindartún Guesthouse, Lindartún, 552 5060, lindartun.is. Die Schaf- und Pferdefarm von Kristín und Baldur liegt buchstäblich mitten im Nirgendwo. Das kleine Guesthouse überrascht mit frisch renovierten Zimmern und einem köstlichen Frühstück mit frischen Waffeln.

1.223 **Hvolsvöllur**, 990 Ew.

Hvolsvöllur Information Center, im Saga Centre „Sögusetrið", 487 8043, tourinfo@hvolsvollur.is, Mitte Mai bis Mitte Sep tägl. 9:00-18:00; Mitte Sep bis Mitte Mai Fr-Sa/So 11:00-17:00

Midgard Base Camp, Dufþaksbraut 14, 578 3180, midgardbasecamp.is. Die coole Anlage, ein Mix aus Hotel und Hostel, besticht mit modernem Design und praktischer Einrichtung (Trockenraum für Kleidung und Schuhe, gut durchdachtes Schlafsaal-Konzept). Der Blick vom Hot Pot auf dem Dach auf den nahen Vulkan Eyjafjallajökull ist einfach klasse!

In dieser Gegend spielt die *Njáls saga*, eine der berühmtesten isländischen Sagas. Zwei intrigante Frauen verfeindeten sich wegen einer vermeintlichen Beleidigung („Die Trolle sollen deine Freunde holen"), bis die Auseinandersetzung immer weiter zu einer Blutfehde zwischen zwei einst befreundeten Familien eskalierte.

Die Kontrahenten bekämpften sich bis aufs Blut, bis hin zu Mord und Totschlag, bis schließlich dem Njáll das Haus über dem Kopf angezündet wurde und die gesamte Familie umkam.

⌘ Das Saga Centre führt in einer Art Zeitreise zurück in die Vergangenheit und lässt den Besucher über die Gewalt in den Sagas erschaudern.

♦ **Saga Centre „Sögusetrið"**, Hlíðarvegur 14, ☏ 487 8781, 💻 www.njala.is, Mitte Mai bis Mitte Sep tägl. 9:00-18:00; Mitte Sep bis Mitte Mai Sa/So 10:00-17:00, Eintritt ISK 900, ✕

⌘ Die neueste Attraktion in Hvolsvöllur ist das Lava Centre, das am 1. Juni 2017 eröffnet wurde. Im Mittelpunkt des hochmodernen Informationszentrums über Vulkane und Erdbeben steht eine multimediale Ausstellung über die Geologie und Vulkanologie der Insel: Interaktive Displays laden zum Mitmachen ein, ein Zittern des Fußbodens simuliert ein Erdbeben und eine imposante 12 m hohe Konstruktion visualisiert den Plume unter Island – jenen Aufstrom von heißem Gesteinsmaterial aus dem tieferen Erdmantel, der die Entstehung der Insel überhaupt erst ermöglicht hat. Neben Filmen und Fotografien gibt es vulkanisches Gestein zum Anfassen. Im angeschlossenen Kino läuft außerdem ein Film über Vulkanausbrüche in Island von 2010 bis 2014.

♦ **Lava Centre**, Austurvegur 14, ☏ 415 5200, 💻 lavacentre.is, tägl. 9:00-19:00, Eintritt: Ausstellung + Film ISK 3.200, Film ISK 1.200, ✕ (Katla Restaurant tägl. 9:00-21:00)

Die gut ausgebaute Ringstraße führt weiter nach Nordwesten, mit einem schönen Ausblick auf die ☞ **Hekla**, die sich rechts erhebt.

1.228 Abzweigung der Str. 264 nach Keldur (11 km)

Abstecher nach Keldur

0 Abzweigung der Str. 264 von der Ringstraße

9 Stokkalækur, 🛏

🛏 **Hótel Selið**, Stokkalækur, ☏ 487 8790, 💻 hotelselid.is, ✕. Kleine Pension im umgebauten Bauernhof mit 8 modernen, hübsch eingerichteten Zimmern. In der Nähe des historischen Hofes Keldur

1.11 Abzweigung der Stichstraße nach Keldur (400 m)

⌘ Der Hof Keldur ist ein weiterer Schauplatz der Njáls saga. In der Saga heißt es, dass Ingjaldur Höskuldsson, Onkel von Njáls außerehelichem Sohn Hökuldur, von 974 bis etwa 1000 auf dem Hof lebte. Das Torfhäuschen Keldnaskálinn (12.-13. Jh.) gilt als das älteste Haus Islands. Die von den Bauern errichteten Schutzwälle erinnern daran, dass die Gegend einst von schweren Sandstürmen heimgesucht wurde. Die wellblechverkleidete Holzkirche (1875) und die Hofgebäude sind heute Teil des Nationalmuseums.

♦ **Keldur**, ☏ 487 8458 (Saison) + 530 2200, ✉ bokun@thjodminjasafn.is, Juni bis Aug tägl. 10:00-18:00, Eintritt ISK 1.200

200 m hinter der Abzweigung liegt das **Hotel Rangá**.

Hótel Rangá****, Suðurlandsvegur, Hella, ☏ 487 5700, www.hotelranga.is. Luxushotel im Blockhausstil. Am begehrtesten sind die Zimmer mit Aussicht auf den Lachsfluss Eystri-Rangá.

1.236 **Hella**, 865 Ew.

Árhús Information Center, Rangárbakkar 6, Hella, ☏ 487 5577, ✉ arhus@arhus.is, www.arhus.is, tägl. 8:00-22:00

Guesthouse Nonni, Arnarsandur 3, ☏ 894 9953, ✉ guesthousenonni@gmail.com. Kleines B&B in zentraler Lage. Großartiges Frühstück mit selbst gebackenem Brot und frischen Waffeln

Árhús ☞ Árhús Information Center. Zeltplatz mit mäßiger Ausstattung am Ufer der Rangá, dazu einfache Hütten, die größeren mit WC und

Die Eröffnung eines Ladens am Ufer der Ytri-Rangá im Jahr 1927 markiert die „Geburtsstunde" von Hella, heute ein wichtiger Handelsplatz für landwirtschaftliche Erzeugnisse. Der Name Hella (= Höhle) stammt vermutlich von den **Höhlen** beim Gehöft ☞ **Ægissíða**.

Am Ortsausgang überquert die Ringstraße die Ytri-Rangá. Es bietet sich ein schöner Ausblick auf den Ort mit dem Vulkan Hekla und die Gletscher **Tindfjallajökull** und **Eyjafjallajökull** im Hintergrund.

1.237 Abzweigung der Str. 25 Richtung Ægissíða (ca. 400 m)

Die Höhlen von Ægissíða sind landesweit ein Begriff. Insgesamt zwölf von Menschenhand gefertigte Höhlen gibt es hier – eine größere Höhlendichte findet sich nirgendwo auf der Vulkaninsel. Die Höhlen, im Schnitt 5 bis 7 m lang, wurden jahrhundertelang von lokalen Bauern als Schafstall, Scheune oder Vorratskammer genutzt. Über ihre Erbauer ist nichts bekannt. Manche meinen, dass sie sogar von irischen Mönchen angelegt und bewohnt wurden. Die bekannteste Höhle, Fjóshellir (= Kuhstall-Höhle), wurde von den Bauern von Ægissíða als Scheune genutzt. Die Höhlen liegen auf Privatgelände und können nach Rücksprache mit den Hofbesitzern besichtigt werden!

1.243 Abzweigung der zunächst asphaltierten Str. 26, die später zur 237 km langen Schotterstraße F26 wird und Zugang zur Sprengisandur und zur F225-Hochlandpiste nach Landmannalaugar gibt. Die F26 endet im Norden am ☞ Goðafoss.

Die Route über Sprengisandur (isl. Sprengisandsleið) erschließt eine überwältigend eintönige Landschaft aus Kies und Schotter, die ihresgleichen sucht, stellt aber auch hohe Anforderungen an Mensch und Maschine.

Einige Furten können nach starkem Regenfall bzw. an sehr warmen Tagen (erhöhte Schmelzwassermenge!) schwer oder gar nicht passierbar sein (☞ Autofahren). Denken Sie daran, dass Miet-Pkw (Ausnahme: Geländewagen) die F-Pisten nicht befahren dürfen! Bei einem Verstoß wird eine Vertragsstrafe fällig und der Versicherungsschutz erlischt.

Die Route ist meist erst ab Anfang Juli befahrbar.

Abstecher zur Hekla und nach Stöng

0 Abzweigung der Str. 26 von der Ringstraße

6 **Laugaland**

Laugaland Campsite, ☏ 895 6543, engilbert@hsk.is, Mitte Mai bis Mitte Okt. Schöner, familienfreundlicher Zeltplatz in windgeschützter Lage

500 m weiter liegt Beindalsholt.

Guesthouse Beindalsholt, ☏ 693 1773, sigbmag@gmail.com. Zwei schöne Bungalows in einsamer Lage mit Blick auf die Hekla. Sehr gastfreundliche Besitzer und üppiges Frühstück

31 Leirubakki, 🛏 🚐 ⛺ 🍴 ⌘

🛏 **Hótel Leirubakki**, ☏ 487 8700 + 893 5046, 💻 www.leirubakki.is, O 🏇. Zimmer mit eigenem Bad (Hotel) bzw. mit geteiltem Bad (Guesthouse). Schöne Lage, in der Nähe der Hekla

⌘ **Hekla Center**, ☏ 487 8700, 🚪 Mai bis Sep tägl. 10:00-22:00, Eintritt ISK 900. Im zum Hotel gehörenden Infozentrum erläutert eine Multimedia-Ausstellung Geschichte und Bedeutung des bekannten Feuerbergs.

Hekla

Der bekannteste Vulkan Islands liegt am Rande des Þjórsárdalur und ist 1.491 m hoch. Er zählt zum Typ des Spaltenvulkans, müsste aber vom Erscheinungsbild her eher den Stratovulkanen zugerechnet werden. Die Hekla gehört zu den aktivsten Vulkanen Islands und ist mindestens 6.600 Jahre alt. Allein seit der Besiedlung brach der Vulkan zwischen 20 und 30 Mal aus. Um den Berg ranken sich deshalb viele Legenden und Aberglaube. So soll hier das Eingangstor zur Hölle liegen!

Einer der heftigsten Ausbrüche der Hekla ereignete sich 1104. Schwere Ascheregen bedeckten damals mehr als die Hälfte des Landes und verschütteten u. a. den Hof ☞ Stöng.

Die Hekla gehört zu den aktivsten Vulkanen der Insel

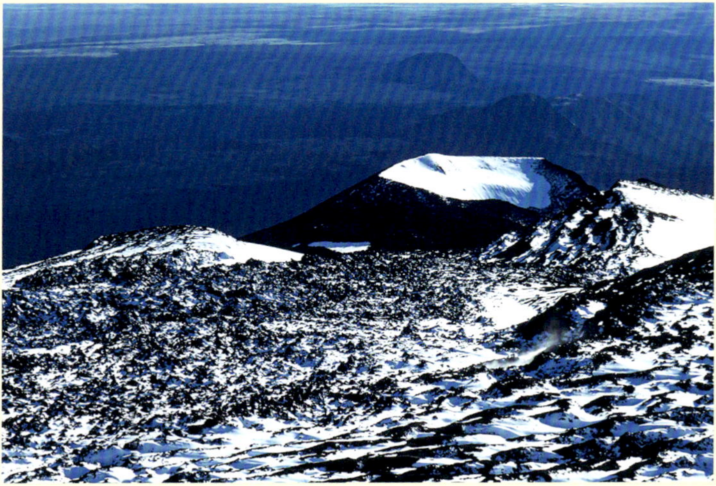

Der ebenfalls sehr starke Ausbruch 1947 war der erste, der wissenschaftlich vollständig erfasst wurde. Bei diesem Ausbruch erreichte die Eruptionswolke eine Höhe von 30 km, die Detonationen waren sogar in Nordisland zu hören. Lavaströme ergossen sich über ein Areal von 40 km^2.

1970 war die Hekla zwei Monate lang tätig: Aus mehreren Kratern flossen große Lavamengen, die schließlich ein Gebiet von 18,5 km^2 bedeckten.

Die letzten Ausbrüche (1980/81, 1991 und 2000) waren vergleichsweise klein. Generell sind Ausbrüche der Hekla nicht nur wegen der ausgespuckten Lava problematisch, sondern auch und vor allem wegen der mit der Asche verbundenen giftigen Gase, insbesondere CO_2 und Fluor.

Technisch ist die Besteigung der Hekla, gutes Wetter vorausgesetzt, nicht allzu schwer.

Der Aufstieg birgt dennoch nicht unerhebliche Risiken. Abgesehen vom oft unberechenbaren Wetter – Nebel, Sturm und sogar Schneefall sind jederzeit möglich – bleibt immer das Risiko eines plötzlichen Ausbruchs. Obwohl die Hekla weitgehend überwacht wird, lassen sich Ausbrüche hier kaum vorhersagen. Denn während andere Vulkane mit diversen Signalen (Schwarmbeben, erhöhter Solfatarentätigkeit, Aufblähen des Berges usw.) eine bevorstehende Eruption ankündigen, geht die Hekla einfach hoch. Die Vorwarnzeit beträgt im Ernstfall weniger als eine Stunde – zu wenig für eine eventuelle Evakuierung!

34 Galtalækur,

Galtalækur II Cottages, 487 6528 + 861 6528, www.1.is/gl2, Mai bis Sep, . 5 Hütten mit WC, fließendem Wasser und ; Zeltplatz mit WC und

41 Rjúpnavellir,

Rjúpnavellir Travel Service, 892 0409, www.rjupnavellir.is, . Schlafsackunterkunft in 2 großen Hütten bzw. in kleineren Hütten für bis zu 6 Pers.

Wenig später endet die asphaltierte Straße.

46 **Tröllkonuhlaup**: Dieser Wasserfall des Gletscherflusses Þjórsá ist zwar nur 2 m hoch, aber 150 m breit.
Die Straße führt nun durch eine karge Bimssteinlandschaft.

49 Abzweigung der F225 (*Landmannaleið*) nach Landmannalaugar

52 Abzweigung zum Kraftwerk **Búrfellsvirkjun** (Durchfahrt verboten!), danach schwarze Dünenlandschaft

62 An der Gabelung der Str. 26/32 biegen Sie links in die asphaltierte Str. 32 ab. (Die Str. 26 geht rechts nach 27 km in die Hochlandpiste F26 über.)

67 Brücke über die **Þjórsá**

70 An der Gabelung der Str. 32/332 biegen Sie rechts in die Str. 332 ab. Nach 600 m folgt eine weitere Weggabelung (Str. 327/332). Folgen Sie hier der Str. 332, die nach rechts weiterführt.

72 Hólaskógur, 🛏

🛏⛺ **Hólaskógur Hostel**, ☎ 841 1700, 💻 holaskogur.is, 🍳 🚿. Einfaches Hostel mit Schlafsackunterkunft (Lager)

Die Str. 332 führt als raue Schotterstraße weiter nach Norden.

77 Abzweigung einer Stichstraße zum 🅿 Parkplatz oberhalb des **Háifoss**. Dieser ist mit einer Fallhöhe von 122 m der dritthöchste Wasserfall Islands.
Kehren Sie anschließend zurück zur letzten Weggabelung (Str. 327/332).

Beim Háifoss stürzt sich die Fossá í Þjórsárdal 122 m in die Tiefe

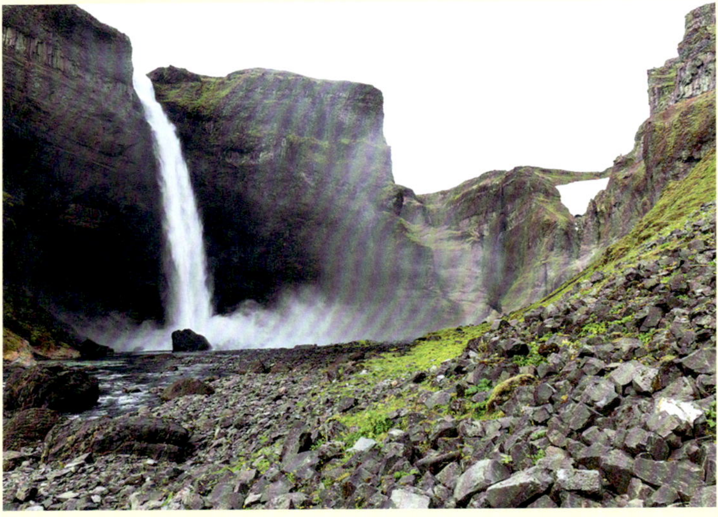

84 An der Gabelung geht es nach rechts weiter auf der teilweise sehr steinigen Str. 327.

88 Abzweigung einer kurzen Stichstraße zum Wasserfall **Gjárfoss**. (Dieser ist auch zu Fuß von der 1,5 km entfernten Ausgrabungsstätte ☞ Stöng erreichbar.)

Anschließend folgen Sie der Str. 327 weiter Richtung Stöng.

89 Vom P Parkplatz mit Toiletten und i Infotafeln am Südufer der Rauðá ist bereits das rote Dach zu sehen, das die freigelegten Grundmauern des Hofes **Stöng** schützt. Eine Fußgängerbrücke führt über den Fluss zu der Ruine.

Gute Campingmöglichkeiten!

⌘ Stöng

Bei Ausgrabungen legten Archäologen hier 1939 die erstaunlich gut konservierten Reste eines Gehöftes aus der Zeit um 1100 frei. Allem Anschein nach ist der Hof beim Ausbruch der Hekla 1104 von Asche zugedeckt worden. So blieb er bis ins 20. Jh. zumindest in seinen Grundmauern erhalten und lieferte wertvolle Hinweise auf Baustil und Lebensweise der Bauern im mittelalterlichen Island. Damals wurden im oberen Þjórsárdalur mindestens zwanzig solcher Höfe bewirtschaftet. Die Siedler wurden vom fruchtbaren Land und dem frischen Wasser – wohl weniger vom prächtigen Blick auf die Hekla – angezogen. Die Aufteilung ist typisch für die damalige Bauweise vieler Höfe.

Nach den Ausgrabungen wurde über den freigelegten Grundmauern des Hofes zum Schutz gegen Wind und Wetter ein Dach errichtet. Der später in der Nähe errichtete Hof ☞ **Þjóðveldisbærinn** ist eine naturgetreue Rekonstruktion des ursprünglichen Hofes: Grundriss und Aufteilung entsprechen genau denen in Stöng. Neben dem Haupthaus, einem 30 m langen Langhaus, sind die Reste zweier Grundmauern zu erkennen. Diese gehörten vermutlich der Werkstatt und Schmiede bzw. einem Kuhstall.

☺ Nach dem Besuch in Stöng empfiehlt es sich, im Tal der Rauðá flussaufwärts bis zum **Gjárfoss** zu laufen. In landschaftlich sehr schöner Umgebung gibt es hier neben dem Gjárfoss noch eine Reihe kleinerer Wasserfälle. Alle stürzen in einen Kessel, der aus sehenswerten Säulenbasalt-Formationen besteht.

Anschließend folgen Sie weiter der Schotterstraße 327, bis diese in der asphaltierten Str. 32 endet.

95 Fahren Sie auf der Str. 32 kurz nach links und biegen Sie nach 200 m rechts in die Zufahrtsstraße zum 400 m entfernten Wasserkraftwerk **Búrfellsvirkjun** (270 MW) ab. Die 1969 fertiggestellte Anlage war das erste isländische Großkraftwerk. Ein Großteil der Stromproduktion geht an die Aluminiumhütte in Straumsvík (bei ☞ Hafnarfjörður). Das nördlich des Berges Búrfell (676 m) im Stausee Bjarnalón gespeicherte Wasser des Gletscherflusses Þjórsá wird durch einen 1,5 km langen Tunnel mit einer Fallhöhe von 115 m zum Turbinenhaus geleitet und gelangt über die Fossá wieder in die Þjórsá.

Von der Zufahrtsstraße zum Kraftwerk führt eine 600 m lange Stichstraße zum Freilichtmuseum Þjóðveldisbærinn, das bereits oben am Grashang zu sehen ist.

96 **Þjóðveldisbærinn**

⌘ Der Hof ist eine Rekonstruktion eines Gehöfts aus der Saga-Zeit, die 1974 anlässlich der 1.100-Jahrfeier Islands erbaut wurde. Modell für die Anlage stand der nahe Hof ☞ Stöng.

♦ **Þjóðveldisbærinn**, ☏ 488 7713 + 856 1190, 💻 www.thjodveldisbaer.is, Juni bis Aug tägl. 10:00-17:00, Eintritt ISK 1.000

Anschließend fahren Sie zurück zur Str. 32, folgen dieser nun nach links und überqueren den Fluss Fossá.

98 Unmittelbar hinter der Brücke wählen Sie die Stichstraße zum Hjálparfoss (1 km).

99 P ⛩ Vom Parkplatz geht es zu Fuß in wenigen Minuten zum **Hjálparfoss**. Dieser Wasserfall der Fossá ist zwar weder besonders hoch noch wuchtig, besticht aber durch seine Ästhetik. Der Wasserfall wird in der Mitte durch eine Felsinsel geteilt und ist an den Seiten mit hübschen Basaltformationen geschmückt. Nur wenig später fließt die Fossá in die Þjórsá.

101 Zufahrt zum entlegenen **Þjórsárdalslaug**, einem mit heißen Quellen beheizten Schwimmbad im Þjórsárdalur (⇔ 10 km extra)

106 Sandártunga, ⛺🚐

🚐⛺ **Þjórsárdalur Camping**, Sandártunga, Þjórsárdalur, ☏ 893 8889, ✉ asolfsstadir@simnet.is, Mitte Mai bis Aug. Einfacher, windgeschützter Zeltplatz am Waldrand mit WC und fließendem Wasser

107 Brücke über die Sandá

123 Árnes, 60 Ew.,

Þjórsárstofa, ☏ 486 6115, thjorsarstofa@skeidgnup.is, www.thjorsarstofa.is, Juni bis Aug tägl. 10:00-18:00. Besucherzentrum der Region Þjórsárdalur

Árnes Camping, beim Bürgerhaus, ☏ 845 9116 + 697 7004, birgirb91@gmail.com, Juni bis Aug, WC

131 Einmündung in die Str. 30, der Sie nun nach links folgen.

136 Húsatóftir,

Hestakráin, Húsatóftir 2a, ☏ 486 5616, hestakrain.is. Kleines, gemütliches Landhotel auf einer ehemaligen Fuchsfarm. Ausritte von 1 Std. bis 6 Tage

137 Brautarholt,

Brautarholt Campsite, Skeiða- og Hrunamannavegur, Selfoss, ☏ 486 5518 + 663 4666, southcentral.is/campsite, Mai bis Sep,

140 Brjánsstaðir,

Fosshótel Hekla***, Skeiða- og Hrunamannavegur, Selfoss, ☏ 486 5540, hekla@fosshotel.is, www.islandshotel.is, und Dampfbad. Relativ kleine, aber gepflegte Zimmer und tolle Lage, mit Blick auf Hekla und Eyjafjallajökull

149 Einmündung der Str. 30 in die Ringstraße (☞ Ringstraße, km 1.257)

1.246 Abzweigung der Str. 281 nach **Hestheimar** (3 km),

Hestheimar, ☏ 487 6666, hestheimar.is. Familiengeführtes Gestüt. Pferdeshows, Reitunterricht, Ausritte (1 Std. bis 1 Woche) und Pferdeverkauf. Übernachtung im Guesthouse oder in urgemütlichen Cottages

1.253 Brücke über die **Þjórsá**. Der mächtige Gletscherfluss ist mit 230 km der längste Fluss Islands. Er erhält sein Wasser hauptsächlich vom Hofsjökull im zentralen Hochland.

1.257 P Abzweigung der Str. 30 mit Zugang nach ☞ Stöng, zur Sprengisandur-Piste (F26) und zur F22 nach ☞ Landmannalaugar. (Von der Str. 30 können Sie auch auf die Str. 31 abbiegen und gelangen so nach ☞ Skálholt (28 km); auch ☞ Gullfoss und ☞ Geysir sind so erreichbar.)

1.259 Abzweigung (Schotterstraße) zum Flecken Hnaus (2 km)

Julia's Guesthouse, Sólbær (Hnaus), Selfoss, 483 5687 + 856 4788, www.julias-guesthouse.com. Das B&B im Stil der traditionellen Torfhäuser liegt am Rande eines Aufforstungsgebietes und wird von einem schweizerisch-deutschen Wirtspaar geführt. Schöne, individuell eingerichtete Zimmer und üppiges Frühstück mit frisch gebackenem Brot, Eiern von den eigenen Hühnern und selbst gemachter Marmelade

1.272 Selfoss, 8.000 Ew. BANK

Selfoss Area Information Office, Austurvegur 2, 480 1990, tourinfo@arborg.is, www.visitarborg.is, Juni bis Aug Mo-Fr 8:00-18:00, Sa 9:00-16:00, So 9:00-15:00; Sep bis Mai Mo-Fr 8:00-19:00, Sa 10:00-14:00

Gesthús, Engjavegur 56, 482 3585 + 663 2448, www.gesthus.is. Einfache Holzbungalows für 1-3 Pers. mit eigenem WC, und und komfortablere Sommerhäuser für 2-6 Pers. mit eigenem O Hot Pot

♦ **Guesthouse Garun**, Skólavellir 7, 864 3250, O. Nettes Gästehaus mit exzellentem Preis-Leistungs-Verhältnis

HI Hostel Selfoss, Austurvegur 28, 482 1600 + 660 6999, selfoss@hostel.is, 57 Betten. Jugendherberge in einem umgebauten Haus in der Innenstadt

Gehört zum Gesthús, ganzjährig, O. Großer Zeltplatz in zentraler Lage, neben dem Sportplatz. Im Sommer wird auch ein Frühstücksbuffet angeboten.

Bónus und **Hagkaup** (Larsenstræti), **Nettó** und **Krónan** (Austurvegur)

Selfoss liegt am Ufer der **Ölfusá**. Die Stadt ist Teil der Großgemeinde Árborg, zu der auch die Küstenorte **Eyrarbakki** und **Stokkseyri** gehören. Selfoss ist heute ein landwirtschaftliches Zentrum mit Molkerei und Verwaltungszentrum für das umliegende Gebiet. Im Mai 2008 wurde die Region von zwei Erdbeben der Stärke 6,1 und 6,3 getroffen, bei denen mehrere Personen verletzt und einige Häuser beschädigt wurden.

⌘ Das Bobby Fischer Center in Selfoss beherbergt Erinnerungsstücke an den Schachweltmeister Bobby Fischer und das legendäre Match des Amerikaners gegen den sowjetischen Großmeister Boris Spasky im Sommer 1972 in Reykjavík. Das Grab von Bobby Fischer befindet sich auf dem Friedhof Laugardælir, nur ein paar Hundert Meter entfernt.

♦ **Bobby Fischer Center**, Austurvegur 21, ☎ 894 1275, www.fischersetur.is, Mitte Mai bis Mitte Sep tägl. 13:00-16:00, Eintritt ISK 1.000

Abstecher nach Eyrarbakki und Stokkseyri

0 Vom Kreisverkehr vor der Brücke über die Ölfusá führt die Str. 34 an die Küste zu den ehemaligen Fischerdörfern Eyrarbakki (540 Ew.) und Stokkseyri (515 Ew.).

10 Gabelung der Str. 33/34
Auf der Str. 33 geht es links weiter nach **Stokkseyri** (4 km), ⌘ .

Guesthouse Heba, Íragerði 12, ☎ 565 0354, www.guesthouseheba.com. Das kleine B&B von Heba und Kristján ist eine perfekte Basis für Streifzüge in die Umgebung. Kompetente Tipps dazu gibt es von den Gastgebern. 4 Zimmer mit geteiltem Bad, einige mit Meerblick

Stokkseyri Campsite, Sólvellir (Ortsmitte), ☎ 896 2144, tjalda38@hotmail.com, Mai bis Sep,

Fjöruborðið, Eyrarbraut 3a, ☎ 483 1550, www.fjorubordid.is, tägl. ab 12:00 (Tischreservierung bis 21:00). ☺ Eine erstklassige Adresse für Hummerfreunde! Im Sommer lockt die Terrasse mit Meerblick. Reservieren erforderlich!

⌘ Im einzigartigen Geistermuseum, untergebracht in einer ehemaligen Fischfabrik, begegnen Sie den Geistern Islands. In der Ausstellung „Icelandic Wonders“ erfahren Sie außerdem Wissenswertes über Elfen und Nordlichter.

♦ **Icelandic Wonders**, Hafnargata 9, ☎ 895 0020, icelandicwonders.is, tägl. 13:00-18:00, Eintritt ISK 1.500,

Das reiche Vogelleben der Marschen, Seen und Schärenküste rund um Stokkseyri lässt sich bevorzugt mit dem Kajak erkunden. Auf einer geführten Kajaktour begegnen Sie Singschwänen, Bekassinen, Pfeifenten und weiteren Brutvögeln. Und neugierigen Seehunden, die den Kajaks folgen. Es gibt auch eine familienfreundliche Tour, die ohne Guide durchgeführt werden kann.

♦ Kayakferðir Stokkseyri, Heiðarbrún 12a, ☎ 695 2058 + 868 9046, kajak.is. ganzjährig (außer bei Frost), 1 bis 2 Std., ab ISK 4.950

10 Die Str. 34 führt von der Gabelung rechts weiter nach **Eyrarbakki** (2 km), ⌘

HI Hostel Eyrarbakki, Eyrargata 51-53, ☎ 788 8200, eyrarbakki@hostel.is, ganzjährig, , 12 Betten

Eyrarbakki Campsite, Búðarstígur (in der Nähe vom Hafen), ☏ 483 1400, agirgu@gmail.com, Mitte Mai bis Sep,

Rauða Húsið, Búðarstígur 4, ☏ 483 3330, www.raudahusid.is, Fr-So 12:00-21:00, Mi-Do 17:00-21:00. Das „rote Haus" steht für köstliche Meeresfrüchte und Fleischgerichte. Spezialität: Hummer!

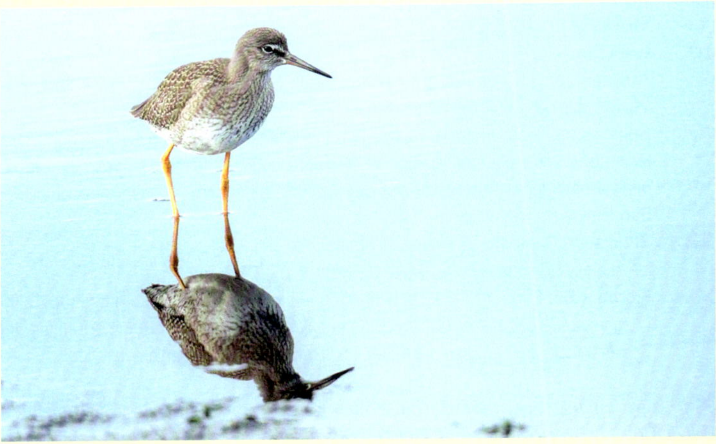

Ein Rotschenkel sucht am Strand bei Stokkseyri nach Essbarem

Zum bekanntesten Gebäude in Eyrarbakki wollen Sie bestimmt nicht hin! Am Ortseingang ragen, von Weitem sichtbar, die Aufbauten des modernen Staatsgefängnisses Litla Hraun aus der Ebene auf. Die kalten, weißen Mauern kontrastieren scharf mit den bunten, wellblechverkleideten Häuschen aus der Blütezeit des ehemaligen Handels- und Fischereizentrums im späten 19. und frühen 20. Jh.

⌘ Das älteste Haus, schlicht Húsið (= Haus) genannt, wurde 1765 erbaut. Es beherbergt heute das Heimatmuseum.

♦ **Byggðasafn Árnesinga**, Húsið, Eyrargata 50, ☏ 483 1504, www.byggdasafn.is, Mai bis Sep tägl. 11:00-18:00, Eintritt ISK 1.000 (Kombiticket mit Sjóminjasafnið)

⌘ Nur wenige Häuser entfernt liegt das örtliche Seefahrtsmuseum mit dem Fischerboot „Farsæll" (1915) als Hauptattraktion.

♦ **Sjóminjasafnið**, Túngata 59, ☏ 483 1273, 💻 www.byggdasafn.is, 🚪 Mai bis Sep tägl. 11:00-18:00, Eintritt ISK 1.000 (Kombiticket mit Byggðasafn Árnesinga)

⌘ Die restaurierte Fischerhütte Þuríðarbúð zeigt, wie die einfachen Fischer einst lebten. Mitte des 19 Jh. standen in Stokkseyri Dutzende von solchen Behausungen. Die Bewohnerin der Hütte, Þuríður, fuhr 50 Jahre lang zum Fischen hinaus, 25 davon als Kapitän!

♦ **Þuríðarbúð**, Strandgata 13, 💻 www.byggdasafn.is, 🚪 frei zugänglich, Eintritt frei

1.274 Abzweigung der Str. 35, die zum ☞ Geysir und zum ☞ Gullfoss (und über die Str. 36 nach ☞ Þingvellir) führt.

1.284 Vom Kreisverkehr (3. Ausfahrt) führt die Str. 38 nach Süden zum Lavatunnel Raufarhólshellir (☞ **Abstecher nach Raufarhólshellir**) und nach **Þorlákshöfn.** Der Fischerhafen fungiert (im Winter) bei ungünstigem Wetter, wenn der Hafen von ☞ Landeyjahöfn nicht erreichbar ist, als Ausweichhafen für die Fähre nach ☞ Vestmannaeyjar.
Vom Kreisverkehr (1. Ausfahrt) führt die Straße Breiðamörk ins Zentrum von **Hveragerði**.

Hveragerði, 2.600 Ew. ℹ 🛏 🚐 ⛺ ✕ ☕ 🛒 BANK 📯 ⛽ 🔌 🔧 P ⚕ ✚ ⌘ 🏊

ℹ **Hveragerði Regional Information Center**, Sunnumörk 2-4 (im Einkaufszentrum), ☏ 483 4601, ✉ tourinfo@hveragerdi.is, 💻 www.south.is, 🚪 Juni bis Aug Mo-Fr 8:30-18:00, Sa 9:00-16:00, So 9:00-15:00; Sep bis Mai Mo-Fr 8:30-17:00 (Fr 16:00), Sa/So 9:00-13:00, 📯 ⌘

🛏 **Skyrgerðin**, Breiðamörk 25, ☏ 481 1010, 💻 www.skyrgerdin.is, ✕ ☕ 🚲. Der Name ist Programm: Im 1930 errichteten Gebäude war einst eine Skyr-Fabrik angesiedelt. Die obere Etage mit den früheren Personalwohnungen wurde in ein Guesthouse mit 13 hübschen Zimmern umgewandelt, unten befindet sich heute ein gemütliches Café-Restaurant.

♦ **Frost og Funi**, Hverhamar, ☏ 483 4959, 💻 www.frostandfire.is, ✕ 🏊 O. Kleines Gästehaus mit toller Aussicht auf die Solfataren am Fluss Varmá. Helle, mit schönen Kunstwerken ausstaffierte Zimmer. Das Frühstücksei kochen sich die Gäste selbst in der Dampfquelle. Gutes ✕ Restaurant nach dem Slow-Food-Konzept

⛺🚐 **Hveragerði Campsite**, Reykjamörk, ☏ 888 1717, ✉ pif17@simnet.is, 🚪 ganzjährig, 💧 🚿

✕ **Kjöt & Kúnst**, Austurmörk 2, ☏ 483 5010, 💻 www.kjotogkunst.is, 🚪 Mai bis Aug tägl. 12:00-21:00. Brot und Kuchen, Fleisch- und Fischgerichte – fast alles wird mit Erdwärme zubereitet!

♦ **Skyrgerðin,** ☞ oben, Mischung aus Café, Bistro und Restaurant, 🚪 tägl. Bistro: 11:30-14:00, Café 14:00-17:00, Restaurant: 17:30-21:30. Bodenständige isländische Gerichte wie *kjötsúpa* (Lammfleischsuppe), *plokkfiskur* (Fischeintopf aus Schellfisch), Lammkoteletts vom Holzkohlegrill und natürlich… *skyr*

Hveragerði liegt mitten in einem der größten Thermalgebiete Islands. Den heißen Quellen verdankt der Ort auch seine heutige Bedeutung. 1929 wurden die heißen Quellen für die Herstellung von Milchprodukten nutzbar gemacht. Bald entstanden auch die ersten Treibhäuser, die mit heißen Quellen beheizt werden – heute liegen ca. 50.000 m² unter Glas. Die hiesigen Glashäuser decken den Löwenanteil des isländischen Bedarfs an Tomaten, Gurken und Paprika. Schnittblumen werden in viele Länder exportiert. Obwohl der Anbau heute die Haupterwerbsquelle im Ort darstellt, sind Obst und Gemüse leider auch nicht billiger als in Reykjavík. Auf jeden Fall lohnt sich eine Besichtigung eines der Gewächshäuser.

⌘ In den Treibhäusern der Landwirtschaftlichen Universität von Island kann der Besucher sogar zu allen Jahreszeiten zwischen Bananenstauden, Kaffeesträuchern und Lilien herumspazieren.

♦ **Agricultural University of Iceland**, Reykir, ☏ 843 5305, ✉ bjorgvin@lbhi.is, 🚪 Jan bis Juni, Aug bis Dez Mo-Fr 8:00-16:00, Juli geschlossen, Eintritt für Einzelpersonen frei, für Gruppen gegen Gebühr und nach vorheriger Anmeldung via ✉

An heißen Quellen mangelt es in Hveragerði nicht, die bekanntesten Exemplare liegen sogar mitten im Ort.

⌘ Im geothermalen Park Hverasvæði können Kinder in einer heißen Quelle Eier kochen und Erwachsene das Fußbad im warmen Schlamm genießen, während die Einheimischen in der heißen Erde hverabrauð backen. ☺ Das süße Schwarzbrot, dessen Geschmack an Pumpernickel erinnert, ist eine wahre Delikatesse und eine lokale Spezialität, die Sie unbedingt probieren sollten.

♦ **Hverasvæði**, Hveramörk 13, ☏ 483 5062 + 483 4601, 🚪 Juni bis Aug Mo-Sa 9:00-18:00, So 10:00-16:00; Sep Mo-Sa 9:00-17:00; April bis Mai Mo-Fr 9:00-17:00; Okt bis März Mo-Fr 9:00-13:00; Eintritt Park ISK 300, Park + Eierkochen ISK 400, Park + hverabrauð ISK 500, Park + Eierkochen + hverabrauð ISK 600

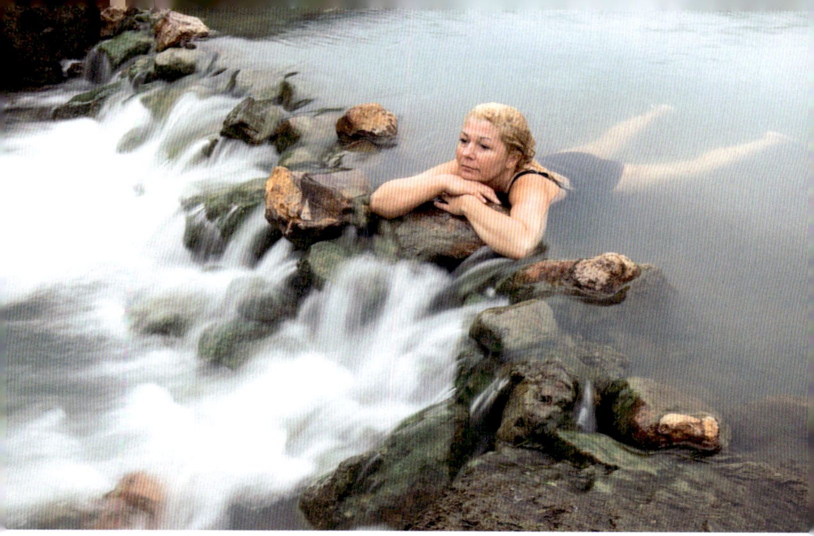

Bad in der Reykjadalsá

Mit den heißen Quellen im Ort ist so manche kuriose Geschichte verbunden. So sprudelte vor Jahren direkt unter einem Wohnhaus plötzlich eine neue heiße Quelle empor – angeblich mitten im Schlafzimmer! 2008 tauchte nördlich der Varmá ein neues Solfatarenfeld auf, dessen Erscheinen durch ein schweres Erdbeben initiiert wurde.

⌘ Das Erdbeben mit Stärke 6,3 auf der Richterskala, das den Ort am 29. Mai 2008 erschütterte, wird durch die kleine, aber eindrucksvolle Ausstellung The Quake 2008 im ☞ Hveragerði Regional Information Center dokumentiert. Höhepunkte sind eine beleuchtete Erdbebenspalte und ein Erdbebensimulator.

♦ **The Quake 2008**, Sunnumörk 2, ☏ 483 4601, Juni bis Aug Mo-Fr 8:30-18:00, Sa 9:00-16:00, So 9:00-15:00; Sep bis Mai Mo-Fr 8:30-17:00, Sa/So 9:00-13:00, Eintritt Ausstellung frei, Erdbebensimulator ISK 300

Die Umgebung von Hveragerði bietet hervorragende Wandermöglichkeiten. Beliebt ist z. B. eine Wanderung vom **P** Parkplatz am Ende der Hauptstraße Breiðamörk in das Tal Reykjadalir. Ziel des Ausflugs, der an vielen Solfataren und kochenden Schlammtümpeln vorbeiführt, ist für viele das Bad in den natürlichen ○ Hot Pots im warmen Bach Reykjadalsá. ⇔ 8,5 km, ⧖ h/z ca. 2 Std. 30 Min.

Abstecher zum Raufarhólshellir

0 Abzweigung der Str. 38 vom Kreisverkehr (3. Ausfahrt) in Hveragerði

12 An der Weggabelung der Str. 38/39 fahren Sie rechts und folgen nun der Str. 39, die sich durch ein moosbewachsenes Lavafeld schlängelt.

14 P Parkplatz auf der rechten Straßenseite

∩ Vom P Parkplatz werden täglich zur vollen Stunde Touren in den Lavatunnel Raufarhólshellir angeboten. Der Tunnel ist ein Relikt eines Vulkanausbruchs, der vor 5.200 Jahren das Lavafeld Leitahraun schuf. Damals lief 1.000° C heiße Lava durch das Tunnelsystem. Heute ermöglichen Holzstege und Lampen dem Besucher eine Erkundung der Lavahöhle, die mit einer Länge von 1.360 m, einer Breite von 10 bis 30 m und einer Höhe von bis zu 10 m zu den größten dieser Art auf Island gehört. An einer Stelle ist sogar ein gigantischer versteinerter Lavafall zu sehen.

♦ **The Lava Tunnel**, ☏ 760 1000 + 519 1616, 💻 thelavatunnel.is, Sommer tägl. 9:00-17:00, sonst tägl. 10:00-17:00, jeweils zur vollen Stunde, ⌛ 1 Std., Preis: ISK 6.400 bzw. ISK 11.400 inkl. Transfer ab Reykjavík, Mindestalter 3 Jahre. Startpunkt: Parkplatz an der Str. 39, warme Kleidung und Wanderschuhe sind erforderlich, Helm und Stirnlampe werden gestellt.

Sie können anschließend den gleichen Weg zurückfahren oder der Str. 39 weiter folgen. Diese führt durch das Lavafeld ☞ **Svínahraun** zurück zur Ringstraße.

27 Einmündung der Str. 39 in die Ringstraße (☞ Ringstraße, km 1.301)

Hinter Hveragerði steigt die Straße in großen Kurven kräftig an.

1.288 P mit i Infotafel. Schöner Ausblick auf Hveragerði sowie auf das Meer mit den Westmännerinseln im Südosten. In der Ferne sind auch die Hekla, Tindfjallajökull und **Eyjafjallajökull** zu sehen. Links voraus liegt der Bergrücken **Ingólfsfjall** (⇧ 551 m), benannt nach Ingólfur Arnarson, der dem „Landnámabók" zufolge an der höchsten Stelle des Berges begraben wurde.

Die Straße führt dann über die **Hellisheiði**, eine unwirtliche Hochebene am Südrand des vulkanisch sehr aktiven Hengill-Massivs. Die vulkanische Aktivität im Untergrund lässt sich unschwer an den vielen dampfenden Solfataren und Bohrlöchern erkennen.

1.299 Abzweigung zum Kraftwerk Hellisheiðarvirkjun (1 km)

Das 2006 in Betrieb genommene **Hellisheiði-Kraftwerk** (303 MW Strom, 133 MW Heißwasser) ist das größte isländische Geothermiekraftwerk und das drittgrößte Kraftwerk dieser Art weltweit. Es wird von 61 Bohrlöchern im Hengill-Massiv gespeist und ist auch für die Warmwasserversorgung der Hauptstadt von großer Bedeutung, die über eine 26 km lange Pipeline mit 80° C heißem Wasser versorgt wird.

⌘ Ein ultramodernes Besucherzentrum im Kraftwerk veranschaulicht die Nutzung der Geothermie.

♦ **Geothermal Exhibition**, Hellisheiðarvirkjun, ☏ 591 2880, www.geothermalexhibition.com, ISK 1.990 (10 % Rabatt bei Online-Buchung), tägl. 9:00-17:00,

Multimedia-Ausstellung im Hellisheiði-Kraftwerk

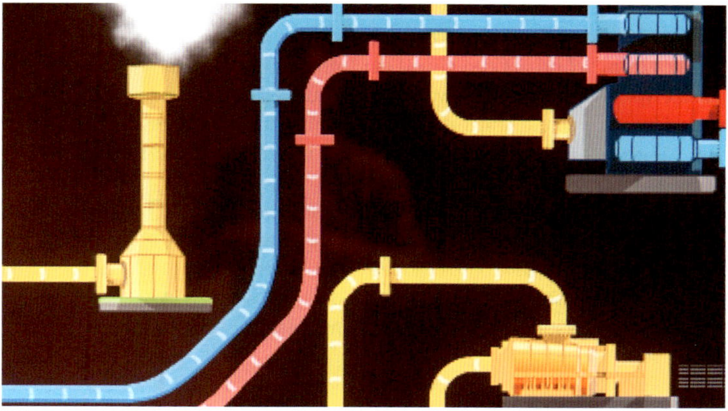

1.301 Abzweigung der Str. 39 nach Þorlákshöfn (24 km), von wo Sie an der Küste entlang nach ☞ Grindavík (80 km) weiterfahren können.

Anschließend passieren Sie das Lavafeld **Svínahraun** (15,1 km²), das in der Christianisierung Islands eine interessante Rolle spielte: Als sich der Lavastrom um das Jahr 1000 aus einer Vulkanspalte am Fuß des Eldborg ergoss, tobte gerade in Þingvellir ein heftiger Streit darüber, ob das Christentum als Religion angenommen werden sollte. Die Gegner der neuen Religion werteten den Vulkanausbruch als Grollen der alten Götter. Dennoch sollte sich der neue Glauben durchsetzen.

1.304 Litla Kaffistofan, ✕ ⛽

✕ Suðurlandsvegur, ☏ 557 7601, 💻 www.litlakaffistofan.com, Mo-Fr 7:00-18:00, Sa/So 8:00-18:00. Das mit Fußballmemorabilien vollgestopfte Café serviert seit 1960 einfache, traditionelle Gerichte wie *kjötsúpa* (Fleischsuppe) und *flatkökur með hangikjöt* (Fladenbrot mit Räucherlamm). Eine Institution!

1.308 Abzweigung der Str. 417 (Bláfjallavegur) in das beliebte Wander- und Skigebiet Bláfjöll

Ein Abstecher zu den „blauen Bergen" lohnt sich nicht zuletzt wegen der Möglichkeit, in das Innere des Vulkans **Þríhnúkagígur** (= Drei-Gipfel-Krater) abzusteigen. Teuer, aber interessant! Ausgangspunkt der Exkursion ist die Skihütte Breiðabliksskáli (24 km von der Ringstraße). Der Ausflug beginnt mit einem 45-minütigen Fußmarsch zum Krater (3 km). Von dort geht es mit einem offenen Aufzug, wie er von Fensterputzern an Hochhäusern genutzt wird, durch den Schlot 120 m tief bis auf den Grund der leeren Magmakammer des Vulkans, der zuletzt vor 4.000 Jahren aktiv war. Der Ausflug ist weltweit einmalig, denn normalerweise sind die Krater nach einer Eruption mit Lava zugeschweißt. In diesem Fall jedoch scheint das Magma einfach verschwunden zu sein, wieso und wohin ist nicht bekannt …

♦ **Inside the Volcano**, ☏ 519 5609, 💻 insidethevolcano.com, Mitte Mai bis Okt mehrmals tägl., ⌛ 5-6 Std., davon 40 Min. im Vulkan, Preis: ISK 44.000 inkl. Transfer ab Reykjavík, warme Suppe und Tee/Kaffee, Mindestalter 12 Jahre. Startpunkt: Skihütte Breiðabliksskáli (Hinweisschild „Inside the Volcano" beachten), warme Kleidung und Wanderschuhe sind erforderlich, Sicherheitsausrüstung (Helm, Klettergurt) wird gestellt.

1.316 Abzweigung der Str. 408 (Heiðmerkurvegur) nach **Heiðmörk**. Auffälligstes Merkmal dieses waldreichen Naherholungsgebiets sind die **Rauðhólar** (= rote Krater), eine Reihe schwarz-roter Pseudokrater. Diese entstanden vor etwa 5.200 Jahren, als das Lavafeld Leitahraun (☞ Raufarhólshellir) über ein Feuchtgebiet floss.

1.321 Auf der Höhe des Golfplatzes Grafarholtsvöllur erreichen Sie schließlich die Abzweigung der Ringstraße nach Norden und die Zufahrt ins Zentrum von **Reykjavík**.

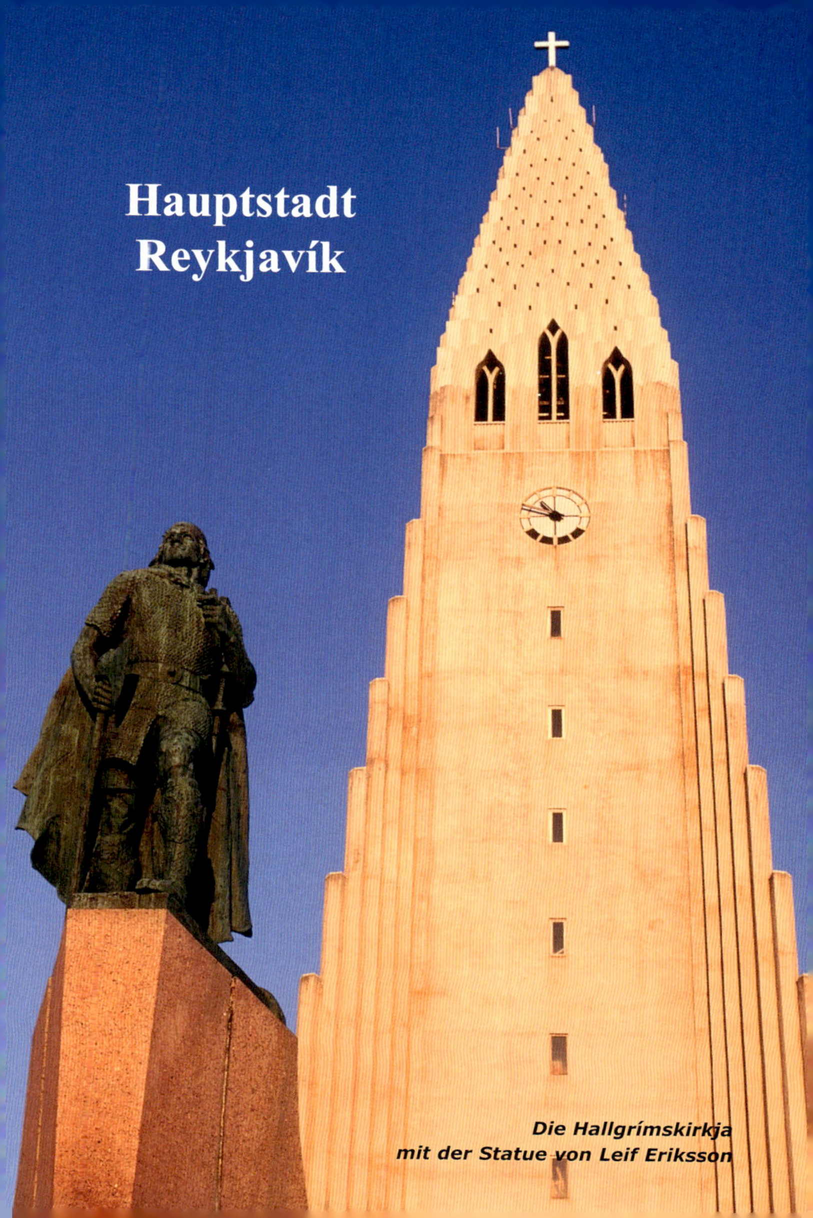

Die Hallgrímskirkja mit der Statue von Leif Eriksson

What's on in Reykjavík, Laugavegur 5 (Hauptbüro) und Tryggvagata 11 (im Volcano House), ☏ 551 3600, www.whatson.is, tägl. 8:30-22:00. Information und Buchungen

♦ visitreykjavik.is

Die **Reykjavík City Card** berechtigt 1 bis 3 Tage zur Nutzung des öffentlichen Nahverkehrs und erlaubt den Zutritt zu allen Freibädern der Stadt und zu zahlreichen Museen. Sie kostet ISK 3.900 (€ 28) für 1 Tag, ISK 5.500 (€ 40) für 2 Tage bzw. ISK 6.700 (€ 49) für 3 Tage (2019). Die Karte erhalten Sie online bei ☞ What's on in Reykjavík sowie in vielen Museen und Hotels. visitreykjavik.is/city-card

Reykjavík Konsúlat Hótel****, Hafnarstræti 17-19, ☏ 514 6800, www.reykjavikkonsulathotel.is. Das 2018 eröffnete Luxushotel der Kette „Curio Collection by Hilton" liegt mitten in der Altstadt. Gebäude und Interieur erinnern an das renommierte Kaufhaus (19. Jh.) des ehrwürdigen Konsuls Thomsen, das einst an gleicher Stelle lag. Ausgezeichnetes Hotelrestaurant „Gott" von den gleichen Besitzern wie die vom gleichnamigen Restaurant in ☞ Vestmannaeyjar.

♦ **Icelandair Hotel Reykjavík Marina******, Mýrargata 2, ☏ 560 8000, www.icelandairhotels.com/marina. Boutique-Hotel in einer ehemaligen Farbenfabrik mit Blick auf die Schiffe im Trockendock

♦ **Reykjavík Residence Hotel*****, Hverfisgata 45, ☏ 561 1200, rrhotel.is. Apartment-Hotel mit großen, komfortablen Zimmern für Selbstversorger, in einer hübschen Altstadtvilla von 1918

♦ **Reykjavík Treasure B&B**, Fischersund 3, ☏ 553 9344, reykjavik-treasure-bb.hotels-reykjavik-is.com. Gemütliches B&B mit relativ kleinen, aber sehr liebevoll eingerichteten Zimmern in der Altstadt. Das Frühstück wird von den Gästen gemeinsam am großen Tisch eingenommen.

♦ **Butterfly Guesthouse**, Ránargata 8a, ☏ 894 1864, butterfly.is. Ein riesiger Schmetterling an der Fassade zeigt den Weg zu dieser kleinen, gemütlichen Pension mit schönen, hellen Zimmern und Apartments. Ruhige, zentrale Lage

♦ **Anna's Guesthouse**, Smáragata 16, ☏ 562 1618, anna@guesthouseanna.is. Geräumige Zimmer und Suiten in der ehemaligen tschechischen Botschaft. In der Nähe des Nationalmuseums

♦ **Kex Hostel**, Skúlagata 28, ☏ 561 6060, www.kexhostel.is. Modernes Hostel mit vielfältigem Übernachtungsangebot in einer umgebauten Keksfabrik in der Nähe des alten Hafens

♦ **Hlemmur Square**, Laugavegur 105, ☏ 415 1600, www.hlemmursquare.com. Mischung aus Luxushotel und komfortablem Hostel in einem Gebäudekomplex aus den 1930er-Jahren. Zentrale Lage

♦ **Galaxy Pod Hostel**, Laugavegur 172, ☏ 511 0505, 💻 www.galaxypodhostel.is, 🍷 🛁. Cooles neues Hostel mit Schlafcontainern zu vernünftigen Preisen, 15 Min. zu Fuß von der Innenstadt

♦ **Blue House B&B**, Valhúsabraut 19 (im Vorort Seltjarnarnes), ☏ 775 6480, 💻 www.bluehouse.is, 🛁 🚲 O. B&B in ruhiger Vorstadtlage. Einfache, helle Zimmer mit Bad auf dem Flur

Reykjavík City HI Hostel, Sundlaugavegur 34, ☏ 553 8110, ✉ reykjavikcity@hostel.is, ☕ 🛁 P 🚲 🚌 14, 174 Betten. Gleich neben dem ⛺ Zeltplatz und dem Schwimmbad Laugardalslaug

♦ **Reykjavík Downtown HI Hostel**, Vesturgata 17, ☏ 553 8120, ✉ reykjavikdowntown@hostel.is, ☕ 🛁 🚲, 68 Betten. Moderne Jugendherberge in der Innenstadt – 2015 zum besten HI-Hostel weltweit gewählt!

♦ **Reykjavík Loft HI Hostel**, Bankastræti 7, ☏ 553 8140 ✉ loft@hostel.is, 💻 www.lofthostel.is, ☕ 🛁 🚲, 92 Betten. Islands neueste HI-Herberge liegt im Herzen der Stadt und gefällt mit einer schönen Aussicht.

☺ Ein Verzeichnis aller 14 Hostels in Reykjavík gibt es unter 💻 www.german.hostelworld.com/Jugendherbergen/Reykjavik/Island.

⛺ **Reykjavík Campsite**, Sundlaugavegur 32, neben Reykjavík City Hostel und Schwimmbad Laugardalslaug, ☏ 568 6944, 💻 www.reykjavikcampsite.is, ganzjährig, i P 🛁 🚲 🚗 🚌 14. Großer Zeltplatz, der jedoch im Sommer oft an die Grenzen seiner Kapazität stößt. Für Camper gibt es inzwischen ausreichend Stellflächen, aber die großen Rasenflächen bleiben den Zelten vorbehalten.

♦ Weitere Zeltplätze gibt es in den Vororten Mosfellsbær und Hafnarfjörður.

Hagatorg 1 (Hotel Saga), Mo-Fr 9:00-18:00

☆ Hverfisgata 113, auch Fundbüro, ☏ 444 1000

BANK Geldautomaten (ATM) an allen Banken in der Innenstadt

Reykjavík zählt mit 129.000 Ew. zu den kleineren Hauptstädten Europas. Werden die Vororte Kópavogur (37.000 Ew.), Hafnarfjörður (30.000 Ew.), Garðabær (13.000 Ew.), Mosfellsbær (11.400 Ew.), Álftanes (2.600 Ew.) und Seltjarnarnes (4.600 Ew.) hinzugerechnet, so umfasst „Groß-Reykjavík“ etwa 227.000 Ew., das entspricht 63 % der isländischen Bevölkerung. Nicht verwunderlich ist daher, dass die Stadt nicht nur die politische Hauptstadt des Landes ist, sondern auch das tatsächliche Zentrum im Hinblick auf Kultur, Handel, Verwaltung, Kirche und Leben ganz allgemein.

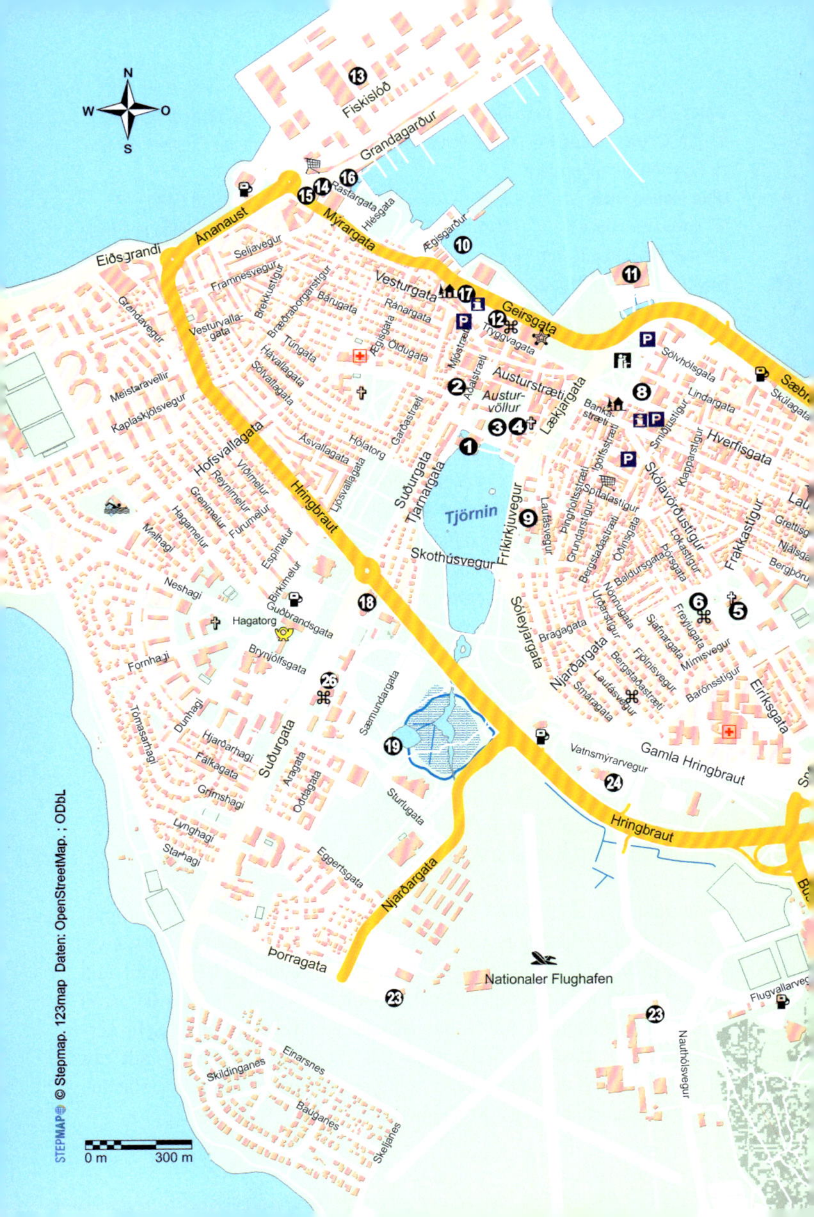
N
W
O
S
Fiskislóð
Grandagarður
Rastargata
Hlésgata
Ánanaust
Mýrargata
Ægisgarður
Eiðsgrandi
Seljavegur
Framnesvegur
Brekkustígur
Bræðraborgarstígur
Bárugata
Vesturgata
Ránargata
Geirsgata
Tryggvagata
Grandavegur
Vesturvalla-
gata
Túngata
Ægisgata
Öldugata
Mjóstræti
Aðalstræti
Austurstræti
Austur-
völlur
Lækjargata
Sölvhólsgata
Lindargata
Skúlagata
Bankastræti
Smiðjustígur
Hverfisgata
Meistaravellir
Kaplaskjólsvegur
Hávallagata
Sólvallagata
Garðastræti
Hólatorg
Ásvallagata
Ljósvallagata
Hofsvallagata
Hringbraut
Suðurgata
Tjarnargata
Tjörnin
Fríkirkjuvegur
Laufásvegur
Þingholtsstræti
Ingólfsstræti
Spítalastígur
Skólavörðustígur
Klapparstígur
Laugavegur
Grettisgata
Njálsgata
Bergþórugata
Frakkastígur
Víðimelur
Reynimelur
Grenimelur
Hagamelur
Furumelur
Espimelur
Melhagi
Neshagi
Birkimelur
Guðbrandsgata
Hagatorg
Brynjólfsgata
Fornhagi
Skothúsvegur
Grundarstígur
Bergstaðastræti
Óðinsgata
Lokastígur
Þórsgata
Baldursgata
Sóleyjargata
Bragagata
Nönnugata
Urðarstígur
Freyjugata
Sjafnargata
Mímisvegur
Fjölnisvegur
Njarðargata
Smáragata
Laufásvegur
Bergstaðastræti
Barónsstígur
Eiríksgata
Sæmundargata
Tómasarhagi
Dunhagi
Hjarðarhagi
Fálkagata
Aragata
Oddagata
Grímshagi
Lynghagi
Starhagi
Sturlugata
Vatnsmýrarvegur
Gamla Hringbraut
Hringbraut
Eggertsgata
Njarðargata
Þorragata
Nationaler Flughafen
Flugvallarvegur
Nauthólsvegur
Skildinganes
Einarsnes
Bauganes
Skeljanes
0 m
300 m
STEPMAP © Stepmap. 123map Daten: OpenStreetMap ; ODbL
1
2
3
4
5
6
8
9
10
11
12
13
14
15
16
17
18
19
23
24
26

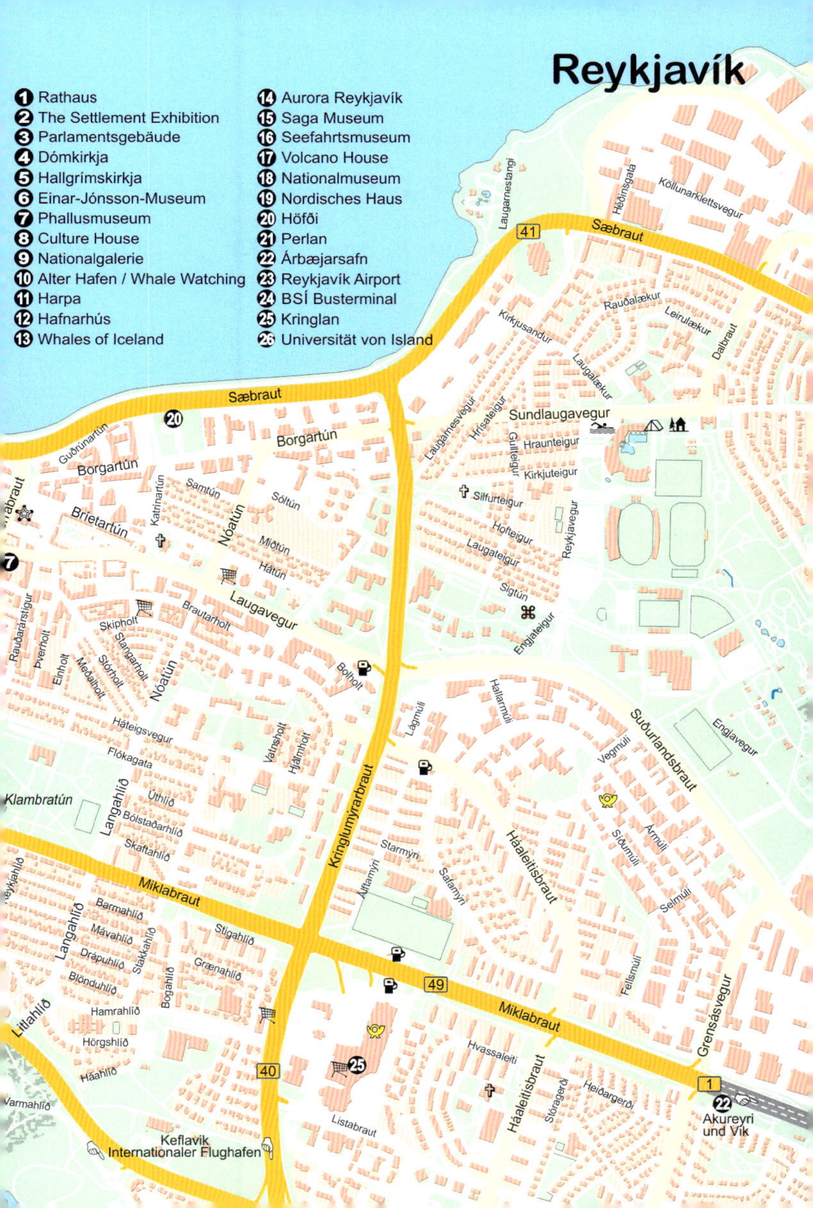
Reykjavík
1 Rathaus
2 The Settlement Exhibition
3 Parlamentsgebäude
4 Dómkirkja
5 Hallgrímskirkja
6 Einar-Jónsson-Museum
7 Phallusmuseum
8 Culture House
9 Nationalgalerie
10 Alter Hafen / Whale Watching
11 Harpa
12 Hafnarhús
13 Whales of Iceland
14 Aurora Reykjavík
15 Saga Museum
16 Seefahrtsmuseum
17 Volcano House
18 Nationalmuseum
19 Nordisches Haus
20 Höfði
21 Perlan
22 Árbæjarsafn
23 Reykjavík Airport
24 BSÍ Busterminal
25 Kringlan
26 Universität von Island
Sæbraut
41
Laugarnestangi
Héðinsgata
Köllunarklettsvegur
Kirkjusandur
Rauðalækur
Leirulækur
Dalbraut
Laugalækur
Laugarnesvegur
Hrísateigur
Sundlaugavegur
Gullteigur
Hraunteigur
Kirkjuteigur
Silfurteigur
Hofteigur
Laugateigur
Reykjavegur
Sigtún
Engjateigur
Guðrúnartún
Borgartún
Samtún
Sóltún
Katrínartún
Brietartún
Nóatún
Miðtún
Hátún
Laugavegur
Brautarholt
Skipholt
Stangarholt
Stórholt
Meðalholt
Einholt
Þverholt
Rauðarárstígur
Bolholt
Háteigsvegur
Flókagata
Yatnsholt
Hjálmholt
Lágmúli
Hallarmúli
Suðurlandsbraut
Engjavegur
Vegmúli
Klambratún
Langahlíð
Úthlíð
Bólstaðarhlíð
Skaftahlíð
Kringlumýrarbraut
Starmýri
Álftamýri
Safamýri
Háaleitisbraut
Síðumúli
Ármúli
Selmúli
Miklabraut
Barmahlíð
Mávahlíð
Drápuhlíð
Blönduhlíð
Stakkahlíð
Stigahlíð
Grænahlíð
Bogahlíð
Hamrahlíð
Hörgshlíð
Háahlíð
Litlahlíð
Varmahlíð
49
40
Fellsmúli
Grensásvegur
Hvassaleiti
Stóragerði
Heiðargerði
Listabraut
1
Akureyri und Vík
Keflavík Internationaler Flughafen

☺ Bei der Orientierung mit dem Navi sollte immer der Name des jeweiligen Vororts eingegeben werden, nicht nur Reykjavík.

Das Leben der Menschen in Reykjavík unterscheidet sich enorm von dem in anderen Gebieten Islands. Dem Reisenden werden, wenn er durch die Straßen der Stadt läuft und Geschäfte und Passanten betrachtet, geschäftiges Treiben, modisch gekleidete Leute und viele Geschäfte und Restaurants auffallen – ganz anders als in den übrigen Orten des Landes.

Auch das städtebauliche Bild hat sich gewandelt. Im Zentrum wird durch das Anpflanzen von Bäumen und den Umbau vieler Läden ein gewisses Flair erzeugt. Reykjavík wirkt heute viel freundlicher als noch vor einigen Jahren. Das Stadtbild wird nicht durch Betonklötze verunstaltet, alles wirkt klein, manches alt, nicht unbedingt schön, aber es hat eine ganz eigene Ausstrahlung.

Viele Vororte sind dagegen von großen Wohnsilos geprägt. Aber auch hier haben neuere Bauten eine durchaus annehmbare Architektur, Farbgebung und Anordnung aufzuweisen. Nicht zuletzt die aufgelockerte Bauweise mit viel Platz zwischen den einzelnen Blocks unterscheidet diese wohltuend von vielen Trabantenstädten Mitteleuropas. Daneben fallen viele Siedlungen mit schönen, zum Teil riesig und luxuriös wirkenden Einfamilienhäusern auf – Ausdruck des explosionsartig aufgekommenen Wohlstandes der Isländer.

Transport

Die Busse des innerstädtischen Busunternehmens Strætó fahren Sie Mo bis Fr von 6:35, Sa von 7:30 und So von 9:30 jeweils bis Mitternacht alle 10 bis 30 Min. für ISK 470 in nahezu alle Ecken der Stadt. Die wichtigsten Knotenpunkte mit entsprechend vielen Umsteigemöglichkeiten sind Lækjartorg, Hlemmur, Grensás und Mjódd. Das „S"-Zeichen markiert die Haltestellen.

Die Fahrer nehmen nur abgezähltes Geld entgegen, es gibt kein Wechselgeld!

Pläne für das öffentliche Verkehrssystem, Fahrkarten und Infos erhalten Sie u. a. am Lækjartorg, am Hlemmur und in Mjódd.

Zum Umsteigen wird ein **Transferticket** benötigt, das im nächsten Bus vorgelegt werden muss. Ein solches Ticket muss ausdrücklich beim Fahrer verlangt werden, es gilt 75 Min.

☺ Für Vielfahrer lohnt sich ggf. die Installation der **Strætó App**, die von der Website von Strætó heruntergeladen werden kann.

Strætó, www.straeto.is (Rubrik „User Information/Bus Fares")

Zwischen dem Flughafen Keflavík und der Innenstadt von Reykjavík verkehren Shuttlebusse (☞ Reise-Infos von A bis Z, Anreise).

- Inlandsflüge (und Flüge nach Grönland und zu den Färöern) starten vom Stadtflughafen. Dieser liegt im Südteil der Stadt, südlich der Hringbraut.

Im Gegensatz zu vielen anderen Großstädten ist das Autofahren in Reykjavík noch relativ unproblematisch. Schwierig kann die Parkplatzsuche in der Innenstadt werden. Im Bereich um den Stadtteich Tjörnin gelingt es Ihnen aber sicher, ein Plätzchen zu finden.

- Taxifahren ist teuer. Selbst eine Fahrt innerhalb der Innenstadt schlägt schnell mit ISK 3.000 und mehr zu Buche.

Gewöhnungsbedürftig sind die häufigen Kreisverkehre und die dort geltende Vorfahrtsregelung (☞ Autofahren).

Einkaufen

können Sie vorwiegend im Bereich um den Laugavegur und die Austurstræti/Hafnarstræti, wo sich viele kleine Läden und Souvenirläden befinden. Dort lässt sich auch in einer der vielen Banken Geld wechseln oder aus dem Automaten ziehen.

Supermärkte

- **Hagkaup**, Skeifan 15 (Skeifan), tägl. 24 Std.
- **Nettó**, Fiskislóð 3 (am Alten Hafen); Þönglabakki 1 (Mjódd), jeweils tägl. 24 Std.
- **Bónus**, zahlreiche Filialen, u. a. im Einkaufszentrum Kringlan und Laugavegur 59, www.bonus.is, täglich

Shopping

Die Haupteinkaufsstraßen sind Laugavegur, Bankastræti und Skólavörðustígur mit Geschäften aller Art, Boutiquen und Kunsthandwerksläden. Woll-, Web- und Strickwaren finden Sie im Bereich der Aðalstræti, Austurstræti und Hafnarstræti.

Zum riesigen Einkaufszentrum **Kringlan** östlich des Stadtzentrums mit über 170 Geschäften verkehren kostenlose Shuttlebusse vom Rathaus (Mo-Fr 10:00-17:00, hin zur vollen Stunde, zurück zur halben Stunde).

Ein zweites, etwas kleineres Shoppingcenter namens Smáralind mit über 100 Läden befindet sich im Vorort Kópavogur, etwas südlich von Reykjavík.

Kringlan, Kringlan 4-12, www.kringlan.is, Mo-Mi 10:00-18:30, Do 10:00-21:00, Fr 10:00-19:00, Sa 10:00-18:00, So 13:00-18:00

♦ **Smáralind**, Hagasmári 1, Kópavogur, www.smaralind.is, Mo-Fr 11:00-19:00 (Do 21:00), Sa 11:00-18:00, So 13:00-18:00

Thermalbäder

Die isländische Hauptstadt überrascht mit sieben erstklassigen Swimmingpools. Im Großraum Reykjavík gibt es insgesamt sogar 18 Pools, u. a. bei den Zeltplätzen in Mosfellsbær und Hafnarfjörður. Die meisten Schwimmbäder sind Freibäder und haben eine Wassertemperatur von 29° C. Zu jedem Pool gehören mehrere O Hot Pots (Heißwasserbecken), deren Temperatur zwischen 37 und 43° C variiert, oft auch ein Dampfbad. Eintrittsgeld: ISK 1.000, Kinder ISK 160

Beim **Laugardalslaug** gibt es im großen Becken zehn Bahnen, sodass für jede Schwimmgeschwindigkeit etwas dabei ist. Oft treffen sich in den Bädern ganze Familien und große Freundeskreise, um gemeinsam ein heißes Bad zu genießen.

☺ Die Etikette gebietet aus hygienischen Gründen, dass sich jeder vor dem Baden komplett nackt duscht. Sehr lange Haare sollten unter einer Badekappe gebändigt werden.

Laugardalslaug, Sundlaugavegur 30 (neben und), ☏ 411 5100, Mo-Fr 6:30-22:00, Sa/So 8:00-22:00, 12, 14. Die größte Badeanlage des Landes verfügt über ein 50-m-Becken, ein Kinderbecken, Wasserrutschen, 7 O Hot Pots, einen Whirlpool und ein Dampfbad.

♦ **Vesturbæjarlaug**, Hofsvallagata, ☏ 411 5150, Mo-Fr 6:30-22:00, Sa/So 9:00-22:00, 13, 15

♦ **Sundhöll Reykjavíkur**, Barónsstígur 45a, ☏ 411 5350, Mo-Fr 6:30-22:00, Sa/So 8:00-22:00, 5, 14, 15, 18

♦ **Árbæjarlaug**, Fylkisvegur 9, ☏ 411 5200, Mo-Fr 6:30-22:00, Sa/So 9:00-22:00, 5, 16

♦ **Breiðholtslaug**, Austurberg 3, ☏ 411 5250, Mo-Fr 6:30-22:00, Sa/So 9:00-22:00, 3, 4, 12, 17

Mehr unter www.reykjavik.is/en/all-swimming-pools

Im Meer baden geht auch – in der kleinen Bucht Nauthólsvík. Denn hier wird bereits seit Jahrzehnten warmes Wasser, das vorher zu Heizzwecken durch die Stadt geleitet wurde, ins Meer „entsorgt". Durch Vermischung des 30° C warmen Brauchwassers mit kaltem Meerwasser beträgt die Wassertemperatur ganzjährig 15 bis 19° C. Daraufhin wurde hier im Sommer 2000 der einzige Badestrand Islands eröffnet. Zum Angebot des **Ylströnd** (Wärmestrand) gehören auch mehrere Hot Pots mit einer Wassertemperatur von 30 bis 39° C und ein Dampfbad.

♦ **Ylströnd – Geothermal Beach**, Nauthólsvegur, 511 6630, nautholsvik.is, Mitte Mai bis Mitte Aug tägl. 10:00-19:00; Mitte Aug bis Mitte Mai Mo-Fr 11:00-14:00 und 17:00-20:00, Sa 11:00-16:00, Eintritt frei im Sommer, ISK 670 im Winter

Essen und Trinken

Es gibt hier eigentlich alles, vom Hamburger- bis zum Luxusrestaurant, nur preiswert ist nichts. Ein anständiger Hamburger mit Pommes oder eine Pizza schlagen rasch mit ISK 2.500-3.000 (ca. € 20) zu Buche.

In gängigen Restaurants muss mit ISK 3.000-4.000 (€ 20-30) für ein Hauptgericht gerechnet werden, in gehobenen Häusern sogar mit ISK 5.000-7.000 (€ 35-50). Hinzu kommen noch die Getränke.

☺ Scheuen Sie sich nicht, beim Essen ggf. nur eine Karaffe Wasser zu verlangen. Das köstliche Nass ist kostenlos und geschmacklich absolut einwandfrei.

Eine kleine Auswahl an empfehlenswerten Restaurants für jeden Geldbeutel:

Skelfiskmarkaðurinn, Klapparstígur 30, 556 5555, skelfiskmarkadurinn.is, Fr-Sa 11:30-23:30, So-Do 11:30-22:30. Die Spezialität der 2018 eröffneten Brasserie sind isländische Austern aus der Bucht Skjálfandi.

♦ **Fiskmarkaðurinn**, Aðalstræti 12, 578 8877, www.fiskmarkadurinn.is, tägl. ab 18:00. Exquisites und trendiges Fischrestaurant in einem der ältesten Gebäude der Stadt. Die Karte wirbt u. a. mit gegrillten Kaisergranatschwänzen, gebratenem Seewolf und geräuchertem Papageitaucher. Auch die Weinkarte ist spitze.

♦ **Matarkjallarinn – Food cellar**, Aðalstræti 2, 558 0000, matarkjallarinn.is, Mo-Fr 11:30-14:30, 17:00-23:00, Sa/So 17:00-23:00, 𝄞 🍷. Im Keller des 160 Jahre alten Hauses werden in gemütlicher Atmosphäre, live von Klaviermusik begleitet, Köstlichkeiten von Land und Meer kredenzt: Lammfilet, Hummer, Thunfischsteak … Tolle Menus mit passenden Weinen.

✕ **Messinn**, Lækjargata 6b, ☏ 546 0095, 💻 messinn.com, 🚪 tägl. 11:00-15:00, 17:00-22:00. Leckere Fischgerichte, serviert in der heißen Pfanne. Unbedingt reservieren!

♦ **Íslenski barinn**, Ingólfsstræti 1a, ☏ 517 6767, 💻 www.islenskibarinn.is, 🚪 tägl. 11:30-22:00. Uriges Fischrestaurant in einer Seitenstraße des Laugavegur. Auf der Karte stehen auch isländische Spezialitäten, denen Sie sonst nicht so oft begegnen werden. Das Angebot reicht von fermentiertem Hai und Stockfisch bis hin zu Papageitaucher, Rentier oder in Bier gekochten Muscheln.

♦ **Hamborgarabúlla Tómasar**, Geirsgata 1, ☏ 511 0800, 💻 www.bullan.is, 🚪 tägl. 11:30-22:00. Schmackhafte Burger zu vernünftigen Preisen. Auch Hollywoodstar Russell Crowe wurde im Sommer 2012 während der Dreharbeiten von „Noah" in der kultigen Burger-Bude gesichtet.

♦ **Svarta Kaffið**, Laugavegur 54a, ☏ 551 2999, 💻 www.facebook.com/svartakaffid, 🚪 Mo-Do 11:30-23:00, Fr-Sa 11:30-1:00, So 12:00-23:00. Täglich wechselnde Suppen, serviert in einem köstlichen Brotlaib. Auch preislich unschlagbar!

♦ **Sjávarbarinn**, Grandagarður 9, ☏ 517 3131, 💻 www.sjavarbarinn.is, 🚪 tägl. 11:00-22:00. Einfaches Lokal mit leckerem Fischbuffet und traditioneller Hausmannskost – von *plokkfiskur* (Stampffisch) bis *fiskibollurnar hennar ömmu* (Fischklöße nach Omas Art)

♦ **The Coocoo's Nest**, Grandagarður 23, ☏ 552 5454, 💻 www.coocoosnest.is, 🚪 Di-Sa 11:00-22:00, So 11:00-16:00. Das von einem isländisch-amerikanischen Paar geleitete Lokal, untergebracht in einem ehemaligen Fischerschuppen im alten Hafen, lässt sich am besten als „kalifornisches Feinkostrestaurant mit italienischem Einschlag" beschreiben. Auf der Karte stehen Burritos, Salate, Pasta, belegte Brötchen usw.

♦ **Sægreifinn**, Geirsgata 8, ☏ 553 1500, 💻 www.saegreifinn.is, 🚪 tägl. 11:30-22:00. Interieur und Ausstattung sind ausgesprochen schlicht – gepolsterte Fischtonnen zum Sitzen, Plastikteller –, aber die Hummersuppe und die saftigen Fischspieße sind absolut spitze!

♦ **Kaffivagninn**, Grandagarður 10, ☏ 551 5932, 💻 www.kaffivagninn.is, 🚪 Mo-Fr 7:30-21:00, Sa/So 9:30-21:00. Das älteste Restaurant Islands! Im authentischen Fischercafé im alten Hafen werden seit 1935 bodenständige Fischgerichte serviert. Die 🔭 Aussicht auf die Docks ist einmalig!

Geschichte

Reykjavík ist einer der geschichtsträchtigsten Plätze in Island, denn bevor Ingólfur Arnarson an der Südküste des Landes im Jahr 870 bei Ingólfshöfði an Land gegangen war, hatte er, im Sinne seines Glaubens, seine beiden Hochsitzsäulen ins Meer geworfen. (Diese Säulen umrahmten den Platz des Hausherrn an der Nordseite der Halle und in der hochmittelalterlichen Sagaliteratur wurde oft berichtet, dass sie von norwegischen Auswanderern nach Island mitgenommen wurden. Häufig waren sie mit eingeschnitzten Köpfen von Thor verziert.) Der Sage nach wollte er sich an jener Stelle niederlassen, an der diese Teile angetrieben werden würden. Vier Jahre später entdeckte er sie in einer Bucht, die er reykjavík (= Rauchbucht) nannte, weil hier aus der Erde überall Dampf aufstieg. Mit der Errichtung seiner Hütte begannen die Besiedlung der Insel und die Geschichte der Stadt Reykjavík.

Doch viele Jahrhunderte spielte der Ort keine bedeutende Rolle. Erst im 17. Jh. entstand langsam ein Dorf. Im 18. Jh. siedelten sich neben Handwerkern Betriebe zur Fischverarbeitung und Textilherstellung an. Als Reykjavík 1786 die Stadtrechte verliehen wurden, lebten dort gerade einmal 167 Menschen. Doch in der Folgezeit wuchs die Bedeutung durch die Wahl zum Bischofssitz und zum Standort des neuen Obersten Gerichts. Wenngleich man schon 1842 mit dem Verbot, Torfhäuser zu bauen, eine gewisse Art von Stadtplanung begann, schien diese zu dieser Zeit noch etwas übertrieben, da nur wenige Hundert Menschen hier lebten.

Erst nach Aufhebung des dänischen Handelsmonopols wirkte sich der allgemeine wirtschaftliche Aufschwung auch auf Reykjavík aus. Der Hafen diente in den folgenden Jahrzehnten einer wachsenden Fischfangflotte, deren Fänge eine entsprechende Verarbeitungsindustrie nach sich zogen. Darum strömte die Landbevölkerung immer stärker in die Stadt. 1910 zählte sie bereits über 11.000 Ew., 1925 etwa 22.000. Im Zweiten Weltkrieg wuchs die Zahl auf 45.000, und in den 1950er-Jahren erlebte Reykjavík den stärksten Zuzug seiner Geschichte. Die damit einsetzende rapide wirtschaftliche Entwicklung hält bis heute an.

Reykjavík heute

Dem Besucher stellt sich Reykjavík als eine moderne, geschäftige Stadt dar, die schon wegen ihrer geringen Einwohnerzahl nicht mit anderen Hauptstädten der Welt konkurrieren kann – und will.

Auffallend ist besonders, dass es anders, als der Name vermuten lässt, eine Stadt ohne Rauch ist. Fast 99 % der Häuser und Betriebe werden zentral mit heißem Wasser beheizt, das überwiegend aus Quellen nordöstlich der Stadt stammt. Das Wasser wird über eine mächtige Pipeline in riesige Tanks auf dem Hügel Öskjuhlíð am Stadtrand geleitet. Dort werden Tausende von Kubikmetern heißen Wassers gespeichert, das jederzeit in den Haushalten verfügbar ist. Auch alle Schwimmbäder und öffentlichen Gebäude der Stadt werden selbstverständlich mit heißem Wasser beheizt. Zurzeit werden 1.800 l/s heißes Wasser gefördert. Neuerdings wird verstärkt dazu übergegangen, beim Bau neuer Wohnsiedlungen vor Ort nach Heißwasser zu bohren.

Auch die Trinkwasserversorgung ist für eine Großstadt bemerkenswert: Frisches Quellwasser wird in großen Tanks gesammelt und ist so sauber, dass es ohne jeden chemischen Zusatz an die Haushalte abgegeben werden kann.

Reykjavík hat zwei Häfen und den größten Inlandflughafen. Der internationale Flughafen liegt in Keflavík, 45 km entfernt. Die Stadt ist Zentrum der Landesverwaltung, der Kultur, des Handels, der Wirtschaft und des Verkehrs. Von Bedeutung sind auch die lokalen Werftanlagen sowie die hier angesiedelten Maschinen- und Fischverarbeitungsfabriken. Ein Großteil der heimischen Industrie hat hier ihren Sitz, nahezu alle Importeure haben hier ihre Handelsniederlassung, die meisten Im- und Exporte werden über den Hafen von Reykjavík abgewickelt.

Stadtrundgang

Reykjavík ist keine Stadt der großen Sehenswürdigkeiten. Dennoch empfiehlt es sich, der Hauptstadt ein wenig Zeit zu widmen, um etwas von ihrem herben Reiz zu erhaschen. Der ⌛ Zeitbedarf für den gesamten Rundgang, ohne Besichtigungen, beträgt etwa 4 bis 5 Std.

📖 Hilfreich bei der Stadtwanderung sind das Heft „What's on in Reykjavík" (englisch), das monatlich erscheint, und die ebenfalls sehr nützliche Broschüre „Reykjavík City Guide" (englisch). Letztere informiert auch über die vielen Galerien und Museen.

Beginnen Sie den Rundgang am Rathaus, am Nordufer des Sees Tjörnin.

⌘ Zum Auftakt der Rundwanderung lohnt es sich, einen Blick auf das Rathaus (1992) zu werfen. An dem postmodernen Gebäude, errichtet auf einer künstlich aufgeschichteten Insel, scheiden sich bis heute die Geister. Die dicken Betonpfeiler, die markanten, halbrunden Dächer und die beeindruckende Glasfront bilden einen scharfen Kontrast zum nahen See. Das Interieur überrascht mit einem riesigen Reliefmodell von Island.

♦ **Reykjavík City Hall**, Tjarnargata 11, ☏ 411 1111, Mo-Fr 8:30-16:30, Eintritt frei

⌘ Schlagen Sie nun einen kleinen Bogen durch die ältesten Teile der Hauptstadt. Folgen Sie dazu der Aðalstræti nach Norden, wo Sie bald auf The Settlement Exhibition treffen. Der Kern dieses modernen Museums, das mit einer Multimedia-Ausstellung Einblicke in die frühe Besiedlung von Reykjavík gewährt, sind die Grundmauern eines stattlichen Langhauses aus dem 10. Jh., die 2001 bei Ausgrabungen freigelegt wurden. Noch bedeutender für die Archäologen war jedoch die Entdeckung von Überresten eines zweiten Gebäudes, dessen Alter auf 871 ±2 datiert wurde. Dieser Fund wäre der älteste Beweis der Besiedlung von Reykjavík.

♦ **The Settlement Exhibition**, Aðalstræti 16, ☏ 411 6370, 💻 www.borgarsogusafn.is, tägl. 9:00-18:00, Eintritt ISK 1.700

⌘ Nr. 10 der Aðalstræti ist das älteste Haus der Stadt, das noch erhalten ist.

Sie überqueren nun den Platz Ingólfstorg nach schräg rechts und erreichen die Einkaufsstraße Austurstræti, die Sie bis zur Pósthússtræti hinauflaufen. Dort biegen Sie rechts ein und erreichen den großen Platz Austurvöllur, eingerahmt von netten Straßencafés. Café Paris ist z. B. nachmittags ein beliebter Treff der jüngeren Leute. Das von Einar Jónsson gefertigte Denkmal in der Mitte des Platzes zeigt Jón Sigurðsson (1811-1879), den Anführer der isländischen Unabhängigkeitsbewegung. Das Konterfei von Jón Sigurðsson schmückt auch den 500-Kronen-Schein.

Im Süden des Platzes liegt das **Parlamentsgebäude** (isl. *Alþingishús*), ein eher unscheinbares Gebäude, errichtet aus dunklen Basaltquadern, in dem seit 1871 das Althing tagt.

✞ Gleich daneben erhebt sich die schneeweiße Dómkirkja. Die lutherische Kathedrale der Hauptstadt wurde von 1787 bis 1796 in neoklassischem Stil erbaut, 1848 erweitert und 1999 bis 2000 restauriert. Erwähnenswert sind das imposante Altarbild (1847) und der Taufstein, der einst in Rom angefertigt wurde.

♦ **Dómkirkja**, Kirkjustræti, 💻 www.domkirkjan.is, Mo-Fr 10:00-16:00

Von der Kirche geht es durch die Skólabrú weiter zur **Lækjargata**. Hier gehen Sie links weiter und gelangen bald zum Lækjartorg, dem zentralen Platz der Stadt mit einem Busterminal der städtischen Busse (Strætó).

Gehen Sie danach rechts in die Bankastræti weiter. Anschließend gehen Sie den Skólavörðustígur (4. Straße rechts) hinauf.

✞ Beim Aufstieg erkennen Sie bereits am oberen Straßenende die stattliche Hallgrímskirkja. Der Turm der architektonisch eigenwilligen Kirche ist weithin sichtbar und gehört zu den Wahrzeichen der Stadt. Das Gotteshaus wurde zum

Gedächtnis an den Dichter Hallgrímur Pétursson (1614-1674) erbaut, der vor allem Kirchenlieder schuf. Beim Entwurf ließ sich der Staatsarchitekt Guðjón Samúelsson (1887-1950) von den inseltypischen Basaltsäulen inspirieren.

Der Bau dauerte relativ lange – von 1945 bis 1986 –, weil er fast nur mittels Spenden finanziert wurde. Neben der außergewöhnlichen Architektur fasziniert auch das Interieur. Das hohe, schlichte, sehr helle Kirchenschiff bietet über 1.000 Menschen Platz. Trotz oder gerade wegen dieser Schlichtheit, die mit gekonnt konsequenter Betonarchitektur einhergeht, ist die Kirche beeindruckend. Blickfang ist die 1992 eingeweihte Orgel aus der renommierten Bonner Orgelbauwerkstatt Johannes Klais Orgelbau. Die mit Abstand größte Orgel des Landes ist 15 m hoch, wiegt 25 t und zählt 5.275 Pfeifen.

Lohnend ist vor allem die Aufzugfahrt auf den 73 m hohen Turm, der mit drei großen Glocken und einem Glockenspiel mit 29 weiteren Glocken bestückt ist. Der Turm bietet eine prächtige Aussicht über Reykjavík und das Umland. Dabei leuchtet sofort ein, weshalb die Stadt auch als „Stadt der bunten Dächer" bezeichnet wird.

♦ **Hallgrímskirkja**, Hallgrímstorg 1, www.hallgrimskirkja.is, Mai bis Sep tägl. 9:00-21:00 (Turm schließt um 20:30); Okt bis April tägl. 9:00-17:00 (Turm schließt um 16:30), Eintritt Kirche frei, Turm ISK 1.000

Vor der Kirche steht eine **Statue von Leifur Eiríksson**, der um 1000 Amerika entdeckte. Die von Alexander Stirling Calder geschaffene Statue wurde dem isländischen Volk im Jahr 1930 zum tausendjährigen Bestehen des Althing von den USA geschenkt.

⌘ In unmittelbarer Nachbarschaft der Hallgrímskirkja befindet sich das **Einar Jónsson Museum**, das rund 300 Werke des gleichnamigen Bildhauers (1874-1954) ausstellt. Hinter dem Museum liegt ein schöner Skulpturengarten, geschmückt mit 26 Bronzegüssen des Künstlers.

♦ **Einar Jónsson Museum**, Eiríksgata 3, ☏ 551 3797, www.lej.is, Di-So 10:00-17:00, Eintritt Museum ISK 1.000, Garten frei

Steigen Sie nun durch die Wohnstraße Frakkastígur ab und biegen Sie rechts in den **Laugavegur** ein. Diese Straße hat sich zu einer ansprechenden Einkaufsstraße gemausert. Kleine Bäume, Blumen etc. schaffen eine gemütliche Atmosphäre.

⌘ Hinter der Hausnummer 116 versteckt sich das skurrilste Museum der Vulkaninsel: Im Phallusmuseum sind über 220 Penisse von Walen, Robben, Eisbären und anderen isländischen Säugetieren ausgestellt. Der kleinste Penis mit 2 mm Größe gehörte einem Hamster. „Schmuckstück" der Ausstellung ist das 1,70 m lange und 75 kg schwere Glied eines Pottwals. Im Jahr 2011 komplettierte ein Exemplar des Homo sapiens die Sammlung.

♦ **The Icelandic Phallological Museum**, Laugavegur 116, ☏ 561 6663, 🖳 phallus.is, Juni bis Aug tägl. 9:00-18:00; Sep bis Mai tägl. 10:00-18:00, Eintritt ISK 1.700

Sie bummeln den Laugavegur hinab bis zur Ingólfsstræti, in die Sie nach rechts einbiegen.

⌘ Die nächste Straße rechts, die Hverfisgata, bringt Sie zum Culture House. In diesem hellen, klassizistischen Palast von 1908 sind Meisterwerke der mittelalterlichen Literatur zu bewundern, darunter „Jónsbók" (1363) und die „Guðbrandsbiblía" (1584) – eine Guðbrandur-Bibel.

♦ **Culture House**, Hverfisgata 15, ☏ 530 2210, 🖳 www.culturehouse.is, Mai bis Mitte Sep tägl. 10:00-17:00; Mitte Sep bis April Di-So 10:00-17:00, Eintritt ISK 2.000 (Kombiticket mit Nationalmuseum), ☕

Neben dem Culture House steht das **Isländische Nationaltheater** (isl. *Þjóðleikhúsið*), ein mächtiger, dunkler Bau. Die Fertigstellung des Theaters hat Jahrzehnte gedauert. Baubeginn war 1923, abgeschlossen wurde der Bau erst 1950.

Sie gehen die Hverfisgata wieder zurück. Rechts eröffnet sich der Blick zum **Arnarhóll**, einem grasbewachsenen Hügel, gekrönt von Einar Jónssons Denkmal für **Ingólfur Arnarson**, den ersten Siedler Islands und Gründer von Reykjavík. Der Hügel bietet auch einen guten Blick über die Altstadt und den Hafen.

Sie gehen nun die Stufen vom Arnarhóll hinab, wenden sich nach links und passieren das **Regierungsgebäude** (isl. *Stjórnarráðshús*), das in dänischer Zeit als Gefängnis diente. Auf der Grünfläche steht das Standbild König Christians IX., südlich davon ein Monument, das an Hannes Hafstein, Islands ersten Ministerpräsidenten, erinnert. Auch diese beiden Werke wurden von Einar Jónsson geschaffen. Sie gehen die Lækjargata weiter. Links liegt die **Menntaskólinn í Reykjavík**, eine traditionsreiche Schule, die auch von vielen prominenten Isländern besucht wurde, u. a. von Halldór Laxness. Der spätere Literaturnobelpreisträger verließ die Schule ohne Abschluss.

Überqueren Sie nun die Straße und folgen Sie dem Ufer des Stadtteiches **Tjörnin**. Das malerische Gewässer ist von Parkanlagen umgeben und von Wasservögeln bevölkert. Der eher verträumte Charakter des Sees steht im Kontrast zum ☞ Rathaus, das am Nordufer in den Teich hineinragt. Auf einer kleinen Uferpromenade laden Bänke zu einer Pause ein und Sie können die Wasservögel beobachten.

⌘ Setzen Sie Ihren Rundgang am See entlang fort. Links liegt die Nationalgalerie mit vorwiegend isländischer Gegenwartskunst. Das Gebäude (1916) mit den auffälligen runden Giebeln, das ursprünglich eine Gefrieranlage beherbergte, ist eine weitere Kreation des renommierten Architekten Guðjón Samúelsson (☞ Hallgrímskirkja).

♦ **National Gallery of Iceland**, Fríkirkjuvegur 7, ☏ 515 9600, 💻 www.listasafn.is, Mai bis Sep tägl. 10:00-17:00; Okt bis April Di-So 10:00-17:00, Eintritt ISK 2.000 (Kombiticket mit Culture House und 2 weiteren Kunstmuseen), ☕

Wandern Sie am Ufer des Sees nun zurück zum Ausgangspunkt, dem Rathaus.

Der Alte Hafen

Trawler im alten Hafen von Reykjavík

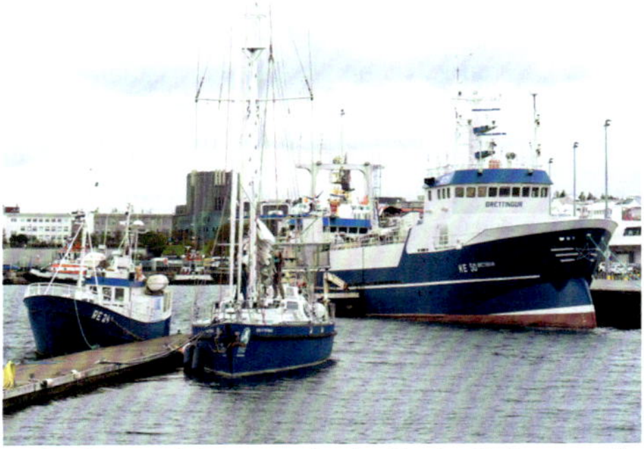

Wie viele europäische Hafenstädte hat Reykjavík sein altes Hafenviertel im Rahmen eines ehrgeizigen Stadtentwicklungsprojekts saniert. Über viele Jahre war der Gamla Höfnin, der „Alte Hafen“, eine trostlose Umgebung mit leer stehenden Industriegebäuden, verfallenen Fischerschuppen und öden Brachflächen. Doch in den letzten Jahren wurde der Stadtteil einem umfassenden Facelift unterzogen. Marode Fabriken wurden renoviert und in Hotels oder Museen umgewandelt, in die alten Fischerbuden zogen trendy Restaurants, Cafés und Galerien ein. Von den Kais, an denen einst nur die eingemotteten Walfangschiffe vor sich hin rosteten, starten jetzt täglich Walbeobachtungsschiffe in die Bucht Faxaflói.

⌘ Überragt wird das rundumerneuerte Hafenviertel am Rand der Innenstadt von der imposanten Konzerthalle Harpa (= Harfe). Der 43 m hohe Glaspalast, 2011 am Ostrand des Hafens eröffnet, ist die größte Konzerthalle Skandinaviens und verfügt über 1.800 Plätze. Der Entwurf des Gebäudes, das von Weitem an einen überdimensionalen Würfel erinnert, stammt vom dänischen Architektenbüro Henning Larsen, für die Fischschuppen ähnelnde Fassade zeichnet der dänisch-isländische Künstler Ólafur Elíasson verantwortlich. Im Innern lockt ein Besuch des isländischen Pavillons. Der Pavillon, der für die Expo 2010 in Shanghai konzipiert und 2011 auf der Frankfurter Buchmesse präsentiert wurde, lässt den Betrachter mit einem Film im 360-Grad-Panorama in die großartigen Naturwelten der Vulkaninsel eintauchen.

♦ **Harpa**, Austurbakki 2, ☏ 528 5000, 💻 www.harpa.is, Gebäude: tägl. 8:00-24:00; Expo-Pavillon: tägl. 10:00-17:00, Eintritt Gebäude frei, Expo-Pavillon ISK 1.500, 🍴 ☕ 🚌 1, 2, 3, 6, 11, 12, 13, 14

⌘ In einer umgebauten Lagerhalle im Süden des Hafens ist das Kunstmuseum Hafnarhús beheimatet, das zeitgenössischer Kunst gewidmet ist. Im Mittelpunkt steht die Sammlung des bekanntesten isländischen Künstlers Erró, einer der Pioniere der Pop-Art in Europa. Es gibt auch regelmäßige Wechselausstellungen.

♦ **Hafnarhús**, Tryggvagata 17, ☏ 411 6410, 💻 artmuseum.is/hafnarhus, tägl. 10:00-17:00 (Do 22:00), Eintritt ISK 1.800 (gilt 24 Std. für alle 3 Museen des Reykjavík Art Museum), ☕ 🚌 1, 3, 6, 11, 12, 13, 14

Am Kai des Ægisgarður liegen noch immer die alten Walfangschiffe vertäut. Nur wenige Meter entfernt befinden sich heute auch die Büros diverser Veranstalter von Walbeobachtungsfahrten. Beim Whale Watching in der Bucht Faxaflói sind oft Weißschnauzendelfine, Schweins- und Zwergwale zu sehen, mit etwas Glück auch Buckel- und Schwertwale. Die Fahrten finden nahezu täglich statt, nur bei Sturm bleiben die Boote im Hafen. Kinder (7-15 Jahre) zahlen die Hälfte.

♦ **Elding Whale Watching**, Ægisgarður 5, ☏ 519 5000, 💻 elding.is.
Whale Watching „klassisch“, mit Kutter: ganzjährig, ⌛ 3 Std., ISK 10.990;
Whale Watching „express“, im Festrumpfschlauchboot: Mitte April bis Okt, ⌛ 2 Std., ISK 21.990. Diese Touren sind zwar deutlich teurer, dafür kommen Sie mit den schnellen, wendigen Schlauchbooten näher an die Wale heran und es kann ein wesentlich größeres Suchgebiet „bearbeitet“ werden.
Puffin Watching: Mitte Mai bis Mitte Aug, ⌛ 1 Std., ab ISK 6.500. Hier steht Vogelbeobachtung (vor allem Papageitaucher) im Mittelpunkt.

⌘ **Elding Whale Watching Centre**, Sommer tägl. 8:00-17:00, Winter tägl. 12:00-13:00, Eintritt frei für Teilnehmer einer Bootstour, . Treibendes Museum in einem umgebauten Trawler. Hauptattraktion ist das ausgestellte Skelett eines Zwergwals.

Special Tours, Ægisgarður 13, ☏ 560 8800, specialtours.is.
Whale Watching „klassisch": ganzjährig, ⌛ ca. 3 Std., ISK 10.990;
im Festrumpfschlauchboot: April bis Okt, ⌛ 2 Std., ISK 21.990

Whale Safari, Ægisgarður 5, ☏ 497 0000, www.whalesafari.is.
Whale Watching „klassisch": ganzjährig, ⌛ 3 Std., ISK 10.990;
im Festrumpfschlauchboot (Kombi Walbeobachtung, Seevögel und Reykjavík): April bis Okt, ⌛ 2 Std., ISK 21.990

♦ **Reykjavík Sailors**, Hlésgata, ☏ 571 2222, www.reykjaviksailors.is.
Whale Watching „klassisch": ganzjährig, ⌛ ca. 3 Std., ISK 9.900

⌘ Ideal zur Einstimmung auf die Begegnung mit den großen Meeressäugern ist ein Besuch der Ausstellung Whales of Iceland. Die 2015 eröffnete Walausstellung ist die größte dieser Art weltweit. Gezeigt werden 23 lebensgroße Modelle von Walen, die in isländischen Gewässern beheimatet sind – vom winzigen Schweinswal bis zum mächtigen Blauwal.

♦ **Whales of Iceland**, Fiskislóð 23-25, ☏ 571 0077, www.whalesoficeland.is, tägl. 10:00-17:00, Eintritt ISK 2.900, Kinder 7-15 Jahre ISK 1.500, Familien (2 Erw. + 2 Kinder) ISK 5.800, 14

⌘ Im Polarlichtzentrum Aurora Reykjavík wird das faszinierende Naturschauspiel der Nordlichter mithilfe von modernen Multimedia-Technologien wie HD-Projektionen und interaktiven Displays zum Leben erweckt.

♦ **Aurora Reykjavík**, Grandagarður 2, ☏ 780 4500, aurorareykjavik.is, tägl. 9:00-21:00, Eintritt ISK 1.800, 14

⌘ Weniger harmonisch geht es im Nachbarhaus zu: Im Saga Museum illustrieren 17 Szenen mit lebensgroßen Wachsfiguren die oft blutige Geschichte Islands – von der Besiedlung bis zur Reformation. Sie begegnen dem ersten offiziellen Siedler Ingólfur Arnarson, sind Zeuge der Köpfung des letzten katholischen Bischofs Jón Arason und erleben die dramatischen Folgen der Pestepidemie …

♦ **Saga Museum**, Grandagarður 2, ☏ 511 1517, www.sagamuseum.is, tägl. 10:00-18:00, Eintritt ISK 2.200, 14

⌘ In einem ehemaligen Kühlhaus wurde das Seefahrtsmuseum untergebracht, das den Ausbau des Hafens und die Evolution der Schifffahrt illustriert. Zum Museum gehört auch die „Ódinn“, ein ausrangiertes Schiff der Küstenwache, das jahrelang bei der Rettung Schiffbrüchiger zum Einsatz kam.

♦ **Reykjavík Maritime Museum**, Grandagarður 8, ☏ 411 6300, 💻 borgarsogusafn.is, tägl. 10:00-17:00, Eintritt ISK 1.700, Museum + Führung „Ódinn“ ISK 2.600, ☕ 🚌 14

Weitere Sehenswürdigkeiten in und um Reykjavík

⌘ In einem eher unscheinbaren Haus unweit des alten Hafens zeichnet das Volcano House anhand von zwei Filmbeiträgen ein spektakuläres Bild von den vulkanischen Urgewalten, die unter den Füßen der Isländer schlummern.

Der erste Film erinnert mit historischen Aufnahmen an die Eruption des Vulkans Eldfell und die dramatische Evakuierung der Bevölkerung von ☞ Vestmannaeyjar 1973. Der zweite Film dokumentiert den Ausbruch des Gletschervulkans ☞ Eyjafjallajökull, der mit seiner Aschewolke im Frühjahr 2010 den transatlantischen Flugverkehr weitgehend lahmlegte. Eine Ausstellung zeigt verschiedene Gesteinsarten der Insel.

♦ Volcano House, Tryggvagata 11, ☏ 555 1900, 💻 www.volcanohouse.is, tägl. 9:00-22:00; Filmvorführungen auf Englisch: tägl. 10:00-21:00, jeweils zur vollen Stunde, auf Deutsch: Mitte Juni bis Mitte Sep tägl. 18:00, Eintritt ISK 1.790, 🚌 14

⌘ Das Nationalmuseum liegt in einem modernen Gebäude an der Ecke Suðurgata/Hringbraut. Es beherbergt eine sehenswerte Sammlung isländischer Kultur, von Funden aus der Wikingerzeit über Werke des Mittelalters (vor allem Holzschnitzereien und Altäre) bis hin zu Werken neuerer Zeit. Zu den größten Schätzen des Museums gehören eine bronzene Götterstatue aus der Region Eyjafjörður (ca. 1.000), die üppig verzierte Kirchentür von ☞ Valþjófsstaður (ca. 1200), eine intakte Guðbrandur-Bibel (1584) und das wunderschön geschnitzte Trinkhorn (1598) von Brynjólfur Jónsson. Die ausgestellte baðstofa (= Wohn- und Schlafraum) von Skörð zeigt, wie die Torfhausbewohner einst lebten.

♦ **National Museum of Iceland**, Suðurgata 41, ☏ 530 2200,
💻 www.thjodminjasafn.is, Mai bis Mitte Sep tägl. 10:00-17:00;
Mitte Sep bis April Di-So 10:00-17:00, Eintritt ISK 2.000 (Kombiticket mit Culture House), ☕ 🚌 1, 3, 6, 11, 12, 14

⌘ Das Nordische Haus wurde 1968 von dem Finnen Alvar Aalto (1898-1976) erbaut. Neben einer 🕮 Bibliothek mit nordischer Literatur beherbergt es Leseräume, Konzert- und Vortragssäle. Hier finden viele kulturelle Veranstaltungen statt und es ist ein beliebter Treffpunkt von Studenten und Professoren der nahen Universität. Außerdem beherbergt der Komplex das beliebte ✕ Restaurant „AALTO Bistro", geleitet vom renommierten Fernsehkoch Sveinn Kjartansson.

♦ **The Nordic House**, Sæmundargata 11, ☏ 551 7030, 💻 nordichouse.is, Eintritt frei (außer für bestimmte Ausstellungen), 🕮 ✕ 🚌 1, 3, 6, 12, 14

✕ **Aalto Bistro**, ☏ 551 0200, 💻 www.aalto.is, 🚪 So-Di 11:30-17:00, Mi-Sa 11:30-21:30

⌘ Das Haus Höfði (Zugang via Borgartún) liegt sehr hübsch am Wasser. Das weiße Häuschen wirkt eher unscheinbar, schrieb jedoch Weltgeschichte. Hier trafen sich im Oktober 1986 die Präsidenten der USA und der UdSSR, Ronald Reagan und Michael Gorbatschow. Das Treffen sehen viele als einen Wendepunkt in der damaligen Weltpolitik – den Beginn der Auflösung der Machtblöcke und der Beendigung des Ost-West-Konflikts – an.

⌘ Neben dem innerstädtischen Flugplatz erhebt sich auf dem Hügel Öskjuhlíð der wichtigste Warmwasserspeicher der Hauptstadt: Perlan (= Perle). Die 1991 eingeweihte Konstruktion, die einem gestrandeten Raumschiff ähnelt, besteht aus sechs Tanks, je mit einem Fassungsvermögen von 4 Mio. l, verbunden durch eine riesige Glas- und Stahlkuppel.

Fünf der sechs Tanks sind mit 85° C heißem Wasser gefüllt, der sechste enthält das 2017 eröffnete **Perlan Museum**. Herzstück ist die Ausstellung „Wonders of Iceland", die spektakuläre Einblicke in Islands Natur gewährt. Schwerpunkte sind Vulkanismus, Plattentektonik, Erdbeben, Geothermie sowie Flora und Fauna … Zu den Highlights gehören ein künstlicher Gletscher mit begehbarer Eishöhle und das 10 m hohe Modell der Vogelklippe Látrabjarg.

Im Dezember 2018 kam das ultramoderne **Planetarium** „Áróra" hinzu, ausgestattet mit einem hypermodernen 8K-Projektionssystem.

Eine **Aussichtsplattform** mit 16 Informationstafeln bietet ein 360-Grad-Panorama über die Stadt und weite Teile Südwestislands. Bei guter Sicht schweift der Blick bis zum 120 km entfernten Kegelvulkan Snæfellsjökull! Diesen Ausblick genießen auch die Gäste des ✕ Nobelrestaurants Perlan auf der fünften Etage, das sich langsam dreht.

Etwas unterhalb im Park spuckt der künstliche Geysir **Strókur** (= Dampfsäule) nachmittags regelmäßig seine Fontäne.

⌘ **Perlan Museum**, Öskjuhlíð, Varmahlíð 1, ☏ 566 9000, perlan.is, tägl. 9:00-19:00, Eintritt „Wonders of Iceland" ISK 3.900 (inkl. Aussichtsplattform), „Wonders of Iceland" + „Áróra" ISK 4.500, Aussichtsplattform ISK 890, ✕ ☕

✕ **Út í Bláinn**, ☏ 420 2726, kaffitar.is, ✕ Sa/So 11:30-16:00 (Brunch), 17:00-21:00, Mo-Fr 17:00-21:00. Drehendes Bistro-Restaurant

☕ **Kaffitár**, ☏ 420 2726, kaffitar.is, tägl. 9:00-18:00

⌘ Im Osten der Stadt liegt das Freilichtmuseum Árbæjarsafn. Herzstück des Museums ist der alte Hof Árbær, ein schönes Beispiel eines alten Grassodengehöfts. Der Hof wurde erstmals 1464 erwähnt, die heutigen Gebäude stammen jedoch aus der Zeit um 1900. Bis 1936 war Árbær eine wichtige Raststation für Reisende. 1948 verließen die letzten Bewohner den Hof. Um die Gebäude vor dem drohenden Verfall zu retten, wurde 1957 ein Freilichtmuseum angelegt.

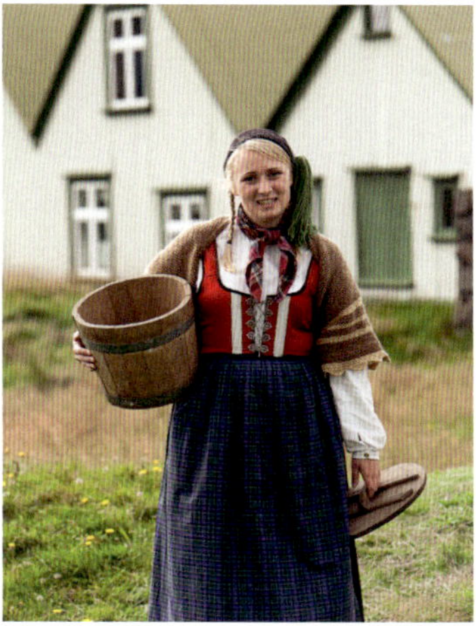

Lebendiges Freilichtmuseum

Später kamen weitere Gebäude hinzu, vor allem städtische Bauten aus dem alten Reykjavík, die einen guten Eindruck vom Leben der Bevölkerung um 1900 vermitteln. Das älteste Haus der Sammlung ist das Smiðshús (1823). Ein weiterer Blickfang des Freilichtmuseums ist die kleine Kirche von ☞ Silfrastaðir aus Nordisland, die 1842 erbaut und 1960 nach Reykjavík verfrachtet wurde.

♦ **Árbæjarsafn**, Kistuhylur 4, ☏ 411 6300, www.borgarsogusafn.is, Juni bis Aug tägl. 10:00-17:00; Sep bis Mai tägl. 13:00-17:00, Eintritt ISK 1.700, ☕ 🚌 5, 12, 16

☺ Reykjavík eignet sich auch perfekt als Ausgangspunkt für Ausflüge nach Þingvellir, Geysir und Gullfoss (☞ Der Golden Circle) oder eine Erkundung des nahen Reykjanes UNESCO Global Geoparks (☞ Rundfahrt Halbinsel Reykjanes).

Der Golden Circle

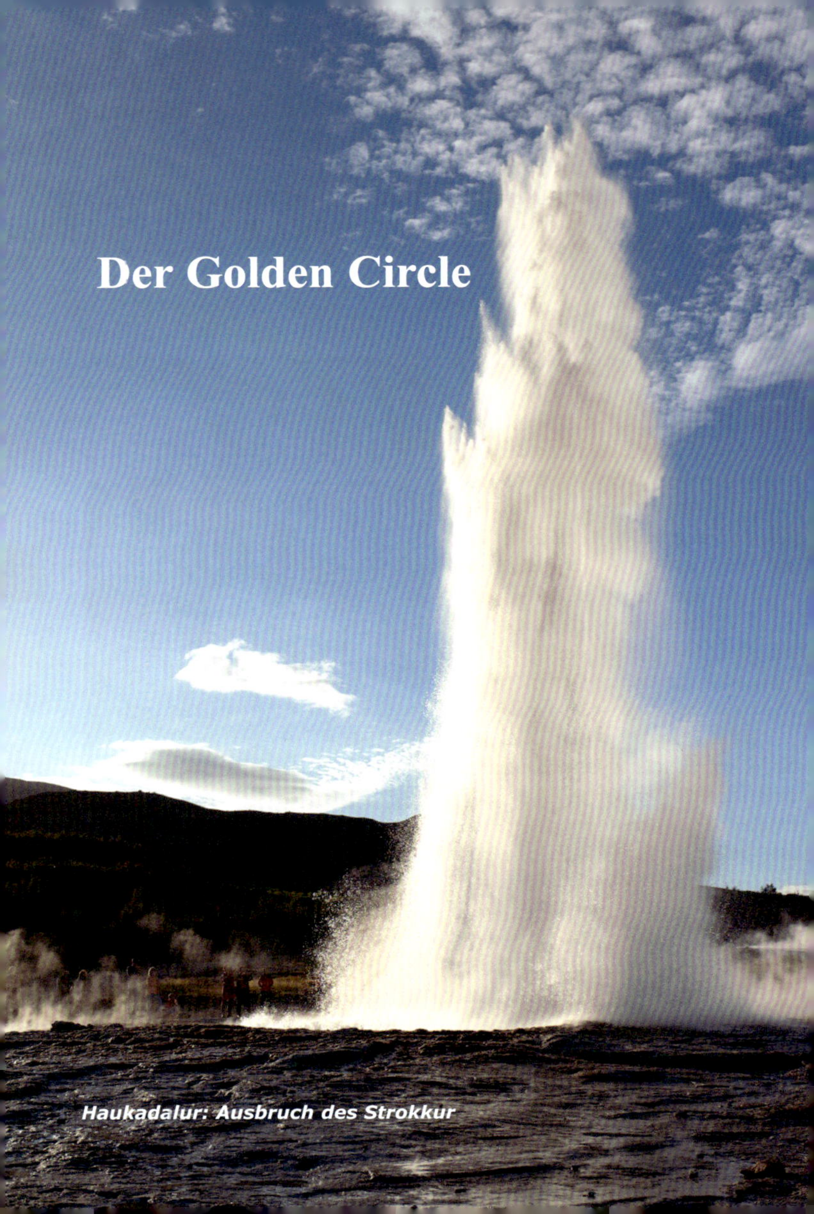

Haukadalur: Ausbruch des Strokkur

0 Reykjavík, Abzweigung der Ringstraße von der Zufahrt Reykjavík-Zentrum. Diese Route verläuft zunächst auf der Ringstraße nach Norden und wird oft als **Golden Circle** (= Goldener Kreis) bezeichnet.

8 Abzweigung der Str. 36 von der Ringstraße, die am Fuß der Esja (⇧ 914 m) durch das weite Mosfellsdalur nach Osten führt.

Im **Mosfellsdalur** ziehen zunächst die vielen Treibhäuser den Blick auf sich. Bohrlöcher in dieser Gegend decken seit 1943 einen Großteil der Heißwasserversorgung von Reykjavík. Das geförderte Heißwasser wird über eine Pipeline in die 20 km entfernte Hauptstadt gepumpt.

11 Im Weiler Reykjahlíð gibt es diverse Übernachtungsmöglichkeiten, z. B.:

Minna-Mosfell Guesthouse, Minna-Mosfell, ☏ 669 0366, 💻 www.minnamosfell.net, ○. Auf ihrem Bauernhof bieten Guðrún und Valur drei gemütliche Zimmer mit geteiltem Bad und verwöhnen die Gäste mit selbst gebackenen Kuchen.

Mosskógar Camping, Dalsgarður 1, ☏ 663 6173, mosskogar@simnet.is, Mai bis Sep. Ökohof mit angeschlossenem Zeltplatz. Bauernmarkt (Mitte Juli bis Sep Sa)

13 Gleich nach der Brücke über die Kaldakvísl erhebt sich rechts das schneeweiße Anwesen **Gljúfrasteinn**.

⌘ Im ehemaligen Wohnhaus des Autors Halldór Laxness (1902-1998) ist heute das Laxness-Museum untergebracht. Der erfolgreichste isländische Schriftsteller, geboren in Reykjavík, lebte hier über 50 Jahre. Seine Werke wurden in 43 Sprachen übersetzt. 1955 wurde Laxness für seine Romane, Schauspiele und Kurzgeschichten mit dem Nobelpreis für Literatur ausgezeichnet. Das Haus nebst Einrichtung ist im Originalzustand erhalten.

♦ **Gljúfrasteinn**, ☏ 586 8066, 💻 www.gljufrasteinn.is, Juni bis Aug tägl. 9:00-17:00; Sep bis Mai Di-So 10:00-16:00, Eintritt ISK 900

Die Straße steigt allmählich zur kargen Hochebene der Mosfellsheiði (⇧ 260 m) an.

19 Rechts taucht der kleine See **Leirvogsvatn** auf.

26 Links zweigt die Str. 48 ab, die wieder zur Ringstraße zurückführt (22 km).

30 P, schöner Blick auf den See **Þingvallavatn**

Þingvallavatn

Mit 82 km² ist er der größte natürliche See des Landes. Er liegt 103 m über dem Meeresspiegel, ist bis zu 114 m tief und damit der zweittiefste Binnensee Islands. An den meisten Stellen ist er jedoch eher seicht. Fast 90 % seines Wassers stammt aus unterirdischen Quellen, die vom Gletscher Langjökull gespeist werden. Untersuchungen ergaben, dass das Wasser 20 bis 30 Jahre unterwegs ist, bevor es den See erreicht.

Der See liegt in einer geologisch äußerst interessanten Gegend und entstand durch Absenkung der Erdoberfläche. Die beiden Inseln in der Mitte des Sees, Sandey und Nesjaey, sind vulkanischen Ursprungs. Auch in der Umgebung gibt es viele Spuren vulkanischer Aktivität, insbesondere am Südufer des Sees. Am Nordende liegt der ☞ Þingvellir-Nationalpark. Entwässert wird der See im Süden über den Fluss Sog, der in die **Ölfusá** fließt.

Wenn Sie Zeit haben, bietet es sich an, den hübschen See auf den Straßen 36 und 360 zu umfahren (62 km). Im Bereich des Nationalparks gibt es verschiedene Zeltmöglichkeiten. Am Südufer ist vor allem das Thermalgebiet am Fuß des **Hengill** sehenswert.

Der See ist außerordentlich fischreich und bietet gute Angelmöglichkeiten. Vor allem Forellen und Saiblinge werden erbeutet. Eine Spezialität ist der *murta*. Dieser kleine, kaum mehr als 100 g schwere Seesaibling gilt als Delikatesse und wird vor allem in die USA exportiert. In guten Jahren werden bis zu 73 t aus dem See geholt.

♦ i im ☞ Information Centre Þingvellir, Angelsaison: 1. Mai bis 15. Sep

Um den See herum liegen mehrere auffällige Berge: Im Norden erhebt sich der erodierte Tafelvulkan **Botnssúlur** (⇧ 1.093 m), im Nordosten der imposante Schildvulkan ☞ **Skjaldbreiður**. Im Osten zeichnen sich die **Kálfstindar** (⇧ 824 m) ab, eine Reihe von schroffen, eiszeitlichen Palagonitbergen.

Skjaldbreiður

Der 1.060 m hohe Skjaldbreiður (= breiter Schild) gilt als Musterbeispiel eines isländischen Schildvulkans. Er entstand bei einer gewaltigen Eruption kurz nach dem Ende der letzten Eiszeit (vor ca. 9.000 Jahren), bei der 15 bis 17 km³ Lava austraten, die eine Fläche von 200 km² bedeckt. Die sanft abfallenden Hänge des

Berges (nur max. 8 % Neigung) überragen die Umgebung um etwa 600 m. Der weite Fuß des Berges erreicht einen Durchmesser von knapp 10 km.

Unmittelbar östlich davon erhebt sich der kantige Tafelvulkan **Hlöðufell** (⇧ 1.186 m), entstanden bei einem subglazialen Ausbruch.

31 Abzweigung der Str. 360, die durch das Hochtemperaturgebiet am Südufer des **Þingvallavatn** führt.
Der Weg folgt nun dem Ufer des Þingvallavatn in nordöstlicher Richtung.

34 Rastplatz oberhalb des Sees
400 m weiter taucht rechts eine weitere Übernachtungsmöglichkeit auf.

Lake Þingvellir Cottages, Heiðarás, ☏ 892 7110 + 864 7664, www.lakethingvellir.is, . Vier gemütliche, gut ausgestattete Ferienhäuser mit schönem Seeblick

35 Beginn des **Þingvellir-Nationalparks**

38 Zufahrt zum ☞ **Þingvellir-Nationalpark** (Wegweiser „Almannagjá"). Die Straße endet am P Parkplatz bei Hakið, am oberen Ende der Schlucht **Almannagjá** (☞Þingvellir, Besichtigung).
Vom P gelangen Sie in wenigen Schritten zu einer Aussichtsplattform, die eine großartige Aussicht auf den von langen Verwerfungen flankierten Graben von Þingvellir bietet.

⌘ Gleich nebenan liegt das Þingvellir Visitor Centre, ein schön in die Umgebung integriertes multimediales Besucherzentrum über Þingvellir, das mithilfe von Touchscreens Geschichte, Geologie, Flora und Fauna erläutert, auch auf Deutsch.

♦ **Þingvellir Visitor Centre**, Hakið, ☏ 482 3613, www.thingvellir.is, tägl. 9:00-18:00, Eintritt ISK 1.000, P ISK 750 (Tageskarte, gültig für alle Parkplätze in Þingvellir, Zahlung nur mit Karte)

Zum i Informationszentrum Þingvellir und zu den anderen Sehenswürdigkeiten des Nationalparks geht es geradeaus weiter.

39 Brücke über den Fluss Öxará

40 P Beginn eines Wanderwegs zum 1 km entfernten Wasserfall **Öxarárfoss**

41 Links zweigt die Str. 550 ab. (Diese schrumpft später zu einer holprigen Hochlandpiste, die durch das Kaldidalur nach Norden führt.)

Nach rechts gelangen Sie auf der Str. 361 zum Nordende der Almannagjá und zum See.

🅸 Unmittelbar hinter der Abzweigung zur Almannagjá liegt links das **Informationszentrum Þingvellir**.

♦ **Information Centre Þingvellir**, Leirar, ☏ 482 2660, 🖳 www.thingvellir.is, Juni bis Aug tägl. 9:00-22:00; Sep bis Mai tägl. 9:00-18:00, 🅿 Parken und Eintritt frei, ☕, Souvenirladen und WC. Gute Broschüre über den Park mit einigen Wanderskizzen

Þingvellir-Nationalpark

🅸 **Information Centre Þingvellir** ☞ oben

⌘ **Þingvellir Visitor Centre** ☞ oben

Leirar, ☏ 482 2660, ganzjährig, WC. Zwei Zeltplätze: Der Zeltplatz „Syðri Leirar" befindet sich 300 m südwestlich vom 🅸 Information Centre (an der Str. 361), der Zeltplatz „Nyrðri Leirar" liegt neben dem 🅸 Information Centre.

♦ **Vatnskot**, ☏ 482 2660, Juni bis Sep, 5 km vom 🅸 Information Centre, Zufahrt über die Str. 361. Ausgedehntes Gelände am Nordufer des Sees.

Beachten Sie, dass Wildcamping im Park streng verboten ist. Ranger führen regelmäßig Kontrollen durch.

Der 237 km² große Nationalpark existiert seit 1928 und wurde 2004 durch die UNESCO als Weltkulturerbe anerkannt. Der älteste Nationalpark Islands wurde hauptsächlich wegen seiner historischen Bedeutung als ehemalige Thingstätte eingerichtet, aber auch die Allmännerschlucht spielte eine große Rolle. Die beiden anderen isländischen Nationalparks sind der ☞ Vatnajökull-Nationalpark (14.482 km²) und der ☞ Snæfellsjökull-Nationalpark (170 km²).

Geologie und Landschaft

Obwohl Þingvellir meist in Zusammenhang mit historischen Ereignissen genannt wird, ist der Ort auch in geologischer Hinsicht einmalig. Denn wo sonst lässt sich das Auseinanderdriften zweier Erdplatten so gut nachvollziehen, wie hier?

Herzstück des Nationalparks ist die gewaltige Grabenbruchzone von Þingvellir. Dieser 7 km breite Graben, flankiert von zwei langen Randverwerfungen, **Almannagjá** (= Allmännerschlucht) im Westen und **Hrafnagjá** (= Rabenschlucht) im Osten, ist nichts anderes als die Fortsetzung des Mittelatlantischen Rückens. Dieser bildet die Nahtstelle zweier Platten, die allmählich auseinanderdriften: Die nordamerikanische Platte wandert westlich von Almannagjá nach Westen, die eurasische östlich von Hrafnagjá nach Osten. In den letzten 10.000 Jahren weitete sich der Graben so um etwa 70 m, gleichzeitig senkte er sich um 40 m. Das Dehnen und Auseinanderreißen der Platten geschieht jedoch nicht kontinuierlich, sondern oft ruckartig, begleitet von starken Erdbeben, wie zuletzt 1789, als der Graben innerhalb von wenigen Tagen um 50 cm absank.

Ausdruck der Plattenbewegung sind auch die vielen Spalten und Schluchten im Grabenbruch. Manche haben sich mit klarem Wasser gefüllt, andere blieben trocken und sind von einer üppigen Vegetation zugewuchert.

Þingvellir: Von der Aussichtsplattform bei Hakið schweift der Blick über die Schlucht Almannagjá (links) und den Graben (rechts)

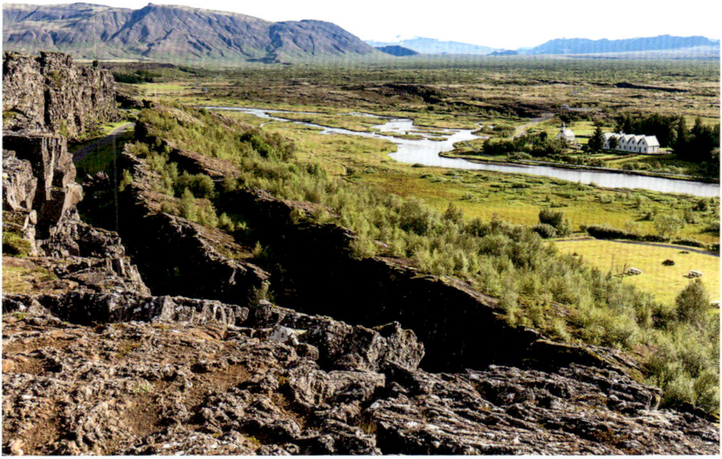

Geschichte

Die Geschichte von Þingvellir beginnt in der Zeit, als die Einwanderung der Skandinavier, Iren und Schotten nach Island beendet war. Die neuen Bewohner der Vulkaninsel erkannten bald die Notwendigkeit, das Zusammenleben zu ordnen. Einer der damaligen Führer, Úlfljótur, schickte Grímur Geitskór aus, nach einem Platz zu suchen, an dem sich die aus allen Ecken des Landes eintreffenden Männer versammeln können. Dort sollten dann die Beratungen über die Organisation des Zusammenlebens stattfinden und alle die Allgemeinheit betreffenden Probleme erörtert werden.

Grímur empfahl einen Ort am Þingvallavatn, der heute als Þingvellir (= Ebene der Volksversammlung) bezeichnet wird. Die Wahl fiel vermutlich auf dieses Gebiet, weil es hier Wasser, Fische, Weideland und Brennmaterial gab. Einige Schluchten eigneten sich gut, um Pferde und Vieh unterzubringen, wie sich aus Namen wie Hestagjá (= Pferdeschlucht) oder Lambagjá (= Lämmerschlucht) schließen lässt. Die Almannagjá (= Allmännerschlucht) bot sich aufgrund der hervorragenden Akustik als Versammlungsort an, da sie die Stimmen der Redner verstärkte, ohne dass sich ein Echo bildete, sodass die Anwesenden die Reden gut verfolgen konnten.

930 trat das **Althing**, Islands Parlament, erstmals zusammen. In der Folgezeit bis 1798 trafen sich hier jedes Jahr im Juni die führenden Männer des Landes. Vor allem, um Gesetze zu erlassen (solange Island ein unabhängiger Staat war und Gesetzgebungsgewalt hatte), Gericht zu halten und Hinrichtungen durchzuführen, aber auch um Neuigkeiten auszutauschen und zu feiern!
Schon in den Anfangszeiten wurden hier wichtige Entscheidungen getroffen, etwa im Jahr 1000, als hier die Annahme des Christentums beschlossen wurde.

Wichtigstes Organ im Althing war die **Lögrétta**, die gesetzgebende Versammlung. Sie hatte einen Vorsitzenden, den Gesetzessprecher (*lögsögumaður*). Da es bis Anfang des 12. Jh. in Island kein geschriebenes Recht gab, musste dieser die bestehenden Rechtsnormen auswendig lernen und sie dann verkünden. Während der übrigen Zeit des Jahres stand er für Nachfragen zur Verfügung. Die gesetzgebende Versammlung bestand nicht etwa aus allen Isländern, sondern nur aus den Führern bestimmter Bezirke, den sogenannten Goden (*goðar*). Auch das Oberste Gericht hatte eine große Bedeutung. Es wurde ebenfalls von der *lögrétta* gewählt und entschied während der Versammlung alle anstehenden Rechtsfragen.

Unter norwegischer Herrschaft hatte das Althing noch Bestand und angesichts der weitgehenden Selbstverwaltung Islands sogar das Recht, eigene Gesetze zu erlassen. Lediglich das Amt des Gesetzessprechers soll damals entfallen sein.
Mit der schwindenden Selbstverwaltung des Landes während der dänischen Herrschaft wurde der Platz als Ort isländischen Nationalbewusstseins bedeutsam. Mehr und mehr verlor das Althing aber an politischer Bedeutung, bis es zum Schluss nur noch eine Art Landesgericht war. Schließlich wurde es auf Druck Dänemarks 1798 aufgelöst.

Als 1843 den Dänen die Wiedereinsetzung des Althing abgerungen wurde, wurde das aufstrebende Reykjavík als Ort der künftigen Zusammenkünfte bestimmt. Damit war Þingvellir politisch endgültig bedeutungslos, nicht aber kulturell: Alle wesentlichen Feiern in der Folgezeit, die den Staat Island betrafen, fanden hier statt, z. B. 1874 die Feier zur tausendjährigen Besiedlung der Insel. Zu diesem Anlass gestand der dänische König Island eine eigene Verfassung zu.

1944 wurde in Þingvellir die Republik Island ausgerufen und 1994 das 50-jährige Bestehen der Republik Island gefeiert.

Besichtigung

Verschiedene Parkplätze eignen sich als Ausgangspunkt für eine Erkundung des Nationalparks. Wir empfehlen, die Besichtigung am (gebührenpflichtigen) P Parkplatz oberhalb der Almannagjá zu beginnen.

Geologische Zusammenhänge werden hier im ⌘ **Þingvellir Visitor Centre** veranschaulicht. Anschließend lohnt es sich auf jeden Fall, die Aussichtsplattform oberhalb der steilen Klippen bei Hakið anzusteuern, die einen hervorragenden Überblick auf die Grabenbruchzone von Þingvellir bietet. Geologisch gesehen stehen Sie hier am Rand des **nordamerikanischen Kontinents**; im Osten, jenseits der Senke mit dem Þingvallavatn, ist die **europäische Kontinentalplatte** zu sehen. Der Graben setzt sich sowohl nach Süden als auch nach Norden über viele Kilometer fort. Im Norden lässt er sich sogar, wenn auch weniger ausgeprägt, bis ins Kaldidalur verfolgen.

Von der Plattform führt ein breiter Fußweg in die **Almannagjá** (= Allmännerschlucht) hinunter, die so heißt, weil „alle Männer des Landes" damals in der Schlucht einen Platz fanden. Der asphaltierte Weg führt durch den oberen Teil dieser mehrere Kilometer langen Schlucht mit ihren bis zu 40 m hohen Felswänden, vorbei an den Orten der damaligen Versammlungen. Im unteren Teil der Almannagjá fließt die **Öxará**, die über den Öxarárfoss von Westen her 20 m in die Schlucht hineinstürzt.

Der östliche Rand der Schlucht ist flacher als der westliche, daher befanden sich dort auch die bedeutendsten Stätten, wie zum Beispiel der **Lögberg** (= Gesetzeshügel) mit dem Flaggenmast. Heute sind dort noch Reste einer steinernen Plattform zu sehen. Von diesem Hügel aus verkündete einst der Gesetzessprecher die von der Versammlung beschlossenen Normen, damit jeder der Anwesenden erfahren konnte, was Recht und Gesetz war.

Gleich nebenan befinden sich einige Stätten mit weit weniger freundlichem Charakter: die **Hinrichtungsstätten**. Die erste liegt nahe der Öxará und ist ein kleines Wasserloch namens **Drekkingarhylur** (= Ertränkungstümpel). Dort sollen Frauen ertränkt worden sein, die ihren Ehemann oder ihre Kinder getötet hatten. Weiter im Norden wartet der **Gálgaklettur** (= Galgenfelsen), wo insbesondere Diebe gehenkt wurden. In der **Brennugjá** (= Verbrennungsschlucht) wurden im 17. Jh.

vermeintliche Hexen und Hexer (meist Männer!) verbrannt. Auf dem **Högg-stokkseyri** (= Schafottufer) ging der Henker seiner schaurigen Pflicht nach. Schließlich sei noch **Kagahólmi** erwähnt, wo „lediglich" Auspeitschungen stattfanden.

Der Fluss Öxará fällt über eine Abbruchkante und fließt innerhalb der Schlucht weiter, um schließlich über eine Reihe von wilden Stromschnellen abwärts in Richtung Þingvallavatn zu rauschen.

✞ Außerhalb der Almannagjá ist noch die kleine Kirche aus dem Jahr 1860 sehenswert. Sie ist allerdings nicht die erste Kirche an dieser Stelle, denn schon bald nach dem Übertritt zum Christentum existierte hier ein Gotteshaus.

Hübsch anzusehen ist auch die **Peningagjá** (= Geldschlucht) oder **Nikulásargjá**, eine mit klarem Wasser gefüllte Felsspalte, auf deren Grund Münzen aus aller Welt liegen. Es heißt, dass derjenige, der hier ein Geldstück hineinwirft und es bis zum Grund hinabsinken sieht, einen Wunsch frei hat.

In der näheren Umgebung gibt es eine Reihe von Wanderwegen, die meist durch das Buschland nördlich der Uferstraße verlaufen.

Am Nordende des Sees befindet sich die Silfra. In dieser Spalte, die genau zwischen den beiden Kontinentalplatten liegen soll, besteht die Möglichkeit, unter professioneller Leitung zu tauchen. Die Spalte ist überwiegend um die 5 m tief und mit glasklarem und eiskaltem Wasser mit etwa 3° C gefüllt. Die Sicht beträgt bis zu 100 m. Neoprenanzug und Tauchflaschen sind erforderlich.

♦ **DIVE.IS – Sport Diving School of Iceland**, ☏ 578 6200, www.dive.is, tägl.

Die Route verläuft nun oberhalb des Þingvallavatn entlang.

47 Sie durchfahren eine Senke, die östliche Bruchkante des Grabens, der die Kontinentalplatten trennt.
100 m weiter rechts von der Straße: P und Blick auf den Þingvallavatn

50 Ende des **Þingvellir-Nationalparks**

53 Abzweigung der Str. 365. Hier biegen Sie links in Richtung Laugarvatn ab. Die gut ausgebaute Straße steigt durch ein riesiges Lavafeld stetig bergan und erreicht bald die Lyngdalsheiði, eine kesselartige Hochebene, die ab und zu von Sandstürmen heimgesucht wird.

57 P mit Blick auf Þingvallavatn

62 Zufahrt (Hinweisschild) zu den ∩ **Laugarvatnshellar.** Nach 3 km biegen Sie von der Schotterpiste ab und erreichen nach weiteren 400 m auf einer kleinen Schlaglochpiste einen **P** Parkplatz, von dem ein kurzer Pfad zur Höhle weiterführt.

⌘ Die Laugarvatnshellar bestehen aus zwei von Menschenhand geschaffenen Tuffsteinhöhlen, die früher regelmäßig von Hirten genutzt wurden. Anfang des 20. Jh. waren sie zeitweise sogar dauerhaft bewohnt. Von 1910 bis 1911 lebte dort ein junges Paar, das sich mit der Bewirtung von Reisenden über Wasser hielt. In den Jahren 1918 bis 1922 kam ein weiteres junges Ehepaar; die Frau brachte in der Höhle sogar zwei Kinder zur Welt. Die Höhlen wurden danach noch als Schafstall genutzt. Nach einer Restaurierung sehen sie heute wieder so aus wie vor einem Jahrhundert, als dort die letzten „Höhlenmenschen" lebten. Im Sommer finden Führungen statt.

♦ **The Cave People**, ☏ 888 1922, 💻 thecavepeople.is, 🚪 April bis Okt tägl. 10:00-18:00; Nov bis März tägl. 10:00-16:00, Führungen alle 30 Min., ⌛ 20 Min, Preis: ISK 1.900, ☕

Die Straße führt nun von der Lyngdalsheiði allmählich hinunter zum Laugarvatn.

66 **P** Parkplatz mit schönem Blick auf den Ort **Laugarvatn** und den See

68 Bei einem Kreisel mündet die Str. 365 in die Str. 37 ein. Auf dieser geht es nach Norden Richtung Geysir weiter. (Südwärts führt die Str. 37 nach Selfoss weiter.)

69 **Laugarvatn,** 190 Ew.

🛏 **Héraðsskólinn**, Laugarbraut 2, ☏ 537 8060, 💻 heradsskolinn.is, ✕. Boutique-Hostel in einem hübsch renovierten ehemaligen Schulgebäude von 1928 mit Übernachtungsangeboten für jeden Geldbeutel

♦ **Hótel Edda ÍKÍ Laugarvatn**, ☏ 444 4820, 💻 www.hoteledda.is, 🚪 7. Juni bis 25. Aug, ✕. Das Sommerhotel, außerhalb der Saison ein Internat, bietet 28 einfache, saubere Zimmer mit Bad und Seeblick.

♦ **Hótel Edda ML Laugarvatn**, ☏ 444 4810, 💻 www.hoteledda.is, 🚪 7. Juni bis 17. Aug, ✕. Sommerhotel mit 101 schlicht ausgestatteten Zimmern, z. T. mit eigenem Bad

♦ **Gallerí Laugarvatn**, Háholt 1, ☏ 486 1016, 💻 www.gallerilaugarvatn.is, ☕. Kombination von Kunstgalerie und B&B, mit fünf liebevoll eingerichteten Zimmern, geführt von Þuríður und Joél

HI **Hostel Laugarvatn**, Dalbraut 10, ☏ 486 1215, laugarvatn@hostel.is, www.laugarvatnhostel.is, Feb bis Nov, 142 Betten, verteilt auf drei Häuser

Lindin, Lindarbraut 2, ☏ 486 1262, www.laugarvatn.is, tägl. 12:00-22:00. Das Gourmetlokal am See ist DIE Adresse für Wildbret! Auch die Desserts sind spitze.

Laugarvatn ist ein wichtiges Schulzentrum, was auch den Touristen zugutekommt, da so manche Schule im Sommer zum Hotel umfunktioniert wird. Durch das Vorkommen heißer Quellen im See weist dieser an manchen Stellen für isländische Verhältnisse erstaunlich hohe Temperaturen auf: Letzteres machte sich im Jahr 1000 so mancher Bauer auf dem Weg nach Hause zunutze, um sich taufen zu lassen, nachdem zuvor in Þingvellir die Christianisierung beschlossen worden war.

Eine der größten Quellen speist die moderne Wellnessanlage Laugarvatn Fontana (2011). Sie verfügt über drei unterschiedlich temperierte Outdoorpools, ergänzt durch drei Dampfbäder von 40-50° C und eine finnische Sauna.

♦ **Laugarvatn Fontana,** Hverabraut 1, ☏ 486 1400, www.fontana.is, Juni bis Aug tägl. 10:00-23:00; Sep bis Mai tägl. 11:00-22:00, Eintritt ISK 3.800

☺ Besuchen Sie auch die geothermale Bäckerei. Die Spezialität ist *hverabrauð*, Brot das in der Erde gebacken wird! tägl. 11:30-14:30, Führung ISK 1.500

Die Route verläuft nun durch eine waldreiche Umgebung mit mehreren großen Sommerhaussiedlungen und führt südlich rund um das Massiv des Efstadalsfjall (⇧ 626 m).

81 Efstidalur

Farmhotel Efstidalur, Efstidalur II, Bláskógabyggð, ☏ 486 1186, www.efstidalur.is. Dieser Bauernhof bietet gemütliche Zimmer im Blockhausstil mit eigenem Bad. Ungewohnt: Vom Restaurant schauen Sie direkt in den Kuhstall.

☺ Nicht verpassen: das selbst gemachte Eis im Hofcafé!

Die Route überquert die Brúará und führt vorbei an zwei weiteren großen Sommerhaussiedlungen.

88 Abzweigung nach Úthlíð

Úthlíð Travel Service, Úthlíð, ☏ 699 5500, uthlid.com, ganzjährig, WC. Geräumiger Zeltplatz mit Hütten

92 Abzweigung der Str. 35, die über ☞ Skálholt nach Selfoss (56 km) und zur Ringstraße führt.
Auf der Str. 35 geht es nordwärts weiter zum Hochtemperaturgebiet Haukadalur mit den berühmten Geysiren. Bereits von Weitem sind die Dampfsäulen der heißen Quellen und die Fontäne des Strokkur zu sehen, wenn er seine heißen Wassermassen emporschleudert.

97 **Geysir**,

Hótel Geysir****, Haukadalur, ☎ 480 6800, www.hotelgeysir.is. Zum neuen Luxushotel, eröffnet im Frühjahr 2019, gehören auch das einfachere **Litli Geysir Hotel** (gegenüber von den Geysiren) und die **Geysir Cottages**, komfortable Ferienwohnungen im Blockhüttenstil am Fluss.

Der zum ☞ Hótel Geysir gehörende Zeltplatz liegt neben dem Geothermalgebiet. In der Saison ist rechtzeitiges Erscheinen angeraten, es kann schnell eng werden. Mitte Mai bis Mitte Sep,

Geysir Restaurants. Zum ☞ Hotel Geysir gehören fünf Restaurants, darunter „Geysir Glima“ (Gourmetrestaurant), „Litli Geysir Restaurant“ (bodenständige isländische Gerichte) und „Kantina“ (Schnellrestaurant).

Geysir

Der Große Geysir, oft schlicht Geysir genannt, liegt inmitten eines Geothermalgebiets mit vielen weiteren heißen Quellen und ist über einen gepflasterten Pfad erreichbar. Er ist neben dem Old Faithful im Yellowstone-Nationalpark (USA) der bekannteste Geysir der Welt und gab allen anderen Springquellen auf der Erde ihren Namen.

Das Wasserbecken, aus dem er früher seine Wassersäule emporschleuderte, soll viele tausend Jahre alt sein. Der Rand des Beckens wird von Sinterablagerungen gebildet, die wie eine schöne, künstlich geschaffene Dekoration aussehen. Urkundlich erwähnt wurde der Geysir erstmals 1294, als ein schweres Erdbeben das Haukadalur erschütterte und die Aktivität der vorhandenen heißen Quellen grundlegend beeinträchtigte. Danach soll er über viele Jahre durchgehend aktiv gewesen sein und alle 30 Minuten eine mächtige Wassersäule emporgeschleudert haben. Seine Ausbrüche erreichten meist eine Höhe von 60 m, zwischenzeitlich sogar 170 m! Schon damals wurde erkannt, dass seine Aktivität offenbar mit Erdbeben zusammenhing. Gegen Ende des 19. Jh. vergrößerten sich die Zeitabstände, es vergingen Stunden, später sogar Wochen zwischen den einzelnen Ausbrüchen.

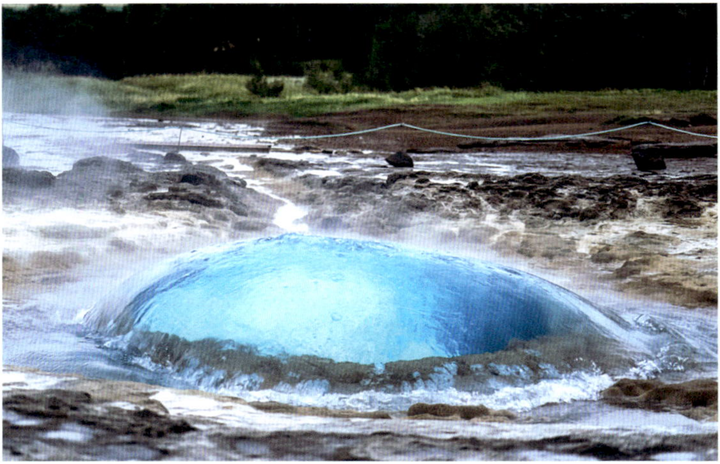

Die typische Glocke, die jeden Ausbruch des Strokkur einleitet

Von 1915 bis 1935 war der Geysir untätig, ehe er wieder einmal durch ein Erdbeben wachgerüttelt wurde. Doch bereits nach kurzer Zeit nahm die Aktivität wieder ab. Auch die Schmierseife, die in den 70er-Jahren (um die Oberflächenspannung des Wassers herabzusetzen) hineingeschüttet wurde, half nur kurzfristig.

Ein vorerst letztes Aufbäumen gab es 2000. Nachdem die Region erneut von einem starken Erdstoß erschüttert wurde, schleuderte der Geysir mehrere Tage lang wieder seine Wassersäule in eine Höhe von über 120 m empor. Danach schlummerte er sanft wieder ein. Heute hat er nur noch dampfendes, blaugrün leuchtendes Wasser zu bieten, Ausbrüche gibt es (vorerst) nicht mehr.

Erforscht wurde der Geysir vornehmlich vom deutschen Chemiker Robert W. Bunsen (1811-1899), im Auftrag der dänischen Regierung. Bunsen stellte eine Tiefe von etwa 22 m fest (weiter konnte sein Lot nicht vordringen, da sich in dieser Tiefe der Schlot offensichtlich verzweigte) und maß dort unten eine Wassertemperatur von knapp 130° C.

Das Hineinwerfen von Gegenständen aller Art (auch Steine!) ist streng untersagt! Bei Zuwiderhandlungen drohen hohe Geldbußen. Das gilt übrigens nicht nur für den Geysir, sondern für sämtliche heiße Quellen der Region.

Auch wenn der Große Geysir heutzutage untätig ist, brauchen Sie auf das faszinierende Schauspiel eines aktiven Geysirs nicht zu verzichten. Nur 100 m entfernt schleudert der **Strokkur** (= Butterfass) etwa alle 5 bis 10 Minuten eine 10 bis 20 m hohe Wassersäule in die Luft.

Zunächst steigen einige Blasen langsam nach oben, dann fängt der Wasserspiegel an zu schwanken und steigt bis über den Rand des Beckens empor. Unmittelbar vor dem Ausbruch wölbt sich das Wasser wie eine Blase hoch, dann kommt es meist zu einer oder mehreren Eruptionen. Die erste ist meist die heftigste, die letzte besteht oft nur noch aus Dampf. Nach der Eruption ist der Wasserspiegel um etwa 1 m gefallen, aber bald darauf beginnt das Spektakel von Neuem.

Oberhalb des Strokkur liegen weitere betagte Geysire, die nicht mehr tätig sind.

Bleiben Sie im Hochtemperaturgebiet unbedingt auf den eingezäunten Pfaden: In der Nähe der heißen Quellen besteht Verbrühungsgefahr! Achten Sie beim Strokkur auf die Windrichtung: Das herunterfallende Wasser ist wirklich heiß!

101 Abzweigung der Str. 30 nach Süden in Richtung Selfoss
Gegenüber der Abzweigung liegt Kjóastaðir,

Geysir Hestar, Kjóastaðir 2, 847 1046, www.geysirhestar.com. 3 komfortable Ferienwohnungen im Blockhausstil für bis zu 6 Personen mit und und Hostel mit einfacheren Zimmern, Ausritte von einigen Stunden bis zu 1 Woche (Kjölur)

Skjól, Kjóastaðir 1, 899 4541, www.skjolcamping.com, .
Neuer Zeltplatz mit angeschlossenem Hostel

104 Brattholt,

Hótel Gullfoss, 486 8979, www.hotelgullfoss.is. Moderne, helle Zimmer und Restaurant mit den üblichen isländischen Spezialitäten (Lamm, Fisch).

Auf der Weiterfahrt kündigt dumpfes Grollen die Nähe des Wasserfalls Gullfoss an, der von zwei **P** Parkplätzen aus zu Fuß erreichbar ist.

106 Abzweigung zum unteren **P** Parkplatz (700 m) am Gullfoss,

Vom Parkplatz führt ein breiter Pfad zum Wasserfall. h/z 20 Min.

107 Oberer P Parkplatz am Gullfoss mit ✕ ☕ WC, großem Souvenirshop und i kleiner Ausstellung zum Wasserfall

✕☕ **Gullfoss Kaffi**, ☏ 486 6500, 💻 gullfoss.is, tägl. 10:00-19:00. Suppen, Salate, Sandwiches, Paninis etc.

Vom Parkplatz erreichen Sie in wenigen Minuten das nahe Felsplateau, das einen schönen Blick von oben auf den Wasserfall bietet. Im Hintergrund ist der Plateaugletscher Langjökull zu sehen. Ein prächtiges Panorama!

Den Wasserfall selbst erreichen Sie über eine lange Treppe und kurzen Fußweg. ⌛ h/z 30 Min.

Respektieren Sie bitte die Absperrungen zum Schutz der empfindlichen Vegetation – und zu Ihrem eigenen Schutz. Es besteht Absturzgefahr!

Gullfoss

Für viele der schönste Wasserfall Islands: Gullfoss

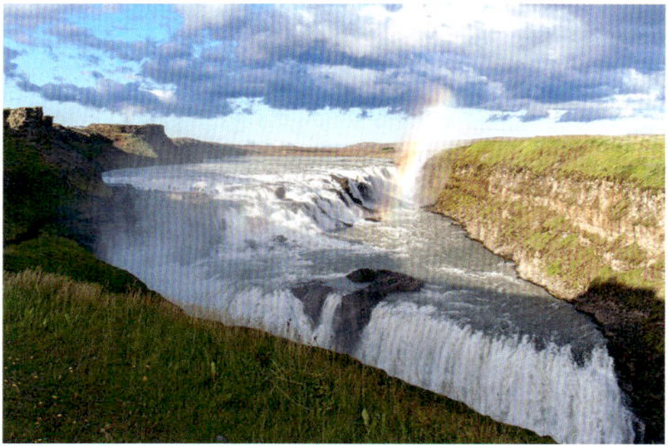

Der insgesamt 32 m hohe Wasserfall wird durch den Fluss Hvítá erzeugt, der von den Gletschern des Langjökull und Hofsjökull gespeist wird. Er besteht aus zwei Fallstufen, 11 bzw. 21 m hoch, die gegeneinander versetzt in eine fast 70 m tiefe und 2,5 km lange Schlucht stürzen.

Der Wasserfall gilt für viele als der schönste Islands. Besonders in der Abendsonne, wenn sich über dem Wasserfall oft ein Regenbogen spannt, bietet er häufig ein herrliches Spiel von Licht und Farben.

Die Str. 35 führt noch 12 km asphaltiert am Gullfoss vorbei bis zum Fluss Sandá, wo sie zu einer holperigen Schotterpiste verkümmert. Diese wird als **Kjalvegur** oder **Kjölur-Route** bezeichnet und führt am Ostrand des Langjökull entlang nach Norden. In der Nähe von Blönduós stößt sie nach 165 km auf die Ringstraße (☞ Ringstraße, km 261). Die Piste ist bei vorsichtiger Fahrweise relativ gut zu befahren, auch weil sämtliche Flüsse inzwischen überbrückt sind.

Beachten Sie, dass der Kjalvegur, obwohl nicht länger als F-Straße gekennzeichnet, in der Regel nicht mit Mietwagen (Ausnahme: Geländewagen) befahren werden darf.

Als Alternative für den Rückweg nach Reykjavík empfiehlt es sich, bis zur Weggabelung der Str. 35/37 (☞ km 92) zurückzufahren und bei km…
122 die nach links abzweigenden Str. 35 zu wählen.
133 Abzweigung der Str. 359 zum Treibhauszentrum **Flúðir** (8 km), 430 Ew.

135 **Reykholt**, 260 Ew. BANK

Blue Grove Guesthouse, Skólabraut 1, ☎ 772 6869, bluevacations.is. Gemütliches Gästehaus im Chalet-Stil und neue Hütten für 2 bis 6 Pers. mit eigenem O Hot Pot

♦ **Guesthouse Húsið**, Bjarkarbraut 26, ☎ 486 8680 + 847 5057, www.aratunga.is, O. Einfache, preisgünstige Zimmer für Selbstversorger

Reykholt Campsite, gehört zum ☞ Guesthouse Húsið. Juni bis Anfang Sep, . In der Nähe vom Schwimmbad

Friðheimar, ☎ 486 8894, www.fridheimar.is, tägl. 12:00-16:00. Das kleine Restaurant im Treibhaus bietet vermutlich die beste Tomatensuppe des Landes, serviert mit saurer Sahne, hausgebackenem Brot, Gurkensalat, Butter und frischen Kräutern. Ein Gedicht! Handverlesene Produkte auf der Basis von Tomaten. Pferdeshows im Sommer

142 Abzweigung der Str. 31 nach **Skálholt** (3 km), ✝ ⌘

Skálholtsskóli, ☎ 486 8870, www.skalholt.is, . Einfache Zimmer ohne Schnickschnack in der Schule neben der Kirche. Auch Hütten und Schlafsackunterkunft

Skálholt

Der ehemalige Bischofssitz Skálholt war im Mittelalter das geistliche und geistige Zentrum Islands. Er spielte bis Ende des 18. Jh. eine bedeutende Rolle.

Die Geschichte von Skálholt beginnt 1056, als Ísleifur Gissurarson (1006-1080) nach der Rückkehr aus Herford, wo er zum Priester geweiht worden war, zum ersten Bischof Islands ernannt wird. Er wählt Skálholt, das im Gebiet seiner Heimat liegt, als seine Residenz aus. Von 1056 bis 1541 residieren hier 32 katholische Bischöfe, danach, bis 1796, 13 protestantische. Einer der bekanntesten ist Brynjólfur Sveinsson (1605-1675), abgebildet auf dem 1.000-Kronen-Schein. Erst nach der Zusammenlegung der Bistümer von Skálholt und Hólar zu einer einzigen Diözese mit Sitz in Reykjavík zu Beginn des 19. Jh. verblasst die Bedeutung von Skálholt.

Von den Gebäuden aus damaliger Zeit ist nichts mehr zu sehen, nur Teile eines unterirdischen Ganges, der früher verschiedene Teile der Anlage mit der Kirche verband, sind noch erhalten.

✞ Die heutige Kirche wurde zwischen 1956 und 1963 erbaut. Sie ist vermutlich die elfte oder zwölfte an dieser Stelle. Sehenswert ist vor allem die Krypta, die neben einigen alten Grabsteinen den Sarkophag des Bischofs Páll Jónsson (1195 bis 1211) enthält. Erwähnenswert sind auch die bunten Glasfenster und das Altarbild, beide aus neuerer Zeit. Die Kanzel stammt aus der Mitte des 17. Jh. Der Turm bietet einen herrlichen Ausblick auf das umliegende Land.

Skálholt ist eng mit der Buchdruckkunst in Island verbunden. So wurde hier die erste Übersetzung des Neuen Testaments ins Isländische verfasst. Neben der Kirche befindet sich heute eine Volksschule. Damit wird die Tradition von Skálholt als Schulzentrum fortgesetzt. Schon in alter Zeit gab es hier stets eine Lateinschule, die weithin bekannt war.

Nahe der Kirche steht ein Denkmal für **Jón Arason** (1484-1550), der 1524 Bischof von Hólar wurde. Als nach dem Übertritt Dänemarks zum lutherischen Glauben 1536 auch in Island die Reformation ausgerufen wurde, wurde der letzte katholische Bischof in Skálholt zum Abdanken aufgefordert. Dazu war Jón Arason aber nicht bereit. Jahrelang widersetzte er sich der Einführung des neuen Glaubens. Dabei spielten nicht nur religiöse, sondern auch politische Motive eine Rolle. Mit der Einführung der Reformation wuchs nämlich zwangsläufig der dänische Einfluss. Schließlich wurde Jón Arason im Auftrag der Dänen festgenommen und am 7. November 1550 in Skálholt zusammen mit seinen Söhnen Björn und Ari hingerichtet. Damit endete die über 700-jährige Herrschaft der katholischen Kirche.

149 Abzweigung der Str. 354 zum Öko-Dorf **Sólheimar** (6 km), 85 Ew.

Sólheimar Guesthouse, ☏ 422 6080, www.solheimar.is, O. B&B verteilt auf zwei Häuser. Studios (mit eigenem Bad) und Zimmer (z. T. mit eigenem Bad).

✕ **Græna Kannan Café**, ☏ 422 6072, Juni bis Aug tägl. 12:00-18:00; Sep bis Mai Sa/So 14:00-18:00. Kuchen aus der Biobäckerei und Gerichte mit Zutaten aus dem Öko-Treibhaus

Sólheimar bedeutet „Heimat der Sonne". Im ersten Öko-Dorf der Vulkaninsel leben geistig behinderte Menschen mit Nichtbehinderten zusammen. Eine heiße Quelle liefert die Energie für die Treibhäuser, in denen Bio-Anbau betrieben wird. Es gibt auch eine Baumschule und Ateliers, in denen Kerzen und Kunsthandwerk angefertigt werden.

☺ Sie können auch weiter der Str. 354 folgen und erreichen dann bei km 156 wieder die Str. 35.

151 Abzweigung der Str. 37 nach ☞ Laugarvatn

156 **Borg** 115 Ew.,

Borg Campsite, Borg í Grímsnesi, ☏ 767 3411, tjaldsvaedi.borg@gmail.com, Mitte Mai bis Sep, WC. Familienfreundlicher Zeltplatz in Schwimmbadnähe

Abzweigung der Str. 354 nach ☞ Sólheimar

163 **P** am Krater **Kerið**

Der Kerið, ein 55 m tiefer, wassergefüllter Krater, ist Teil der Kraterreihe Tjarnarhólar, die vor 5.000 bis 6.000 Jahren entstanden ist. Lange wurde Kerið aufgrund des Kratersees fälschlicherweise als Maar bezeichnet. Heute wird davon ausgegangen, dass es sich um einen eingesackten Schlackenkrater handelt.

165 **P** Rastplatz. Auffällig ist die Zunahme von Wochenendhäusern in der Landschaft.

167 Abzweigung der Str. 36 nach ☞ Þingvellir

169 **P** ✕ Brücke über den Fluss Sog, den Abfluss des Þingvallavatn. Das klare Wasser des Flusses vermischt sich kurz darauf mit dem milchigen Wasser des Gletscherflusses Hvítá (Urheberin des Gullfoss).

176 Die Str. 35 mündet in die Ringstraße ein (☞Ringstraße, km 1.274). Links ist der Ort Selfoss bereits zu sehen und nach Westen führt die Ringstraße nach Reykjavík.

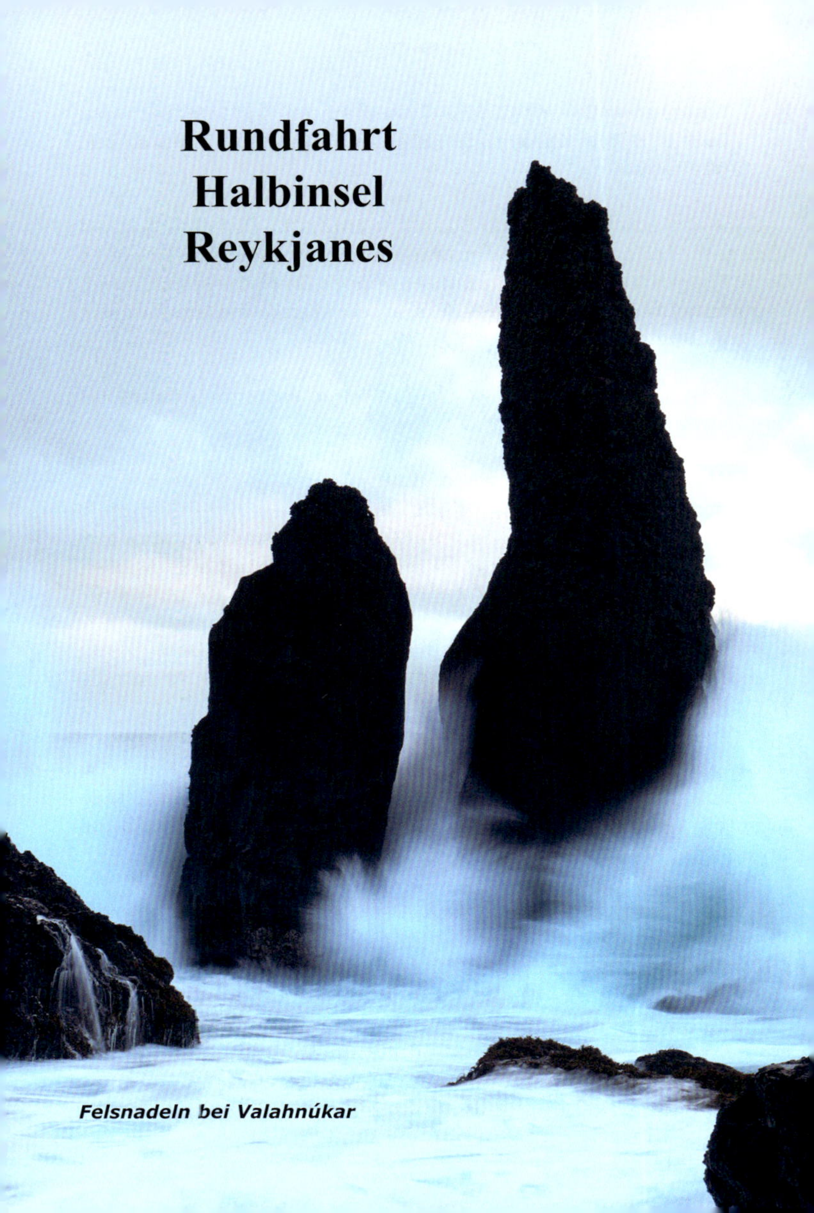

Felsnadeln bei Valahnúkar

0 Reykjavík, Autobahnkreuz Miklabraut/Reykjanesbraut
Folgen Sie den Wegweisern zum Flughafen Keflavík auf der Str. 41. Sie passieren Kópavogur, das Einkaufszentrum Smáralind und Garðabær.

8 Abzweigung zum Nobelvorort **Álftanes** (6 km), 2.600 Ew., erreichbar über die Str. 40 und Álftanesvegur. Von dort können Sie noch weiterfahren bis zum Anwesen **Bessastaðir**. Der historische Kirchenhof, der im 13. Jh. als Besitz von ☞ Snorri Sturluson in den Annalen erwähnt wird, ist heute Wohnsitz des isländischen Präsidenten.

9 Abzweigung nach **Hafnarfjörður** (1 km), 30.000 Ew.

Hafnarfjörður Tourist Information, Strandgata 6, ☏ 585 5500, hafnarfjordur@hafnarfjordur.is, www.visithafnarfjordur.is, Mo-Fr 8:00-16:00

Hótel Vellir***, Tjarnarvellir 3, ☏ 420 0080, www.hotelvellir.com.
Modernes Budget-Hotel in verkehrsgünstiger Lage am Südrand von Hafnarfjörður

♦ **Edda's Farmhouse in Town**, Vesturbraut 15, ☏ 897 1393, ekaritas@simnet.is.
Kleines, schnuckeliges Gästehaus in der Nähe des Hafens. Zum Frühstück gibt es selbst gebackenes Brot. Kinder werden sich an Hasen, Hunden, Katzen und Hühnern erfreuen.

♦ **Helguhús**, Lækjarkinn 8, ☏ 555 2842, www.helguhus.is.
Kleines B&B in einer ruhigen Nebenstraße

♦ **Vibrant Iceland Hostel**, Kaplahraun 9b, ☏ 888 1000, vibrant.is. Neues, trendiges Hostel am Ostrand der Stadt

Hafnarfjörður Campsite, Hjallabraut 51, ☏ 565 0900, lavahostel.is, Mai bis Sep. Sauberer, gut ausgestatteter Zeltplatz und einfache, preisgünstige Schlafsackunterkunft im angrenzenden Hostel.

Die drittgrößte Stadt Islands war wegen des guten natürlichen Hafens und der Nähe zu den Fischfanggründen schon immer ein bedeutender Handelsplatz. Im 15. und 16. Jh. wurde Hafnarfjörður deshalb zum Zankapfel zwischen Engländern und deutschen Hansekaufleuten. Nach dem Erlass des Handelsmonopols profitierten auch die Dänen von der günstigen Lage.

Maßgeblich am Aufschwung der Stadt beteiligt war der isländische Unternehmer Bjarni Sívertsen (1760-1833), der Ende des 18. Jh. in Hafnarfjörður ein imposantes Handels-, Fischerei- und Schiffbauimperium leitete. Heute lebt die Stadt vor allem von der Fischerei, der Aluminiumindustrie und dem Tourismus.

⌘ Das Hafnarfjörður Museum (Stadtmuseum) besteht aus sechs Abteilungen. Interessant sind vor allem die beiden Häuser in der Vesturgata. Das Pakkhúsið, ein hübsch restauriertes Lagerhaus, enthält eine Dauerausstellung zur Stadtgeschichte. Im Sommer befindet sich hier auch eine Filiale der i Tourist-Information.

♦ **Pakkhúsið**, Vesturgata 6, ☏ 585 5780, Juni bis Aug tägl. 11:00-17:00, Sep bis Mai Sa/So 11:00-17:00, Eintritt frei, i

⌘ Das angrenzende Sívertsen's House ist das älteste Haus der Stadt. Es wurde in den Jahren 1803 bis 1805 für den Unternehmer und Reeder Bjarni Sívertsen erbaut und zeigt, wie eine wohlhabende Familie zu Beginn des 19. Jh. lebte.

♦ **Sívertsens-Hús**, Vesturgata 6, Juni bis Aug tägl. 11:00-17:00, Eintritt frei

Für viele gilt die Stadt, die zu einem Großteil auf der Lava des Búrfellshraun erbaut wurde, als die „Elfenhauptstadt" des Landes. Um letzte Zweifel daran auszuräumen, empfiehlt sich die Teilnahme an einer geführten Elfenwanderung mit Sigurbjörg „Sibba" Karlsdóttir, gewürzt mit Geschichten über Elfenbegegnungen.

Eine launige Erfahrung!

♦ **Hidden World Walks**, ☏ 694 2785, www.alfar.is, Juni bis Aug Di und Fr 14:30, ca. 2 Std., ISK 4.500 inkl. „Elfen-Stadtplan"

12 Abzweigung der Str. 42 nach ☞ **Krýsuvík**

14 Bereits von Weitem erkennen Sie die riesige Aluminiumhütte ISAL, die 1969 von der Schweizer Firma Alusuisse an der Bucht Straumsvík errichtet wurde. Heute gehört das Werk, das jährlich 180.000 t Aluminium produziert, der kanadischen Gruppe Rio Tinto Alcan. Den erforderlichen Strom liefert das Wasserkraftwerk ☞ Búrfellsvirkjun im südisländischen Hochland. Die Str. 41, heute über weite Strecken eine autobahnähnliche Straße, führt am Rand von Lavafeldern an der Küste entlang.

20 **P** Parkplatz in der Lava (linke Seite der Straße)

24 Abzweigung der Str. 420, die an der Küste entlangführt (☞ **Variante über Kálfatjörn**).

Variante über Kálfatjörn

0 Abzweigung der Str. 420. Diese führt durch die Lava Richtung Nordküste.

5 Kálfatjörn

✞ Zu Ihrer Rechten erhebt sich die Kálfatjarnarkirkja (1893). Diese gehört zu den größten Kirchen des ländlichen Islands und besticht mit ihren Wand- und Deckenmalereien. Der Altar ist eine Kopie des Altars der Kathedrale von Reykjavík.

♦ **Kálfatjarnarkirkja**, ☏ 848 0274

11 **Vogar**, 1.200 Ew.

Hótel Vogar***, Stapavegur 7, ☏ 866 4664, www.hotelvogar.is.
Hotel im Stil eines Motels mit sauberen, zweckmäßig eingerichteten Zimmern, ca. 15 Min. vom Flughafen

Kostenloser Campingplatz beim Schwimmbad, ☏ 440 6220

13 Einmündung der Str. 420 in die Str. 41 (bei km 33)

Wenige Kilometer entfernt im Inland erhebt sich der Tuffkegel **Keilir** (⇧ 380 m), der relativ einfach zu besteigen ist und eine gute Rundumsicht bietet.

36 Abzweigung der Str. 43 nach ☞ Grindavík
Das nächste Ziel ist die Gemeinde **Reykjanesbær** (= Rauchhalbinsel-Stadt). Diese entstand 1994 durch den Zusammenschluss der Ortschaften Keflavík, Njarðvík und Hafnir. Der Ortsteil Ásbrú kam 2006 nach der Aufgabe der nahen US-Basis hinzu. Mit 18.900 Ew. ist Reykjanesbær die fünftgrößte Gemeinde Islands.

38 Zufahrt nach **Njarðvík**, ⌘

Stapakot, Stapagata 20, Ytri Njarðvík, ☏ 615 3673, www.facebook.com/stapakot. Kleines B&B mit komfortablen Zimmern. Tolle Lage am Meer: Vom Zimmer aus genießen Sie den Sonnenuntergang über der Bucht Faxaflói und erspähen mit etwas Glück ein paar vorbeischwimmende Wale.

Njarðvík besteht aus zwei Ortsteilen: Der östliche Teil wird als Ytri Njarðvík bezeichnet, der westliche als Innri Njarðvík.

⌘ Die Hauptattraktion in Njarðvík ist das Wikingermuseum **Víkingaheimar**. Im Mittelpunkt steht das 1996 fertiggestellte Wikingerschiff „Íslendingur" (= der Isländer). Mit diesem Nachbau der norwegischen „Gokstad", die 1882 in Sandefjord freigelegt worden war, überquerte der Erbauer Gunnar Marel Eggertsson im Jahr 2000 den Atlantik. Anlass für die Expedition war das 1.000-jährige Jubiläum der Reise von Leif Eriksson nach Vinland.

♦ **Viking World**, Víkingabraut 1, Ytri Njarðvík, ☏ 422 2000, www.vikingworld.is, tägl. 7:00-18:00, Eintritt ISK 1.500,

43 Vom Kreisverkehr führt der Grænásvegur (1. Ausfahrt) nach **Innri Njarðvík** (und weiter nach Keflavík). Über die Grænásbraut (3. Ausfahrt) geht es nach **Ásbrú**.

Start Hostel, Lindarbraut 637 (2 km vom Kreisverkehr), Ásbrú, ☏ 420 6050, starthostel.is, **P**. Gelungene Kombination von Hotel (Zimmer) und Hostel (Küche, Ambiente) – und das zu vernünftigen Preisen. ☺ Empfehlenswert für die erste oder letzte Nacht auf Island!

Ásbrú, der jüngste Ortsteil von Reykjanesbær, ist aus dem 2006 aufgegebenen US-amerikanischen Luftwaffenstützpunkt Keflavík hervorgegangen. Ein Großteil der von den Amerikanern zurückgelassenen Bauten erhielt nach und nach einen neuen Nutzen. Heute sind hier, neben dem Hochschulzentrum Keilir und einem Innovationszentrum, das größte nationale Filmstudio, eine Veranstaltungshalle und etliche Hotels angesiedelt.

Die Air Base, die seit 1952 in Betrieb war und auch 900 isländische zivile Angestellte beschäftigte, war jahrzehntelang ein bedeutender Wirtschaftsfaktor für die Region. Etwa 3.000 US-Soldaten lebten hier völlig abgeschlossen in einer eigenen Stadt. Da die Soldaten von den nationalbewussten Isländern nicht freundlich als Gäste betrachtet wurden, hat es immer wieder Bestrebungen gegeben, die Amerikaner „aus dem Land zu bitten". Schließlich ließ man sich dann doch den modernen Flughafen in Keflavík von den ungeliebten Amis bauen. Als die USA Anfang der 1990er-Jahre erwogen abzuziehen, setzte man sich daher offiziell dafür ein, dass die US-Präsenz erhalten blieb. 2006 verließ dann aber doch der letzte Soldat das Land.

Übrigens kamen die Amerikaner doch noch einmal als „Soldaten" zurück: Clint Eastwood drehte hier als Regisseur das Weltkriegsepos „Flags of Our Fathers", das sich mit der Schlacht um die Insel Iwojima im Südpazifik (1945) auseinandersetzt. Kernpunkt des Films ist das berühmte Foto, auf dem fünf heroische GIs die amerikanische Flagge hissen und damit die kriegsmüden Amerikaner wieder begeistern. Warum Island und nicht Iwojima als Drehort? Island war halt billiger!

45 **P** Rastplatz mit Infotafeln (linke Straßenseite)

46 **Keflavík**, BANK

Reykjanesbær Regional Information Center, Duusgata 2-8, ☏ 420 3246, www.visitreykjanes.is, Juni bis Sep Mo-Fr 9:00-17:00, Sa/So 12:00-17:00; Okt bis Mai tägl. 12:00-17:00,

♦ **Reykjanesbær Geopark Visitor Center**, gleiche Adresse, www.reykjanesgeopark.is. Ausstellung über den 2015 eröffneten Reykjanes UNESCO Global Geopark

Hótel Berg***, Bakkavegur 17, ☏ 422 7922, www.hotelberg.is. Die Zimmer des kleinen, schmucken Hotels am Jachthafen strahlen Wärme und Eleganz aus. Frühstück gibt es von 4:00-10:00 – praktisch für Reisende, die spät ankommen bzw. früh abfliegen.

♦ **Guesthouse 1x6**, Vesturbraut 3, ☏ 857 1589, www.1x6.is, O. Kleines Boutique-B&B mit japanisch-schweizerischen Eigentümern. Das Besondere: Betten, Schränke und sonstige Möbel sind aus Treibholz, ausgemusterten Kabeltrommeln und weiterem recycelten Holz angefertigt.

♦ **Hotel Jazz**, Austurgata 13, ☏ 422 7900, www.hoteljazz.is, . Brandneues kleines Hotel in zentraler Lage

♦ **Ocean View Guesthouse**, Brimdalur 1, ☏ 787 9033, ocean-view-guesthouse-is.book.direct, . Geschmackvoll eingerichtete Zimmer mit Bad auf dem Flur. Tolle Lage am Meer

Bónus (Túngata), **Nettó** (Krossmói)

⌘ Im Duushús, einem ehemaligen Lagerhaus, illustrieren 105 Modellschiffe die maritime Geschichte Islands. Sämtliche Schiffchen wurden vom pensionierten Schiffskapitän Grímur Karlsson gefertigt.

♦ **Reykjanes Maritime Center**, Duushús, Duusgata 2-8, ☏ 420 3245, www.duusmuseum.is, tägl. 12:00-17:00, Eintritt ISK 1.000,

Seit 2016 können Sie auch von Keflavík aus zum Whale Watching aufbrechen. Bei den Ausfahrten werden vor allem Weißschnauzendelfine, Zwergwale und Buckelwale gesichtet, manchmal auch Schwert-, Sei- und Finnwale.

♦ **Whale Watching Reykjanes**, Grófin, ☏ 779 8272, tägl. 9:00 und 13:00, www.whalewatchingreykjanes.is, ⌛ 3-4 Std., ISK 10.900, Kinder 7-14 Jahre ISK 5.450

47 Im nächsten Kreisverkehr folgen Sie der Str. 45 (1. Ausfahrt), die parallel zur Westküste Richtung Garður (10 km) führt. (Die Str. 429 (2. Ausfahrt) führt nach Sandgerði (7 km), die Str. 41 (3. Ausfahrt) zum 2 km entfernten Flughafen Keflavík.)

Auf der Weiterfahrt bieten sich bei guter Sicht herrliche Blicke auf die Berge der Halbinsel Snæfellsnes mit dem Vulkankegel des **Snæfellsjökull** – in 110 km Entfernung!

56 **Garður**, 1.600 Ew.

Guesthouse Garður, Skagabraut 62a, ☏ 660 7894, guesthousegardur.is. 6 geräumige, gut ausgestattete Ferienwohnungen für 4 bis 9 Pers., nur 100 m vor der Küste. Ideal für Familien

♦ **Lighthouse Inn**, Norðurljósavegur 2, ☏ 433 0000, www.lighthouseinn.is. Kleines, familiengeführtes Hotel im finnischen Blockhaus-Stil in der Nähe der beiden Leuchttürme

56 Folgen Sie an der Gabelung der Str. 45/402 der nach rechts abzweigenden Str. 402, die noch 2 km weiter nach Nordwesten führt.

57 Rechts von der Straße zeichnet sich an der Küste eine grün-weiße Kirche ab.

Mit der Útskálakirkja ist eine der größten Tragödien in der Geschichte der isländischen Seefahrt verbunden. Am 8. März 1685 ertranken hier vor der Küste in einem Sturm 156 Fischer. Viele stammten aus Nordisland und waren zur Fangsaison nach Reykjanes gekommen. 42 Seeleute wurden am 11. März auf dem Friedhof von Útskálar beerdigt, 47 weitere wurden am nächsten Tag begraben.

58 Die Str. 402 endet bei den beiden Leuchttürmen an der Nordspitze der Landzunge **Garðskagi**.

Garðskagi Campsite, ☏ 422 7220, gardskagi@simnet.is. Der große, grasige Zeltplatz liegt zwischen den beiden Leuchttürmen. Der Mangel an Komfort – es gibt nur Toiletten, fließendes Wasser und Strom – wird durch die eindrucksvolle Lage wettgemacht! Beliebt bei Vogelfreunden und Nordlichtfans

Der ältere und kleinere der beiden Leuchttürme ist von 1897 und steht direkt am Wasser. Der viereckige, rot-weiß gestreifte Turm galt einst als einer der besten Leuchttürme Islands. Weil er so niedrig stand, war er meist auch im Nebel zu sehen. Da befürchtet wurde, dass er durch die Brandung beschädigt werden könnte, wurde 1944 landeinwärts ein neuer Turm errichtet. Dieser ist mit 28 m der höchste Leuchtturm Islands. Die Aussicht reicht bis zum Snæfellsjökull.

⌘ Im Nebengebäude ist ein kleines Heimatmuseum untergebracht, das Gerätschaften und Motoren aus Fischerei und Seefahrt zeigt.

♦ **Garðskagi Folk Museum**, Skagabraut 100, ☏ 422 7220, johann@gardskagi.com, April bis Sep tägl. 11:00-20:00; Okt bis März tägl. 13:00-17:00, Eintritt frei

Folgen Sie anschließend der Str. 402 weiter nach Süden.

61 Stichstraße nach Þóroddsstaðir,

Sandgerði Cottages, Nátthagi 1-3, ☏ 893 7523. Drei komfortable, gemütliche Ferienwohnungen in Blockhausstil mit , in der Nähe vom Meer

62 Einmündung der Str. 402 in die Str. 45, auf der es nach rechts in Richtung des Fischerdorfs Sandgerði weitergeht.

63 **Sandgerði,** 1.800 Ew. ⌘

iStay Cabins & Camping, Byggðavegur, ☏ 854 8424, istay.is, April bis Sep. Schöner, windgeschützter Zeltplatz am Westrand von Sandgerði, ; einfache Campinghütten für 2 Pers.,

⌘ Im Fokus der Ausstellungen im Suðurnes Science and Learning Center stehen Fauna und Flora der isländischen Küste. Es gibt u. a. diverse ausgestopfte Tiere, darunter das einzige präparierte Walross Islands. Eine weitere Abteilung ist dem renommierten französischen Polarforscher Jean-Baptiste Charcot (1867-1936) gewidmet, der 1936 in einem Sturm mit seinem Schiff „Pourquoi-Pas?" vor der Küste Islands unterging.

♦ **Suðurnes Science and Learning Center**, Garðvegur 1, ☏ 423 7555, thekkingarsetur.is, Mai bis Aug Mo-Fr 10:00-16:00, Sa/So 13:00-17:00, Eintritt ISK 600

64 Am Ortsausgang von Sandgerði folgen Sie weiter der Str. 45, die hier nach rechts abbiegt.

70 Hvalsnes

✝ Bereits von Weitem erkennen Sie die hübsche Steinkirche von Hvalsnes aus dem Jahr 1887.

Der bekannteste Pfarrer war Hallgrímur Pétursson (1614-1674), der hier von 1644 bis 1651 tätig war und bis heute als bedeutendster Psalmendichter Islands gilt. Nach dem Tod seiner vierjährigen Tochter Steinunn verfasste er eine

Hymne, die bis heute bei jeder Beerdigung in Island gesungen wird. Der verloren geglaubte Grabstein des Mädchens kam 1964 bei Bauarbeiten wieder zum Vorschein.

71 Abzweigung zum Weiler **Stafnes** (2 km). Vom Parkplatz am Ende der Stichstraße sind es nur ein paar Schritte zum Leuchtturm und zur Küste.

Ein kurzer Spaziergang führt vom Parkplatz zu den grasbewachsenen Ruinen von Básendar. Das einst bedeutende Handelszentrum fiel am 9. Januar 1799 einer verheerenden Springflut zum Opfer. Häuser und Boote wurden ins Meer gerissen und viele der Küstenbewohner entkamen nur knapp dem Tod durch Ertrinken.

80 Einmündung in die Str. 44, der Sie nach rechts folgen.

83 Abzweigung zum winzigen Fischerdorf **Hafnir**, 110 Ew.

Neben der Kirche von **Hafnir** rostet der Anker des Schoners „Jamestown", der 1870 ohne Besatzung in der nahen Bucht Ósar strandete. Das Schicksal der Seeleute konnte nie geklärt werden. Die Holzladung des rätselhaften Geisterschiffs wurde jedoch geborgen und von den Bewohnern des Dorfes als Baumaterial verwendet.

Folgen Sie weiter der Str. 44, die ab Hafnir als Str. 425 bezeichnet wird.

Auf der Weiterfahrt entdecken Sie im Südwesten die 14 km entfernte Felseninsel **Eldey**, die 77 m aus dem Meer herausragt. Die 0,3 km² große Insel ist Naturschutzgebiet und darf nur mit Sondergenehmigung betreten werden. Hier befindet sich eine der größten Basstölpelkolonien der Welt. Im Sommer nisten dort rund 16.000 Brutpaare.

89 Parkplatz Hafnaberg

Vom Wanderparkplatz führt ein mit Steinmännchen markierter Wanderweg zum Vogelberg Hafnaberg, ⇔ 6 km.

In den 43 m hohen Klippen von Hafnaberg nisten ca. 12.000 Seevögel, vor allem Dreizehenmöwen, Krähenscharben, Eissturmvögel und Lummen.

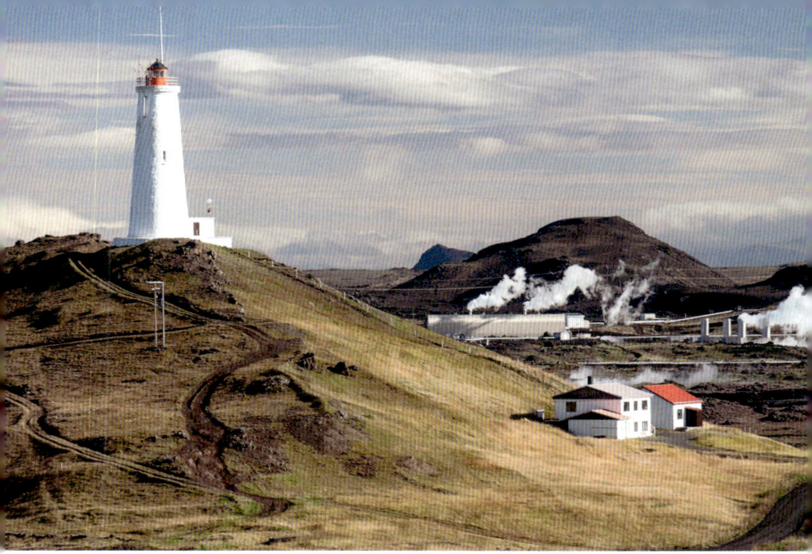

Der Leuchtturm Reykjanesviti beherrscht die Südwestspitze der Halbinsel

Papageitaucher suchen Sie aber vergeblich, da die Grasnarbe, in die sie ihre Bruthöhlen graben, bei diesem Vogelberg fehlt.

Weiter südlich erinnern Verwerfungen und Krater daran, dass Sie sich direkt auf dem Mittelatlantischen Rücken befinden, der Nahtstelle zwischen der auseinanderdriftenden nordamerikanischen und eurasischen Kontinentalplatte (☞ Þingvellir). Die Erdkruste ist hier noch besonders jung und dynamisch.

92 🅿 ⛱ Brú á milli heimsálfa

⌘ Vom 🅿 Parkplatz führt ein Steg zur „**Brücke zwischen den Kontinenten**", einer 18 m langen Brücke, die Ihnen ermöglicht, mit ein paar Schritten mal eben von Amerika nach Europa zu gehen. Dahinter steckt die Idee, dass der Besucher sich hier an der Nahtstelle zwischen der nordamerikanischen und eurasischen Platte befindet. Im Prinzip richtig, nur ist die „Naht" natürlich nicht 18 m, sondern mehrere Kilometer breit! Überbrückt wurde nur eine Verwerfung am Nordrand der Grabenbruchzone, also auf amerikanischer Seite. Um die Theorie der Kontinentaldrift zu visualisieren, eignet sich das Bauwerk jedoch allemal.

Als Musterbeispiel einer solchen Grabenbruchzone gilt ☞ Þingvellir, nordöstlich von Reykjavík.

95 Zufahrt zum Leuchtturm Reykjanesviti (ausgeschildert)
Nach 700 m passieren Sie das 2006 eröffnete geothermische Kraftwerk **Reykjanesvirkjun** (100 MW), das die Aluminiumwerke bei Hafnarfjörður und Grundartangi mit Strom versorgt.

99 Auf einem grasbewachsenen Hügel erhebt sich das Wahrzeichen der Halbinsel: **Reykjanesviti**. Der schneeweiße Leuchtturm, der aus 69 m Höhe den Schiffen den Weg weist, wurde 1908 fertiggestellt.

99 Die Straße endet 600 m weiter bei einem P Parkplatz mit und Infotafeln.
Eine Statue am P Parkplatz erinnert an den letzten Riesenalk, der 1844 auf der Insel Eldey (am Horizont sichtbar) erschlagen wurde.

In den Klippen des Valahnúkar, der eine schöne Aussicht bietet, nisten Eissturmvögel, Silbermöwen und Dreizehenmöwen. Auf der Landseite befindet sich die Ruine eines alten Leuchtturms von 1878, der bereits 8 Jahre später einem Erdbeben zum Opfer fiel und abgerissen werden musste.

Der P Parkplatz ist auch Ausgangspunkt für Wanderungen im nahen „100-Krater-Park". Drei Lehrpfade unterschiedlicher Länge erschließen die vielseitige Geologie: Kraterpfad (⇔ 4 km, ⌛ 1-2 Std.), Lavaring (⇔ 6 km, ⌛ 2-3 Std.) und 100-Krater-Pfad (⇔ 14 km, ⌛ 4-5 Std.). Hinweistafeln erläutern die geologischen Phänomene.

Fahren Sie anschließend zurück zur Str. 425. Unterwegs lohnt sich (nach 1 km) ein Abstecher in das sehr aktive Geothermalgebiet **Gunnuhver**.

Gunnuhver

Das Hochtemperaturgebiet, das sich südlich des Kraftwerks Reykjanesvirkjun erstreckt, überrascht mit einer Vielzahl von brodelnden Schlammtöpfen und fauchenden Solfataren. Der größte Schlammtopf hat einen Durchmesser von 20 m!

Gunnuhver wurde nach dem Gespenst Guðrún „Gunna" Önundardóttir benannt. Es geht die Sage, dass Gunna um 1705 dem damaligen Richter Vilhjálmur Jónsson Geld schuldete, aber nicht zahlen konnte. Daraufhin beschlagnahmte dieser ihren einzigen Besitz – einen Kochtopf. Vor Gram über diese Schmach verlor sie den Verstand und starb. Bei der Beerdigung bemerkten die Sargträger jedoch, dass der Sarg auf dem Weg zum Friedhof immer leichter wurde. Beim Ausheben des Grabes vernahmen sie eine Stimme: „Grabt nicht tief, will nicht lange bleiben". Nur einen Tag später wurde die Leiche Vilhjálmurs mit zerschmetterten Knochen aufgefunden. Auch weitere Leute verstarben kurz danach auf rätselhafte Weise, offenbar weil sich Gunna als Geist an ihren Peinigern rächte. Dem Pastor Eiríkur Magnússon gelang es schließlich, Gunna mittels eines Wollknäuels in die heißen Quellen zu bannen. An bestimmten Tagen soll sie immer noch an ihrem Verbannungsort umgehen.

Die Straße, die noch vor wenigen Jahren vom Leuchtturm am Südrand des Geothermalgebiets Gunnuhver nach Osten führte, ist seit 2008 gesperrt. Der Grund: Durch die Bohrungen für das nahe Geothermalkraftwerk nahm die geothermische Aktivität stark zu und es öffnete sich sogar mitten auf der Straße eine neue Schlammquelle.

103 Wieder auf der Str. 425 angelangt, fahren Sie nun nach rechts weiter. Die Route zieht sich durch ein karges Lavafeld nach Osten.

108 Abzweigung einer kurzen Stichstraße nach **Brimketill** (250 m), P

Vom P Parkplatz führt ein Pfad mit einigen Stufen zur nahen Küste, wo sich der Lavapool Brimketill von einer im Sommer 2017 errichteten Aussichtsplattform aus nächster Nähe betrachten lässt. Zum Baden ist der Pool freilich nicht geeignet! Brimketill bedeutet „Brandungskessel" – und das sagt bereits alles über seine Entstehung: Der kreisrunde Pool wurde von der mächtigen Brandung des Nordatlantiks in der Basaltlava ausgewaschen. Der Anblick ist am schönsten bei Ebbe.

Der Legende nach ist der Pool das Bad der Trollfrau Oddný, deshalb wird er auch oft als Oddnýjarlaug bezeichnet. Vor allem bei starkem Wind und hohem Wellengang ist an der Steilküste größte Vorsicht geboten! Kinder sollten die ganze Zeit sehr aufmerksam beaufsichtigt werden.

119 **Grindavík**, 3.400 Ew., BANK

Kvikan – House of Cultural and Natural Resources, Hafnargata 12a, ☏ 420 1190, kvikan@grindavik.is, www.visitgrindavik.is, Mitte Mai bis Mitte Sep tägl. 10:00-17:00; Mitte Sep bis Mitte Mai Sa/So 11:00-17:00

Geo Hotel Grindavík***, Víkurbraut 58, ☏ 421 4000, www.geohotel.is. Brandneues Hotel mit zweckmäßig ausgestatten Zimmern im Zentrum

Guesthouse Grindavík, Austurvegur 28, ☏ 696 1919, . Einfache Zimmer

♦ **Anita's Guesthouse**, Ásabraut 15, ☏ 864 2365. Preisgünstige Zimmer mit geteiltem Bad, im Zentrum

Grindavík Campground, Austurvegur 26, ☏ 420 1100, grindavik@grindavik.is, . Moderner, familienfreundlicher Campingplatz mit vielen Attraktionen für Kinder

Bryggjan Café, Miðgarður 2, ☏ 426 7100, www.bryggjan.com, tägl. 8:00-22:00. Supergemütliches Fischercafé am Kai (isl. *bryggjan*), berühmt wegen der Hummersuppe

Nettó (Víkurbraut)

Grindavík hat einen bedeutenden Fischereihafen, geprägt von Trawlern, Fischfabriken und Kühlhäusern. Im Jahr 1627 überfielen algerische Piraten mit vier Schiffen zuerst die Westmännerinseln und griffen dann Grindavík an. Über 300 Frauen und Kinder wurden als Sklaven nach Nordafrika verschleppt, nur ein Drittel konnte nach Jahren freigekauft werden. Dieser Vorfall ging als „Türkenüberfall" in die Geschichte ein.

⌘ Ein kurzweiliges Museum im Haus Kvikan erläutert die Geschichte der Salzfischherstellung, die einst von großer Bedeutung für Grindavík war. Eine weitere Abteilung ist der Geologie, Geothermie und Nutzung von Erdwärme gewidmet.

♦ Kvikan, Hafnargata 12a, ☏ 420 1190, www.visitgrindavik.is, Mitte Mai bis Mitte Sep tägl. 10:00-17:00; Mitte Sep bis Mitte Mai Sa/So 11:00-17:00; Eintritt ISK 1.500,

Grindavík ist auch ein guter Ausgangspunkt für einen Abstecher zur **Blauen Lagune** (4 km), erreichbar auf der Str. 43.

Blue Lagoon/Blaue Lagune

Bláa Lónið ist ein intensiv blau-milchig-weiß schimmernder See mit 37-42° C Wärme. Das mineralhaltige Wasser (ein Drittel Süßwasser, zwei Drittel Meerwasser, pH-Wert 7,5) stammt aus dem benachbarten Geothermalkraftwerk Svartsengi (76,5 MW) und macht den Badesee zu einem Geothermalbad. Die spezielle Zusammensetzung des Wassers (u. a. 0,93 % Natrium, 0,16 % Kalium, 0,15 %, Kalzium, 0,18 % Chlorid) soll bei Schuppenflechte und Rheuma heilende Wirkung haben. Seine Aktivbestandteile sind Mineralsalze, Kieselerde und Algen. Die Mineralsalze wirken harmonisierend und entspannend, die Algenwirkstoffe machen die Haut geschmeidig und versorgen sie mit Nährstoffen und der weiße

Kieselerdeschlamm reinigt und entfernt abgestorbene Hautzellen. Nach dem Baden ist ein gründliches Abduschen erforderlich! Die Blaue Lagune, die aufgrund des großen Andrangs 2015 und 2016 erweitert wurde, ist mit Abstand die populärste Attraktion der Vulkaninsel: 2018 genossen 1,3 Mio. Besucher das Bad in atemberaubender Lavakulisse!

Am frühen Morgen ist die Blaue Lagune noch relativ leer

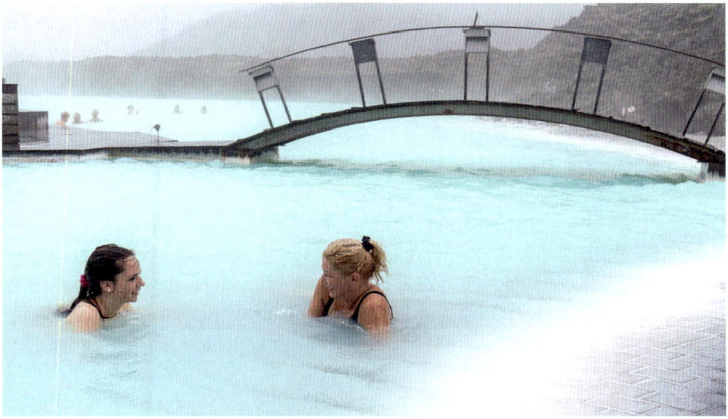

☝ Atemberaubend sind mittlerweile leider auch die Eintrittspreise! Aufgrund der großen Nachfrage wurde außerdem eine Buchungspflicht eingeführt. Zur Anlage gehören mehrere ✕ Restaurants und das exklusive 🛏 Blue Lagoon Hotel.

♦ **Blue Lagoon**, Svartsengi, ☎ 420 8800, 💻 www.bluelagoon.com, 🚪 Juli bis Mitte Aug 7:00-24:00; Juni 7:00-23:00; Feb, Mitte Aug bis Nov 8:00-22:00; Jan, März bis Mai, Dez 8:00-21:00, Eintrittspreise schwanken je nach Saison und Tageszeit zwischen € 50 und € 86, 🛏 ✕

☺ Trotz der großen Popularität der Blauen Lagune ist der Massenbetrieb bestimmt nicht jedermanns Sache. Eine preisgünstigere und ruhigere Alternative bieten z. B. die Mývatn Nature Baths bei Reykjahlíð (☞ Ringstraße, km 464) und die Geosea Geothermal Sea Baths in ☞ Húsavík.

Sie können von der Blauen Lagune der Str. 43 weiter nach Norden folgen, wo diese nach weiteren 10 km in die Str. 41 mündet. Auf dieser erreichen

Sie nach insgesamt 165 km wieder den Ausgangspunkt Reykjavík.
Wir empfehlen jedoch, weiter der Südküste der Halbinsel Reykjanes zu folgen. Diese ist durch die Str. 427, die durch eine menschenleere Vulkanlandschaft nach Osten führt, gut erschlossen.

142 Nach der Durchquerung des weiten Lavafeldes **Ögmundarhraun** (von 1151) mündet die Str. 427 in die Str. 42, die nach Norden Richtung Krýsuvík führt. Unterwegs passieren Sie einige Maare, mit Wasser gefüllte Explosionskrater, die vermutlich vor mehr als 6.000 Jahren entstanden sind.

146 P Schöner Ausblick auf das türkisfarbene Maar Grænavatn. Die leuchtende Farbe kommt vom Siliciumdioxid im Wasser. Links von der Straße liegt das zweite Maar, Gestsstaðavatn.

148 **Seltún**, P WC

Das Geothermalgebiet **Seltún** überrascht mit einer Vielzahl von zischenden Solfataren, brodelnden Schlammtöpfen und knallgelben Schwefelablagerungen. Holzstege erschließen das sehr aktive Hochtemperaturgebiet, das im Herbst 1999 für Schlagzeilen sorgte, als ein altes, durch Mineralablagerungen verstopftes Bohrloch explodierte. Zurück blieb ein Krater mit einem Durchmesser von 30 m.

Nördlich von Seltún beginnt eine landschaftlich besonders schöne Strecke: Kurvenreich schlängelt sich die Straße zwischen den zerklüfteten Hängen des Palagonitrückens Sveifluháls und dem See Kleifarvatn hindurch.

Der mysteriöse Bergsee wird der Legende nach von einem Wasserungeheuer in Gestalt einer riesigen Seeschlange bewohnt. Seltsames ereignete sich im Herbst 2000: Infolge verstärkter tektonischer Aktivitäten riss am Nordrand des 9 km^2 großen Sees eine 400 m lange Spalte auf, in die das Wasser des Sees verschwand. Innerhalb von neun Monaten sank der Wasserspiegel um 4 m. Auf dem trockengefallenen ufernahen Seegrund kamen unbekannte heiße Quellen zum Vorschein. Später stieg der Pegel allmählich wieder an.

152 P Parkplatz mit Aussicht auf Kleifarvatn. Schöne Tuffformationen

153 P

156 Vom Nordende des Sees zieht sich die Str. 42 durch ausgedehnte Lavafelder nach Norden weiter.

169 Am Weststrand von Hafnarfjörður mündet die Str. 42 in die Str. 41.

181 **Reykjavík**

Rundfahrt
Halbinsel Snæfellsnes

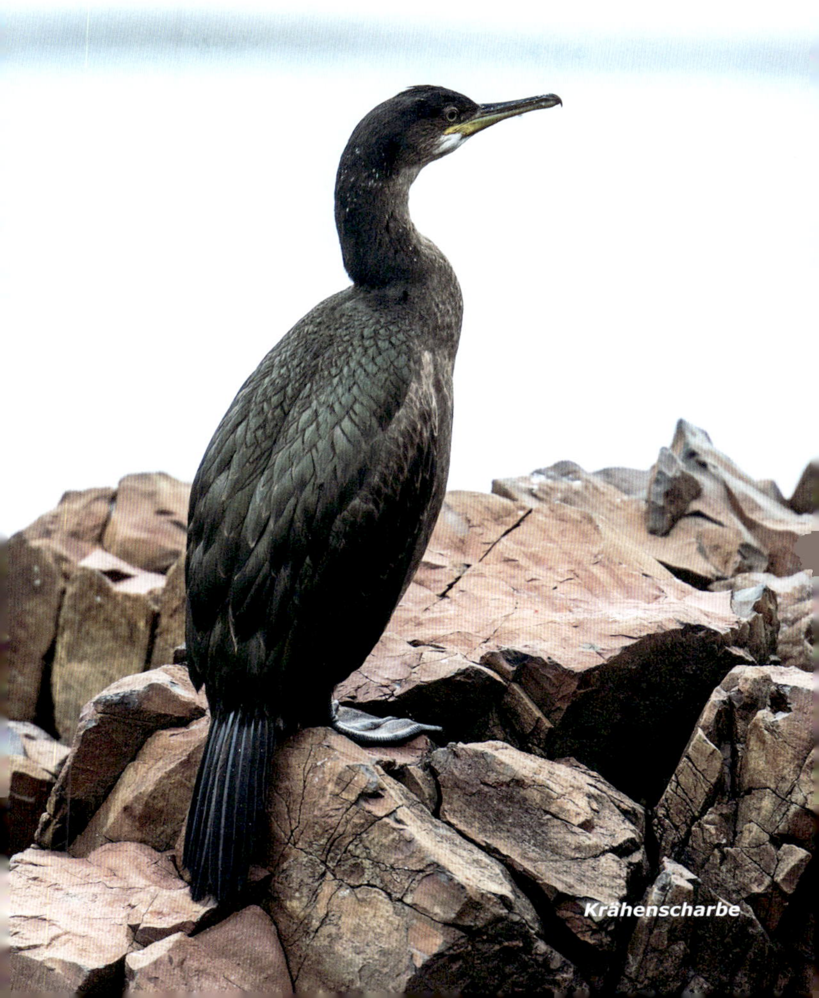

Krähenscharbe

0 Abzweigung der Str. 54 von der Str. 1, etwa 2 km nördlich von **Borgarnes** Nach 700 m passieren Sie das Gehöft **Borg á Mýrum**, einst eine Zeit lang Wohnsitz von Snorri Sturluson (☞ Land und Leute, Literatur). Auch in der *Egils saga* taucht der Name des Gehöfts auf.

6 Brücke über den Fluss Langá, der unter Lachsanglern einen exzellenten Ruf genießt. Zu diesem Ruf trugen vor allem britische Angler bei, die hier schon im späten 19. Jh. regelmäßig ihr Glück versuchten. Die Engländer bauten 1884 auch die erste Anglerhütte, mittlerweile ein B&B, erreichbar über eine Stichstraße, die 200 m hinter der Brücke links abzweigt.

Ensku húsin (1 km von der Str. 54), ☏ 437 1826 + 865 3899, enskuhusin.is. Das „englische Haus", bis 1998 als Unterkunft für Lachsangler genutzt, ist ein Ort für Liebhaber von Nostalgie und Abgeschiedenheit. Die Zimmer wurden renoviert, der ursprüngliche Charakter blieb erhalten.

Anschließend wird das seenreiche Moorgebiet **Mýrar** durchfahren.

26 Brücke über die Hítará, die hier den Wasserfall **Brúarfoss** bildet.

Wenig später weicht das flache, wasserreiche Gebiet einer herben Vulkanlandschaft, beherrscht vom Lavaring Eldborg. Nacheinander werden die Lavafelder Barnaborgarhraun und Eldborgarhraun durchquert.

33 Zufahrt zum Hof Snorrastaðir (2 km),

Snorrastaðir Farm Holidays, ☏ 435 6628, www.snorrastadir.is, O.
4 zweckmäßig ausgestattete Holzhütten mit O Hot Pot für Selbstversorger (6 Pers.), Schlafsackunterkunft im „weißen Haus"

Von Snorrastaðir führt ein markierter Wanderweg zum Krater des Schweißschlackenkegels Eldborg (= Feuerburg) hinauf. Der symmetrische Lavaring, der seine Umgebung um 50 m überragt, gehört zu einer kleinen Kraterreihe, die vor über 5.000 Jahren aktiv war. ⇔ 5 km, ⌛ 2 Std.

38 Abzweigung der Schotterstr. 55, die zur Nordseite der Halbinsel Snæfellsnes führt.

44 Abzweigung der nicht nummerierten Schotterstraße nach **Gerðuberg** (2 km)

Bei der Anfahrt erkennen Sie schon von Weitem die Basaltsäulenwand, die wie eine uneinnehmbare Festungsmauer aus der Ebene aufragt. Die Basaltsäulen haben eine Höhe von bis zu 15 m!

Wenn Sie der Schotterpiste noch weiter folgen, gelangen Sie nach weiteren 4 km und einem kurzen Fußmarsch (15 Min. vom Parkplatz) zur **Rauðamelsölkelda**, der größten Mineralquelle Islands. Dem kräftig sprudelnden Mineralwasser wird eine heilsame Wirkung nachgesagt.

59 Breiðablik,

Im ehemaligen Versammlungshaus ist seit 2017 das Snæfellsnes Tourist Information Center beheimatet, für viele Reisende die erste Anlaufstelle für Informationen über die Halbinsel.

♦ Snæfellsnes Tourist Information Center, Breiðablik, ☏ 435 6680, snaefellsnes@snaefellsnes.is, tägl. 10:00-16:00

60 Abzweigung nach Miðhraun (1,5 km),

Lava Water Accommodation, Miðhraun 2, ☏ 847 6049, lavawater.is, und (z. T.). Moderne, gut ausgestattete Ferienwohnungen auf einer Bio-Farm mit Schafen, Pferden und Hühnern am Fuß des roten Vulkans Rauðakúla. Mit einer Dependance in Lynghagi (3 km weiter an der Str. 54)

63 **Vegamót**,

Abzweigung der Str. 56 nach ☞ Stykkishólmur (33 km)

75 Abzweigung der Str. 571 zur **Ölkelda** (1 km), einer weiteren ergiebigen Mineralquelle. Das stark eisenhaltige Wasser soll u. a. bei Diabetes, Herzkrankheiten und Nierenleiden Linderung bringen.

90 Lýsuhóll,

Lýsuhóll, ☏ 435 6716, www.lysuholl.is, ✕. Mitten im Grünen betreiben Jóhanna und Agnar einen Reiterhof mit über 100 Pferden. 2 große Hütten mit je 4 Zimmern (auch einzeln zu buchen), und ; 3 Cottages mit Bad für Selbstversorger. Rustikaler Hot Pot auf der Wiese und traumhafter Ausblick auf den Snæfellsjökull.

☺ Unser Tipp für Reiter! Ausritte von 1 Std. für Anfänger bis hin zu 1 Woche im Watt

96 Böðvarsholt,

Böðvarsholt HI Hostel, ☏ 435 6699, bodvarsholt@hostel.is, Mitte Mai bis Mitte Sep, . 5 einfache Zimmer in einem alten Bauernhaus von 1928. Authentisch, gemütlich und bezahlbar!

99 An der Weggabelung der Str. 54/574 biegen Sie links ab in die Str. 574. (Die Str. 54 führt über die Fróðárheiði-Passstraße (⇧ 361 m) nach

Ólafsvík (19 km) weiter. Diese Querverbindung hat auf dem ersten Teilstück eine Steigung von 10 %, auf der Nordseite geht es mit bis zu 12 % Gefälle hinunter. Ein Teilstück ist nicht asphaltiert.)

Die Str. 574 umrundet über 67 km das äußerste Ende der Halbinsel Snæfellsnes und geizt dabei nicht mit herrlichen Blicken über das Meer und den ☞ Snæfellsjökull.

Snæfellsjökull

Wie der Vesuv in Italien ist der Snæfellsjökull ein klassischer Stratovulkan. Geradezu majestätisch erhebt sich der 1.446 m hohe Gletschervulkan im Westen der Halbinsel. An schönen Tagen ist seine weiße Eiskappe sogar bis Reykjavík sichtbar. Vom Eis sind heute aber nur noch gut 10 km² vorhanden, die außerdem rasch zusammenschmelzen. 1890 war die Eisfläche noch 22,7 km² groß. Im Jahr 2100 wird der Gletscher vermutlich gänzlich verschwunden sein.

Der Vulkan unter dem Eis ist seit mehr als 700.000 Jahren aktiv. Obwohl der letzte Ausbruch schon 1.800 Jahre zurückliegt, gilt er weiterhin nicht als erloschen. Mit seinen von wilden Lavaströmen bedeckten Hängen und seiner von Weitem sichtbaren Schneekappe gehört der Snæfellsjökull zu den faszinierendsten Feuerbergen Islands. Immer wieder inspirierte er Künstler und Autoren.

Der Snæfellsjökull beherrscht die Westpitze der Halbinsel Snæfellsnes

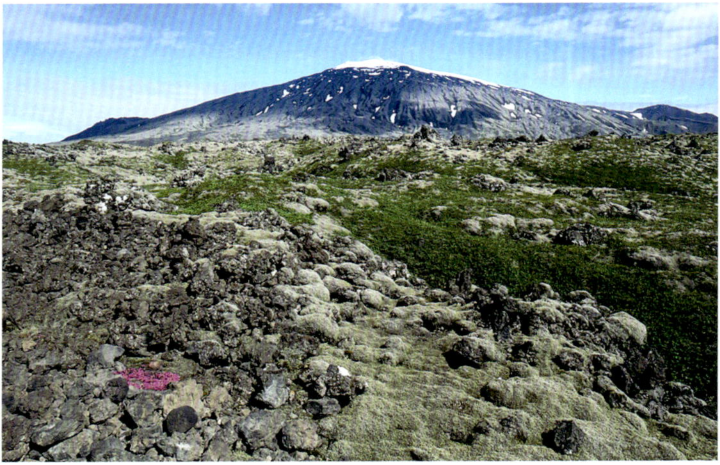

🕮 In **Jules Vernes** Roman „Reise zum Mittelpunkt der Erde" (1864) begannen die Protagonisten ihre abenteuerliche Mission durch den Einstieg in den Krater des *Snoeffelsjökull.* 1959 wurde das Buch mit James Mason als Professor Lindenbrook verfilmt, 1999 folgte ein Fernsehfilm, 2008 eine weitere Verfilmung mit Brendan Fraser als Hauptdarsteller.

♦ **Reise zum Mittelpunkt der Erde**, Jules Verne, dtv Verlag, ISBN 978-3-423-13882-6, € 9,90

🕮 Halldór Laxness verewigte den Vulkan in seinem Roman „Am Gletscher".

♦ **Am Gletscher**, Halldór Laxness, Steidl Verlag, ISBN 978-3-95829-137-9, € 20

100 Zufahrt nach **Búðir** (2 km), 🛏 ✕

🛏 **Hótel Búðir**, ☏ 435 6700, 💻 hotelbudir.is, ✕ 🍷. Das vielleicht schönste Landhotel Islands – mit Spitzenlage, luxuriösen, individuell ausgestatteten Zimmern, erstklassigem Restaurant – und entsprechenden Preisen

Ein kleiner Ort mit großer Vergangenheit: Seit der Besiedlung Islands war *Búðir* (von *verbúðir* = Fischerwohnbaracken) jahrhundertelang ein bedeutender Handels- und Fischerort. Die gut geschützten kleinen Buchten boten den Fischern im Winter ideale Landemöglichkeiten. Im 16. Jh. ließen sich Hansekaufleute nieder, später kamen die Dänen.

Heute stehen hier nur noch eine malerische schwarze ✝ Holzkirche (1850) und ein romantisches Hotel, das mit einer Traumlage im Schatten des Snæfellsjökull wirbt.

101 Die Straße windet sich anschließend um den Berg Axlarhyrna (⇧ 433 m) herum und passiert den Hof **Öxl**, der der Überlieferung nach im 16. Jh. Wohnsitz des Serienkillers Björn Pétursson alias „Axlar-Björn" war.

102 **P** und **i** Informationstafel über die Gräueltaten des Mörders. Björn Pétursson, Sohn eines isländischen Kleinbauern, soll in dieser Gegend angeblich mindestens 18 Menschen getötet haben, meist Reisende, die er zunächst gastfreundlich bewirtete und anschließend mit dem Beil tötete und im Teich versenkte. Der bekannteste isländische Serienmörder wurde 1596 hingerichtet.

107 Stóri-Kambur

❄ Von hier organisiert Glacier Tours Snæfellsjökull in der Saison Touren mit der Schneekatze und Schneemobilfahrten auf dem Gletschervulkan Snæfellsjökull.

♦ **Glacier Tours Snæfellsjökull**, Stóri-Kambur, ☏ 865 0061, 💻 www.theglacier.is. Schneekatze: 🚪 Mai bis Aug tägl. 12:00 und 15:00, ⌛ 2 Std. 30 Min., Preis: ISK 9.500; Schneemobilfahrten (1 Pers. pro Schneemobil): 🚪 Mai bis Aug tägl. 9:00, ⌛ 2 Std., Preis: ISK 20.000

116 Abzweigung nach **Arnarstapi**, 🛏 ⛺ 🚐 🍴 ☕ ⛽ 🅿

🛏 **Arnarstapi Center**, ☏ 435 6783, 💻 www.heyiceland.is, 🍴. Die einzige Übernachtungsmöglichkeit in Arnarstapi, dafür mit breitem Angebot: Hotel, Guesthouse (Zimmer mit geteiltem Bad), Hütten und Camping

🚐⛺ ☞ Arnarstapi Center

🍴 **Samkomuhúsið á Stapa**, ☏ 435 6611 + 615 1962, 🚪 Mo-Sa 12:00-18:00 💻 www.facebook.com/samkomuhusid, Solide isländische Hausmannskost, serviert in gemütlicher Umgebung im ehemaligen Gemeindehaus von Arnarstapi

Das kleine Fischerdorf, während des dänischen Handelsmonopols ein bedeutender Hafen, zählt nur eine Handvoll dauerhafter Bewohner. Im Sommer jedoch beleben Saisonfischer, die vom malerischen Hafen aus zum Kabeljaufang aufbrechen, den Ort. Auf den Wiesen nisten dann Myriaden von Küstenseeschwalben, während die nahen Kliffe und die spektakulären Brandungshöhlen von brütenden Dreizehenmöwen bevölkert werden.

🚶 Beliebt ist die Wanderung auf dem Küstenpfad zum Nachbarort ☞ Hellnar (⇔ 5 km, ⌛ 2 Std.). Unterwegs passieren Sie die imposante Statue von Ragnar Kjartansson, die den Halbtroll Bárður Snæfellsás darstellt. Der Sage nach wurde er wegen einiger Untaten unter das Eis des Snæfellsjökull verbannt. Zwischen Hellnar und Arnarstapi sind an der Küste durch das Zusammenwirken von Gezeiten, Wind und Wasser skurrile Felsformationen entstanden. Darüber segelt eine beeindruckende Vogelwelt aus Möwen, Trottellummen, Eissturmvögeln und Tordalken.

❄ Für konditionsstarke Bergwanderer werden in der Saison geführte Touren zum Gipfel des Snæfellsjökull angeboten.

♦ **Go West**, Arnarstapavegur, Arnarstapi, ☏ 695 9995, 💻 www.gowest.is. Besteigung Snæfellsjökull: 🚪 März bis Sep, ⌛ Sommer: 7-8 Std., Winter: 10-12 Std., ISK 22.000 inkl. Ausrüstung (Klettergurt, Steigeisen, Pickel, Seil, Wanderstöcke). Die Teilnehmer sorgen für feste Wanderschuhe, warme und wetterfeste Kleidung sowie Essen und Trinken. Mind. 3 Teilnehmer

117 Zufahrt nach **Hellnar** (2 km),

Fosshótel Hellnar***, Brekkubær, 435 6820, www.islandshotel.is, hellnar@fosshotel.is, März bis Okt. Moderne, schlicht ausgestatte Zimmer, zum Teil mit Meeresblick. Die Restaurantkarte basiert auf hochwertigen regionalen Produkten: Salzfisch aus Grundarfjörður, Räucherforelle aus Akranes, Eis aus Erpsstaðir usw. Mit etwas Glück lassen sich beim Dinner Wale beobachten.

Fjöruhúsið, 435 6844, www.fjoruhusid.is, Juni bis Aug tägl. 10:00-20:00 (oft länger), April bis Mai und Sep bis Okt wechselnd (meist kürzer)

Jahrhundertelang gehörte Hellnar zu den bedeutendsten Fischersiedlungen am Fuß des Snæfellsjökull. Im frühen 18. Jh. lebten dort 200 Menschen, heute sind es neun. Die Attraktion des winzigen Küstenortes sind die Brandungshöhlen am „Hafen", darunter die riesige Baðstofa.

121 Hier beginnt der Snæfellsjökull-Nationalpark, der fast die gesamte Westspitze der Halbinsel Snæfellsnes umfasst.

123 P Svalþúfa

Vom P Parkplatz führt ein Trampelpfad zum nahen Vogelberg Svalþúfa. In den hohen Klippen nisten Dreizehenmöwen, Tordalken, Trottellummen, Gryllteisten und Krähenscharben. 10 Min.

Ein zweiter Fußweg führt zu den bizarren Felsnadeln von **Lóndrangar** (61 bzw. 75 m), die nebenan an der Küste emporragen. 15 Min.

124 Zufahrt zum Leuchtturm Malarrif (1 km), P Parkplatz mit und reichlich Stellplätze

Snæfellsjökull National Park Visitor Centre, Malarrif, 436 6888, www.ust.is/snaefellsjokull-national-park, Sommer tägl. 10:00-17:00; Winter Mo-Fr 11:00-16:00 (!), Eintritt frei. Das Nationalparkzentrum befindet sich seit 2016 in einer renovierten Scheune in der Nähe des Leuchtturms. Informative Ausstellung zu Geologie, Fauna und Flora sowie zum Leben der Fischer in der Region

125 P **Vatnshellir**

Der P Parkplatz ist Ausgangspunkt für geführte Wanderungen in der Lavahöhle Vatnshellir. Der 200 m lange Lavatunnel, der sich in einer Tiefe von bis zu 32 m unter dem Lavafeld Purkhólahraun erstreckt, entstand bei einer Eruption vor 8.000 Jahren. Die dünnflüssige Lava kühlte zunächst an der Oberfläche ab, sodass sich dort allmählich eine Kruste bildete. Als die Eruption aufhörte, floss die Lava unter der Kruste weiter ab, sodass schließlich ein gigantischer rohrförmiger Hohlraum zurückblieb.

♦ **Höhlenführungen Vatnshellir**: ☏ 787 0001, www.summitguides.is, Mitte Mai bis Sep tägl. 10:00-18:00 jeweils zur vollen Stunde; Okt bis Mitte Mai 11:00-15:00 jeweils zur vollen Stunde, ⌛ 45 Min., ISK 3.750. Treffpunkt am **P** Parkplatz 15 Min. vor Beginn der Führung. Die Temperatur in der Höhle beträgt ca. 4° C. Warme Kleidung und Wanderschuhe sind unverzichtbar. Helm und Lampe werden gestellt.

129 Abzweigung der Str. 572 nach **Djúpalónssandur** (2 km), **P** ⛼

Am schwarzen Kiesstrand liegen noch die verstreuten Wrackteile des englischen Trawlers „Epine", der am 13. März 1948 auf Grund lief. Bei der Tragödie ertranken 14 Seeleute. Überhaupt gilt die Westküste der Halbinsel als Schiffsfriedhof – im 17. und 18. Jh. kamen bei Unglücken über 700 Seeleute ums Leben.

Probieren Sie am Strand doch einmal, die vier „Kraftprobesteine" hochzustemmen, mit denen angehende Fischer einst auf ihre Eignung getestet wurden: *Fullsterker* (= sehr stark) wiegt 154 kg, *Hálfsterkur* (= recht stark) 100 kg, *Hálfdrættingur* (= mittelmäßig) 54 kg und *Amlóði* (= schwach) 23 kg. Wer nicht mindestens den drittschwersten Stein anheben konnte, hatte keine Chance, auf einem der 40 bis 60 offenen Boote anzuheuern, mit denen Hunderte Fischer noch bis ins 19. Jh. von der nahen Bucht Dritvík in See stachen.

Die Straße zieht sich nun westlich um die schroffen Hänge des Snæfellsjökull herum, schwenkt dann ins Landesinnere und erreicht schließlich die Nordküste der Halbinsel.

146 Ein Abstecher auf der Str. 579 führt zur äußersten Westspitze der Halbinsel.

Diese Straße, die sich schnell in eine ruppige Piste verwandelt, führt zunächst über das Lavafeld Neshraun, schlängelt sich dann parallel zur vogelreichen Steilküste Svörtuloft nach Norden weiter und endet beim Leuchtturm von Öndverðarnes (7 km), **P**. Der Ausblick auf den nahen Snæfellsjökull, der sich im letzten Sonnenlicht des Tages violett färbt, ist einmalig!

148 **P** ⛼ mit Blick aufs Meer

600 m weiter erreichen Sie **Gufuskálar**.

Der von Weitem sichtbare Sendemast wurde 1959 von der US-amerikanischen Armee zur Funknavigation errichtet. Er verlor jedoch durch die Satellitenaufklärung für das Frühwarnsystem an Bedeutung und wurde 1994 abgeschaltet. Der 412 m hohe Funkmast, der heute vom isländischen Rundfunk genutzt wird, ist noch immer das höchste Bauwerk Westeuropas.

West Park Guesthouse, Gufuskálar, Hellissandur, ☏ 837 7700, www.westpark.is, ganzjährig. Die ebenfalls von der US-Armee errichteten Häuser am Fuß des Funkmasts wurden nach dem Abzug der Soldaten von den isländischen Rettungsgesellschaften für Schulungen genutzt. 2017 erfolgte die Umwandlung in ein Guesthouse. Das einzige Guesthouse innerhalb des Nationalparks bietet schlichte Zimmer mit Etagenbad und Meer- oder Gletscherblick.

❄ Von Gufuskálar aus werden im Spätsommer Gletscherwanderungen mit Steigeisen auf dem Snæfellsjökull angeboten.

Zum Angebot gehören auch Schneeschuhwanderungen (Winter), die Besteigung des Snæfellsjökull (Spätwinter bis Frühling) und Gletschertouren im Licht der Mitternachtssonne (Juni).

♦ Summit Adventure Tours, West Park Guesthouse, ☏ 787 0001, www.summitguides.is. Gletscherwanderungen: Mitte Juli bis Mitte Sep, ⌛ 3 Std., ISK 13.900

151 **Hellissandur**, 355 Ew.

Snæfellsjökull National Park, Klettsbúð 7, ☏ 436 6860, www.ust.is/snaefellsjokull-national-park

The Freezer Apartments, Hellisbraut 10, ☏ 833 8200, www.thefreezerhostel.com. Frisch renovierte Apartments, eingerichtet durch Künstler, die in The Freezer (☞ Rif) arbeiten.

Hellissandur Campsite, Sandahraun, ☏ 433 6929, info@snb.is, Mai bis Sep, WC. Ungeschützter Zeltplatz an der Hauptstraße

Gilbakki Kaffihús, Ecke Gilbakki/Höskuldubraut, ☏ 436 1001 + 864 6771, www.facebook.com/gilbakki, 20. Mai bis Sep tägl. 9:00-18:00. Die Fischsuppe von Anna Þóra ist legendär! Ihr Ehemann, ein Fischer, liefert die nötigen Zutaten. Auf der Karte stehen auch Kuchen und Sandwiches.

Hellissandur war im 18. Jh. ein bedeutender Fischereihafen. Als die Schiffe zu groß wurden, wurden die Hafenaktivitäten 1950 nach Rif verlagert. Heute gilt das ehemalige Fischerdorf als „Islands Hauptstadt der Street Art". Über 30 großformatige Wandmalereien schmücken mittlerweile die Mauern von Hallen und Häusern.

⌘ Am Ortseingang liegt das lokale Seefahrtsmuseum. Es zeigt u. a. das älteste auf Island erhaltene Ruderboot „Bliki" (1826) und eine Replika einer Fischerhütte von etwa 1900.

♦ **Sjóminjasafnið í Sjómannagarðurinn**, Sandahraun, ☏ 436 6619 + 844 5969, Juni bis Sep tägl. 10:00-17:00, Eintritt ISK 1.300

✝ 1 km weiter taucht auf einem Hügel (rechts von der Straße) die Ingjaldshólskirkja (1 km) auf. Das 1903 erbaute Gotteshaus ist die älteste Steinkirche Islands. Ein Gemälde im Inneren zeigt Christopher Columbus, der angeblich im Sommer 1477 die Gegend besucht haben soll, um sich über die Schifffahrtsrouten der Wikinger im Westatlantik zu informieren. Belege für den Besuch gibt es allerdings bisher nicht.

Zwischen Hellissandur und dem Nachbarort Rif wird ein ausgedehntes Brutgebiet der angriffslustigen Küstenseeschwalbe durchquert.

152 **P** mit Meeresblick

154 **Rif**, 135 Ew.

The Freezer Hostel, Hafnargata 16, ☏ 833 8200, www.thefreezerhostel.com. Preisgekröntes neues Hostel in einer ehemaligen Fischfabrik, die in ein Kulturzentrum umgewandelt wurde.

Das heute etwas trostlos anmutende Fischerdorf war einst der wichtigste Handels- und Fischereihafen der Snæfellsnes-Halbinsel.

160 **Ólafsvík**, 1.000 Ew. BANK ⌘

Snæfellsbær District Information Office, Kirkjutún 2, ☏ 433 6929, info@snb.is, www.west.is, April bis Sep tägl. 9:00-17:00; Okt bis März Mo-Fr 12:00-17:00

Við Hafið Guesthouse, Ólafsbraut 55, ☏ 436 1166, vid.hafid@hotmail.com. Hinter der unscheinbaren Fassade verbirgt sich ein neues, liebevoll eingerichtetes Gästehaus. Saubere, einfache Zimmer mit Bad auf dem Flur und Blick auf das Meer oder auf die Berge

Ólafsvík Campsite, Dalbraut, ☏ 433 6929, info@snb.is, Mai bis Sep. Eingezäunte Rasenfläche mit Spielplatz am östlichen Ortsausgang

Sker Restaurant, Ólafsbraut 19, ☏ 436 6625, skerrestaurant@gmail.com, tägl. 11:30-21:00. Das neue Fischrestaurant am Hafen ist die erste Adresse für fangfrischen Fisch. Auch die Sauerteigpizza ist beliebt.

Kaldilækur kaffihús, Mýrarholt 2, ☏ 862 5458, kaldilaekur.is, Mitte Mai bis Mitte Aug tägl. 9:00-17:00. Gemütliches, kleines Café in einem schmucken Haus von 1905. Die *kjötsúpa* (Lammfleischsuppe) ist der Renner! Die Kuchen backt die Oma einer der Besitzer.

Der Hafen, eingerahmt von alten Hallen und Lagerhäusern wie das Pakkhúsið (1844), erinnert an die einstige Bedeutung des Fischerorts als Handelszentrum.

⌘ Seit ein paar Jahren ist im Pakkhúsið das Regionalmuseum untergebracht, das sich vor allem mit der Fischerei der letzten Jahrhunderte befasst.

♦ **Pakkhúsið**, Ólafsbraut 12, ☏ 433 6929, April bis Sep tägl. 9:00-17:00; Okt bis März bei Redaktionsschluss noch nicht bekannt, Eintritt frei

Sehenswert ist auch die moderne **Ólafsvíkurkirkja**, die in ihrer Form an einen stilisierten Fisch erinnert.

Von Ólafsvík aus werden Walbeobachtungsfahrten auf dem Breiðafjörður organisiert. Im Sommer werden vor allem Delfine, Zwergwale und Buckelwale gesichtet. Im Frühling und Frühsommer lassen sich ab und zu auch Schwertwale blicken. Im Spätsommer steigen die Chancen auf eine Begegnung mit Grindwalen, die oft in großen Gruppen unterwegs sind.

♦ **Láki Tours**, Norðurtangi 9, Ólafsvík, ☏ 546 6808, lakitours.com. April bis Mitte Okt, 1-2x tägl., ca. 2 bis 3 Std., ISK 9.900

166 An der Einmündung der Str. 574 in die Str. 54 halten Sie sich links und folgen weiter dem Verlauf der Küste. (Nach rechts führt die Str. 54 – zunächst als Schotterstraße, streckenweise mit 12 % Gefälle! – über die Berge an die Südküste der Halbinsel.)

174 **P** mit schöner Aussicht von der Steilküste übers Meer

183 Stellplatz

Rechts von der Straße stürzt der sehenswerte Wasserfall **Kirkjufellsfoss** von einer Steilwand herab.

186 **Grundarfjörður**, 825 Ew.

Grundarfjörður Information Centre, Grundargata 35, ☏ 438 1881, touristinfo@grundarfjordur.is, Mitte Mai bis Sep tägl. 9:00-18:00; Okt bis Mitte Mai Mo-Sa 12:00-17:00

The Old Post Office, Grundargata 50, ☏ 430 8043, topo.tsc.is. Zugegeben, die öde Fassade des früheren Postgebäudes wirkt nicht gerade vertrauenerweckend, doch Zimmer (einfach und sauber), Ausstattung und Service sind absolut in Ordnung.

HI Hostel Grundarfjörður, Hlíðarvegur 15, ☏ 562 6533 + 895 6533, grundarfjordur@hostel.is, ganzjährig. Zimmer mit/ohne eigenem Bad, verteilt auf mehrere Häuser

Grundarfjörður Campsite, Borgarbraut 19, ☏ 831 7242, camping@grundarfjordur.is, Juni bis Anfang Okt, WC. Spartanisch ausgestatteter Zeltplatz am östlichen Ortsrand, in Schwimmbadnähe

Bjargarsteinn Mathús, Sólvellir 15, ☏ 438 6770, bjargarsteinn.is, Feb bis Mitte Dez Do-Di 17:00-21:00. Ein Haus mit Geschichte: 1908 in Akranes als Wohnhaus gebaut, gelangte es über Borgarnes nach Grundarfjörður, wo es seit 2015 ein kleines, aber feines Restaurant beherbergt. Auf den Tisch kommen leckere Fischgerichte und lokale Spezialitäten (getrocknete Algen, fermentierter Hai). Den traumhaften Blick auf den „Hausberg" Kirkjufell gibt es als Bonus dazu.

Der traditionsreiche Fischerort, gesegnet mit einem guten Naturhafen, wird von der markanten Silhouette des Kirkjufell (⇧ 463 m) überragt. Verewigt wurde das Wahrzeichen von Grundarfjörður, von den Dänen aufgrund der Pyramidenform einst als „Zuckerhut" bezeichnet, im Hollywood-Streifen „Das erstaunliche Leben des Walter Mitty" (2013). In der ersten Hälfte des 19. Jh. betrieben französische Fischer in Grundarfjörður einen bedeutenden Stützpunkt. Dieser wurde aber Ende der 1860er-Jahre aufgelöst. Die Franzosen verschwanden spurlos, sogar die Toten wurden ausgegraben und mitgenommen.

⌘ Im Fotomuseum **Bæringsstofa** vermitteln alte Fotos einen Eindruck vom Leben der Fischer im frühen 20. Jh.

♦ **Bæringsstofa**, im ☞ Information Centre, Eintritt frei.

Im Mittelpunkt der im Winter durchgeführten Walbeobachtungsfahrten stehen die Schwertwale, die den Heringen im Breiðafjörður nachstellen.

♦ **Láki Tours**, Nesvegur 5, ☏ 546 6808, 💻 lakitours.com, ☕. Walbeobachtungsfahrten: Mitte Dez bis März, ⌛ ca. 2 bis 3 Std., ISK 9.900

Von Grundarfjörður aus werden das ganze Jahr über Seekajaktouren angeboten, manche mit besonderem Schwerpunkt, z. B. Paddeln im Licht der Mitternachtssonne oder Nordlichter. Beim beliebten „Klassiker" steht die Pyramide des Kirkjufell im Fokus.

♦ **Vestur Adventures**, Sæból 14, ☏ 897 0153, 💻 vesturadventures.is. Seekajaktouren, z. B. „The Classic Adventure": Mitte Feb bis Sep, ⌛ 2 Std., ISK 9.900

189 Grund,

Grund í Grundarfirði, ☏ 438 1400, nesbyggd@nesbyggd.is, . Kleines, frisch renoviertes Gästehaus mit 6 Zimmern in schöner, ruhiger Lage, nur 3 Min. vom Strand. Gutes Preis-Leistungs-Verhältnis!

190 P mit Blick aufs Meer

193 P am Kolgrafafjörður

Am Rastplatz weist eine Tafel auf die *Eyrbyggja saga* hin. Sie wurde vermutlich im 13. Jh. aufgeschrieben, handelt aber vom späten 10. Jh. und beschreibt die komplexe Geschichte mehrerer miteinander verwandter Familien und ihre Fehden. Teilweise spielt der Aberglaube nebst übernatürlichen Geschehnissen eine große Rolle.

195 Erster Damm mit Brücke über den Kolgrafafjörður, von wo eine starke Gezeitenströmung mit mächtigen Strudeln zu sehen ist (ohne Parkmöglichkeit).

200 Zweiter Damm mit Brücke über den schmalen Hraunsfjörður, ebenfalls mit starker Gezeitenströmung

Die Straße führt jetzt in das Lavafeld **Berserkjahraun**, durch das in der Landnahmezeit ein Weg gebaut werden sollte. Dazu wurden zwei Berserker, kräftige Kerle aus Schweden, vom Grundeigentümer angeworben. Als Lohn wurden ihnen u. a. Frauen des Dorfes versprochen. Stattdessen lockten die Frauen sie in eine Scheune, die dann in Brand gesteckt wurde.

204 Abzweigung der Str. 577 nach **Bjarnarhöfn** (4 km)

Auf dem „Haifischhof" wird die traditionelle Spezialität *hákarl* hergestellt. Das fermentierte Haifischfleisch, das einen strengen Ammoniakgeruch verströmt, gilt vor allem bei älteren Isländern als Delikatesse und wird in Würfel geschnitten angeboten.

⌘ Die Geschichte des Haifischfangs und die Produktion von hákarl (= Gammelhai) werden im angrenzenden Haimuseum erläutert. Jährlich werden rund 70 Grönlandhaie verarbeitet, die den Fischern heute nur noch als Beifang in die Netze gehen. Die Besichtigung schließt selbstverständlich eine Kostprobe der berüchtigten Spezialität ein.

♦ **Bjarnarhöfn Shark Museum**, ☏ 438 1581, www.bjarnarhofn.is, Juni bis Sep tägl. 9:00-20:00; März bis Mai, Okt tägl. 10:00-18:00; Nov bis Feb tägl. 10:00-17:00, Eintritt ISK1.200, ✕

✕☺ Die Spezialität des Museumsrestaurants ist Haifischflossensuppe, ebenfalls vom Grönlandhai!

207 Abzweigung der Str. 56 in Richtung Borgarnes

215 An der Gabelung der Str. 54/58 halten Sie sich links und fahren auf der Str. 58 nach Stykkishólmur.

225 **Stykkishólmur**, 1.200 Ew. ✕ BANK ⌘

Hótel Egilsen, Aðalgata 2, ☏ 554 7700, www.egilsen.is, . Kleines Boutique-Hotel in einem historischen Lagerhaus von 1867 am Hafen

♦ **Hótel Fransiskus**, Austurgata 7, ☏ 422 1101, www.fransiskus.is. Neues Hotel im früheren Kloster mit schlicht-modernen Zimmern. Herrliche Lage oberhalb vom Hafen

♦ **Sýsló Guesthouse**, Aðalgata 7, ☏ 831 1806, syslo.is, O. Das geschmackvoll eingerichtete B&B von Greta hat viele Trümpfe – von der tollen Lage mit Blick aufs Meer über das großartige Frühstück bis zur Terrasse mit Hot Pot. Check-in im ☞ Hótel Egilsen!

♦ **Höfðagata Guesthouse**, Höfðagata 11, ☏ 831 1806, hofdagata.is, . Stilvolles, charmantes B&B mit guten Betten, in zentraler Lage

♦ **Harbour Hostel**, Hafnargata 4, ☏ 517 5353, harbourhostel.is, . Sauberes Hostel in einem ehemaligen Eislagerhaus am Hafen. Freundliches Personal, gute Ausstattung und schöne Lage am Wasser. Übernachtung im EZ, DZ oder Schlafsaal

Stykkishólmur Campsite, Aðalgata 29, ☏ 438 1075, mostri@stykk.is, ganzjährig, . Der Zeltplatz liegt unmittelbar vor der Ólis-Tankstelle, neben dem Sportplatz.

✕ **Narfeyrarstofa**, Aðalgata 3, ☏ 533 1119, www.narfeyrarstofa.is, tägl. 11:30-21:00. Das Restaurant am Hafen ist die erste Adresse auf der Snæfellsnes-Halbinsel für exquisite Fischgerichte und für Muscheln oder Jakobsmuscheln aus dem Breiðafjörður.

♦ **Sjávarpakkhúsið**, Hafnargata 2, ☏ 438 1800, 💻 www.sjavarpakkhusid.is, 🚪 tägl. 17:00-22:00. Gemütliches Fischrestaurant in einem umgebauten Speicher am Hafen

Stykkishólmur liegt auf einer schmalen, weit in den Breiðafjörður hineinreichenden Felsnase und verfügt über einen gut geschützten Naturhafen. Die günstige Lage des Hafens erkannten auch die Kaufleute der Hanse, die hier im 16. Jh. einen Handelsplatz gründeten. Im geschäftigen Hafen, eingerahmt von hübsch restaurierten alten Häusern und Speichern, schlägt noch immer das Herz des Küstenstädtchens, das heute vor allem vom Fischfang, Handel und Tourismus lebt.

✞ Ein Blickfang ist die Stykkishólmskirkja. Die moderne Kirche, die das Stadtbild prägt, wurde 1990 geweiht und ist auch wegen des Marienbildnisses über dem Altar bekannt.

⌘ Interessant ist auch das Norwegische Haus: Das älteste Haus der Stadt wurde 1832 komplett aus norwegischem Holz erbaut. Unten befindet sich ein Museum, das Obergeschoss ist im Stil eines Wohnhauses aus dem 19. Jh. eingerichtet.

♦ **Norwegian House**, Hafnargata 5, ☏ 433 8114, 💻 www.norskahusid.is, 🚪 Mai bis Aug tägl. 10:00-17:00; Sep bis April Mo-Fr 9:00-16:00, Sa 9:00-12:00, Eintritt ISK 1.250

⌘ Eine weitere Attraktion ist das Vulkanmuseum, geleitet vom isländischen Vulkanologen Haraldur Sigurðsson. Oft ist der renommierte Wissenschaftler selbst anwesend und erzählt zu ausgewählten Objekten spannende Anekdoten.

♦ **The Volcano Museum**, Aðalgata 6, ☏ 433 8154, 💻 www.eldfjallasafn.is, 🚪 Mai bis Aug tägl. 10:00-17:00; Sep bis April Mo-Fr 9:00-16:00, Sa 13:00-16:00, Eintritt ISK 1.250

⌘ Ein schriller Kontrast zum letzten Museum bietet die Library of Water: Die „Wasserbibliothek" ist eine Installation der US-amerikanischen Fotografin und Objektkünstlerin Roni Horn, untergebracht in der früheren Stadtbibliothek. 24 Glasröhren mit Wasser von 24 isländischen Gletschern rufen bei wechselndem Lichteinfall interessante Reflexionen und Verzerrungen hervor.

♦ **Library of Water**, Bókhlöðustígur 19, ☏ 865 4516, 💻 www.libraryofwater.is, 🚪 Mai bis Aug tägl. 10:00-17:00; Sep bis April Mo-Sa 9:00-16:00, Eintritt ISK 650

Steigen Sie am Hafen die Stufen auf den Basaltklotz Súgandisey mit dem roten Leuchtfeuer hinauf, der einen schönen Ausblick über Ort und Hafen bietet.

Von Stykkishólmur können Sie mit dem Katamaran „Særun" den Breiðafjörður erkunden. Beim „Viking Sushi Adventure Voyage" steht die Beobachtung der Seevögel (Papageitaucher, Adler, Kormorane, Eiderenten usw.) im Vordergrund. Ein weiteres Highlight ist die Verkostung von frisch gefangenen Jakobsmuscheln, Seeigelrogen und Miesmuscheln.

♦ **Seatours**, Smiðjustígur 3, ☏ 433 2254, www.seatours.is. Viking Sushi Adventure Voyage: Mitte Mai bis Sep 1-2x tägl., ca. 2 Std., ISK 7.700, Jugendliche 16-20 Jahre ISK 3.885

Kleiner und familiärer sind die Touren von **Ocean Adventures**. Hier geht es mit einem echten Fischkutter auf den Breiðafjörður hinaus. Neben Papageitaucherkolonien sind mit etwas Glück Seeadler, Wale und Seehunde zu sehen. Die Ausfahrten konzentrieren sich auf die Umgebung der Inseln Elliðaey und Arney, wo die Oma bzw. der Opa von Hreiðar, einem der Besitzer, aufgewachsen ist.

♦ **Ocean Adventures**, Sæbraut (am Hafen), ☏ 898 2028, oceanadventures.is. Mitte April bis Mitte Sep, bis zu 6x tägl., 1 Std. 30 Min., ISK 7.000, Jugendliche ISK 4.500

Mit dem Seekajak die faszinierende Inselwelt des Breiðafjörður erkunden, geht auch. Paddelerfahrung ist bei den Touren von Kontiki nicht notwendig. Unterwegs gehen Sie mit Papageitauchern und Seehunden auf Tuchfühlung und entdecken sogar ein Schiffswrack.

♦ **Kontiki**, Austurgata 2 (am Hafen), ☏ 691 5663, www.kontiki.is. Mitte Mai bis Anfang Sep 3-4x tägl., 2-3 Std., ISK 9.900, Mindestalter 14 Jahre

Von Stykkishólmur fährt die Fähre „Baldur" nach Brjánslækur in den Westfjorden – eine schöne Schiffsreise, bei der auf der Insel Flatey ein Stopp eingelegt wird. Die Anreise zu den entlegenen Fjorden im Nordwesten wird somit erheblich verkürzt.

♦ **Seatours**, Smiðjustígur 3, ☏ 433 2254, www.seatours.is. Juni bis Aug 2x tägl.; Sep bis Mai Di und Fr 2x tägl., So, Mo, Mi und Do 1x tägl., Stykkishólmur - Brjánslækur 2 Std. 30 Min., Preisbeispiele (Sommer 2019): ISK 5.760, Pkw + Fahrer ab ISK 11.520. Auch eine Unterbrechung auf Flatey (ohne Pkw) ist möglich.

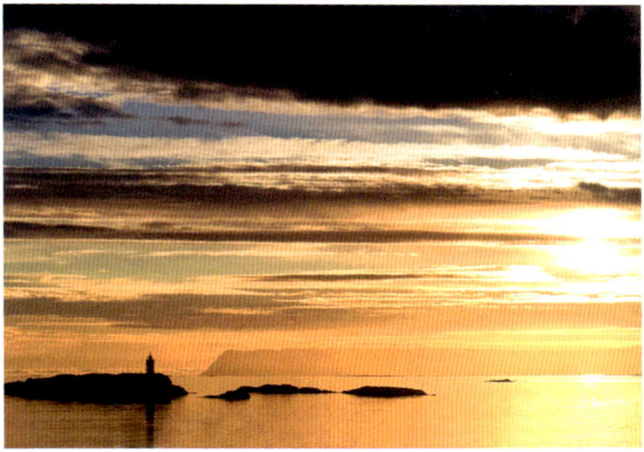

Flatey: Sonnenuntergang über den mächtigen Breiðafjörður

Die nur 2 km lange Insel **Flatey** liegt mitten im Breiðafjörður und ist im Gegensatz zu den vielen anderen (kleineren) Inseln ganzjährig von etwa einem Dutzend Menschen bewohnt. Flatey bedeutet „flache Insel", der höchste Punkt (Lundaberg) ist nur 16 m hoch. Die hübsch restaurierten Häuser aus dem 19. und dem frühen 20. Jh. bieten ein malerisches Bild. Die Insel inspirierte dann auch viele Autoren und Künstler und fungierte mehrfach als Kulisse für Filme und Serien.

☺ Da die Fähre „Baldur" hier auf dem Weg zu den Westfjorden anlegt, bietet sich eine Erkundung der Insel mit ihrer reichen Vogelwelt (u. a. Papageitaucher, Eiderenten, Austernfischer und Küstenseeschwalben) an. Mit einer späteren Fähre können Sie dann weiter- bzw. zurückzufahren.

Während der Brutzeit (7 Mai bis Mitte Juli) darf das östlich gelegene Vogelschutzgebiet nicht betreten werden.

Südlich von Stykkishólmur liegt das 73 m hohe **Helgafell**, um das sich zahlreiche Sagen ranken. So soll derjenige, der das erste Mal schweigend und ohne sich umzudrehen auf den Berg steigt, drei Wünsche frei haben, die in Erfüllung gehen, wenn er sich nach Osten wendet und niemandem von den Wünschen erzählt. Aber auch so lohnt sich der Aufstieg, der mit einem schönen Rundblick über die Inselwelt des Breiðafjörður belohnt wird. Am Helgafell existierte vom 12. bis zur Mitte des 16. Jh. ein **Augustinerkloster**.

Über die Straßen 58, 54, 56 und wieder 54 geht es wieder zurück nach Borgarnes.

321 Nach 96 km erreichen Sie wieder den Ausgangspunkt an der Ringstraße bei Borgarnes.

Alternativroute
Húsavík, Ásbyrgi und Dettifoss

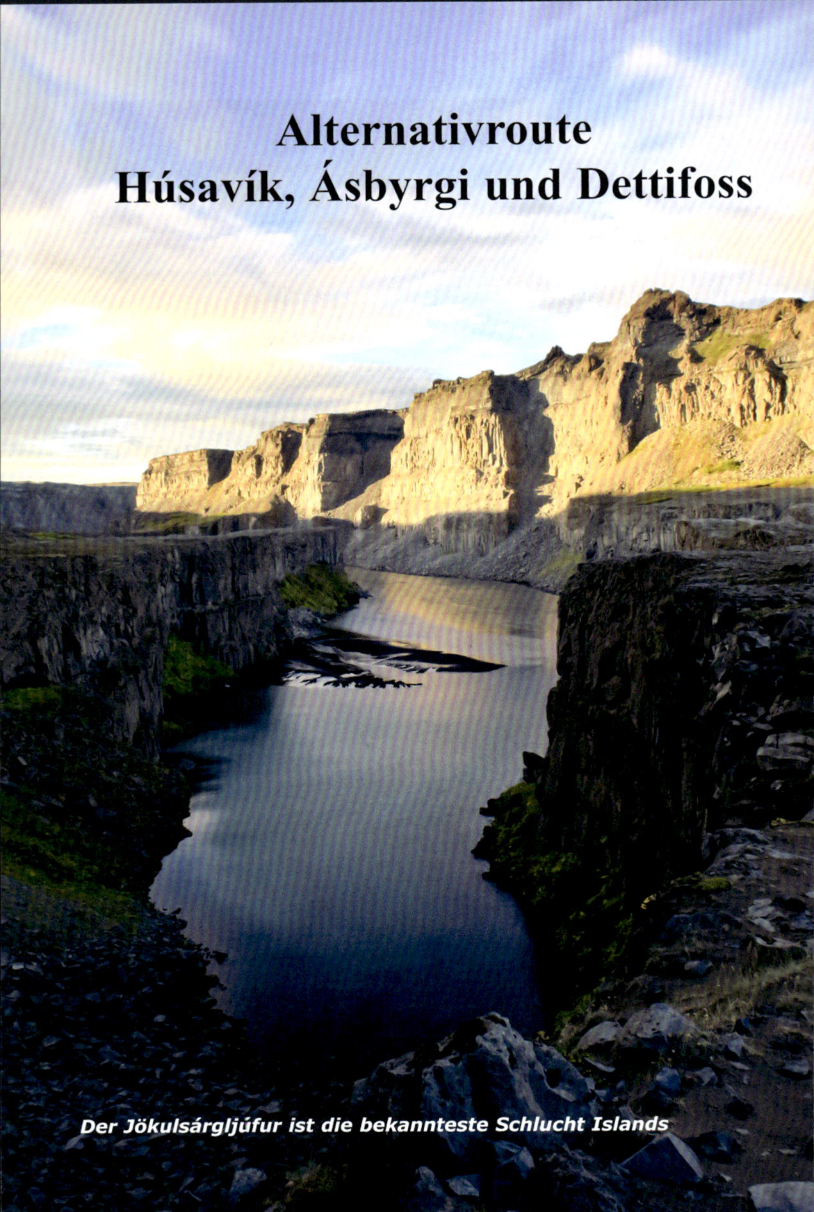

Der Jökulsárgljúfur ist die bekannteste Schlucht Islands

0 Abzweigung der Str. 87 von der Ringstraße, 4 km westlich von Reykjahlíð Diese führt auf einsamer, hochlandartiger Piste durch den Hólasandur.
8 Asphaltende und Beginn einer gut befahrbaren Schotterstraße.
19 Asphaltanfang
24 Abzweigung der Str. 853 zum Torfhof Grenjaðarstaður.

Abstecher nach Grenjaðarstaður

0 Abzweigung der Str. 853 von der Str. 87
3 An der Gabelung der Str. 853/854 geht es links weiter auf der Str. 854.
4 Am Ufer der Laxá liegt das Kraftwerk **Laxárstöð**. Das größte Wasserkraftwerk Nordislands wurde in drei Stufen ausgebaut: Laxá I (5 MW) wurde 1939 in Betrieb genommen, Laxá II (9 MW) 1953 und Laxá III (13,5 MW) 1973.
Beim Kraftwerk überqueren Sie die Brücke und fahren weiter auf der Str. 854.
6 Rechts erhebt sich der ehemalige Pfarrhof Grenjaðarstaður.

⌘ Der Torfhof mit Kirche ist ein typisches Gehöft vom Ende des 19. Jh. Die ältesten Teile datieren aus dem Jahr 1865. Bis 1949 war Grenjaðarstaður durchgehend bewohnt. Nach einer gründlichen Restaurierung der 775 m² großen Anlage erfolgte 1958 die Eröffnung als Museum.

Ähnlich wie ☞ Glaumbær, ☞ Laufás und ☞ Bustarfell besteht das Gehöft aus einer Reihe von Einzelhäusern, verbunden durch Gänge und Durchbrüche. Die Wände sind aus Lavasteinen und geschichteten Torfsoden errichtet, die Aufenthaltsräume innen mit Holz verkleidet. Charakteristisch sind auch der lange Flur, die große Küche und die nur von außen zugänglichen Lagerräume. Anders als in Glaumbær ist der Wohntrakt hier aber mit einem ausgebauten Dachgeschoss versehen.

♦ **Grenjaðarstaður**, ☏ 464 3688 (Saison) + 464 1860, 💻 www.husmus.is, 🚪 Juni bis Aug tägl. 10:00-18:00, Eintritt ISK 1.200

Anschließend geht es auf dem gleichen Weg zurück bis zur Str. 87.

31 Dampfsäulen kündigen das Geothermalgebiet **Hveravellir** an. Hier gibt es einige größere heiße Quellen. Die bekannteste, Ystihver, stieß zu ihren besten Zeiten einen 25 m hohen Wasserstrahl aus. Das heiße Wasser speist nicht nur den Pool in ☞ Heiðarbær, sondern auch Treibhäuser, in denen Gemüse gezüchtet wird, das vor Ort verkauft wird (🛒).

31 Heiðarbær,

Guesthouse Heiðarbær, Reykjahverfi, 464 3903 + 864 0118, www.heidarbaer.is. Einfache Zimmer und Schlafsackunterkunft

Beim Guesthouse Heiðarbær, Juni bis Mitte Sep, O. Schöne Rasenfläche mit windgeschützten Zeltplätzen und etwas veralteten Sanitäranlagen beim Geothermalgebiet

42 Im Mündungsdelta der Laxá treffen Sie auf die Str. 85 und folgen dieser nach rechts. Auf dem nahen Hof Laxamýri wurde der isländische Dichter Jóhann Sigurjónsson (1880-1919) geboren, vor allem bekannt durch sein Drama „Berg-Eyvindur und sein Weib", das von Islands bekanntestem Geächteten Berg-Eyvindur und seiner Frau Halla erzählt.

(Die Str. 85 führt nach Südwesten über das **Aðaldalshraun** – mit schönen Lavaformationen – zur Ringstraße zurück (Ringstraße, km 409).)

48 Kaldbakur,

Kaldbakskot Cottages, 892 1744, www.cottages.is, Ostern bis Okt, O. 19 schlichte, urige Hütten im Blockhausstil mit eigenem Bad in schöner, ruhiger Lage an der Bucht Skjálfandi. Auch Übernachtung mit Frühstück möglich

50 Húsavík, 2.300 Ew.

www.visithusavik.com

Fosshótel Húsavík***, Ketilsbraut 22, 464 1220, www.islandshotel.is. In diesem neuen Themahotel dreht sich alles um Wale. Es gibt Bilder, Skulpturen und sogar eine Briefmarkensammlung, die den großen Meeressäugern gewidmet sind. Bar und Restaurant sind vom Buch „Moby Dick" inspiriert.

♦ **Húsavík Cape Hotel*****, Laugarbrekka 26, 463 33 99, www.husavikhotel.com. Das Hotel in einer umgebauten Salzfischfabrik von 1950 besticht durch seine Lage oberhalb der Bucht Skjálfandi.

♦ **Árból Guesthouse**, Ásgarðsvegur 2, 464 2220, arbol.is. Frisch renovierte Zimmer in einem historischen Haus von 1903 am Park

♦ **Gamli Skólinn Húsavík**, Stórigarður 6, 847 5722, husavikapartments.is. Drei gut ausgestattete Apartments für Selbstversorger im liebevoll renovierten Schulgebäude aus dem Beginn des 20. Jh. Ideal für kleine Gruppen und Familien

♦ **Húsavík Hostel**, Vallholtsvegur 9, 858 5848, www.husavikhostel.com. Einfache, saubere Zimmer mit geteilten Bädern, nur 200 m vom Hafen

Húsavík Campground, Héðinsbraut, ☏ 840 0025, camping@nordurthing.is, Mitte Mai bis Sep. Der Campingplatz liegt an der Str. 85, in Schwimmbadnähe

Salka, Garðarsbraut 6, ☏ 464 2551, salkarestaurant.is, Juni bis Aug tägl. 11:30-21:00; Sep bis Mai Mo-Fr 11:30-21:00, Sa/So 17:00-21:00. Im früheren Genossenschaftshaus werden u. a. Hummer und Papageitaucher kredenzt.

Krambúð (Garðarsbraut 5), **Nettó** (Garðarsbraut 54)

Húsavík (= Häuserbucht) genießt eine privilegierte Lage an der Bucht Skjálfandi. Das Stadtbild prägen bunte Häuser und die ungewöhnlich gestaltete Kirche. Von Húsavík aus blicken Sie auf die schneebedeckten Gipfel am jenseitigen Fjordufer.

Die Geschichte von Húsavík beginnt noch vor der Landnahmezeit: Um 870 soll der schwedische Seefahrer Garðar Svavarsson hier drei Leute zurückgelassen haben, die an der Stelle der heutigen Stadt ihre Hütten errichteten. Jahrhunderte später wurde Húsavík zum Ankerplatz für norwegische, dänische und deutsche Schiffe, die Schwefel nach Mitteleuropa transportierten, der in der Region um ☞ Mývatn abgebaut wurde. Das Ende der Schwefelgewinnung Mitte des 19. Jh. bedeutete für den Ort einen erheblichen Verlust – es blieb nur der Fischfang. 1882 wurde hier die erste Genossenschaft des Landes gegründet, doch erst Anfang des 20. Jh. setzte ein langsames Wachstum ein. Heute lebt die Stadt überwiegend vom Fischfang und vom Whalewatching.

⌘ Alles über die großen Meeressäuger erfahren Sie im Walmuseum am Hafen. Beeindruckend sind z. B. die neun riesigen Walskelette.

♦ **The Húsavík Whale Museum**, Hafnarstétt 1, ☏ 414 2800, www.hvalasafn.is, Juni bis Aug tägl. 8:30-18:30; Mai, Sep tägl. 9:00-17:00; April, Okt tägl. 10:00-16:00; Nov bis März Mo-Fr 10:00-16:00, Eintritt ISK 2.000, Kind 10-18 Jahre ISK 500, Familie ISK 4.200

1994 fuhren die Brüder Hörður und Árni Sigurbjarnarson erstmals mit einem umgebauten Fischkutter in die Bucht Skjálfandi hinaus, auf der Suche nach Walen – und lösten schon bald einen Boom aus. Heute gilt Húsavík als einer der besten Orte weltweit, um Wale zu beobachten. „Islands Whale-Watching-Hauptstadt" wirbt dann auch mit traumhaften Erfolgsquoten: Auf über 98 % der Touren werden Wale gesichtet, vor allem Buckelwale, Zwergwale und Weißschnauzendelfine, gelegentlich sogar Blau- und Schwertwale. Für die mehrstündigen Walbeobachtungsfahrten ist warme wind- und wasserfeste Kleidung ein Muss! An besonders kalten und windigen Tagen werden gefütterte Overalls und Handschuhe an Bord ausgegeben. Auf der Rückfahrt gibt es heiße Schokolade und Gebäck.

- **North Sailing**, Hafnarstétt 11, ☏ 464 7272, 💻 www.northsailing.is. Whale Watching mit Eichenholzkutter oder Elektroboot: März bis Nov, im Sommer bis zu 15x tägl., ⌛ ca. 3 Std., ab ISK 9.450. Im Sommer gibt es auch diverse Varianten, z. B. „Wale und Papageitaucher“ oder „Whale Watching mit dem Segelschiff“.
- **Gentle Giants**, am Hafen (blaue Flaggen), ☏ 464 1500, 💻 www.gentlegiants.is. Whale Watching mit Eichenholzkutter: März bis Nov, im Sommer bis zu 7x tägl., ⌛ 3 Std., ISK 10.400; Whale Watching und Vogelinsel Lundey mit Festrumpfschlauchboot (RIB): April bis Okt, im Sommer bis zu 13x tägl., ⌛ 2 Std. 30 Min., ISK 18.990, Mindestalter 7 Jahre
- **Salka Whale Watching**, Garðarsbraut 6, ☏ 464 3999, 💻 salkawhalewatching.is. Whale Watching mit Eichenholzkutter: Mai bis Sep, im Sommer bis zu 3x tägl., ⌛ 3 Std., ISK 9.950. Auch Kombi-Touren mit Besuch der Vogelinsel Lundey

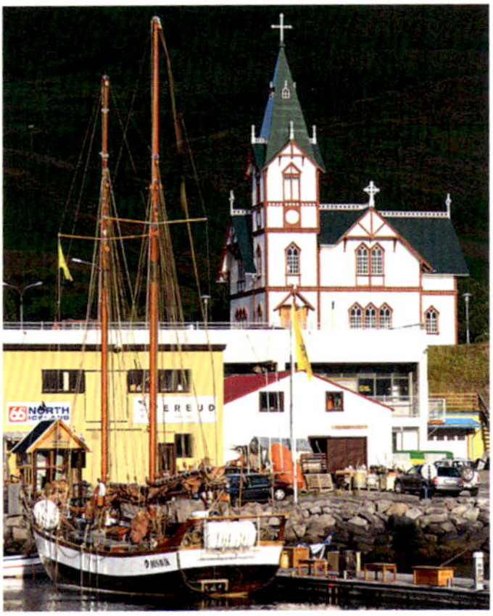

Die Húsavíkurkirkja

✞ Die Húsavíkurkirkja, ein schöner, ungewöhnlich gestalteter Holzbau, bietet fast 400 Menschen Platz. Zur Besichtigung der Kirche, die 1906/07 aus norwegischem Holz errichtet wurde, muss ggf. in der gegenüberliegenden Buchhandlung der Schlüssel erfragt werden, da sie (außer im Sommer) meist verschlossen ist. Die Malereien in der Kirche verknüpfen Bibelmotive mit der isländischen Landschaft.

⌘ Interessant ist auch das Museum House (Safnahúsið). Schwerpunkt des Heimatmuseums sind Exponate aus dem Zeitraum 1850-1950. Vor allem das Maritime kommt nicht zu kurz. Ausgestellt ist auch ein ausgestopfter Eisbär, der 1969 auf der Insel Grímsey getötet wurde.

- **Museum House**, Stórigarður 17, ☏ 464 1860, 💻 www.husmus.is, Juni bis Aug tägl. 10:00-18:00; Sep bis Mai Mo-Fr 10:00-16:00, Sa 10:00-14:00, Eintritt ISK 1.200

⌘ Das Exploration Museum widmet sich dem menschlichen Entdeckerdrang. Neben den Expeditionen der Wikinger und Polarforscher stehen vor allem die Besuche der Apollo-Astronauten im Mittelpunkt, die 1965 und 1967 in Island ein geologisches Feldtraining absolvierten. Daran erinnert auch ein Denkmal neben dem Museum.

♦ **The Exploration Museum**, Héðinsbraut 3, ☏ 848 7600, www.explorationmuseum.com, Mai bis Sep Mo-Fr 11:00-16:00, Eintritt: freiwillige Spende

Im Sommer 2018 eröffneten an der Küste im Norden von Húsavík die Geosea Geothermal Sea Baths ihre Türen. Badegäste können sich hier im warmen Meerwasser rekeln, das aus zwei Bohrlöchern gewonnen wird. Das 38-40° C warme Geothermalwasser hat aufgrund seines hohen Mineralienreichtums einen positiven Effekt auf die Haut. Die herrliche Aussicht auf die Gipfelkette jenseits der Bucht Skjálfandi macht das Badeerlebnis perfekt. Aufgrund begrenzter Platzzahl empfiehlt sich eine frühzeitige Buchung.

♦ **Geosea Geothermal Sea Baths**, Vitaslóð 1, ☏ 464 1210, www.geosea.is, Mai bis Sep tägl. 10:00-24:00; Okt bis April tägl. 12:00-22:00, Eintritt: ISK 4.300, ✕

Verlassen Sie Húsavík in nördlicher Richtung auf der Str. 85. Die landschaftlich schöne Strecke führt zunächst an der Westküste der Halbinsel **Tjörnes** entlang.

52

62 Abzweigung der Schotterstraße nach Tungulending (1 km),

☺ **Tungulending Guesthouse**, ☏ 896 6948, www.tungulending.is, ✕. Die ehemalige Fischfabrik wurde von Martin Varga, einem jungen Deutschen aus Heidenheim, zu einer der schnuckeligsten Herbergen Islands umgebaut. Café und Zimmer punkten mit grandiosen Ausblicken über die Bucht Skjálfandi. Guter Ausganspunkt für eine Erkundung der berühmten Tjörnes-Schichten

Die stark geneigten Sedimentschichten, die hier an der Küste zu sehen sind, gehören zu den berühmten **Tjörnes-Schichten**, einer Abfolge von Sedimenten aus den Erdzeitaltern Pliozän und Pleistozän, die besonders reich an Fossilien sind. Aus den hier gefundenen Muscheln konnten die Wissenschaftler wichtige Erkenntnisse über die Evolution des Klimas im Nordatlantik in den letzten 4 Mio. Jahren gewinnen. Das Sammeln von Fossilien ist streng verboten!

72 Schöner Ausblick auf das Meer und die Inselgruppe Mánáreyjar
73 Mánárbakki, ⌘

⌘ Im liebevoll eingerichteten Folkmuseum Mánárbakki sind zwei Torfhäuser und ein ehemaliges Wohnhaus aus Húsavík zu sehen, das einen Eindruck vom Leben im frühen 20. Jh. vermittelt.

♦ **Mánárbakki Museum**, Mánárbakki, ☏ 464 1957, manarbakki@visir.is, Mitte Juni bis Aug tägl. 10:00-18:00, Eintritt ISK 1.000

Mánárbakki Camping, ☏ 464 2424, manarbakki@gmail.com, Juni bis Aug, . Neuer Campingplatz in toller Lage am Meer

Die Straße führt weiter an der Steilküste entlang.

An den senkrecht abfallenden Felswänden nisten zahlreiche Seevögel, darunter auch Papageitaucher.

85 Parkplatz mit herrlichem Ausblick auf den Öxarfjörður. Anschließend geht es mit 14 % Gefälle hinunter zur Lagune Lónslón und dem langen Sandstrand. Achten Sie auf das Treibholz, das von Winterstürmen bis weit auf den Strand hinaufgeworfen und in früheren Zeiten oft zum Hausbau verwendet wurde.

99 Skúlagarður,

Hótel Skúlagarður, ☏ 465 2280, www.skulagardur.com, ✕. Schlicht ausgestattete Hotelzimmer in einem früheren Internat aus den 1950er-Jahren. In der Dependance (500 m) gibt es einfache Zimmer, Schlafsackunterkunft und . Restaurant mit lokalen Spezialitäten (Lamm, Räucherforelle usw.)

100 Abzweigung nach Keldunes,

Guesthouse Keldunes, Keldunes II, ☏ 465 2275 + 861 2275, www.keldunes.is, ✕ (auf Bestellung). Kleine Hütten mit Bad und 6 einfache Zimmer mit Waschbecken

Der nahe See Skjálftavatn ist ein Paradies für Ornithologen!

109 Abzweigung der Str. 862 nach ☞ Hljóðaklettar
Die nicht geteerte Str. 862 führt quer durch den **Jökulsárgljúfur-Nationalpark** zu den Attraktionen am Westufer des Gletscherflusses Jökulsá á Fjöllum. Bis

zu den Basaltformationen der **Hljóðaklettar** ist die Schotterstraße gut befahrbar, der Abschnitt bis zum Wasserfall Dettifoss ist recht holprig. Erleichterung verspricht die Eröffnung einer neuen Straße (im Sommer 2020) zwischen Dettifoss und Ásbyrgi (der Abschnitt von der Ringstraße bis zum Dettifoss ist bereits fertig). (Zu den Wasserfällen Hafragilsfoss und Dettifoss gelangen Sie auch über die weiter unten beschriebene Str. 864. Vorsicht, denn diese enthält oft üble Wellblechabschnitte!)

Jökulsárgljúfur-Nationalpark

Ásbyrgi Visitor Centre „Gljúfrastofa", Ásbyrgi, ☏ 470 7100, asbyrgi@vjp.is, www.vjp.is, 21. Mai bis 31. Aug tägl. 9:00-18:00; 1. bis 20. Mai, Sep bis Okt tägl. 10:00-16:00; 1. Nov bis 22. Dez und 8. Jan bis 30. April Mo-Fr 11:00-15:00, WC P. Ausstellungen zu Geologie, Fauna und Flora, Geschichte, Auskünfte über Wandermöglichkeiten usw.

Fragen Sie in der Information nach der deutschsprachigen Broschüre, die auch gute Karten enthält.

Ásbyrgi Campground, www.vjp.is, Mai bis Sep. An der Einfahrt nach Ásbyrgi, großer Platz mit gutem Sanitärhaus (u. a. Wäschetrockner), Rasen und Buschreihen

♦ **Vesturdalur Campground**, www.vjp.is, 7. Juni bis 15. Sep. Einfacher Zeltplatz mit WC und fließendem Wasser im Vesturdalur. Der Mangel an Komfort wird durch die schöne und windgeschützte Lage wettgemacht. Information in der Hütte der Ranger, Zufahrt über die Str. 862 (Schotterstraße!)

Der Jökulsárgljúfur-Nationalpark bedeckt eine Fläche von ca. 150 km². Eingerichtet wurde er 1973, bis 1978 erfolgten mehrere Erweiterungen. Seit 2008 ist der Park Teil des ☞ Vatnajökull-Nationalparks. Rückgrat des nördlichsten isländischen Nationalparks ist ein spektakulärer Canyon, ausgehobelt durch die Jökulsá á Fjöllum, einen 206 km langen Gletscherfluss, der aus dem Vatnajökull entspringt. Größte Attraktionen sind die „Hufeisenschlucht" ☞ Ásbyrgi im nördlichen Teil des Parks und die vielen großartigen Wasserfälle.

Die Str. 862 führt durch den Jökulsárgljúfur-Nationalpark. Die „Hufeisenschlucht" Ásbyrgi erreichen Sie über die Str. 861, eine kurze Stichstraße, die ebenfalls von der Str. 85 abzweigt.

111

Zufahrt nach Ásbyrgi,

Ásbyrgi

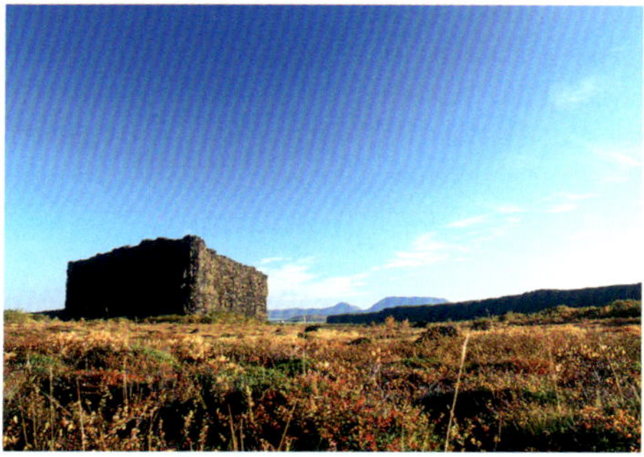

Ásbyrgi: die Felsformation Eyjan

Den nördlichen Teil des Parks bildet die geologisch einzigartige Formation Ásbyrgi. Diese 3,5 km lange und bis zu 1 km breite Schlucht wird im Süden von bis zu 100 m hohen Felswänden eingerahmt, während die Felswände nach Norden hin immer flacher werden. Was die Schlucht so einmalig macht, ist ihre Form: Die vordere Hälfte besteht nämlich aus zwei Einzelschluchten, getrennt durch die imposante „Felseninsel" Eyjan. Aus der Luft erinnert das Ganze an ein riesiges Hufeisen.

Der Sage nach entstand das „Hufeisen" dadurch, dass Odins Himmelspferd Sleipnir hier einen Hufabdruck hinterließ. Geologen sind da anderer Meinung: Nach dem Ende der letzten Eiszeit bildete die Jökulsá im Mündungsbereich zwei mächtige Flussarme. Die westliche Jökulsá gabelte sich noch zusätzlich, wobei ihre beiden Äste mächtige Wasserfälle bildeten, die sich infolge rückschreitender Erosion allmählich nach hinten verlagerten, bis sie sich schließlich vereinten. So entstand die heute sichtbare Hufeisenform. Der kleine See am Fuß der Steilwand, der von den hinabstürzenden Wassermassen ausgehobelt wurde, ist ein Relikt des 100 m hohen Riesenwasserfalls.

Vermutlich nach einem gigantischen Gletscherlauf wurde die westliche Jökulsá von der Wasserzufuhr abgeschnitten. Das Flussbett trocknete aus, zurück blieb die trockene Schlucht von Ásbyrgi. Die östliche Jökulsá hobelte die heutige Schlucht Jökulsárgljúfur aus.

Sehenswert sind neben der „Hufeisenschlucht" auch der Birkenwald am Ende der Schlucht und der kleine See – beides schafft eine ausgesprochen liebliche Atmosphäre, ganz und gar untypisch für Island. Nicht umsonst gehört Ásbyrgi zu den beliebtesten Ferienzielen der Isländer. Davon zeugt auch ein weiterer großer 🚐 ⛺ Zeltplatz am Ende der 4 km langen Stichstraße (Ausweichmöglichkeiten in der schmalen Straße sind mit einem „M" gekennzeichnet).

Gleich an der Einfahrt liegt das Besucherzentrum **Gljúfrastofa** (☞ Jökulsárgljúfur-Nationalpark).

Jökulsárgljúfur

Der 28 km lange und bis zu 500 m breite Canyon ist der größte dieser Art in Island. An einigen Stellen ist er mehr als 100 m tief. Im oberen Teil der spektakulären Schlucht befinden sich gleich drei gewaltige Wasserfälle: ☞ Hafragilsfoss, ☞ Dettifoss und ☞ Selfoss.

Forscher gehen heute davon aus, dass der Canyon weitgehend durch einige wenige Gletscherläufe ausgehobelt wurde, die durch Vulkanausbrüche unter dem Gletscher Vatnajökull ausgelöst wurden. Bei der größten dieser Schmelzwasserfluten betrug die Abflussrate der Jökulsá vermutlich bis zu 900.000 m^3/s! Wie zerstörerisch die Kraft solcher Wassermassen ist, zeigen neueste wissenschaftliche Erkenntnisse. Forscher fanden nämlich heraus, dass sich die riesigen Wasserfälle im Canyon bei einem solchen Gletscherlauf innerhalb weniger Tage, allenfalls Wochen um bis zu 3 km verlagert haben!

Am wildesten ist der Canyon beim **Dettifoss**. Am Hafragil hat sich die Jökulsá durch die 11.000 Jahre alte Kraterreihe Randarhólar hindurchgefressen. Einige Kilometer flussabwärts vom **Hafragilsfoss** bildet der Fluss noch den 7 m hohen **Réttarfoss** und passiert die eindrucksvolle Felsformation Vígabjarg. Hier gab es einst noch den Vígabjargsfoss, einen weiteren Wasserfall, der jedoch 1950 weitgehend verschwand, nachdem der Fluss seinen Lauf änderte.

Ein wenig nördlich davon liegt **Hólmatungur**, ein Gebiet mit auffallend üppiger Vegetation, durchzogen von vielen kleinen Wasserläufen. Kurz nachdem der Fluss die Ruinen des Gehöfts Svínadalur passiert hat, weitet sich der Canyon zu einem Tal mit sanft geneigten Hängen. Dort liegt das Tal **Vesturdalur** mit ⛺ Zeltplatz, an das sich die nahen Echofelsen **Hljóðaklettar** mit ihren fantastischen Basaltformationen anschließen. Diese bizarren Basalttürme sind die freigelegten Förderkanäle einer 3 km langen Vulkanspalte, die vor 9.000 Jahren quer zum Flussbett aufriss. Etwas weiter nördlich, bei **Rauðhólar**, sind noch Kraterreste dieser Spalte sichtbar.

Von hier an fließt der Fluss wieder durch einen Canyon, der sich bis nach Ás fortsetzt.

Die Basalttürme der Hljóðaklettar

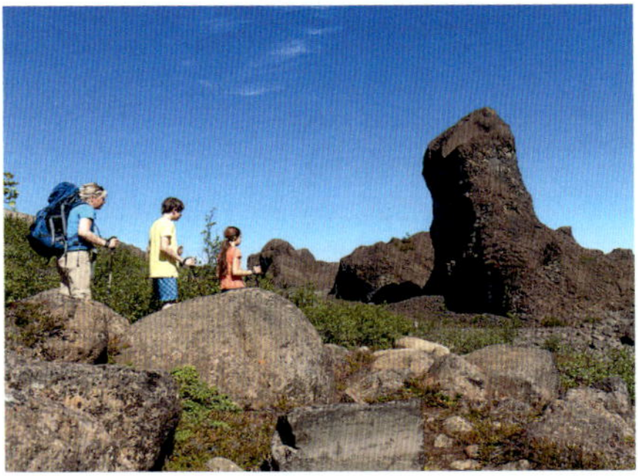

Wandern im Nationalpark

Viele der interessantesten Sehenswürdigkeiten sind nur zu Fuß erreichbar. Eine kurze Übersicht der schönsten Wandergebiete, vorgestellt von Norden nach Süden:

- Im äußersten Norden lockt die „Hufeisenschlucht" **Ásbyrgi**, erschlossen durch eine Vielzahl von markierten Wanderwegen. Ein beliebtes Ziel ist z. B. die aus der Schlucht aufragende Felseninsel Eyjan. Der Aufstieg wird mit einem herrlichen Ausblick über die Schlucht belohnt. ⇔ 4,5 km, ⌛ 2 Std.

  Etwas länger ist die Wanderung vom Besucherzentrum Gljúfrastofa entlang der „Hufeisenschlucht" und der Schlucht der Jökulsá nach Vesturdalur. ➲ 14,5 km, ⌛ 4-5 Std. pro Strecke.
- Viele reizvolle Ziele lassen sich vom Zeltplatz im **Vesturdalur** zu Fuß erschließen. Eine Stichstraße führt quer durch den Zeltplatz zu einem 1 km entfernten **P** Parkplatz mit WC, der von den meisten Wanderern als Basis für ihre Streifzüge genutzt wird. Ein Klassiker ist z. B. die Runde zu den Hljóðaklettar und dem Aussichtsgipfel Rauðhólar mit prächtigem Blick über die Jökulsá. ⇔ 5 km, ⌛ 2 Std.

  Ein weiterer Weg führt vom **P** Parkplatz südwärts zu Karl og Kerling (= Mann und Frau), zwei markanten Basalttürmen in der Jökulsá. ⇔ 2 km, ⌛ 1 Std.
- **Hólmatungur** (kurze Stichstraße ab der Str. 862) ist ein weiteres beliebtes Wandergebiet. Ein schöner, leichter Rundweg bringt Sie hier zu den Hólmárfossar, einer Reihe sehenswerter Wasserfälle. ⇔ 4,5 km, ⌛ 2 Std. Der kurze Aufstieg zum Ytra-Þórunnarfjall wird mit einem guten Blick auf den Réttarfoss belohnt. ⇔ 0,6 km, ⌛ 20 Min.
- Vom **P** Parkplatz **Dettifoss** im tiefen Süden führt ein breiter, markierter Trampelpfad durch die Lava zum gleichnamigen Wasserfall. ⇔ 1,5 km, ⌛ 45 Min.

  Diese Wanderung können Sie verlängern, indem Sie vom Dettifoss am Rand der Schlucht nach Süden bis zum Selfoss weitergehen, der weniger durch seine Höhe als durch seine Ästhetik begeistert. ⇔ 2,5 km, ⌛ 1 Std.

  Vom Dettifoss können Sie auch am Rand des Canyons bis zum Zeltplatz im Vesturdalur wandern. Eine lange, aber sehr schöne Route mit spektakulären Aussichten, bei der unterwegs die Oase Hólmatungur passiert wird. ➲ 19,5 km, ⌛ 7-8 Std.

Eine anspruchsvolle (schwarz markierte) Variante dieser Route führt streckenweise in den Canyon hinunter und kommt direkt am Wasserfall Hafragilsfoss vorbei.

Diese Variante ist nicht ganz ohne (Absturzgefahr, raue Geröllfelder, leichte Kletterstellen) und sollte nur von trittsicheren, schwindelfreien Wanderern in Angriff genommen werden. ➲ 18 km, ⧗ 7-8 Std.

☹ Leider ist die bisherige Busverbindung von Ásbyrgi in den Nationalpark 2018 eingestellt worden, sodass Orte wie Vesturdalur und Dettifoss z. Z. auf diesem Wege nicht mehr erreichbar sind.

In der Saison organisieren die Ranger regelmäßig Infoveranstaltungen zu Natur und Geschichte des Parks sowie Wanderungen. Näheres erfahren Sie von den Rangern oder durch Aushänge auf den Zeltplätzen.

Die Temperaturen im Park sind relativ niedrig und betragen im Juli im Schnitt 10° C. Schnee kann von Oktober bis Mai fallen, manchmal sogar bis Juni, und frieren kann es selbst im Hochsommer. Die Niederschläge sind mit 400 mm/Jahr (für Island) gering.

113 Brücke über die **Jökulsá á Fjöllum**
400 m weiter Abzweig der Str. 864. Während die Str. 85 um die Halbinsel Melrakkaslétta herumführt, führt die unbefestigte Str. 864 durch leeres Land nach Süden.

Vor allem gegen Ende des Sommers verwandelt sich die Schotterstraße streckenweise in eine üble Wellblechpiste!

126 Abzweig eines schlechten Fahrwegs über das Gehöft Hafursstaðir zum Jökulsárgljúfur. Vom Gehöft aus ergibt sich ein schöner Ausblick auf die Felsformationen der Hljóðaklettar.
Die Str. 864 steigt nun an, passiert das Sauðafell und verläuft durch die öde Landschaft des Hólssandur.

127 Bemerkenswerte Dünenlandschaft

137 Zufahrt (500 m) zu einem Aussichtspunkt über den Canyon der Jökulsá á Fjöllum, von dem Sie den Wasserfall Hafragilsfoss erblicken.

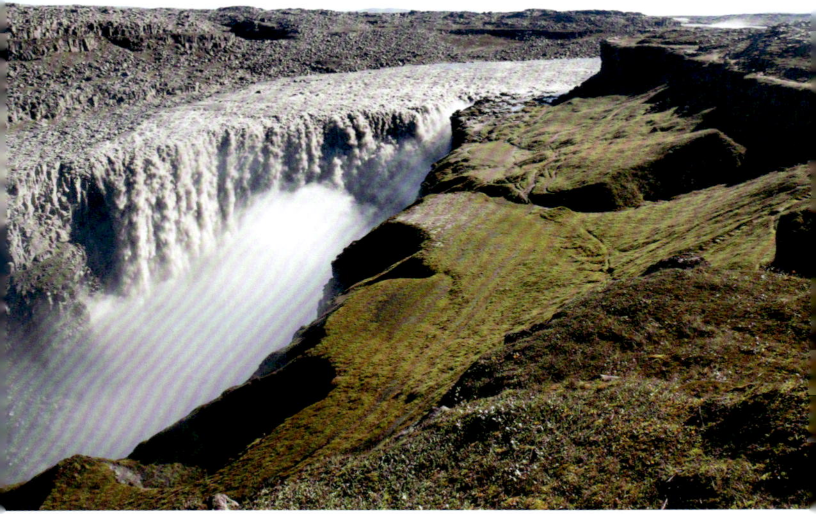

Dettifoss

Hafragilsfoss

Der 27 m hohe Wasserfall liegt 2 km nördlich vom Dettifoss. Er ist von der Ostseite nur von oben zu besichtigen, da das Gelände für einen Abstieg zu steil ist. Nördlich des Dettifoss hat sich die Jökulsá in das umliegende Land eingegraben und bildet so einen eindrucksvollen tiefen Canyon, an vielen Stellen gesäumt von großartigen Basaltformationen.

139 Abzweig zu einem **P** Parkplatz (800 m) mit WC oberhalb des Dettifoss,

Dettifoss

Dieser Wasserfall gehört zusammen mit Gullfoss und Goðafoss zu den bekanntesten Wasserfällen Islands. Hier stürzt die Jökulsá á Fjöllum etwa 44 m in die Tiefe. Doch nicht nur die Höhe, sondern vor allem auch die ungeheuren Wassermassen, die zu Tal rauschen, machen den Reiz des Wasserfalls aus. Mit einem Volumen von 200 m^3/s (in der Schneeschmelze bis zu 1.500 m^3/s) ist er der wasserreichste Wasserfall Europas. Sein Wasser ist stets grau gefärbt; die Gischt wirkt selbst bei Sonneneinstrahlung nicht richtig weiß, sondern wie mit einem Grauschleier überzogen.

Zu Fuß gelangen Sie vom **P** Parkplatz in wenigen Minuten zum Wasserfall. Durch die aufstiebende Gischt wähnt man sich hier nicht selten wie in einem Wolkenbruch. Regenjacke nicht vergessen und die Kamera vor Feuchtigkeit schützen!

Verewigt wurde der Wasserfall auch durch Ridley Scott, der einige beeindru ckende Aufnahmen für den Anfang seines Science-Fiction-Films „Prometheus – Dunkle Zeichen" am Dettifoss drehte.

Selfoss

Oberhalb des Dettifoss verläuft die Jökulsá in einer breiten, nicht sehr tiefen Schlucht. Sie bildet dort den schönen, nur 10 m hohen Selfoss, der schräg zur Flussrichtung über eine mehrere Hundert Meter lange Basaltkante hinabstürzt. Der Selfoss ist vom Dettifoss ca. 1,4 km entfernt und nur zu Fuß in etwa 20 Minuten zu erreichen. Er ist von der Straße aus nicht zu sehen. Folgen Sie den kleinen weißen Pfosten und Markierungen am Ufer der Jökulsá aufwärts.

Selfoss

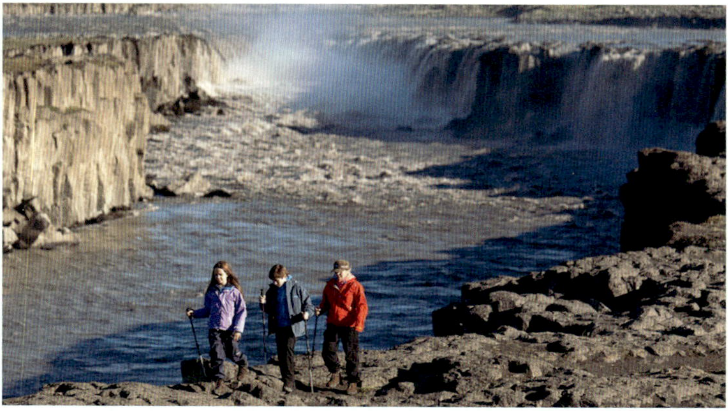

145 Ausblick über das verzweigte Flussbett der Jökulsá
167 Abzweigung nach **Grímsstaðir** (700 m),

Grímstunga Guesthouse, Grímstunga 1, ☏ 464 4294 + 899 9991, www.grimstunga.is, Mitte Mai bis Sep. Einfache Zimmer mit Bad auf dem Flur, Schlafsackunterkunft und Zeltplatz. Abendessen auf Bestellung

170 Einmündung der Str. 864 in die Str. 1 (☞ Ringstraße, km 498)

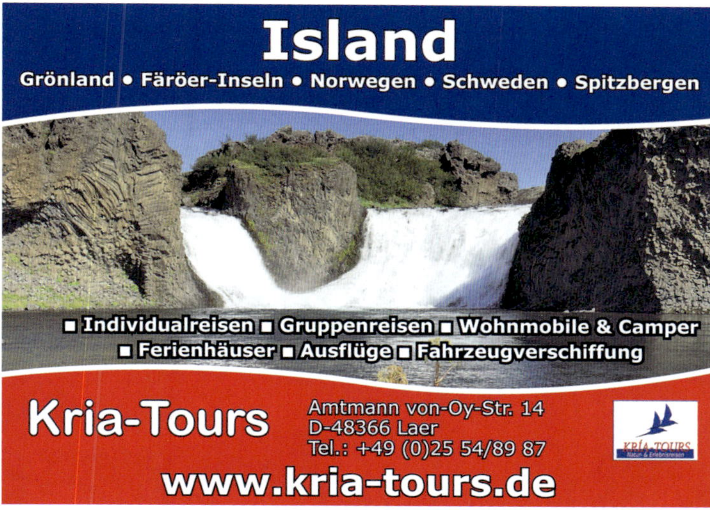
Island
Grönland • Färöer-Inseln • Norwegen • Schweden • Spitzbergen
■ Individualreisen ■ Gruppenreisen ■ Wohnmobile & Camper
■ Ferienhäuser ■ Ausflüge ■ Fahrzeugverschiffung
Kria-Tours
Amtmann von-Oy-Str. 14
D-48366 Laer
Tel.: +49 (0)25 54/89 87
www.kria-tours.de

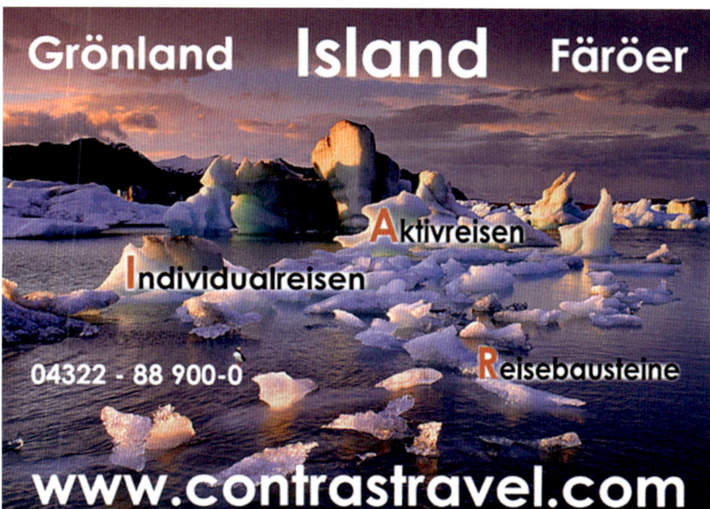
Grönland
Island
Färöer
Aktivreisen
Individualreisen
04322 - 88 900-0
Reisebausteine
www.contrastravel.com

Index

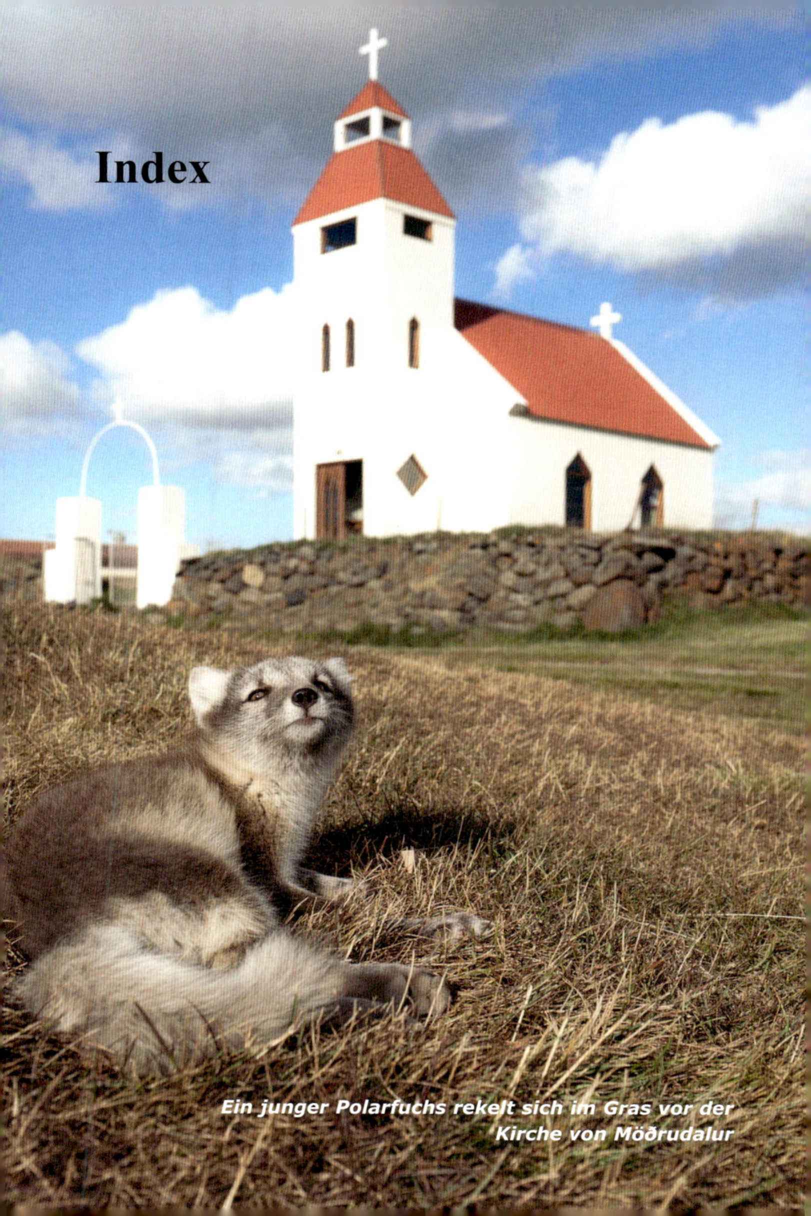

Ein junger Polarfuchs rekelt sich im Gras vor der Kirche von Möðrudalur

A

B

C/D

E

F

G

H

I/J

K

L

M

N

O

P

R

S

T/U

V

W

Z

Þ